A Certeza da Vitória
Pelo espírito Schellida
Psicografia de Eliana Machado Coelho
Copyright © 2018 by
Lúmen Editorial Ltda.

1ª edição - março de 2018.
1-3-18-30.000

Coordenação editorial: *Ronaldo A. Sperdutti*
Preparação de originais: *Eliana Machado Coelho*
Revisão: *Profª Valquíria Rofrano*
Projeto gráfico e arte da capa: *Juliana Mollinari*
Imagem da capa: *Shutterstock*
Diagramação: *Juliana Mollinari*
Assistente editorial: *Ana Maria Rael Gambarini*
Impressão e acabamento: *Lis Gráfica*

**Dados Internacionais de Catalogação na Publicação (CIP)**
**(Câmara Brasileira do Livro, SP, Brasil)**

Schellida (Espírito).
    A certeza da vitória / pelo espírito Schellida ; psicografia de Eliana
Machado Coelho. – São Paulo : Lúmen Editorial, 2018.

    ISBN 978-85-7813-184-5

    1. Espiritismo 2. Psicografia 3. Romance espírita I. Coelho, Eliana
Machado. II. Título.

15-09472                                  CDD-133.93

**Índice para catálogo sistemático:**
1. Romances espíritas psicografados : Espiritismo   133.93

**LÚMEN**
**EDITORIAL**

Rua dos Ingleses, 150 – Morro dos Ingleses

CEP 01329-000 – São Paulo – SP

Fone: (0xx11) 3207-1353

visite nosso site: www.lumeneditorial.com.br
fale com a Lúmen: atendimento@lumeneditorial.com.br
departamento de vendas: comercial@lumeneditorial.com.br
contato editorial: editorial@lumeneditorial.com.br
siga-nos no twitter: @lumeneditorial

**2018**

Impresso no Brasil – *Printed in Brazil*

# A certeza da *Vitória*

Psicografia de **Eliana Machado Coelho**
Romance do espírito **Schellida**

LÚMEN
EDITORIAL

# Índice

Mensagem

# Escolhendo Estrelas

É no silêncio do coração que o nosso tesouro é guardado: O Amor.

É no mais terno pensamento que descobrimos uma preciosidade:

A Paz.

É no acalento de uma oração que encontramos nossa força: A Determinação.

É no empenho, e com fé, que descobrimos:

A Vitória.

Quando pensamos em Deus, é Ele quem está ao nosso lado.

Quando pensamos no que é bom e saudável, serão amigos de Luz que estarão ao nosso lado.

O maravilhoso de tudo isso é sabermos que podemos escolher os nossos pensamentos e, assim, nossas companhias.

Elevá-los é como escolher estrelas no céu.

Todos vão brilhar!

*Pelo espírito Erick Bernstein*
*Mensagem psicografada por Eliana Machado Coelho*
*Verão de 2018*

# Capítulo 1

## *Amigas inseparáveis*

— Adivinha o que é?

— Huuummm.... Um pedaço de algodão?

— Errou!

— Uma borracha?

— Nãaaao! Errou.

— Ah!... Chega, vai.

— Uééé... Você não disse que gostaria de aprender a adivinhar as coisas?

— Eu disse. Mas agora não quero. Estou cansada de brincar disso.

— Não tem mais nada pra fazer. Não tem luz pra gente ver televisão e está chovendo. Droga de chuva! Odeio chuva!

— Eu gosto de chuva. Você é muito chata! Se a Luci estivesse aqui, ela iria arrumar alguma brincadeira legal e não iria reclamar feito você!

— Você é que é louca, Isabelle! Quer adivinhar as coisas, gosta de chuva... Louca! Louca! Louca!... E se prefere a Luci em vez de mim... Vou embora!

— Ah!... Para! — Isabelle gritou e riu. Pegou o travesseiro e começou a bater na amiguinha.

Anita pegou outro e revidou a brincadeira.

Logo se cansaram e Anita quis saber:

— É sua tia que adivinha as coisas, não é?

— Ela é tia da minha mãe. Ela é bem nova. Parece irmã da minha mãe — Isabelle explicou. — Nós a chamamos de tia, mas é nossa tia-avó. É estranho falar tia-avó.

Nesse instante, Dulce enfiou a cabeça na porta e chamou:

— Meninas! Tem bolo fresquinho. Quem quer?! — perguntou em tom alegre e não esperou que respondessem.

As garotas se levantaram rapidamente e seguiram atrás da mulher.

Dulce, casada com Antônio, tinha três filhos: Isabelle, Ailton e Rafaelle.

Ao chegarem à cozinha, Rafaelle e Ailton já estavam sentados à mesa.

— Mãe! Mãe! Ele cortou o bolo e já comeu! — reclamou Rafaelle.

— Mentirosa! Peguei nada! — exclamou Ailton.

— Pegou sim! Olha aí! Tá faltando! — tornou Rafaelle.

— Não acuse o seu irmão, Rafaelle. Fui eu quem cortou um pedaço de bolo e guardei para o pai de vocês.

— Viu?! Viu?! Mentirosa! Manhosa! Ranheta! — tornou o menino, dando um leve empurrão na irmã.

— Mãaaaeee!... Ele me empurrou! — reclamou Rafaelle com voz melosa que, em seguida, mostrou a língua para Ailton.

— Vai crescer, ficar enorme e peluda, se você não guardar essa língua feia nessa boca horrorosa!

— Mãaaaeee!...

— Parem, crianças, ou vão ficar sem bolo — ameaçou Dulce, sem energia no tom de voz.

— Dona Dulce — Anita chamou. Tão logo a mulher olhou, a garota perguntou: — A Isabelle disse que a senhora tem uma tia que adivinha as coisas. É mesmo?

— É verdade. — Sorrindo generosa, contou: — Não sabemos bem como isso funciona. Essa minha tia é capaz de dizer coisas que ainda não aconteceram. Mas não é sobre tudo nem sempre.

— A Belle quer fazer a mesma coisa, mãe! — interrompeu Ailton, contando: — Ela fica brincando com isso. Pede pra gente pegar alguma coisa e fica querendo adivinhar o que é que a gente tem nas mãos.

— Dedo-duro! — Isabelle gritou.

— Crianças, parem! — pediu Dulce. — Vocês querem biscoito? — ofereceu, talvez, para mudar de assunto.

Após pegar um, Anita quis saber:

— Se a gente treinar isso, a gente fica adivinhando tudo igual à tia da senhora?

— Não sei. A minha tia Carminda nasceu com esse dom. Minha avó e minha mãe contam que desde pequena, quando todos estavam conversando determinado assunto, de repente, ela dava uma opinião e falava o que aconteceria. Essa tia é um ano mais velha do que eu. Minha avó teve muitos filhos e ela é a caçula. Às vezes, antes de perguntar alguma coisa para ela, a Carminda respondia.

— Não acho isso interessante. Não vai servir pra nada — Anita criticou.

— Eu quero mais suco, mãe — Rafaelle pediu em tom manhoso.

Dulce a serviu, depois perguntou:

— Alguém quer mais suco?

Anita estendeu o braço, erguendo o copo sem dizer nada e a mulher serviu-a.

— A Luci bem que podia estar aqui, mas a mãe dela colocou ela de castigo. Vai mãe... Vai falar pra mãe da Luci deixar ela brincar com a gente — Isabelle pediu.

— Não. Não vou interferir na educação do filho dos outros. Se a mãe dela a deixou de castigo, algum motivo teve. E não se fala colocou ela. O correto é colocou-a de castigo. Nem deixar ela. É deixá-la brincar. Se você fala errado, escreve errado. Isso não vai ser bom para o seu futuro — Dulce opinou.

A amiga Anita só observou com certo ciúme. Não disse nada.

— É? Mas o Ailton fala errado e a senhora não corrige! — Isabelle reclamou.

Dulce não se manifestou e Ailton quis provocar a irmã, como uma forma de revide:

— A tia Carminda faz isso porque é bruxa. E, se a Isabelle continuar com isso, vai ser bruxa igual a ela.

— Vou nada, seu idiota!

— Vai sim! — tornou o irmão.

— Manhêeee!... Olha o que ele está falando!

— Parem, crianças! — Dulce pediu em tom brando, como de costume.

O tempo foi passando...

Isabelle, Anita e Luci continuaram sendo as melhores amigas. A proximidade das residências em que moravam facilitava ainda mais a convivência.

O fato de estudarem na mesma escola e sala de aula, fazerem trabalhos escolares, saírem e se divertirem juntas reforçou a amizade.

As três garotas se tornaram quase inseparáveis, até mesmo para festas ou passeios.

A adolescência fez com que Isabelle se esquecesse dos treinos e desejos de adivinhar as coisas, como queria. Passou a se dedicar muito ao estudo, entendendo a importância dele para a vida futura.

Anita tornou-se uma jovem muito crítica e reclamona, apesar de receber orientação de sua mãe, manifestava sua opinião de forma dura. Fazia tudo por obrigação. Transformou-se em uma pessoa bem amarga.

Luci, sempre quieta e quase submissa, não tinha direcionamento dos pais. Aprendia tudo por conta própria, com erros e acertos. Era muito observadora. Algo que poderia facilitar sua vida futura. Pessoa maleável e resignada, procurava sempre acertar após os enganos.

Estava um dia chuvoso quando Isabelle entrou correndo e aos gritos, no quintal da casa de Anita.

Beatriz, mãe de sua amiga, foi ao seu encontro. Segurando-a pelos ombros, deteve-a e perguntou:

— Belle, o que foi?! O que aconteceu?!

— A minha mãe!... A minha mãe!... — chorou copiosamente e abraçou-se à mulher.

— O que aconteceu com a Dulce? — quis saber preocupada.

No abraço apertado, com voz abafada no ombro de Beatriz, Isabelle revelou:

— Minha mãe morreu!... — chorou mais ainda, entrando em desespero.

— Calma, Belle... Calma... — não sabia o que dizer. Também ficou chocada com a notícia. Tinha muita amizade com Dulce.

— Conta o que aconteceu — pediu piedosa.

Afastando-se do abraço, secando o rosto com as mãos, a jovem falou:

— Minha mãe foi até a padaria, eu acho... Quando ia atravessar a rua, ou sei lá... Ela foi atropelada! Um ônibus jogou-a longe... Ela bateu a cabeça no chão.

Entrou em desespero.

— Mas quem disse isso?! Quando foi?!

— Foi agora... Ela está lá na calçada... Eu vi! A polícia está lá... Vieram avisar em casa... Não aguentei ficar lá... — chorou.

— Calma... Calma... — Beatiz ficou nervosa. Mesmo assim, controlava-se para não assustar a garota.

Nesse instante, Anita chegou correndo e, ao ver a amiga junto de sua mãe, correu para abraçá-la. Já sabia o que havia acontecido. Tinha ido até uma papelaria e soube do ocorrido.

Após ir à casa da amiga e não a encontrando, imaginou que estivesse em sua casa.

Sem palavras, choraram juntas.

Os primeiros dias, após a morte de Dulce, foram bem difíceis para Isabelle, que se refugiou na casa da amiga e não queria ir embora.

Antônio precisou ser firme para que a filha voltasse para casa, apesar de Beatriz ainda querer que a jovem continuasse em sua residência por mais tempo.

Carminda, a tia-avó das crianças, que morava em uma cidade do interior, ficou alguns dias ajudando Antônio e os três filhos.

Rafaelle foi quem mais chorou.

— Não fique assim... — pediu Carminda em tom brando. — O quanto antes você parar com esse choro, será melhor para você e para sua mãe.

— Eu sinto falta dela... — a garota falou chorando.

— Eu sei. Sou capaz de entender isso.

— Se meus irmãos não gostavam dela, eu gosto... — chorou mais ainda.

Em tom benevolente, Carminda explicou:

— A ausência de choro, não significa ausência de dor. Às vezes, é até o contrário. Há lágrimas que não correm no rosto, mas sim no coração.

— Tia, minha mãe falava que a senhora sabia das coisas. Onde minha mãe está?

— Agora?

— É.

— Muita gente que morre assim, de repente, como foi o caso dela, fica em um estado igual ao de sono por um bom tempo. Eu acredito que a Dulce esteja dormindo. E fique assim até ter condições de acordar e entender o que aconteceu.

— Ela está sozinha? — tornou Rafaelle.

— Não. De jeito nenhum. Quando a pessoa foi boa, ela tem quem cuide dela. Geralmente, os parentes que já faleceram e estão em boas condições cuidam dos recém-chegados ao plano espiritual.

Isabelle, parada à porta, observava e ouvia com muita atenção a conversa. Vendo Carminda sentada na cama da irmã, cobrindo-a para que fosse dormir, lembrou-se de sua mãe fazendo exatamente o mesmo.

Dando alguns passos, Isabelle quis saber:

— E quem a senhora acha que está com a nossa mãe?

— A avó de vocês. Aliás... As duas avós estão cuidando dela — respondeu, olhando-a nos olhos.

A jovem se aproximou, sentou-se na cama ao lado da tia-avó e perguntou:

— Tia, existe céu e inferno?

— Belle... A ideia de céu e inferno surgiu há muito tempo. Há quem diga que surgiu com o Cristianismo, mas os judeus, desde uma época antes de Jesus, já tinham essa denominação. Acredita-se que o inferno é um lugar subterrâneo, onde vivem demônios e espíritos daqueles que não foram bons em vida e depois morreram. Muitos afirmam que lá, todos experimentam tormentos e sofrimentos terríveis, infinitamente. Já, a ideia de céu é onde vivem anjos, o espírito dos justos e Deus. Conforme as crenças religiosas, é o paraíso. Algumas religiões como a Católica e o Protestantismo, que muitos chamam de evangélicos, usam o inferno para impor medo entre seus adeptos.

— Mas esses lugares existem? — tornou Isabelle.

— Na consciência de cada criatura, sim. — Alguns segundos e explicou: — Sabe, às vezes não precisa morrer nem ser mau para conhecer o inferno. As piores torturas são aquelas que castigam a nossa consciência. São os medos, as preocupações, a ansiedade e inquietude. Tem coisas que acontecem na vida da gente como um raio.

— Como o que, tia? Dá um exemplo — Rafaelle pediu.

Carminda não precisou pensar muito para responder e comentou:

— Quando amamos muito uma pessoa e ela morre. Essa dor, essa angústia parece um sofrimento imenso e interminável. A cabeça da gente não se concentra em nada e dá uma dor no peito... Uma coisa que parece insuportável. Isso é um dos tipos de inferno.

— É o que sinto depois que minha mãe morreu — Rafaelle comentou e chorou novamente.

— Eu sei, filha — disse a mulher em tom terno e afagou a garota, acariciando seus cabelos. — É dessa tortura que estou falando. A gente não para de pensar naquilo, parece que não vai ter jeito. A vida perde a cor, perde o brilho... Mas apesar de parecer impossível, haverá um meio de conseguir a paz novamente.

— Podemos dizer que isso é um inferno, né, tia? — perguntou Isabelle.

— Podemos. Todo tipo de tortura é um inferno, porque provoca dor. Quando sentimos dor, principalmente a dor na alma, queremos mudar o que aconteceu, sumir, desaparecer, deixar de viver... Nunca vamos mudar o que passou. Nós somos a alma e vamos levar essa dor para onde nós formos. O melhor a fazer é respirarmos fundo, orarmos com brandura e pedirmos orientação a Deus. Depois, arrumarmos o que der para arrumar e seguirmos fazendo tudo de melhor por você e pelos outros. Aos poucos, a vida vai se ajeitando e nós vamos nos refazendo.

— É difícil, tia — Isabelle considerou.

— Difícil, mas não impossível. Toda dificuldade que nos surge é para colocarmos à prova a nossa capacidade.

— Por que minha mãe morreu? Por que Deus a levou embora? — quis saber Isabelle com lágrimas nos olhos.

— Sabe, filha... Quando nós nascemos, já temos um caminho para seguir. Muitos de nós, por livre escolha, fazemos algumas coisas que não devemos e nos desviamos do que era para ser feito. Por isso morremos antes da hora.

— Não estou entendendo, tia — disse Rafaelle.

— É assim... Eu tenho um corpo perfeito que Deus me emprestou para viver nesta vida. Só que eu começo a maltratar esse corpo de várias maneiras. Começo a me alimentar mal, bebo muita bebida alcoólica, fumo, uso drogas, não durmo como deveria... Ao longo da minha vida, meu corpo foi maltratado por mim. Então ele adoece. Tem vários problemas... Fica fraco e morre. Lógico que morri antes da hora, pois, se eu não tivesse maltratado o meu corpo, certamente, viveria mais e com mais saúde. Nesse caso, morri antes da hora por minha culpa. Isso significa que não percorri todo o caminho de que precisava ou que estava no meu destino. Logo, vou ter de reparar tudo o que fiz de errado. Mas, no caso da mãe de vocês, foi diferente. Ela não fez nada de errado para morrer. Não foi antes da hora. A Dulce passou pelo que tinha de passar.

— Não. Está errado — Isabelle interrompeu com voz rancorosa. — O motorista do ônibus não tomou cuidado. Ele deveria ter brecado, parado o ônibus!... Poderia ter feito alguma coisa, mas não fez! — Seus olhos marejaram.

— Belle, neste momento, será difícil você entender. Mas, com o tempo, as coisas ficarão mais claras. Talvez o homem não tenha tido tempo ou não tenha conseguido fazer o que você imagina. Não podemos julgar.

— Podemos sim, tia! Ele não prestou atenção. Tomara que seja condenado! Tomara que apodreça na cadeia! Odeio esse homem! Odeio!

— Não cultive mágoa. Não sabe o que aconteceu. Talvez, ele não tenha sido tão culpado quanto você imagina.

— Por que minha mãe morreu e deixou a gente aqui, tia? — perguntou Rafaelle chorando, talvez por ver a irmã irritada.

— Para tudo existe uma razão, meu bem. Eu prefiro acreditar que a Dulce cumpriu a missão dela. E vocês são criaturas capazes de seguir vivendo sem a mamãe. Certamente, nada será como antes e todos terão de se ajudar e se esforçar para seguirem em frente com coragem e por caminhos bons, justos, honestos e prósperos em todos os sentidos. Deus não exige forças de quem não tem.

Carminda sabia que nem tudo poderia ser explicado com simples palavras, principalmente em momentos dolorosos como aquele. Além disso, as meninas não tinham maturidade e conhecimento para compreenderem aquele assunto. Mas ela sabia que aquela conversa ficaria registrada.

Isabelle se levantou e pareceu não concordar com a explicação. Porém, não se manifestou.

Diante do silêncio, Carminda cobriu novamente Rafaelle, afagou-a com ternura, beijou-lhe a testa e depois disse:

— Boa noite, meu bem. Que Deus te abençoe.

— Obrigada, tia.

Levantando-se, apagou a luz e saiu do quarto logo atrás de Isabelle, deixando a porta entreaberta, conforme a garota gostava.

Chegando à cozinha, a tia perguntou à jovem:

— Não vai dormir agora, Belle?

— Não estou com sono. Vou assistir à televisão até meu pai chegar.

— O Antônio vai chegar tarde.

— Não tem problema. Eu fazia isso e minha mãe deixava.

Carminda não disse nada e foi cuidar de alguns afazeres.

Longe de todos, Isabelle chorava escondida, principalmente quando estava embaixo do chuveiro. Não queria que ninguém a visse. Carminda percebia, mas não dizia nada.

Em véspera de a tia-avó ir embora, Isabelle perguntou:

— Será que minha mãe está bem? Será que já acordou do sono que a senhora falou?

— Bem, ela está. Provavelmente, acordando e dormindo de novo.

— Como é que a senhora sabe?

A mulher sorriu ao responder:

— Eu sinto.

— Por que não fica aqui, tia? Vamos precisar muito da senhora.

— Vocês precisam seguir a vida e eu também. As novas experiências farão vocês ficarem mais fortes.

— Ainda estou muito triste. Com raiva do motorista... — chorou. — Muita raiva!

— Tenho certeza de que esse homem está muito triste e que não fez isso de propósito. Se tivesse alguma forma de ele corrigir a situação, ele faria. Dissolva a raiva e a mágoa. O seu coração não merece sofrer por algo que o outro praticou e você não pode mudar.

No dia em que voltaria para a sua cidade, Carminda, diante dos três filhos de Dulce e após beijá-los, orientou:

— Quero que se lembrem: nós somos a pessoa mais importante que Deus confiou aos nossos cuidados. Por isso, devemos nos cuidar com o maior amor e o melhor carinho. Se precisarem de mim, liguem para a Maria — referiu-se à vizinha que tinha telefone. — Ela vai me dar o recado ou me chamar para ligar para vocês.

— A senhora também, tia. Liga pra dona Beatriz, que a Anita vem me chamar e eu vou lá correndo — disse Isabelle.

— Combinado. Virei visitar vocês sempre que der. — Beijou-os novamente e, ao ver Rafaelle chorando, disse: — Não fique assim. Nas férias, você fica alguns dias lá em casa comigo. Aliás, todos vocês podem ir lá para casa nas férias. Vou adorar!

Carminda se foi e, novamente, a sombra da tristeza pairou sobre os irmãos.

O tempo foi passando...

A casa de Antônio não era mais a mesma.

Isabelle, com dezesseis anos, embora soubesse cozinhar e cuidar da casa, não realizava as tarefas como a mãe.

Ailton, com quatorze anos, sentiu-se desorientado, sem saber o que fazer. Ficava cada dia mais calado. Fechou-se em seu mundo.

Rafaelle, com doze anos, acreditava-se abandonada e desprotegida. Chorava muito pela falta da mãe.

Isabelle passava muito tempo fora. A maior parte dele estava na casa de Anita ou de Luci.

Antônio, confuso, não sabia o que fazer, além de trabalhar muito.

Algumas vezes, sua irmã Joana aparecia em sua casa para ajudar, principalmente com as roupas sujas. Mas não podia fazer muito. Joana tinha dois filhos pequenos e não lhe sobrava tempo para quase nada. Ainda mais porque suas casas não eram próximas.

Religioso, todos os domingos Antônio levantava cedo e levava os filhos à igreja do bairro, apesar de Ailton e Isabelle não quererem ir.

A maior provação para todos eles era unir forças, apoiarem-se, ajudarem-se e criarem vínculos através do amor.

No plano espiritual, os mentores ou anjos da guarda e espíritos amigos buscavam ajudar e guiar cada um, mas sempre respeitando o livre poder de escolha: o livre-arbítrio.

Certo dia, Isabelle, Anita e Luci se reuniram para trabalho escolar.

Os pais de Luci não estavam em casa e as garotas ficaram muito à vontade.

— O idiota do professor pediu para este trabalho, a quantidade de reagentes... — Isabelle não terminou.

Anita a interrompeu:

— No cálculo estequiométrico, reagentes e produtos são grandezas proporcionais. Por isso, vamos ver que muitos exercícios poderão ser resolvidos por uma regra de três.

— Odeio Química! — exclamou Luci. — Odeio conversão de unidades.

— Olha aqui... — Isabelle disse chamando a atenção — o equilíbrio químico é chamado de equilíbrio dinâmico porque a reação continua acontecendo, mas...

Na espiritualidade, todos se voltavam para as questões escolares e inspiravam as garotas, até que um grupo de espíritos desordeiros, familiarizados com o local, ficou algum tempo observando. Então um deles decidiu:

— Vou acabar com essa de estudar! Que estudar, que nada!! Quanto mais ignorante é a criatura, mais manipulável ela é!

Aproximando-se de Luci, começou a passar-lhe ideias que a jovem encarnada aceitou:

— Chega dessa besteira de estudar! Dá um tempo nessa porcaria! O que se ganha ficando em cima desses livros? A verdade é que você nunca vai usar isso na sua vida.

Nesse instante, Luci gritou:

— Ai!!! Pelo amor de Deus! Chega! Chega! Chega! — disse exageradamente. — Meninas, minha cabeça não aguenta mais! — Levantou-se, foi até outro cômodo e deixou as amigas sozinhas.

Estavam sentadas no chão, usando a mesinha de centro da sala como apoio para os livros e cadernos.

Anita jogou-se para trás, deitando-se no chão.

Isabelle continuou lendo a conclusão de um texto para responder aos exercícios. Não se importou com o comportamento das colegas.

Luci retornou à sala. Trazia na boca um cigarro aceso. Embaixo de um dos braços, tinha uma garrafa e, nas mãos, três copos.

— O que é isso? — Anita riu ao perguntar.

Segurando o cigarro nos dentes, falando como se balbuciasse, a amiga respondeu:

— Isto é química! Vamos estudar química na prática! — riu muito.

Anita riu. Levantou-se e foi ajudar a outra que voltou ao outro cômodo para pegar o maço de cigarros.

Na espiritualidade, onde antes se encontravam espíritos voltados às questões escolares que as jovens estudavam, repentinamente, foi tomada por outra ordem de espíritos inferiores e sem esclarecimento como se uma festa começasse a acontecer.

Isabelle não ficou satisfeita e continuou lendo o livro e tentando responder às questões de que precisava, mesmo quando Luci ligou o som em volume máximo.

— Ai!... Gente!... Precisamos entregar este trabalho na segunda-feira!!! Pega leve, tá! — exclamou Isabelle, preocupada com a nota.

Nesse momento, o mesmo espírito que inspirou Luci, aproximou-se dela e repetiu:

— A matéria de química não vai te ajudar em nada na vida. Você não vai usar isso nunca!

Ao mesmo tempo e sem ser visto, o espírito protetor de Isabelle, Enoque, aproximou-se de sua protegida e também a inspirou:

— O estudo, o esforço em busca de soluções para todas as matérias escolares, mesmo aquela que nunca usaremos em nosso dia a dia, desenvolvem o nosso cérebro, fazem-nos pensar mais rápido, movimentam nossos neurônios, agilizam os pensamentos e muito mais. Além disso, você precisa estudar para ter uma profissão.

O espírito Nívia, mentora de Anita, assim como Cássio, mentor de Luci, já haviam perdido a influência sobre suas protegidas, pois elas já davam atenção às inspirações dos demais que apreciavam desequilíbrio e algazarras.

Luci, muito influenciada pelos espíritos sem instrução, tirou o livro das mãos de Isabelle e entregou-lhe um copo com bebida alcoólica bem adocicada, dizendo:

— Dá um tempo, amiga! Depois a gente continua!

— O que é isso?! — a colega perguntou, mesmo sabendo do que se tratava.

— Bebe! Você vai gostar!!!

Isabelle cheirou o copo. Em seguida, começou a bebericar e gostou do que experimentava.

Sob o efeito do álcool e bastante envolvida por espíritos sem esclarecimentos e vampirizadores de energias que os pudessem fazer sentir as mesmas sensações dos encarnados, Isabelle começou a tragar cigarros e beber, rindo descontroladamente.

Não demorou e Anita chutou os livros sobre a mesinha onde subiu e começou a dançar, sendo aplaudida pelas amigas, ao fazer determinadas interpretações.

Depois foi a vez de Isabelle que, além de dançar, cantou muito.

No primeiro estágio, o efeito etílico, ou seja, o efeito do álcool é a euforia, confundido com alegria e excitação.

A pessoa fica desinibida e tem conduta impulsiva.

Por algum tempo, as três garotas cantaram, pularam e dançaram totalmente desinibidas.

Na espiritualidade, jovens que desencarnaram, e ainda possuíam o vício em bebidas alcoólicas e cigarros, juntaram-se a elas. Era como se um imitasse o outro.

Aos poucos, com o organismo bem saturado de bebida, o sistema nervoso foi afetado, fazendo-as perder a capacidade de movimentos bem coordenados e até o equilíbrio.

As três se sentaram no chão e Luci começou a desabafar de um jeito mole:

— Estou farta de tudo!... Estou cansada... Cansada desta droga de casa... Cansada dos meus pais... Vocês sabiam que meus pais só brigam? É... Eles só brigam.

— Acho que briga entre os pais é normal... Não é?... — murmurou Anita que bebia direto na boca de uma garrafa.

— Mas aqui em casa eles brigam feio... Eles se pegam, sabe? É cada pau!... Meu pai xinga minha mãe... Minha mãe xinga meu pai... É cada nome feio!... — e os pronunciou. — Outro dia meu pai bateu nela... Ela caiu e ele chutou ela...

— Ele a chutou... — Isabelle corrigiu, falando grogue, sentindo-se muito tonta.

— Lá em casa também tinha briga, mas não tinha xingo... nem tapa... — disse Anita. — Não... Isso não... — falava de modo vagaroso.

— Xingamento — Isabelle corrigiu demoradamente.

— Tanto faz... Xingo... Xingamento... — tornou Anita no mesmo tom mole.

— Vocês sabiam que meus pais só vivem junto de fachada? — contou Luci.

— É?!... — perguntou Anita mesmo sem conseguir entender direito. Queria que a amiga acreditasse que estava atenta a sua conversa.

— Minha mãe traiu meu pai... Meu pai traiu minha mãe... Eles se xingam... de muitos nomes feios. De muitos nomes... Nossa!... Muito feio — repetiu alguns. — Por isso... É por isso... que eu quero sumir! — falava de modo trôpego, coordenando os pensamentos com dificuldades. — Puff!... Sumir! — gesticulou com os dedos fazendo gesto de desaparecer.

— Meu pai também traiu minha mãe... — Anita revelou. — Mas eles não brigavam... Acho que minha mãe trabalhava muito pra ajudar... Minha mãe trabalhava demais... Aí, um dia, ela descobriu... Ela descobriu e colocou ele pra fora... Pegou as coisas dele e... e colocou ele pra fora... Aí se divorciaram. Eu gostava do meu pai. Minha mãe é implicante... implicante demais... Quer tudo certinho.

— Não é colocou ele... É colocou-o — Isabelle disse, mas ninguém deu atenção.

— Mas eu não acho legal trair... — Luci balbuciou. — Traição não é legal... não... Você fica com a pessoa e imagina ela com outra... Não... Não é legal... Seria melhor... Seria melhor eles se divorciarem do que brigarem e se xingarem e se darem tapas...

— Meus pais não brigavam... Quer dizer... Não tinha briga, briga... Entendem? — Isabelle contou, falando mole. — Às vezes... Minha mãe ficava falando da casa. A casa está velha... O estuque do quarto meu caiu... Estava velho demais. Quase caiu em cima da gente... Aí ela falou para o meu pai arrumar. Ficou triste... Ele não arrumou. Ele trabalha muito. Ela ficou chateada. Mas eu ia querer minha mãe aqui — chorou. — Eu... quero minha mãe de volta!...

Anita se aproximou, puxou-a para junto de si e a abraçou dizendo:

— Não chora, amiga... Não fica assim...

— Eu não tenho mais nada... Aquele homem... Aquele motorista do ônibus... Como é mesmo o nome?... — Perguntava vagarosamente em meio ao choro e mal dava para se entender o que dizia. — Nélio! — enfatizou. — Nélio! Não posso esquecer. Nélio! Eu odeio esse homem! Ele matou... minha mãe!...

— Calma, amiga... — pedia Anita que, mesmo abraçada à Isabelle, ainda bebia alguns goles na garrafa.

— Mas a tua casa é sossegada! — interrompeu Luci. — Aqui não! É difícil um dia... só um dia sem briga, sem tapa, empurrão, puxão de cabelo... Aí os dois brigam e depois descontam na gente. Batem na gente... em mim e no meu irmão. Eles descem a mão.

— Mas você tem mãe! Tem pai! — ressaltou Isabelle. — Minha mãe morreu... Meu pai não para em casa. Só trabalha. E no fim de semana soca a gente na igreja...

— Seria melhor não ter! — tornou Luci.

— E aquele infeliz daquele motorista... O Nélio... Que matou minha mãe...

— Ele foi absolvido?! — perguntou Luci.

— Sei lá... Mas eu quero matar esse Nélio — tornou Isabelle com rancor.

— Calma, amiga... Calma. Você não pode matar ninguém. Você é minha amiga e eu não vou ficar sem amiga — dizia Anita completamente sem noção do que ocorria.

— Mas eu não tenho mãe! — chorou. — Sinto falta dela. Eu queria ver minha mãe... Falar com ela, sabe? Falar tudo o que não falei... Retirar todas as coisas que eu disse dela... Quando falei, não era sério. Agora... Agora estou arrependida porque falei da minha mãe... E também falei coisas para minha mãe. Ela ficava brava comigo... — chorava mais ainda. — Mas agora, só agora... Estou arrependida. Vocês entendem? Eu quero a minha mãe...

— Eu entendi, amiga. Desabafa, vai. Pode falar que eu tô entendendo... — dizia Anita recostada no ombro da outra e ainda segurando a garrafa, agora, vazia. — Eu também queria muita coisa... Eu queria ser rica! Queria ter dinheiro! Ter coisas... caras!

— Eu queria minha mãe. Só agora... Só agora vejo que ela queria meu bem... Queria me ensinar coisas boas quando me... Sabe?... Quando falava para eu me corrigir.

— Eu também entendo — disse Luci. — Eu acho que, se minha mãe fosse como a sua, eu ia ficar triste com a falta dela. Mas aqui... Aqui em casa não é assim... Ninguém liga pra mim... Na sua casa... Sua mãe fazia as coisas, ensinava lição...

— É... Ela ensinava lição pra gente e fazia bolo... — lembrou Anita. — Eu gostava dos bolo dela.

— Dos bolos — Isabelle corrigiu.

— É!... Dos bolos... — Anita começou a chorar.

— Aqui em casa nem bolo tem... Ninguém conversa, nem faz nada... Num tem nenhum carinho... — tornou Luci, chorando também. — Meu irmão... Nem sei quanto tempo ele dorme fora. Não sei o que é sentar na mesa pra comer com todo mundo junto.

— Sentar à mesa — Isabelle corrigiu, mas não ouviram.

— Belle... eu vou falar, tá? — Luci comentou com incrível elasticidade na pronúncia. — Eu tinha inveja de você... Inveja branca, sabe?

— Ô... Luci! Inveja é inveja! Não tem essa de inveja branca ou preta... Rosa ou azul... — argumentou Anita.

— Tem sim! É inveja de não querer mal — insistiu Luci.

— Não concordo! Inveja é inveja! — defendeu Anita.

Isabelle, depois de muito choro, encontrava-se em uma fase hipnótica e de muita confusão mental. Ela não conseguia organizar mais as ideias.

Enquanto Anita e Luci entravam em uma fase de irritabilidade, intolerância e agitação.

Espíritos inferiores se aproveitavam delas o quanto queriam, influenciando-as com opiniões, pensamentos e entendimentos equivocados.

Além de vampirizar suas energias, induziam-nas a discussões sem fundamento ou lógica.

— A Belle é minha amiga e eu vou defender ela!!! — quase gritava Anita, falando muito mole.

— Ela é minha amiga também e mais do que você... — retrucava Luci.

— Para!... Para!... — pediu Isabelle que estava entre elas, sentada no chão. — Peraí... Ai... — gemeu Isabelle. — Minha cabeça... Tá rodando muito... Não tô vendo direito...

— Tenho que limpar essas coisas aqui senão... Senão, não sei... — disse Luci, ficando em pé e cambaleando. — Vou pegar... Um saco. É!... Um saco de lixo pra pôr essas garrafas e...

Tinha imensa dificuldade para pensar e se concentrar no que era preciso fazer.

Vendo-a indecisa, Anita se levantou e falou:

— Vamos esquecer toda essa coisa... Você é minha amiga e... Vou ajudar você... Onde tem saco de lixo?

Cambaleando também, pegou um prato que já estava vazio e, junto com Luci, foram para a cozinha, enquanto balbuciavam frases que não conseguiam registrar. Eram assuntos sem sentido.

Na espiritualidade, espíritos inferiores riam e zombavam do estado das garotas. Os mentores sabiam que não adiantaria influenciá-las. Não naquele momento.

Independente da idade cronológica, idade física do encarnado, ele é um espírito com experiências anteriores, personalidade própria e também com poder de decisão. Deus permite que os espíritos imperfeitos sejam instrumentos para testar-lhe a fé, o caminho do bem e o amor. Quando vencidas as provas do mal, quando o encarnado diz não ao que não é bom, nem útil nem saudável, para ele e para os outros, esses espíritos sem evolução não terão razão para testá-lo nem para ficar ao seu lado. Os espíritos inferiores são sutis e sempre vêm ao nosso encontro pelo mal que praticamos ou pensamos. Quando temos vontade de alguma prática no desequilíbrio ou para o mal, para o próprio corpo ou para com os outros, eles vêm nos influenciar com ideias de reforço. Se somos inclinados à bebida, haverá uma multidão de espíritos viciosos para nos inspirar, incentivar e vampirizar. O mesmo acontece com outros vícios como cigarro, drogas, jogos, sexo promíscuo etc...

Os espíritos inferiores só se ligam a nós pelos nossos desejos[1].

---

[1] Nota da Autora Espiritual: As questões 466, 467 e 468 de *O Livro dos Espíritos*, explicam-nos muito bem sobre o assunto.

Ao voltarem para a sala, perceberam algo estranho em Isabelle.

— Belle?!... Ei?... Belle?... Você está bem? — Anita quis saber.

— Tá... Tudo girando muito... Rodando... — balbuciou.

— Vamos... Levanta — pediu e foi ajudar a amiga.

Luci, vendo a cena, pegou no outro braço e ambas fizeram com que Isabelle sentasse no sofá.

— Ai, gente... Para... — tornou Isabelle, sentindo-se muito mal.

— Para com o quê? — perguntou Anita.

Isabelle começou a vomitar.

Nesse instante, Laís, mãe de Luci, chegou e se deparou com a cena.

— Mas o que está acontecendo aqui?!!! — esbravejou a mulher.

— Não é nada!... Não é nada... — respondeu a filha falando e andando de modo descompassado.

Laís se aproximou, segurou Luci pelo braço e começou a estapeá-la na cabeça.

— Olha só o que eu encontro!!! O que pensa que está fazendo, menina?!!! — berrou.

— Eu não fiz nada! Me larga!!!

— Vocês beberam!!! Olha o estado dessa aí!!! — gritava. — Olha essas garrafas!!! Veja o estado da minha sala!!!

Até mesmo Anita acabou recebendo tapas de Laís, que estava furiosa.

Isabelle se largou no sofá. O efeito anestésico a fez perder totalmente a vontade, a consciência e a força muscular. Já não conseguia manter a atenção ao que escutava.

Enfurecida, Laís foi até a casa de Isabelle e de Anita, que moravam perto.

Antônio e Beatriz foram buscar as filhas que não tinham condições de voltar para casa sozinhas.

Antônio não disse uma palavra. Enquanto Beatriz deu um grande sermão em Anita ao levá-la de volta.

# Capítulo 2

## *No plano espiritual*

Antônio não sabia o que fazer com a filha.

Em casa, deitou-a na cama, exatamente como estava, sem banho e cheirando horrivelmente.

Os irmãos de Isabelle ficaram curiosos com o ocorrido.

— O que aconteceu? — Rafaelle indagou cochichando.

— Ela tá de fogo porque bebeu — Ailton respondeu no mesmo tom, sussurrando.

— Bebeu pinga? — tornou a irmã caçula.

— É... Viu como ela tá fedendo?

— Vão dormir vocês dois! — exigiu o pai. — Não quero uma palavra sobre isso.

— Mas ainda tá cedo! — Ailton reclamou.

— Não importa. Hoje todo mundo vai dormir cedo.

Eles obedeceram, a contragosto, e foram se deitar.

Antônio se sentou na cama da filha e ficou olhando-a por longo tempo.

Uma grande amargura tomou conta de seu coração, enquanto seu peito doía. Era uma angústia e um remorso sem fim. Sentia-se impotente, arrependido. Um arrependimento calado, de algo que não ousaria contar.

Chorou.

Um choro leve e contido nos olhos, embora muito amargurado na alma.

As últimas lembranças de Dulce não saíam de sua mente. Tinha de manter o equilíbrio para lidar com os filhos.

Dulce não era uma mãe liberal nem tampouco relapsa ou omissa. Sabia dizer não e ser firme sempre que preciso. Consolar e apoiar nos momentos oportunos. Deixava-os de castigo e nunca cedia para amenizar a pena, fosse o que fosse. Sua palavra não voltava atrás. Quando necessário, moderadamente, repreendia os filhos com algumas palmadas. Mas isso só ocorria se não houvesse outro jeito.

Antônio reconhecia todas as qualidades da esposa, mas não entendia por que fez o que fez e como fez. Foi omisso. Cruel. O pior marido que ela poderia ter. Entretanto, os filhos ignoravam. Para eles, ele era só um pai ausente.

E agora?

Além do arrependimento e da culpa, deveria assumir encargos que nunca teve antes, sem deixar transparecer seus sentimentos para os três filhos.

Na época em que Dulce estava viva, tudo ficava no lugar. A limpeza do lar, as roupas bem lavadas e passadas, a comida gostosa sempre pronta... Tudo era impecável.

Mais do que nunca, reconhecia sua falha.

Sozinho, não conseguia organizar o lar, corrigir e educar os filhos.

Ter de ir buscar a filha mais velha, embriagada, na casa da amiga, foi bem difícil e doloroso para ele.

O que dizer à Isabelle? Como repreendê-la?

Antônio se dirigiu para o quarto, questionando-se e culpando-se. Sentia-se responsável por ter de passar por tudo aquilo.

Por que aquilo precisou acontecer? Por que não tomou uma decisão quando necessário? Por que não interferiu no que precisava? Como voltar o tempo?

O que teria de aprender agora?

No momento não saberia dizer.

A bênção do esquecimento de vidas passadas serve de conforto a todos nós.

Sentou-se em sua cama. Orou e pediu perdão. Perdão por sua covardia, por sua omissão, por tudo o que fez de errado.

Na manhã seguinte, Isabelle acordou com terrível dor de cabeça.

Sentia-se extremamente mal. O mundo parecia girar ainda a sua volta.

O cheiro horrível que se impregnou nela e em suas roupas de cama era insuportável.

Levantou com dificuldade, com movimentos lentos que necessitavam de muito esforço. O estômago embrulhava e era como se todo o seu corpo estivesse anestesiado.

Bem devagar, foi até o banheiro. Olhou-se no espelho com bastante dificuldade, pois a luz do sol, que entrava pela janela, fazia com que sua cabeça doesse mais ainda.

Seu rosto inchado, as olheiras profundas e escuras denunciavam o quanto seu organismo se encontrava debilitado.

Tirou as roupas e tomou banho.

Lavou muito bem os cabelos castanho-escuros, pois estavam sujos do vômito que havia secado.

Quando saiu do banheiro, enrolada em uma toalha, Antônio a chamou:

— Isabelle?

— Bênção, pai... — murmurou, mas não o encarou.

— Deus te abençoe. — Sem oferecer um tempo, pediu: — Assim que se trocar, quero falar com você.

A filha não disse nada. Virou-se e encaminhou-se para o quarto.

Trocou-se.

Olhou para a cama e sentiu imensa vontade de se deitar, mas não podia. Os lençóis achavam-se sujos e seu pai havia chamado.

A cabeça doía como nunca, mal conseguia ficar de olhos abertos.

Foi para a cozinha onde o pai a esperava.

Quando pensou em se sentar à mesa, Antônio pediu:

— Faz um café pra nós.

Com imensa dificuldade, por causa do mal-estar, ela se dirigiu até o armário, pegou o pó de café e começou a preparar a bebida.

Antônio só observava e solicitou:

— Pegue a toalha e arrume a mesa.

Ao colocar as xícaras, deixou uma cair. O barulho da porcelana espatifando ao chão foi estrondoso para a dor.

Ela se segurou na cadeira e murmurou:

— Ai, pai, eu não tô bem...

— Isso é um problema seu e não meu. Limpe isso tudo e arrume a mesa — disse em tom sério, quase solene, sem gritar ou exibir irritação. Depois foi para o quarto.

Ao retornar, encontrou a mesa posta para o café da manhã.

— Os seus irmãos foram para o encontro dominical de jovens lá na igreja. Hoje vai ter comemoração por lá. O padre vai falar algumas coisas com eles. Quando chegarem, o almoço tem que estar pronto e na mesa.

— Tem arroz ainda na geladeira? — ela perguntou.

— Não tem não. Ontem à noite, eu peguei o arroz e juntei com legumes e fiz uma sopa. Só tem um resto de sopa. Cozinhe arroz, feijão e faça um cozido de cenoura com batata e tomate. Lave a alface que tem e faça uma salada. Vou ter de levar o carro na oficina e, se der, eu trago uns bifes. Devo chegar junto com seus irmãos. Quando você for lavar suas roupas, lave separada das dos outros. Atrás da porta do meu quarto tem duas camisas que são pra lavar também. Quero tudo isso pronto quando eu voltar — virou as costas e saiu.

Isabelle sentiu muita raiva. O pai a fez fazer café, arrumar a mesa e nem se sentou.

Alguns espíritos que a acompanhavam riam e zombavam do seu estado, o que a irritava ainda mais, sem saber. Apesar de não vê-los, sentia as vibrações.

Na espiritualidade, Dulce começava a despertar.

Ao abrir os olhos para o novo plano em que vivia, deparou-se com ambiente limpo e arrumado, tal qual um hospital terreno.

Tudo muito iluminado por uma claridade agradável que entrava pelas janelas largas.

Ela se ajeitou e percebeu a aproximação de alguém.

Ficou na expectativa, embora estivesse confusa. Não sabia dizer que lugar era aquele. Esqueceu-se do próprio nome. Era um estado semelhante àquele em que se acorda em uma manhã e não se sabe onde está nem que dia é.

Uma mulher sorridente apareceu e disse em tom bondoso:

— Dulce, minha querida, que bom que acordou.

Nesse instante, recordou-se do próprio nome.

— Bom dia — Dulce cumprimentou timidamente. Depois perguntou: — É de manhã, não é?

— Sim, querida. É de manhã. Bom dia! — Sem oferecer trégua, apresentou-se: — Meu nome é Ana. Espero que esteja se sentindo bem.

— Que hospital é este? O que aconteceu? — o espírito Dulce quis saber.

— Você sofreu um acidente bem sério. Está aqui há bastante tempo. Graças a Deus se recuperou muito bem. Olhe para você! — ressaltou com alegria e bondade.

— Eu me sinto estranha... Não me lembro de acidente algum. Parece que estou tonta.

— Isso é normal, meu bem. Daqui a pouco você se acostuma.

— E a minha família? — perguntou ainda confusa.

— Estão todos muito bem. Daqui a pouco sei que terá visitas. — Ajeitou-a e elevou a cabeceira do leito sem que Dulce percebesse. Feito isso, o espírito Ana comentou: — Agora preciso ir. Em minutos, suas visitas vão chegar.

— Está bem. Obrigada — agradeceu.

Após Ana se retirar, não demorou muito e Dulce percebeu a aproximação de pessoas que vinham por um corredor.

Com grande expectativa, ficou observando a porta.

Para sua surpresa, viu adentrar, ao quarto, sua mãe Florina e sua sogra Herculana.

Seu sorriso se fechou, enquanto o das outras se abriu.

— Mãe!... Dona Herculana!... Meu Deus! Estou sonhando! — começou a se alterar.

— Minha filha! Que bom você estar bem! — Florina manifestou-se bem feliz.

— Não! Isso não é possível! — assustou-se Dulce. — Minha mãe!... Minha sogra!...

— Dulce, somos nós mesmas — confirmou Herculana.

— Não! Não pode ser!

— Pode sim, filha. Você foi atropelada e morreu — Florina revelou de uma vez, sem trégua.

O espírito Dulce sentiu-se mal, tal qual como se estivesse encarnada, pois suas lembranças e impressões da vida corpórea a faziam se sentir assim.

— Calma, menina... O que é isso? — Florina afagou-lhe os cabelos com cuidadoso amor.

Dulce começou chorar.

Aproximando-se mais, Herculana também a acariciou com ternura e tentou consolar:

— Eu sei como está se sentindo. Sei exatamente. Também deixei marido e filhos quando desencarnei.

— Não... Não pode ser verdade — chorou. — Não me lembro de nada. E meu marido? E meus filhos?... Minha casa?

— Seus filhos estão bem, minha filha — tornou Florina com paciência e em tom maternal.

— O que será deles? O que será de mim? E agora, mãe?! — desesperou-se.

— Presta atenção — pediu firme. — Concentre-se em você aqui. Precisa prestar atenção no que você tem de fazer por si mesma agora, neste novo estado. Todas as suas atitudes mentais, verbais e físicas a trouxeram até as condições que tem hoje. Deve agradecer a Deus pelo socorro abençoado. Nem todos que desencarnam estão em locais como este. A sua família não precisa mais de você. Um ciclo se fechou em sua existência.

— Precisa sim, mãe! Meus filhos são menores!

— Sim, minha querida. Nós sabemos — interferiu Herculana. — Mas antes de serem seus filhos, são filhos de Deus. Se hoje o Pai da Vida permitiu que eles caminhassem sem a sua presença ao lado, é porque existe alguma lição, alguma evolução necessária para eles e para você, que nós ainda não entendemos.

Ela derramou algumas lágrimas.

— Troque o choro por uma prece de gratidão. Não é fácil, mas é possível. Somente assim conseguirá as bênçãos que deseja — tornou Florina. — Filha... — esperou que olhasse e completou: — O desespero só vai atrair para você o que não necessita.

Algum tempo e o espírito Dulce disse:

— Sinto-me diferente. É estranho.

— Sim, filha. Nós nos acostumamos com a densidade do corpo físico e com os órgãos dos cinco sentidos humanos. Sem eles, na espiritualidade, somos libertos, de certa forma. Como espíritos libertos do corpo, sempre nos atraímos a grupos de nosso nível moral.

— Como assim? — a recém-desencarnada quis saber.

— De uma forma geral, podemos dizer que os espíritos bons se afinam e se atraem para junto de espíritos semelhantes. E com os maus e viciosos também acontece o mesmo. Existem muitos detalhes que ainda vai aprender. Geralmente, podemos dizer que os bons podem ir para toda parte. Mas existem regiões habitadas pelos bons espíritos que são interditadas aos maus, aos que não têm elevação a fim de não levarem a elas o distúrbio das más paixões — Florina explicou. — Por isso devemos agradecer a Deus por estarmos aqui.

— Não estou entendendo. Onde estou? Aqui é o céu? O paraíso? Que lugar é este? — tornou Dulce.

— Eu também pensei que aqui fosse o céu — Florina sorriu. — O paraíso é o que cultivamos em nossos corações, através do que falamos, pensamos e fazemos.

— Estamos em esfera espiritual próxima da Terra. É uma colônia espiritual habitada por espíritos que já abandonaram a perversidade e muitos vícios como: fomentação de brigas, intrigas, fofocas e outros, mas ainda precisam se aperfeiçoar — esclareceu Herculana.

— Não é um lugar específico para católicos. Encontram-se, neste círculo, espíritos com a mesma sintonia, independente da filosofia ou da religião que abraçaram enquanto encarnados.

— Sintonia?... Mãe, do que a senhora está falando?

— Sintonia é a afinidade, as mesmas práticas morais, os mesmos desejos, as mesmas paixões...

— Eu sei o que é sintonia, mãe! — interrompeu-a. — Quero saber onde estou e o que faço aqui?

— Eu já disse. Você morreu, Dulce, ou melhor, o seu corpo morreu. Como espírito você é eterna. Após o seu desencarne foi trazida para esta colônia. Recebeu cuidados de acordo com as necessidades do seu corpo espiritual. Ficou adormecida por algum tempo e agora despertou.

— E meus filhos? E meu marido? Preciso saber como eles estão!

— Filha... — Usando de bondade na expressão, Florina tentou fazê-la entender: — Há momentos, na existência, que um ciclo se fecha e novo ciclo se inicia. O seu tempo encarnada terminou. Aqueles que foram seus filhos e aquele que foi seu marido vão seguir encarnados. Você deve, a partir de agora, buscar se equilibrar e aprender.

— Terá tanta coisa para aprender aqui! — Herculana lembrou, aproveitando a pausa. — E quanto antes procurar se inteirar, melhor.

— Não! Não! Não!... Está errado! Eu sou muito nova para morrer! Isso deve ser um sonho!

— Dulce! — expressou-se Florina de modo mais firme. Vendo-a olhar, disse: — Preste atenção. Isto não é um sonho. Não há como ser diferente. Não tem como voltar. Está agindo como uma pessoa mimada que deseja ser atendida em suas exigências e contrariedades. O nome correto para isso é egoísmo! — Mesmo percebendo a outra chocada, prosseguiu: — A não aceitação e a revolta não são bem-vindas aqui. Se continuar assim, vai se atrair para a crosta terrestre, para junto daqueles que deixou, mas não terá qualquer assistência nem amparo, tampouco companhia elevada. Neste estado, não há nada que consiga fazer pelos que ficaram. Fui clara?

— Nem sei como morri! O que vou fazer aqui?

— Conhecer, estudar e aplicar, em si mesma, métodos de espiritualização. O paraíso não existe para espíritos do nosso nível e aqui não é colônia de férias. Terá muito o que aprender. — esclareceu Florina.

— Vou poder visitar meus filhos ao menos?

— Sim, mas não agora. Devemos obedecer a certas regras importantes para o nosso bem-estar e o da colônia onde estamos. Sem regras, disciplina e organização nós não evoluímos nem prosperamos. Se Deus não fosse organizado, a Natureza não seria perfeita. É só observar a ordem natural do nosso planeta e do Universo — novamente Florina foi firme.

O silêncio foi absoluto por algum tempo.

Herculana se aproximou, tomou a mão da recém-desencarnada entre as suas e acrescentou:

— Quando não podemos mudar o que aconteceu, devemos observar, sem protestos ou queixas, para entendermos a mensagem de Deus. Decerto, haverá aprendizado e harmonização. Nada é por acaso.

Dulce ergueu o olhar e as encarou.

— Ainda estou confusa. Não consigo parar de pensar na minha família... Não consigo me lembrar de algumas coisas...

— Sabe... Todas as vezes que fico confusa e não sei o que fazer, procuro descansar minha mente. Saio para caminhar e prendo minha atenção no que acontece a minha volta. Olho para a natureza, para as pessoas, animais... Fazendo isso, descanso a mente e depois alguma resposta vem, alguma solução aparece — tornou Herculana sabiamente. — Olhe a sua volta e comece a ter novos pensamentos e interesses. Queira saber como é este lugar, o que acontece por aqui. Pense no que tem para aprender. Às vezes, é preciso nós nos forçarmos. Depois tudo fica mais leve e automático.

— Herculana tem razão. Ocupe seus pensamentos com novas metas, com novos objetivos e o que for velho e lhe faz mal não terá espaço.

— Não sei por onde começar. Só penso na minha vida deixada para trás. Nos meus filhos... Como vão ficar sem mim... Não penso em outra coisa.

— Então, vamos lá, filha! — Florina tentou animar. — Saia dessa sintonia angustiante. Faça-nos uma pergunta sobre este lugar ou sobre nós — sorriu.

Pela primeira vez o espírito Dulce esboçou um sorriso e observou:

— Vocês duas não se davam muito bem, não é? Como é que estão juntas e são amigas agora?

Herculana riu e comentou:

— Hoje somos inseparáveis. Nós nos envergonhamos de algumas coisas tolas do passado, mas, em contrapartida, descobrimos outras maravilhosas.

— O que fazem aqui? — tornou a recém-desencarnada.

— Para os que desejam evoluir, sempre há um serviço gratificante a prestar. Somos cooperadoras da enfermagem no serviço da saúde desta ala hospitalar. Ajudamos com magnetismo e providências outras, além de apontar necessidades de auxílio, quando se trata de algum caso que fuja ao nosso serviço — Florina explicou.

— Hospital? Aqui tem hospital?

— Como não ter? — indagou Herculana. — Aqueles que desencarnam vitimizados por lesões ou enfermidades que comprometem também o corpo espiritual precisam de assistência e continuidade em seus tratamentos. Mas aqui tudo é muito diferente do que ocorre na crosta terrestre.

— Não sei se entendi... — ficou confusa.

— Suponhamos que uma pessoa viveu buscando harmonia. Não foi má com os outros nem com animais ou com a Natureza. Sempre teve fé em Deus, buscou bons princípios... Por uma questão de causa e efeito, ou seja, por consequência de algum ato de desarmonia do passado, ficou doente e desencarnou, ou então, como você, sofreu um acidente. Por sempre ter se ligado a Deus através das preces e das boas práticas, será bem assistida por amigos ou mentores espirituais e socorrida no momento da passagem, ou seja, no momento do desencarne. As que precisam de recomposição do corpo espiritual são trazidas para hospitais. Assistidas com tratamentos de magnetismo especiais ou outros, se necessário. Geralmente, permanecem por um período em estado semelhante ao sono, para sua recomposição e para que também não recebam as impressões, muitas vezes queixosas, de familiares que lamentam com intensidade o seu desencarne. Essas lamentações não são nada saudáveis para espíritos despreparados — esclareceu Herculana.

— Então existem aqueles que não precisam de hospitais ou qualquer tipo de recuperação ou internação? — quis saber Dulce.

— Lógico que sim. Existem os espíritos que saem andando de um acidente e nem olham para ver como foi. Reconhecem-se no plano espiritual e iniciam prece de gratidão e amor. O mesmo com alguns que, em doenças terminais, no leito hospitalar, abrem os olhos no plano espiritual e sorriem satisfeitos. Libertos do corpo sofrido, dos incômodos trazidos pela enfermidade. Agradecem o amparo daqueles que, no plano espiritual, esperam por eles com alegria e satisfação. Alguns, simplesmente, levantam-se e seguem acompanhando, lado a lado, o mentor que o assiste — contou Florina.

— Nooooossa... — admirou-se Dulce.

— Para isso é necessário merecimento — tornou Florina.

— E os que foram maus? — Dulce ficou curiosa.

— Quando você aprende e pratica, ganha dignidade e crédito. Isso serve para os dois lados. — Percebendo que a recém-chegada não entendeu, Florina esclareceu: — Os que foram maus, danificaram o corpo com paixões terrenas. Foram egoístas, orgulhosos, vaidosos. Inclinaram-se para as más tendências de qualquer espécie. Mesmo que tenha sido considerado um religioso, se não se ligou a Deus nem aos princípios morais, prática essencial aos espíritos bons e elevados, não é merecedor de assistência até que sua consciência se arrependa, verdadeiramente, e ele se disponha, com muita humildade, a harmonizar o que desarmonizou. Esses espíritos sem evolução, impuros ou maus, não conseguem ver seus mentores porque o nível de elevação que apresentam não é suficiente para que se mantenham em um bom lugar. Se eles xingam, brigam, pronunciam palavras inadequadas, são espíritos assim que vão recebê-los na espiritualidade. Espíritos inferiores, como eles, ficarão satisfeitos em vê-los privados de conforto, felicidade, bem-estar e tudo o que for bom e saudável[1].

— Mas... eles não são socorridos nunca?!

— O socorro é para quem se permite, filha — respondeu Florina com bondade. — Já vimos contar diversos casos de socorro a espíritos despreparados e esse socorro não deu certo.

— Como assim?

— As cidades ou colônias espirituais, destinadas aos espíritos bons e em evolução, são de profunda tranquilidade. Tudo é muito bem organizado, obedece a normas de incentivo moral e respeito mútuo. Possuem instituições e guarida adequada aos que nelas habitam, instruem-se e trabalham.

— Trabalham?

— Sim, meu anjo — prosseguiu o espírito Florina. — Aqui não temos ociosos. A princípio, assim que chega, cada um tem um período para se restabelecer, conhecer tudo o que for

---

[1] N.A.E. As questões 287, 288 e 289 de O Livro dos Espíritos, esclarecem esse assunto.

preciso e, de acordo com o seu nível de entendimento, instruir-se o quanto puder e for capaz e, além disso, trabalhar. Também é preciso aceitar viver e espargir de si nível moral de acordo com a colônia. Se assim não for, esse espírito fica incompatível com o lugar e não permanecerá nesse nível.

— E aí o que acontece? — tornou curiosa.

— Ou ele se atrai para zonas inferiores ou reencarna. Lembrando que essa segunda opção, feita sem o devido preparo, pode resultar em seres humanos reencarnados sem um bom planejamento, sem grandes objetivos. Aqueles que vivem dependentes e sem metas podem se atrair para o que não presta, para as más paixões, maus hábitos e refazimentos futuros. — Florina ofereceu uma pausa e completou: — Como eu ia dizendo, já ouvi contar casos de socorridos que não estavam preparados e provocaram desarmonia na colônia onde foram socorridos. A incompatibilidade de seus pensamentos, desejos e ações destruíam a harmonia a sua volta, colocando outros, mais equilibrados, em risco.

— Nossa... Como pode ser isso? — perguntou Dulce, bem interessada.

— Você terá muito o que aprender! — exclamou Herculana. — Observe só uma coisa: quando ocupamos nossa mente e nos interessamos por algo novo, bom, útil e saudável, saímos da sintonia melancólica ou preocupante e conflitante em que estávamos. Isso serve para encarnados e desencarnados. Mude sua sintonia mental e mudará tudo a sua volta. Simples assim.

— Herculana tem razão. Agora é o momento de focar em tudo o que deve aprender aqui. Isso será bom para você e para os que ficaram.

— Sinto-me melhor.

— É por causa da conversa produtiva. Em pouco tempo, poderá sair daqui e conhecer melhor essa linda cidade espiritual. Tenho certeza de que vai gostar — Florina sorriu.

Conversaram por mais alguns minutos e depois se foram, deixando Dulce com novos pensamentos produtivos.

## Capítulo 3

# A dor da saudade

Assim que foi considerada apta, Dulce deixou a zona hospitalar e passou a residir com Florina e Herculana.

A princípio, como a maioria dos recém-desencarnados, a curiosidade tomou conta do seu ser. O que foi muito bom, uma vez que sua mente se ocupava de modo favorável.

A aquisição de conhecimento útil, saudável e que nos eleva também é prosperidade.

Cada vez mais, Dulce se interessava em saber.

— Vocês não se davam bem. Como foi quando se encontraram aqui?

— Ah... Hoje vemos o passado com olhos de vergonha, como eu já lhe falei. Demos atenção a tantas tolices... Brigamos até para segurar nossos netos no colo — recordou Herculana, com o esboço de um sorriso.

— Ainda encarnada, fiquei com muita raiva quando descobri que Herculana falou que eu era fofoqueira. A partir de então, comecei a envenenar você — Florina referiu-se à Dulce —, para que tratasse mal a sua sogra. Não percebia que era egoísmo e maldade o que eu fazia.

— E aqui? Como foi descobrir tudo isso? Os espíritos podem esconder as coisas uns do outros? — interessou-se.

— Não. Tudo, exatamente tudo, fica descoberto na espiritualidade. Não há segredos. É o que vivencia agora. Enquanto eu penso, se estiver prestando atenção em mim, você vai receber as minhas ideias. Se eu pensar no meu passado, concentrando-se em mim, saberá como foi. E como não existe freio para o pensamento... Tudo fica descoberto. O pensamento é vida. A consciência, os arquivos do que somos. Encarnados, vivemos sob o véu da ilusão. Quero parecer bem, esperta, íntegra, fiel, comportada, séria, benevolente... e pareço. Porém, aqui, o véu da ilusão ou do disfarce cai. Se eu não fui íntegra, a falta de integridade aparece. Se não fui benevolente, minha maldade aparece... — comentou Florina.

— Assim que eu desencarnei, fui socorrida — contou Herculana parecendo situar a mente nas lembranças do passado distante. — Ao tomar conhecimento do meu novo estado, fiquei preocupada com aqueles que deixei. Gostaria de cuidar deles. Desejava estar entre eles. Consolando, ajudando e também tomando conta de tudo como antes. Hoje sei que isso não é querer bem. É querer controlar. Mas, na época, não admitia isso. Ser controlador é não admitir os desígnios de Deus. É difícil assumir isso. Não aceitar os desígnios do Pai Maior é mostrar-se infantil, espiritualmente falando. Tal qual a criança birrenta que precisa de muita educação e limite. Para ensinar criança birrenta, o melhor a fazer é ignorar e desprezar suas birras, ao mesmo tempo em que se nega o que ela exige. É necessário repetir o mesmo método, sem piedade, todas as vezes que a criança birrenta demonstrar que ainda não aprendeu. É assim que as Leis de Deus funcionam. O Universo, a Natureza oferecem e continuarão oferecendo experiências semelhantes enquanto não aprendermos as lições que necessitamos aprender. Tudo se repete e se repete até observarmos e aceitarmos aquilo que não podemos mudar. Precisamos tirar uma lição do que não gostamos. Essa lição existe. E se não a descobrirmos, vamos passar por situação semelhante. — Ela ofereceu breve pausa para a outra refletir, depois prosseguiu: — Então foi assim... Por acreditar que somente eu sabia como tratar bem a minha família, atraí-me para a crosta terrena para junto deles. Fiquei contrariada com meu desencarne. Não achei que foi justo partir no momento que minha família precisava de mim. Mas, se não sabia cuidar nem de mim, como poderia ajudar a eles?

— A senhora voltou para junto de nós? Foi isso o que entendi? — Dulce perguntou surpresa.

— Voltei. Inconformada com minha nova situação, retornei. Logo me deparei com a tristeza de cada um. Meu marido, inconformado, vertia lágrimas de desespero que me doía o ser. Joana, minha filha amada, deprimiu-se profundamente. Chorava dia e noite. Não aceitava... Tinha fortes crises e momentos oscilantes. Ora deprimia-se profundamente, nem levantava da cama, ora tinha crises de ansiedade, sentia tremores, cansaço, palpitações, tonturas. Sentia coisas difíceis de descrever. Quantas vezes, abraçada à Joana, chorei e sofri, multiplicando nossa dor e estendendo o nosso sofrimento. Segui vocês. Descobri o que não gostavam em mim. Conheci suas críticas a meu respeito. Cultivei mágoa, raiva... Envenenei-me, a cada dia, com tudo o que descobria. As necessidades espirituais eram medonhas. Fiquei horrível. Aparência cadavérica, doentia... Outros espíritos, em estado triste e necessitados como eu, viam-me, riam e zombavam de mim. Quando assistia às reuniões de família, odiava a Florina, por saber de tudo o que ela pensou e falou de mim, mas pouco me lembrava do que havia dito sobre ela. Em espírito, os sentimentos ruins são mais intensos e mais perversos para nós mesmos. Encarnados, sentimos ódio, mágoa, raiva e ausência de perdão. Envenenamos nosso corpo de carne com esses sentimentos. A maledicência, mais conhecida como fofoca, envenena nossa mente. Falar dos outros, preocupar-se com problemas alheios é, além de perda de tempo, um manancial de energias negativas que atraem dores de toda ordem: física, emocional e espiritual, a médio ou curto prazo. — Fez longa pausa. — Então, desencarnada, mesmo sofrendo, não aceitando determinadas situações, fiquei longo tempo junto de vocês. Assim que percebi formações espirituais muito doentias junto à Florina, fiquei feliz. Aplaudi. Sabia que ela iria sofrer e com isso acreditei que pagaria por tudo o que falou de mim. Não entendia que eu sofri tal doença por merecer também. Fui vítima de mim mesma. Quando buscamos ofender os outros, falamos mal, nós nos irritamos, é a nós mesmos que ferimos, é a nós mesmos que envenenamos e somos nós quem vamos sofrer. Tudo, exatamente tudo o que nos acontece, é o resultado do que fizemos, pensamos, falamos e sentimos.

Diante da pausa, Dulce se interessou:

— E o que aconteceu?

— Quando você estava grávida da Rafaelle, foi visitar minha filha Joana. Levou a sua mãe. Fiquei com muita raiva. Acreditei que ela iria ficar feliz por ver Joana doente. Briguei, xinguei sozinha... De nada adiantou. Enquanto vocês estavam lá, vi o olhar maternal de Florina para minha filha. Reparei, quando se sentou na cama, e, tão calmamente, ofereceu a ela palavras de motivação e coragem. Depois lhe fez um chá... — emocionou-se com a lembrança. — Na cozinha, antes de dar o chá para a Joana, a Florina pegou a caneca entre as mãos e orou. Pediu a Deus que colocasse bênçãos de bom ânimo na bebida para ela se recompor, levantar-se e sair daquele estado depressivo. Ficou orando por alguns minutos... Foi quando eu vi luzes cintilantes descerem do alto, envolver a ela com a caneca de chá nas mãos. A bebida ganhou um tom cintilante. Uma cor linda que eu não sabia explicar. A energia envolvia cada vez mais a Florina, o chá e se dilatava no ambiente. Fiquei emocionada. Havia desejado o mal daquela mulher que orava pela melhora da minha filha... — À medida que Herculana se recordava, Dulce, muito atenta, era capaz de ver as imagens em sua tela mental e sentir suas emoções. A outra continuou: — Ao ver Joana bebendo o chá bem lentamente, pude perceber que aquela energia, como uma luz impressionantemente bela, brilhava dentro do seu corpo. Corria pela medula, abrilhantava o cérebro... — emocionou-se novamente. — Não demorou e Joana animou-se um pouquinho. Sentou-se melhor na cama e até sorriu para vocês. Depois de sair de lá, percebi que sua mãe ficou apiedada de minha filha. Disse que voltaria. Após dois dias, ela cumpriu a promessa. Retornou com o convite para Joana ir à missa de um tal padre muito bom. Minha filha não queria ir, mas Florina insistiu. Disse que não tinha companhia e a induziu... Ela acabou indo. O tal padre, nada convencional e muito animado, realizou uma missa linda! Com proposta de bom ânimo, bem aventurança, prosperidade e saúde... Em determinado ponto da celebração, esse padre falou da necessidade do perdão, da importância de abandonar o passado, de como é fundamental cuidarmos de nós agora, no presente, no hoje, no aqui e agora! — ressaltou. — Ele disse: "Quando você estiver triste e melancólico e só quiser ficar deitado, acredite que Jesus vai pegar em sua mão e sair com você para dar uma caminhada e Ele vai! Acredite que Jesus vai sorrir quando você sorrir e Ele estará sorrindo! Lembre-se de que Jesus vai fazer isso se você O convidar! Você não estará sozinho!" A Joana ficou muito atenta a essas palavras. Foi daí que minha filha começou a levantar e fazer caminhada, mesmo com medo, mesmo com o desânimo... Ela acreditava que Jesus estava com ela e... Estava. Quando orava para se levantar da cama, para pôr um calçado e fazer caminhada, fazer suas coisas... Ela recebia energias santificantes, ganhava força e fazia o que precisava. Era impressionante! Minha filha ganhou ânimo, procurou ajuda na medicina natural, procurou a ajuda de um psicólogo... Ela só começou... Teve de haver um começo. E ela começou... Foi então que eu vi vultos sombrios, que ainda não eram capazes de entender, afastando-se dela. Quando Joana sorria, algo brilhava nela, seu cérebro brilhava e, no mesmo instante, vinha uma luz do alto e a envolvia. Foi assim que começou a frequentar a igreja na companhia de Florina. Aos poucos, a depressão foi se dissolvendo. O medo e o desânimo, lentamente, foram embora... Nos dias de recaída, minha filha se propunha a fazer tudo o que tinha planejado e mantinha o pensamento firme de que aquele estado emocional melancólico iria passar. Quando fazia isso, eu podia ver seres de luz acompanhando-a como se a amparassem, principalmente nos momentos em que ficava de joelhos agradecendo a Deus pela vida, pela cura da depressão e da ansiedade, pela família, por tudo o que tinha. Até para se alimentar, ela orava agradecendo. Era nesse momento que eu via descer do alto uma luz lindamente brilhante que se derramava sobre a refeição... Era impressionante... Joana havia parado de reclamar. A ausência de reclamação é a cura para muitos males, além de ser o caminho para a prosperidade. Um dia, um desses seres de luz que passou a frequentar a casa de minha filha, ficou muito nítido para mim. Só então pude perceber a figura de um homem de meia-idade. Feição agradável, cabelos brancos ralos, olhos bondosos... Ele se aproximou, sorriu e perguntou se eu estava bem. Comecei a chorar. Meu estado espiritual era lastimoso. Sentia necessidades parecidas as de quando estava encarnada. Fome, frio, dores... Minha aparência era horrível. Em meio ao choro, pedi, como se implorasse: Por favor, me ajuda... — emocionou-se ao recordar vivamente. — Então fui trazida para cá. Fiquei em estado semelhante ao sono por algum tempo. Fui me refazendo. Aprendendo sobre tudo aqui... Estudando. Todos os dias eu me lembrava do que Florina fez por minha filha. Comecei a orar em gratidão por ela. Pedi bênçãos... Comecei a entender que sua mãe não ajudou somente Joana. Ajudou ao seu marido, aos filhos e a tantas outras pessoas que vivem um pouco melhor e possuem uma qualidade de vida digna devido ao trabalho assistencial que minha filha começou a fazer na comunidade ligada à igreja daquele padre. Florina ajudou a mim, que passei a dissolver a mágoa, o ódio, o rancor ao ver tudo o que ela fazia. Passei a ser um espírito mais leve. Ódio, rancor e mágoa são sentimentos tão pesados... É um peso de dor. Livrar-se deles faz tão bem. Ficamos leves. Sei que não é fácil. Mas se todos os dias, em algum momento, você disser: eu perdoo tal pessoa. O que passou não posso mudar. Deixa pra lá... Se disser que não se importa mais. Entender que aquela pessoa fez aquilo ou falou determinada coisa foi porque ela agiu igual à criança sem entendimento, uma criança que tem muito o que aprender... Aos poucos você vai se sentir leve e perceber que nem precisa perdoar, pois aquilo não a fere mais. O que aconteceu só se tornou uma historinha... Então passa a olhar a pessoa com olhos de piedade. Entendendo que ela errou porque é atrasada em sua evolução e está aqui, neste planeta, para aprender. Assim como você também precisa entender e aprender a perdoar. É por isso que está aqui. — Fez breve pausa. Depois prosseguiu: — Logo que eu soube que Florina desencarnou em decorrência de um infarto, fiz de tudo para ser a primeira para estar ao seu lado quando despertasse no plano espiritual. Eu já cooperava um pouco no serviço de enfermagem. Na verdade, era aprendiz — sorriu.

— Levei um susto imenso ao ver a Herculana — contou Florina, sorrindo. — Primeiro pensei que era um espírito me assombrando e comecei rezar em voz alta.

— É verdade! Ela não prestava atenção ao que eu falava — riu junto. — E rezava um Pai Nosso atrás do outro.

— Quando percebi que a assombração não ia embora e sorria para mim, perguntei o que ela queria — tornou Florina.

— E o que a senhora falou? — indagou Dulce.

— Eu disse: Bem-vinda, Florina! Que você continue sendo envolvida em bênçãos.

— Levei um choque, né? Imagina! Olhei em volta, vi que estava em um quarto de hospital. Então perguntei: O que você faz aqui?

— Eu respondi: Vim te dar boas-vindas e também agradecer por tudo o que fez por minha filha Joana que se curou do mal do século e hoje é uma pessoa muito melhor do que já foi.

— Aí eu perguntei: Eu morri?

— Mas é lógico que não! Eu respondi e expliquei. O seu corpo se transformou, mas você, espírito, vive agora no plano espiritual — contou Herculana.

— O resto foi bem parecido com o que você viveu, Dulce. Fiquei achando que aqui era alguma espécie de paraíso — achou graça.

— Ainda é muita novidade para mim — Dulce revelou. — Tenho lapsos de memória... Não sei como morri. Não me recordo. Sinto que esqueci de algumas coisas...

— Sua memória vai voltar. Momentos traumáticos podem ser esquecidos para nossa proteção — explicou Florina. — Vamos conversar muito para você entender como tudo funciona aqui. Assim como eu e Herculana fizemos.

— Ainda fazemos! Conversamos muito!

Riram.

— Verdade. Aprendi muitas coisas. Mudei muitos conceitos depois que cheguei aqui. A reencarnação foi um deles — revelou Florina.

— Aqui parece um lugar muito bom. Existe algo que incomoda alguém aqui?

— Sim, filha. Chama-se saudade. É um sentimento que pode castigar muito. Também pode nos prejudicar. O melhor a fazer, quando a saudade dói, é orar e se ocupar. Mas orar da maneira certa — disse Florina.

— Como assim? — Dulce quis entender.

— Há dias que a saudade machuca profundamente. Então é o momento que devemos orar. Devemos nos recolher em um lugar de oração. Ficarmos em silêncio. Depois, elevamos os pensamentos a Deus agradecendo pelas experiências e pessoas que provocaram essa saudade. Eu sentia muita saudade de vocês... Começava a lembrar de vocês ainda pequenos. Recordava as brincadeiras, os risos, as reuniões em que tínhamos toda a família reunida por uma data especial. A cada cena que se passava na memória eu dizia: Obrigada, Deus, por ter me permitido viver momentos maravilhosos como esse. E relembrava cenas e cenas... — sorriu sem perceber. — Agradecia cada uma delas. Por ter podido conviver com todos, cada momento. Agradecia pela vida que tive, pelo alimento que me saciou, pela água que matou minha sede... Pelas vezes que tive disposição e saúde para me levantar à noite e cuidar de você e do seu irmão... Por ter tido ânimo para lavar, cuidar da casa e ainda vender roupas para fora para completar a renda da família quando a situação apertou. Recordava tudo isso com alegria, mesmo que rolasse alguma lágrima. Sempre agradecendo. A gratidão é a melhor das preces. Passado um tempo, sentia-me refeita e sem aquela dor da saudade pesando no coração. Então, percebia que estava bem melhor, pois a separação pelo desencarne, principalmente no começo, não é fácil para nenhum dos lados. Nem para quem fica nem para quem vem para cá. Estando aqui, muitas vezes, podemos sentir o desespero e as queixas dos que ficaram. Isso pode ser perigoso. Podemos nos atrair de volta à crosta terrena e permanecer em estado deprimente ao lado da pessoa queixosa. Por essa razão, devemos rever as lembranças e agradecer infinitamente pela oportunidade que tivemos juntos. A separação é temporária, vamos nos reencontrar um dia. A dor passa. E o quanto antes passar, melhor para os dois lados.

— A senhora sofreu muito por minhas lamentações, não foi, mãe?

— Um pouco — sorriu. Não queria fazê-la se sentir culpada. — Você se distraia logo com as crianças e tudo ficava bem. Eu não recebia tão intensamente a sua dor.

— E o pai? Como foi vê-lo triste?

— Ah... Seu pai. O Aluísio me preocupou muito. Sua tristeza doía minha alma. Quase me atraía à crosta por causa de sua dor. Foi então que me dediquei arduamente a preces de elevação e gratidão.

Florina e Herculana conversavam muito com Dulce para informá-la, principalmente para manter sua mente ocupada.

A cada dia, Dulce ficava maravilhada com tudo o que conhecia.

Saindo pela cidade espiritual, apreciava ruas, avenidas, edifícios, praças e todas as organizações da colônia que podia frequentar.

— Tudo é tão divino! Lindo! Eu não poderia imaginar que em uma cidade espiritual pudesse ter tudo isso — admirou-se. — Como tudo foi feito?

— Os encarnados ignoram o poder da mente, o poder do pensamento. Tudo, exatamente tudo o que pensamos, nós criamos na espiritualidade, senão em matéria espiritual, com certeza em vibrações, em energias. Espíritos elevados que se concentram em Força Universal, Fluido Cósmico Universal, não importa o nome, recebem potencial criador para transformar energias sublimes naquilo que é necessário nas esferas espirituais — explicou Florina.

— A senhora quer dizer que, tudo o que existe aqui, nesta colônia, foi construído com a mente?! — Dulce não quis ter dúvidas.

— Sim — respondeu, pura e simplesmente. Depois sorriu ao explicar: — Não são espíritos como eu e você que criam ou arquitetam edificações magníficas como essas. Embora devamos evoluir a esse ponto e além dele, ainda não somos capazes disso.

— Mas... São prédios, praças, árvores... Como é possível construir isso?

— Através da organização mental, junto ao desejo no bem, no amor, na prosperidade. Para criar e organizar tudo isso, a entidade precisa ser elevada. Em seu âmago, é necessário abnegação, amor incondicional, desejo no bem e nenhum sentimento inferior. Mas não basta só criar tudo isso que vemos. É necessária a manutenção espiritual do que existe em uma colônia elevada. Isso é feito por aqueles que a administram, por colaboradores que trabalham incessantemente para manterem energias saudáveis e elevadas, ou tudo pode ser destruído — tornou Florina.

— Como assim? — surpreendeu-se a recém-desencarnada.

— Vou tentar explicar a você de outra forma. — Pensou e perguntou: — Lembra-se de quando eu disse que nem todos podem ser socorridos para uma colônia como essa? Que aquele que foi mau e injusto será socorrido por espíritos iguais a ele?

— Lembro.

— Deus é organizado, por isso cada coisa deve estar em seu lugar e cada um cumprindo sua tarefa. Somente assim, a harmonia, o bem-estar e a elevação podem reinar. Deus criou o espírito, a matéria e o fluido universal ou, como alguns chamam, fluido cósmico, fluido cósmico universal, ou ainda, fluido universal. Hoje sabemos, através da ciência, mais especificamente da Física Quântica, que a matéria existe em vários estados. Até em estado que o encarnado não consegue ver. Aqui, no plano espiritual, sabemos que existe matéria em estado que nem mesmo nós, desencarnados, podemos ver. — Breve pausa e continuou. — O Espírito é o princípio Inteligente do Universo, é a centelha de Deus. Sendo assim, a inteligência é um atributo, ou seja, é um dom natural do Espírito. Ao longo das existências, através de várias experiências, o Espírito vai aperfeiçoando sua inteligência e descobrindo o que é certo e o que é errado perante as Leis de Deus. Quando o Espírito vai se aperfeiçoando, ou melhor, vai evoluindo é por fazer mais coisas certas do que erradas. Corrigindo ou harmonizando o que desarmonizou. Quando ele, o Espírito, consegue essas realizações, dizemos que ele está adquirindo evolução moral.

— Não sei se entendi...

— Vai entender. Vamos pensar no seguinte exemplo: lembre-se de pessoas muito inteligentes, daquelas com habilidade para lidarem com as coisas e outras pessoas. Trabalham em grandes instituições financeiras, fazem negociações incríveis e, para fazerem isso, elas têm de ter audácia e esperteza. Usam a inteligência, que se desenvolve mais a cada dia. Pense em grandes inventores ou naqueles que dirigem eventos, coisas que são voltadas, principalmente, para o ganho de muito dinheiro. Essas pessoas são espíritos que desenvolveram ou desenvolvem a inteligência. Na maioria das vezes, não possuem evolução moral. Dessa forma, não ajudam os semelhantes, não são pacientes ou bondosas nem com os da própria família. Geralmente, afastam-se da família. Moram sozinhas, abandonando o próximo mais próximo que Deus lhes confiou. Isso acontece, muitas vezes, para não darem satisfações de suas práticas morais, em qualquer sentido. É lógico que cada caso é um caso. Nem todos que moram sozinhos são assim. Alguns têm a necessidade de morar longe para prosperarem. Mas, geralmente, alguns saem de casa por egoísmo, para não darem satisfações do que fazem. São rudes e arrogantes. E quando não se quer dar satisfações do que se faz, na maioria das vezes, não se está fazendo coisa boa. Assim, acabam entrando em uma vida de orgulho, egoísmo, promiscuidade, encontrando vários tipos de problemas e situações que vão levá-los à solidão, à tristeza, mesmo estando rodeados de pessoas. Alguns podem até constituir família, entretanto vivem longe do parceiro ou parceira, mesmo morando sob o mesmo teto. Aparecem juntos, em público, por ostentação. Não cultivam atenção, carinho... Não cuidam dos filhos como deveriam. Acreditam que é só dar aos descendentes boa casa, televisão, games, escolas de formação, escolas de idiomas e esportes... Porém a presença, a participação, o envolvimento com os filhos ou com a companheira são precários, são ausentes. Então, grosso modo, podemos dizer que espíritos assim têm desenvolvido a inteligência, mas não a moral. Lembrando que moral é algo bem abrangente.

Vamos deixar bem claro que dinheiro, posição social elevada não é errado nem ruim para a evolução espiritual — Florina destacou. — O dinheiro, a riqueza só é uma prova a mais para o espírito, pois ele deve saber usar de boa forma o que tem. Quando um espírito encarnado pega sua fortuna e distribui, desfazendo-se de tudo e fica na miséria, ele faliu em sua prova terrena. Assim como aquele que é rico e fica ainda mais ganancioso, acumulando bens que não vai usar de modo bom, útil, saudável e equilibrado. Esse também faliu. O correto é o equilíbrio. Mas vamos prosseguir com nossa explicação...

Acredito que você entendeu que Deus, a Inteligência Suprema do Universo, criou um elemento primitivo chamado matéria, que vem se transformando de acordo com as circunstâncias e existe em vários estados. Isso a ciência já prova. Deus também criou o princípio inteligente, que chamamos Espíritos, uma centelha do amor Divino. O espírito possui um atributo que é a inteligência. Ele é criado simples e ignorante e deve passar por várias experiências para adquirir moral, que é a elevação. — Florina deixou bem claro. — Além da matéria e do espírito, Deus criou o Fluido Universal ou Fluido Cósmico ou Energia Cósmica ou Energia Universal... Dê o nome que quiser. Tendo sua origem no Fluido Universal, o Princípio Vital ou Fluido Vital, que é a energia que ajunta ou une o espírito à matéria corpórea e faz com que o espírito movimente a matéria física ou corpo físico, dando vida a ela. Agora estou falando de corpo físico. No momento em que um óvulo é fecundado, ele é ligado a um espírito através do Princípio Vital ou Fluido Vital. Tudo o que a célula-ovo[1] vai experimentando, através das divisões e multiplicações de células, o espírito também experimenta. O desenvolvimento da célula-ovo vai gerando órgãos e tecidos para a formação do embrião e desenvolvimento do feto e oferece ao espírito, ligado a ela, as sensações através dos sentidos. Explicando melhor: o espírito sente, vê, ouve, degusta, inala por todo o corpo espiritual[2]. À medida que a célula-ovo se desenvolve, formando órgãos e tecidos, vai ligando cada parte desse novo corpo físico ao espírito ali determinado para encarnar. Por isso, o embrião ou o feto tem reações, pois o espírito ligado a esse corpo consegue se manifestar. Ele sente o corpo, sonha, sorri, chupa o dedo... Quando a mãe sente medo, o embrião

[1] N.A.E. O óvulo, depois de fecundado, é chamado de célula-ovo.
[2] N.A.E. As questões 245 a 249 de *O Livro dos Espíritos* abordam esse assunto.

ou feto percebe essa reação e sofre tanto quanto ou até mais. O feto é capaz de sentir amor, pois o espírito, através do corpo que está se formando, recebe as vibrações e o carinho, assim como recebe as repulsas e as ameaças. — Florina ofereceu uma trégua e contou: — Já ouvi contar o caso de uma mulher que quase se afogou. Entrou em desespero. Passou muito medo, mas foi salva. Essa mulher não sabia que estava grávida. Um menino nasceu sem problemas e com um corpo perfeito. Alguns anos depois, o garotinho exibia um medo absurdo de água. Não gostava de praia. Não entrava no mar nem piscina ou represa. Nada explicava aquele medo. Não foi trauma de outra vida. Foi o trauma sofrido durante sua gestação. O desespero que ele sofreu através do ocorrido com a mãe deixou-o traumatizado.

— Nossa! Eu não sabia disso.

— Pois é... Voltando a falar dessa Energia Cósmica ou Fluido Cósmico... Essa energia, além de muitas outras coisas, é a fonte do Princípio Vital, ou seja, é a Energia Vital que liga o espírito ao corpo de carne e faz com que o espírito sinta o que o corpo físico experimenta, desde o momento da concepção. Quando nos ligamos ao corpo, recebemos certa quantidade de Princípio Vital. Essa Energia Vital deve servir para toda a nossa vida terrena. Mas, muitas vezes, gastamos desnecessariamente essa energia. Comprometemos nosso organismo quando fazemos extravagâncias com práticas não saudáveis: física, moral ou espiritual. São essas práticas desequilibradas que fazem com que nosso corpo físico enfraqueça e pereça antes da hora. Lembrando também que excesso de desarmonia psicológica como: raiva, ódio, mágoa, desejo do mal, pensamentos negativos, ideias repetitivas, desenvolvimento de ideias ou planos de fazer o mal e até as próprias realizações no que é mal, também são extremamente prejudiciais e contaminam, como um veneno, a nossa Energia Vital, nosso Fluido Vital. Essas energias perversas que adquirimos através de maus sentimentos, pensamentos, palavras e ações danificam nossos órgãos mais sensíveis, fazendo-os adoecer, matando, antecipadamente, o corpo que nos foi emprestado para uma experiência terrena em que deveríamos evoluir e aprender.

— Nossa! Que energia poderosa!

— Sim, minha filha. Se temos a maravilhosa Energia Vital que vem de Deus, podemos também atrair energias perversas que são criadas ou atraídas pelos nossos desejos e práticas.

— Entendi — comentou Dulce.

— Então, Deus ou Consciência Cósmica ou Consciência Universal ou Pai Criador de tudo e de todos, não importa o nome que você use, Ele criou a matéria, o Espírito. Ele é fonte inesgotável do Fluido Cósmico ou Energia Universal. Dessa energia, origina-se o Princípio Vital que faz o espírito dar vida à matéria, que liga o espírito à matéria e faz com que ele a anime. As energias perversas, as energias negativas são criadas e atraídas por nós.

— Por que, na Bíblia, diz-se que o homem é a imagem e semelhança de Deus? — Dulce quis saber.

— O corpo físico é só um instrumento utilizado para que o espírito evolua. O espírito é uma centelha de Deus. Sendo o espírito puro, uma centelha, que podemos dizer uma energia ou uma luz, para entendermos melhor, ele pode ser considerado a imagem de Deus. Deus é luz, vida, amor. O espírito é envolvido por um envoltório formado pelo Fluido Universal do globo que habita. Não vemos o espírito puro e simples. Essa forma que temos aqui agora é dada pelo corpo espiritual que possuímos, é como uma roupa. Geralmente, temos a aparência da última encarnação. Há espíritos que, por necessidade, podem assumir outra aparência de acordo com sua vontade. Mas, para isso, precisa ter merecimento, preparo e uma necessidade. Um espírito de mundos elevados ou superiores, quando vem até nós, reveste-se de um corpo espiritual mais grosseiro, de acordo com a energia desse planeta. Esse corpo espiritual é um envoltório semimaterial.

Embora estejamos no plano espiritual do planeta Terra, utilizando um corpo espiritual que tem origem no Fluido Universal deste planeta, cada um de nós traz, neste corpo espiritual, o registro das suas práticas, das suas paixões, os seus vícios e o que precisa harmonizar. Por exemplo, espíritos que foram maus, perversos trazem, em seus corpos espirituais, marcas como manchas que representam suas práticas, seu arbítrio, suas vontades e paixões mundanas. A centelha, a luz, que eles são, fica encoberta por essas manchas e eles se tornam escuros, com aparência nada agradável. À medida que praticam o mal, a promiscuidade, a crueldade, os vícios mundanos, seus corpos espirituais vão como que se deformando e menos se vê a luz que possuem — explicou Florina pacientemente.

— Todos possuem luz?

— Sim. Claro. Como eu disse, somos filhos, somos criações de Deus. Deus é luz. Criou-nos todos iguais. A Sua imagem. Esses espíritos que praticam o mal, que se deformaram, terão de harmonizar o que desarmonizaram. Ajustarem-se com as Leis de Deus. As Leis Divinas são de harmonia e amor. Dentro desse conceito, não é correto fazer mal a alguém nem em pensamento. Todo desejo do mal vai contra as Leis de Deus. Enquanto a criatura não desfizer ou compensar, de alguma forma, o que fez de errado, ela não terá paz. Vai sofrer. Encarnar e reencarnar quantas vezes forem necessárias até harmonizar o que precisa e evoluir. Nosso corpo espiritual funciona como um arquivo, onde tudo o que fazemos fica registrado nele.

— Onde estão registradas as Leis de Deus?

— Na consciência de cada criatura. Tudo fica na consciência. Filósofos antigos já declararam que a ideia de Deus está impressa no homem. Muitos seres humanos negam Deus para justificarem seus erros, suas falhas, suas práticas... Mas cada um, a sua maneira, terá de harmonizar o que desarmonizou. Ninguém pode alegar ignorância. Em todas as épocas existiram pessoas que assumiram a missão de revelar, falar, mostrar e explicar as Leis de Deus. Foram espíritos superiores, que reencarnaram com a tarefa de fazerem a humanidade progredir. Por isso são chamadas de pessoas de luz ou espíritos de luz. Quanto mais claro o corpo espiritual, cujo espírito se despojou de suas falhas, mais evoluído é o espírito, pois já vem se purificando de seus atos errôneos. — Florina ofereceu uma trégua, depois prosseguiu: — Gosto de lembrar que todos nós erramos e todos nós temos condições de corrigir os próprios erros. Quanto mais elevado é um espírito, mais ele consegue trabalhar a matéria espiritual e o Fluido Universal, principalmente na espiritualidade. Vou dar um exemplo: quando encarnada, a criatura humana usa a inteligência para pensar e se utiliza da matéria para dar forma ao que quer criar. Por exemplo... Um homem encarnado deseja algo para descansar o corpo. Então ele pensa, usa a inteligência e imagina o que quer fazer. Ele imagina e cria mentalmente o que precisa. Depois pega madeira e faz uma cama. Arruma espuma e faz um colchão. Um outro homem, com menos inteligência ou acomodado e sem vontade vai achar que está bom colocar uma tábua no chão para se deitar. Aqui, na espiritualidade, é mais ou menos assim. Espíritos superiores, dotados de moral e elevada inteligência, manipulam a matéria espiritual, que não é visível ao encarnado, e constroem o que precisamos. E uma das coisas de que necessitamos aqui é proteção.

— Proteção? Como assim?

— Sim, Dulce. Proteção. Quando nos sentimos protegidos, ficamos em paz, progredimos melhor, prosperamos. Lembra-se de que eu disse que alguns espíritos não podem ficar aqui nesta colônia?

— Sim.

— Pois bem... Tudo aqui é feito, confeccionado, plasmado de forma mental, com matéria sutil, elevada, limpa e por espíritos elevados. Diferentemente do que existe em regiões espirituais grosseiras, potencialmente ocupadas por espíritos inferiores, irmãos nossos que ainda vivem o mal, que não desenvolveram o amor, a piedade, a misericórdia. Nessas regiões inferiores, tudo o que existe foi igualmente plasmado, feito mentalmente, só que por espíritos inferiores, desequilibrados ainda. Por isso, tudo lá é tão feio, grosseiro, ruim...

— E tudo aqui é tão bonito! — ressaltou.

— Sim. Tudo aqui é muito bonito. Para conservarmos dessa forma, devemos obedecer a determinados padrões de elevação. Gratidão, preces, harmonia, respeito e amor. Os pensamentos elevados são primordiais! — salientou. — Isso se chama vibração. Se um espírito inferiorizado, potencialmente, for trazido para cá, ele vai vibrar em outra sintonia. Ele vai sentir raiva, ódio, ter desejos e pensamentos moralmente inferiores. Vai xingar, ofender, reclamar... ou seja, ele vai vibrar em sintonia inferior a que existe aqui. Se for mantido nesta colônia, esse espírito inferior vai, aos poucos, contaminar, onde estiver, com as energias de suas criações mentais. Os xingamentos que fizer, as ofensas que proferir, as reclamações e as agressividades, mesmo que mentais, que produzir são criações mentais. Tudo a sua volta começará a se desfazer, ficando impregnado, inferiormente, com suas impressões.

— Por isso que quem ainda vibra ou vive pensando no mal não pode vir para cá? — Dulce quis saber.

— Exatamente. Espíritos assim atraem-se, automaticamente, para regiões de acordo com suas vibrações, seus desejos e pensamentos.

— Então somos espíritos evoluídos, certo?

Florina riu com gosto e respondeu:

— Mais ou menos, minha filha. Mais ou menos... O fato de acreditarmos em Deus, respeitarmos o semelhante a ponto de não fazermos tanto estrago no mundo, não induzirmos ninguém ao erro, fato muito importante! Perdoarmos... Já é alguma coisa. Quando estamos em colônia espiritual como esta, o melhor a fazer é nos espiritualizarmos. Elevarmos o pensamento em gratidão. Zerarmos as queixas e a ansiedade. Trabalharmos com amor em prol da coletividade. Aceitarmos o que não podemos mudar...

— E os que ficaram? Não terei notícias dos meus filhos? Do meu marido?... Às vezes, sinto coisas... Ouço a voz das minhas filhas ecoando na minha cabeça... Como se fosse um sonho.

— Aceite o que você não pode mudar, Dulce. Se fosse para acompanhar sua família, estaria lá, junto dela. Outra coisa: lembre-se da frase: "Até que a morte os separe". Antônio não é mais o seu marido.

Dulce pareceu não concatenar as ideias de imediato e ficou pensativa.

— Voltando ao que eu dizia... — prosseguiu Florina. — São espíritos superiores, elevados e esclarecidos que criam e mantêm tudo o que existe nesta colônia, através de criações mentais e energias espirituais que manipulam. Esta e outras colônias deste nível garantem nossa proteção e segurança. Eles também criam o que necessitamos: guarida, casas, prédios, água, alimentação, substâncias medicamentosas... Além disso, guardam-nos de ataques de espíritos inferiorizados. Assim como, quando encarnados, um bandido quer invadir uma residência para provocar o mal, na espiritualidade, existem espíritos inferiores que, como uma espécie de bandido, querem tirar a paz daqueles que se dedicam à elevação, ao socorro e ao amor. É importante você entender que o plano físico dos encarnados é uma réplica imperfeita do que existe no plano espiritual. Assim sendo, encarnados ou desencarnados, precisamos nos elevar sempre se desejarmos não sofrer, se quisermos evoluir e nos libertar de tudo o que não é bom nem útil ou necessário.

— Desencarnados que não vivem em colônias como esta ficam sujeitos aos ataques e maldade de espíritos inferiores e cruéis?

— Sim, Dulce. Ficam. Como eu disse, espíritos, como eu e você, não conseguem, por enquanto, criar proteções de magnitudes como o que encontramos nesta colônia. Os espíritos superiores nos ajudam nesse sentido. Imagine, espíritos como nós, do nosso nível, que não aceitam o socorro ou produzem vibrações inferiores incompatíveis com esta cidade espiritual, não podem viver aqui como eu disse. Por isso, eles ficam em regiões inferiores, mais perto da crosta terrena ou até sob ela. São regiões muito tristes, de sofrimento e dor.

Não há qualquer bálsamo que alivie as dores e as necessidades como quando eram encarnados. Sentem vontades, desejos nos vícios, paixões brutais, paixões mundanas, sexo desenfreado e prazeres da sensualidade, ou seja, eles têm as necessidades e desejam as mesmas práticas de quando encarnados. Espíritos, ainda mais inferiores, que sentem prazer em fazer o mal vão fazer dos demais suas vítimas. E assim por diante. Em todos os planos espirituais, inferior ou superior, existem diferentes ordens de espíritos e isso estabelece entre eles uma hierarquia de poder. Sempre há os que têm autoridade e os subordinados. Em planos mais elevados, logicamente, os espíritos moralmente superiores possuem autoridade inquestionável e irresistível, relativa a sua superioridade. Obedecer-lhes é algo puramente natural. Já em zonas espirituais inferiores, os algozes impõem sua autoridade por intermédio do medo.

— E por que Deus permite isso? — indagou quase contrariada.

— Deus é justo, bom e prudente. Deus não se precipita. Sabe esperar. Podemos dizer que muitos espíritos sofredores, que desencarnaram, mas não tinham condições de serem socorridos e trazidos para planos espirituais mais elevados, por causa de suas vibrações, só puderam ser socorridos, muito tempo depois, por se tornarem mansos e prudentes, por terem elevado o pensamento em prece e pedido de perdão verdadeiro. Isso só aconteceu depois de sofrerem muito com ataques de outros mais cruéis do que eles, nessas regiões inferiores. — Breve pausa e comentou: — Sabe, filha, lamentavelmente, muitos de nós só aprendemos após o sofrimento que nós mesmos atraímos. Por isso Deus permite a dor. Sofremos até compreendermos nossas faltas. Compreendermos que não somos vítimas. Nossos erros, certamente, não começam com nossos atos. Nossos erros começam no pensamento. Com nossas queixas. Nós nos afastamos de Deus quando não agradecemos, quando não oramos, não desejamos o bem do próximo, quando nos perdemos em pensamentos frívolos, nas satisfações mundanas, nos prazeres da sensualidade e da sexualidade promíscua, sem respeito ou responsabilidade. Por isso, cuidado com os seus pensamentos. São eles que vão levá-la aonde precisa ir. Aprenda a ter domínio sobre si. Pensamento é criação! É só olhar a sua volta aqui, na espiritualidade, e ver tudo o que foi criado através das mentes de espíritos elevados. Quando você foca seu pensamento em algo, aquilo se cria a sua volta. E, nesta colônia, se criar a sua volta ou desejar intensamente algo que não é possível aqui, vai se atrair para regiões compatíveis ao que deseja. Por isso eu disse que precisamos nos espiritualizar, abandonar as paixões mundanas e orar.

— E se o desejo vier? O que fazer?

— Ocupe-se. Quando nos ocupamos, dissolvemos os desejos mundanos.

Dulce ficou pensativa em tudo o que aprendia. Suas emoções ainda estavam confusas. Havia muito o que aprender e muito a se trabalhar. Mas algo estranho acontecia.

Em companhia de Florina e Herculana ou qualquer outro ali, naquela colônia, ela mantinha a mente ocupada nos relatos e em toda a nova vida que se desdobrava a sua frente. No entanto, nos momentos de solidão, alimentava uma angústia e uma dor em seus sentimentos que não podia deter. Talvez, nem mesmo entender.

O sofrimento e o desespero implacável daqueles que haviam ficado, aos poucos, alcançavam o seu coração frágil.

O pensamento é uma corrente com elos inquebrantáveis quando não se tem domínio de si. Por isso devemos tomar cuidado com o que estamos pensando. Nós nos ligamos às imagens e desejos que formulamos mentalmente.

As recordações de sua vida, o amor pelos filhos, a sensação de que sua jornada terrena não havia terminado incomodavam, profundamente, o espírito Dulce.

Ela começou achar que seu desencarne foi injusto, antes do tempo. Afinal, seus filhos eram jovens demais para ficarem sem mãe. Não controlou a dor da saudade.

Não se lembrava do momento de seu desencarne, a princípio. Algo confuso tomava-lhe a mente. Mas era para sua proteção.

Não demorou, começou a ouvir o choro desesperado dos filhos que ainda sofriam pela sua partida.

Podia sentir a mágoa e o rancor de Isabelle. A angústia e a aflição extrema de Rafaelle. A contrariedade de Ailton.

Aos poucos, recordou-se de como ocorreu o seu desencarne. Não conseguiu se manter em prece nem procurou ajuda. Não deu importância a tudo o que ouviu.

Dulce se desequilibrou imensamente e se deixou atrair[3]...

---

[3] N.A.E. As questões de 27 a 32, 60 a 67, 93 a 95, 244 a 246, 250 e 621 de *O Livro dos Espíritos* esclarecem assuntos tratados nos diálogos deste capítulo.
Assim como em *O Livro dos Médiuns*, no capítulo VIII, questão 13, item 129 a 131.
"Sobre os elementos materiais, disseminados por todos os pontos do espaço, na vossa atmosfera, têm os Espíritos um poder que estais longe de suspeitar. Podem, pois, eles, concentrar à sua vontade esses elementos e dar-lhes a forma aparente que corresponde à dos objetos materiais."

# Capítulo 4

## A madrasta

Rafaelle ficou revoltada ao saber que o pai começou a namorar uma mulher que fazia parte da comunidade da igreja católica que frequentavam.

Rosa era mãe de dois filhos: Vera e Lucas.

— Você vai ter coragem de trazer outra mulher aqui pra casa pra ocupar o lugar da minha mãe?! — a filha gritava, exigindo satisfações.

— Como pôde fazer isso comigo, Antônio?! Como pôde fazer isso com os nossos filhos?! Sempre pensei que você era o melhor marido do mundo! O melhor pai que existia na face da Terra!... Um homem religioso, exemplar!... — em pranto, exclamava o espírito Dulce, que não resistiu às vibrações emotivas e, por vezes, desesperadoras do momento.

Não podia ser percebida, embora tentasse participar da conversa como se estivesse encarnada.

— Ninguém vai ocupar o lugar da minha mãe!!!

— Rafaelle! — Antônio deu um grito. — Não estou trazendo ninguém para dentro desta casa! Só estou comunicando a vocês que eu e a Rosa estamos... — perdeu as palavras. Depois completou: — Estamos saindo!

— Dizer que estão namorando não seria melhor? — Isabelle perguntou, sem parecer querer resposta, disfarçando a mágoa e a decepção que sentia.

— Só faz dois anos! Dois anos que nossa mãe morreu e você já arrumou uma sem-vergonha pra sair?! — tornou Rafaelle, que andava de um lado para o outro feito um animal enjaulado.

— Fale comigo direito! Sou o seu pai! Exijo respeito! — ordenou o pai.

— Como pode exigir uma coisa que não dá?! Você não está respeitando a gente! Era por isso que ficava todo interessado em ir pra igreja?! Rezar que é bom, nada! Queria mesmo era paquerar aquela sem-vergonha da Rosa! Agora é que estou lembrando que vocês ficavam de conversinhas e risinhos!!

— Fica quieta, Rafaelle! Cale a boca! — ele gritou.

— Não mande minha filha calar a boca! — exigia Dulce, manifestando-se como se estivesse encarnada.

— Aquela mulher não vale nada! Ela tem a maior fama! Dizem que sai com homem casado! — disse a jovem chorando de raiva.

— Cale a boca! Eu já falei!!! — berrou o pai.

— Ou então o quê?! O que vai fazer se eu não ficar quieta?! Vai me bater, é?!!!

— Se encostar a mão na minha filha!... — Dulce expressava-se com muita raiva.

— Rafa!... Qual é?! Fazer escândalo não vai adiantar — disse a irmã, parecendo ponderada.

— Vai ter que adiantar sim! Não vou admitir essa safada aqui dentro de casa! Ninguém vai ocupar o lugar da minha mãe!!! — a jovem gritou e foi para o quarto.

Antônio andou de um lado para outro, inquieto.

O filho Ailton deixava o olhar perdido na televisão ligada que estava sem som.

Isabelle seguia o pai com o olhar.

O homem respirou fundo, passou as mãos pelos cabelos e esfregou o rosto em seguida.

Voltando-se para os dois filhos, que permaneciam quietos, perguntou:

— O que vocês dois me dizem?

O espírito Dulce, acercando-se dos filhos, manifestava-se como se estivesse encarnada.

— Falem!!! Digam pra ele que vocês não vão admitir aquela mulher na minha casa!!! Essa casa é nossa!!! Aquela sem--vergonha, assassina, não vai ficar aqui. Foi ela que me matou e a culpa foi do seu pai!!! Ele não fez nada pra me ajudar!!! São dois assassinos!!!

Uma energia pesarosa pairava no ar. O clima era tenso. Outros espíritos zombeteiros, que presenciavam a cena e o desespero de Dulce, riam com o que acontecia.

Ailton remexeu-se no sofá, respirou fundo e disse:

— Sei que a vida é sua, pai. O senhor tem o direito de ter outra pessoa, mas...

— Mas, o quê? — Antônio perguntou diante da longa pausa.

— Mas outra mulher aqui em casa vai mexer com a vida da gente. Gostaria que ficasse bem claro que essa casa é nossa. O vô, pai da mãe, deixou pra nós. Se a Rosa vier pra cá e quiser fazer as coisas do jeito dela... Quiser se impor... Vai ser bem complicado. Eu não vou gostar de outra mulher mexendo nas nossas coisas, alterando a nossa rotina... É isso o que me incomoda, pai. — Apesar de ter somente dezesseis anos, Ailton falou de modo sensato.

— Eu e a Rosa só estamos saindo. Não tenho intenção de morar junto e...

— O senhor diz isso agora — tornou o jovem rapaz. — Em pouco tempo, ela vai despencar aqui em casa com os filhos e o senhor não vai poder fazer nada. Nem nós.

— Isso não vai acontecer — afirmou Antônio em tom inseguro. Voltando-se para Isabelle, perguntou: — E você, filha? O que me diz?

— Não sou a favor não. Mas... A vida é sua. O senhor que sabe.

— Você sempre esteve do lado do seu pai, não é mesmo, Isabelle? Nunca fez ou falou nada que o magoasse. Isso é porque não sabe quem é esse homem! Não sabe! — Dulce vociferava, inconformada com a situação.

— Não estou pensando em morarmos juntos. Só estamos saindo... — disse o pai sem jeito. — Estou contando pra vocês porque... Pode ser que alguém nos veja e conte pra vocês... Queria que soubessem por mim. Além do mais, a Rosa tem dois filhos da idade de vocês e... Sei lá... De repente... pode acontecer de todos nós nos reunirmos para comer uma pizza... quem sabe...

— E o senhor me diz que só estão saindo? Agora quer nos aproximar! Qual é pai? Tá na cara que ela já está forçando o senhor a assumir um compromisso. Quer frequentar a nossa casa... Não vai demorar muito e a Rosa vai querer se casar para que o senhor assuma a responsabilidade com os filhos que ela tem. Ela não deve ganhar bem. Nem sei o que ela faz. Mas deve morar de aluguel. Vai querer encostar aqui. Acorda, pai! Isso vai ferrar com a nossa vida! Os filhos dela vão se achar no direito de usar tudo o que é nosso. Ela vai querer mandar em tudo... Enquanto o senhor... — Ailton não completou.

— Eu o quê?

— Vai se lascar de trabalhar pra sustentar filho dos outros. Qual é pai? A Isabelle já vai prestar vestibular. Ano que vem eu também. O senhor vai pagar nossa faculdade. E a facul dos filhos dela? Eles vão só olhar? Será que a Rosa não vai encher a sua cabeça dizendo que fazer faculdade é besteira? Ou será que ela vai fazer o senhor pagar a faculdade dos filhos dela também? O senhor vai conseguir dizer não? — Ofereceu uma pausa e completou: — Sair com uma pessoa para passear, distrair é uma coisa. Se trouxer para dentro de casa, é outra muito, muito diferente. O senhor vai ferrar todos nós! — Ailton disse firme. Levantou-se e foi para o quarto.

— Mas o que vocês não sabem é que os filhos da Rosa são ir-mãos de vocês!!! Por isso que o pai de vocês morria de trabalhar, fazia horas extras e, quando não, arrumava dois empregos!!! O dinheiro não dava para sustentar duas famílias!!! Ele é um canalha!!! Vocês nem imaginam o cafajeste que esse homem é!!! E saibam! É a Rosa quem está pressionando o pai de vocês para se casar! É ela! Ela quer assumir o meu lugar!!! — Dulce não aceitava esse fato.

Antônio ficou surpreso com as palavras do filho. Não esperava aquela reação e opinião.

Isabelle, filha mais velha, não se pronunciava. Ficou tão surpresa quanto confusa e não tinha uma opinião formada, embora aceitasse o que o irmão disse.

Após ver seu pai sair, Isabelle foi para o quarto que dividia com a irmã.

Chegando lá, encontrou Rafaelle chorando muito.

— Calma, Rafa... Não fique assim.

— Como não ficar assim?! Acho que você não está entendendo o que está acontecendo! O pai arrumou uma qualquer e vai trazer aqui pra dentro de casa! Vai ferrar a vida da gente.

— Ele tem o direito de ter outra pessoa — a irmã argumentou.

— Mas tem o dever de nos poupar! — enfatizou Rafaelle inconsolável.

— O pai de vocês deveria ter vergonha na cara! Ele é falso! Nunca disse a verdade pra ninguém! Ele não presta! Essa casa foi o meu pai que deixou pra vocês, meus filhos! O pai de vocês não tem direito nenhum aqui! Eu morri por causa dele! — Apesar de saber que não era percebida, Dulce se manifestava como se estivesse encarnada.

Sem perceber as fortes impressões espirituais, Isabelle contou:

— O Ailton falou um monte de coisa pro pai. Acho que ele vai pensar antes de tomar qualquer decisão.

— Pensar?! — exclamou Rafaelle, irritada. — Vai pensar nada! Homem é burro! Homem não pensa! Deve tá enfeitiçado por essa sem-vergonha! Isso vai acabar com o sossego daqui de casa! Vai acabar com a nossa família! Você vai ver! Já não basta termos perdido nossa mãe!

— Oh, filha!... — Dulce lastimou e abraçou-se à Rafaelle, que entrou em pranto compulsivo.

— Eu não sei o que dizer, Rafa... Estou confusa.

— Se a mamãe estivesse aqui, nada disso estaria acontecendo. Só digo uma coisa... — falava entre os soluços. — Se essa Rosa vier pra cá com os filhos... Vou fazer da vida deles um inferno!... Me aguarde!!!

A porta do quarto foi aberta e Ailton entrou.

Sentando-se na cama de Isabelle, ao lado da irmã e em frente à Rafaelle, perguntou:

— E aí? O que vocês acham?

— O pai ferrou a gente! É isso que eu acho! — Rafaelle expressou-se irritada e começou a dizer tudo o que pensava, repetindo o que já havia dito.

Na espiritualidade, Dulce chorava e lamentava por ver os filhos tão angustiados. Abraçava um e outro. Oferecia sugestões, que não eram ouvidas. Embora suas vibrações contrariadas impregnassem a todos.

Outros espíritos, em nível inferior, que nem mesmo Dulce conseguia perceber, sentiam prazer em vê-los amargurados e sofridos. Envolviam Rafaelle com facilidade, deixando-a mais irritada ainda.

Os irmãos conversaram bastante, mas sem chegar a qualquer acordo.

Algum tempo depois, Isabelle chegou à casa de Anita e relatou todo o ocorrido.

— Mas seu pai chegou e disse isso assim, sem mais nem menos?

— Foi. Disse que gostava da Rosa e estava saindo com ela.

— Saindo pra onde? Pra algum motel? — Anita perguntou de modo provocativo.

— Ah... Não sei. Deve ser — expressou-se chateada. — Ai, que droga! — Depois contou tudo: — O Ailton falou um monte de coisa pra ele.

— Disse umas boas verdades! — Anita acreditou. — Tomara que seu pai seja esperto ou a sem-vergonha vai querer que ele pague a faculdade dos filhos dela. Ou pior! Não vai deixar que ele pague a facul de vocês! Uma mulher nunca gosta dos filhos da outra. Isso é um fato! Ela vai fazer de tudo para prejudicar vocês!

— Ai, Anita... Não envenena — Luci se manifestou. — A situação já é chata e você fica aí falando essas coisas.

— E não é verdade?! Gente aproveitadora igual à Rosa está cheio por aí. E trouxa igual ao seu Antônio também! Tem homem que é idiota. Arranja uma qualquer, que quer se encostar, e não enxerga o que está acontecendo. Tenho certeza que a Rosa vai fazer de tudo para prejudicar vocês! Escreve o que estou falando!

— Anita... Por favor... A Belle já está chateada o bastante.

— Mas estou falando a verdade! Ela tem que saber!

— E o que nós podemos fazer? — indagou Isabelle.

— Um inferno da vida dela! — opinou Anita. — Na certa, ele vai colocar ela e os filhos pra dentro da casa de vocês.

— O correto é falar: colocá-la ou colocar a Rosa e os filhos...

— Caramba! Numa hora dessas, você está preocupada com o português?! — Anita reclamou.

— Eu não esperava que o meu pai fosse arrumar outra mulher tão cedo — murmurou como se não a tivesse ouvido falar.

— Quanta ingenuidade, Belle! Não sabe que homem não fica sem mulher na cama?

— Ai, Anita! Que horror!

— É a verdade, Luci! Por que você acha que ele mal esperou dois anos depois da morte da mãe dos filhos dele? Se é que esperou dois anos. Vai ver está dormindo com ela faz tempo!

— Você acha que ele está com ela há mais tempo e só agora falou pra gente? — Isabelle ficou intrigada.

— Fico assombrada com a sua ingenuidade, Belle! Se o seu Antônio falou agora pra vocês sobre a nova namorada, é porque faz tempo que está com ela e tem intenções de levar ela e os bastardos pra dentro da casa de vocês. Pode ter certeza! O caso deles tá rolando faz tempo!

— Anita! Por favor!... Dá um tempo! — Luci repreendeu. Estava preocupada com a outra amiga.

— Homem não presta! Não presta! Meu pai traiu minha mãe com uma mulher mais nova, toda bonitinha que tinha tempo de ir pra academia e salões de beleza. E a trouxa da minha mãe se matando de trabalhar pra ajudar em casa. Não comprava roupas boas pra economizar... Isso é homem que presta? — Não esperou que respondesse e prosseguiu: — O seu pai trai sua mãe, Luci. Você mesma nos contou. Isso é homem que presta? Agora, vão querer me convencer de que o seu Antônio se encantou pela Rosa e, no dia seguinte, contou pros filhos? Ah!... Por favor, me poupem! O caso deles é bem antigo! E, na minha opinião, talvez seja mais antigo do que vocês pensam! A safada da Rosa sempre foi sozinha. Ninguém sabe quem é o pai dos filhos dela. Dá uma de beata na igreja, mas está pra santa do pau oco. Não trabalha. Quem sustenta ela, os filhos dela e paga o aluguel? Algum santo? Pensem!...

Um toque de profunda tristeza amargurou os sentimentos de Isabelle. Não havia nada que pudesse fazer para que seu pai entendesse a situação dela e dos irmãos. Em seu íntimo, achou que não deveria julgar Rosa sem antes conhecê-la melhor, como Anita sugeria. Não saberia dizer suas intenções. Ao mesmo tempo, era difícil pedir ao pai para não arrumar uma companheira. Certamente, ela e os irmãos não ficariam para sempre morando com ele. Antônio merecia ter uma pessoa ao seu lado ao longo dos anos, na velhice. Talvez ela e os irmãos estivessem tão ocupados com suas próprias vidas que não teriam tempo ou disposição para cuidarem do pai. Mas, naquele momento, era difícil ver a família abalada pela presença de uma outra mulher podendo, de certa forma, ocupar o lugar de sua mãe. Tudo seria muito diferente.

Isabelle abaixou o olhar amargurado enquanto Anita não parava de falar.

O romance entre Antônio e Rosa tornou-se oficial.

Em poucos meses, o casal marcou a data para o casamento, mesmo diante da contrariedade dos filhos de Antônio.

Rafaelle, com a exibição de um temperamento insuportável, fazia de tudo para agredir emocionalmente a madrasta, que parecia não se importar.

Vera e Lucas, os filhos de Rosa, também não apreciaram a ideia da união e de morarem todos na mesma casa, mas aceitaram sem demonstração de contrariedade.

Após o casamento, Ailton precisou dividir seu quarto com Lucas. O mesmo aconteceu com as irmãs que precisaram colocar um beliche para que a cama de Vera coubesse no quarto.

Rafaelle ficou revoltada. Não bastasse sua insatisfação, aceitava as inspirações de Dulce, que a envolvia para que se expressasse de modo rebelde.

As brigas entre Rafaelle e Vera eram constantes e sem fim.

Rosa tentava defender a filha, mas não podia investir contra Rafaelle, pois os irmãos protegiam a irmã caçula. Ela também não gostaria de que o marido se voltasse contra ela devido a problema com os filhos.

Por outro lado, Ailton e Lucas nem se falavam. Pouco se olhavam. Eram como dois estranhos dividindo o mesmo quarto na mesma casa.

Isabelle se queixava para o pai, que somente a ouvia e não tomava qualquer providência para melhorar a situação.

O lar de Antônio não era mais o mesmo. Xingamentos, ofensas e até agressões físicas se tornaram constantes entre Vera e Rafaelle.

Isabelle, Anita e Luci foram aprovadas no vestibular da mesma universidade.

As três amigas estavam imensamente felizes com isso.

Elas saíram, comemoraram e fizeram planos.

Rosa, como administradora da casa, não ficou nada satisfeita com a notícia. Pagar a faculdade da filha mais velha de Antônio pesaria no orçamento doméstico.

— Seu pai não é rico, Isabelle! Faculdade é um luxo! Se quiser se formar, vai ter que trabalhar.

Pela primeira vez, Isabelle reagiu contra a madrasta:

— Olha aqui, Rosa!... Se o meu pai não tivesse que sustentar você e seus filhos, o dinheiro dele daria muito bem para todos nós! Eu vou fazer faculdade e pronto! Se você acha que o dinheiro está sendo pouco, arrume um emprego e colabore com alguma coisa aqui em casa!

— Você está muito malcriada, Isabelle! Sua mãe não te deu educação, não?! Pois saiba que, desta casa, você não vai ter dinheiro algum!

Aproximando-se, enfrentando-a, a jovem falou de modo furioso:

— Não coloque minha mãe no meio desta história! Se ela estivesse aqui, tenho certeza de que faria uma festa por eu ter entrado em uma universidade!

— Vamos ver quando o seu pai chegar! — falou de um jeito provocativo.

— Esta é minha casa!!! São os meus filhos!!! São filhos de um casamento legítimo!!! Você é uma destruidora de lares!!! Uma intrusa!!! Assassina!!! Vou acabar com você!!! Desgraçada!!! Não mexa com os meus filhos!!! — o espírito Dulce se revoltava, mesmo sabendo que não poderia ser percebida.

— Não vamos ver nada! — irritou-se Isabelle, entrando nas vibrações de sua mãe. — Você não manda aqui! É uma mulher dependente que resolveu se encostar no trouxa do meu pai!

— Olha aqui, menina!!!... Veja se fala direito comigo ou!...

— Ou o quê?!!! Hein?!!!! O que você vai fazer?!

Antônio havia acabado de chegar e foi para a cozinha, de onde vinham as conversações inflamadas.

— O que está acontecendo aqui?! — quis saber, perguntando em tom firme.

Imediatamente, Rosa vestiu-se de um semblante humilde e colocou um tom manso na voz suave:

— Oi, querido... Sabe o que é... Eu estava explicando para a Belle que estamos em situação financeira bem apertada e ela...

— Não estava explicando coisa nenhuma! Eu passei na universidade e, quando cheguei aqui feliz da vida, contando a notícia, a Rosa disse que, se eu quisesse fazer faculdade, teria de trabalhar, pois desta casa não vou ver dinheiro nenhum. Que o senhor não é rico e que faculdade é um luxo! — contou irritada.

— Você passou no vestibular, filha? — indagou feliz e em tom generoso, mudando rapidamente o semblante.

— Passei, pai!... — sorriu, quebrando a hostilidade na voz.

O pai se aproximou, abraçou-a e cumprimentou:

— Parabéns, Belle!

— Obrigada, pai. Nossa... Estou tão feliz!...

— Que curso você vai fazer mesmo?

— Administração. Ai! Nem te conto! A Anita e a Luci também vão fazer o mesmo curso. Tomara que fiquemos na mesma sala! Já pensou?!

— É mesmo... Vocês estudam juntas desde pequenas...

— Desde a primeira série! E agora na universidade!

— Amizade de tão longo tempo assim é difícil. Parabéns, Belle... — Um instante e perguntou: — E quanto vai custar esse curso?

— Eu trouxe aqui os papéis que peguei hoje. Tem a matrícula... A mensalidade... Olha... — estendeu vários papéis sobre a mesa para que o pai visse.

Rosa, olhando pelo canto dos olhos, ficou contrariada com a situação, mas não se manifestou e foi para outro cômodo da casa.

Após mostrar ao pai o que precisava, Isabelle fechou o sorriso e comentou:

— A Rosa não está nada contente. Ela disse que o valor da faculdade vai pesar no orçamento.

— Daremos um jeito, Belle. Calma. Daremos um jeito.

— A nossa casa está muito diferente do que já foi, pai. Não sabíamos o que era briga. Agora, todos os dias, temos uma encrenca aqui, uma discussão ali... Não temos mais paz.

Antônio respirou fundo, abaixou a cabeça e não disse nada.

Diante do silêncio, a filha perguntou:

— Posso fazer a matrícula? O senhor vai me dar o dinheiro?

— Claro, filha! Amanhã mesmo você faz a matrícula.

— Eu vou arrumar um emprego, pai. Estou procurando. Mas, enquanto não aparece nada, preciso contar com a ajuda do senhor.

— Está certo.

Quando percebeu que o pai ia sair da cozinha, Isabelle perguntou:

— Eu gostaria de ficar uns dias na casa da tia Carminda. O senhor deixa?

— Não acha que vai incomodar sua tia?

— Não. Ela gosta quando vou lá. É que quero aproveitar alguns dias de férias pra descansar. Depois que as aulas começarem, não vou ter muito tempo. Quero me dedicar bastante aos estudos e, se eu começar a trabalhar, não vou ter tempo para ir lá visitá-la.

— Tá certo. Se sua tia não se incomodar, pode ir.

— Vou ligar hoje mesmo para a vizinha dela e pedir que dê o recado de que estou indo. Quem sabe a Rafa e o Ailton queiram ir, né?

Antônio esboçou meio sorriso e nada disse.

Em outro cômodo da casa, ao encontrar Rosa, ele disse:

— Eu gostaria que não implicasse com meus filhos. A Isabelle precisa fazer uma faculdade. Precisa garantir o seu futuro.

— E você acha que vai poder pagar faculdade para os seus cinco filhos?! — perguntou irritada.

— Não toque nesse assunto! Já falamos disso!

— Se eu abrir minha boca, vou ter muita coisa pra contar pros seus filhos.

— E eu também. Se eu abrir minha boca, você pode ser indiciada pela morte da Dulce! — sussurrou. — Quer me testar?!

— Fala! Conta tudo, Antônio! Conta o que ela fez antes que eu fosse atropelada!!! — o espírito Dulce se desesperava. — Tenha pelo menos essa dignidade! Você ficou parado, olhando! Não fez nada quando eu descobri tudo sobre vocês!!! Não fez nada!!! Por causa disso, eu morri!!!

— Nós temos um acordo, Antônio. Não vou contar nada, se você não contar. Será um escândalo, você sabe. Um escândalo que a gente pode evitar. Teremos problemas com a polícia e... — Um instante e falou de modo brando: — Sabe... É que tem momentos que fico muito irritada. Não é fácil os seus filhos não me aceitarem... Fazerem birras e implicâncias. Não sei o que fazer para agradar eles — tentou ser mais complacente. Não gostaria de brigar com o marido. — Desculpa, se não consigo ser melhor... É tão difícil... — falou de modo comovente.

— É difícil pra mim também. Tenho um sentimento de culpa... Não disse mais nada.

Ouviram um dos filhos e encerraram a conversa.

Antônio se culpava. Tinha a consciência muito pesada. Carregava um fardo por tudo o que fez e por atitudes que não tomou. A culpa era um sentimento que o corroía. Doía demais em seu ser. E isso o prejudicava em tudo. Seria uma eterna sombra de dor que o transtornaria futuramente.

Isabelle estava muito animada quando chegou à cidade em que Carminda morava.

Sua tia residia em um pequeno sítio onde criava alguns animais e tinha pequena plantação, principalmente para o próprio consumo.

— Tia! — exclamou e apressou-se para um abraço, deixando a mochila e uma bolsa no chão.

— Oh!... Isabelle... Que bom ver você, minha filha! — alegrou-se ao abraçá-la.

— Obrigada por me receber.

— Ora... O que é isso?!

Após entrarem na simples residência, Carminda a fez sentar à mesa de madeira rústica e pesada. Estendeu uma toalha e foi até o fogão a lenha, onde pegou um bule de café e outro de chá. Depois, uma bandeja com bolo.

— Acabei de passar. Calculei a hora que você deveria chegar... Sei que gosta de café bem fraquinho. Também tem chá. — Indo até o armário, pegou uma lata que continha alguns biscoitos e colocou sobre a mesa.

— Não precisa se preocupar, tia.

— Me conta, Belle! Então você entrou na universidade? — perguntou bem alegre.

— Entrei, tia! Vou fazer Administração.

— É o mesmo curso do Tobias — referiu-se ao seu único filho.

— Verdade. Ele está quase acabando o curso, né, tia?

— Falta um ano. Senti muita saudade do meu Tobias desde quando ele foi estudar em outra cidade. Apesar de Campinas não ser tão longe assim.

— E agora? Ele volta para cá quando terminar?

— Aqui não tem futuro pra ele. Não vai ter onde ganhar a vida, fazer família...

— E a senhora não quer ir para uma cidade grande, como Campinas, por exemplo?

— Não vou dar trabalho para o Tobias. Não agora! — riu com gosto. — Acostumei a ficar sozinha. O Alencar morreu e ficamos só eu e o Tobias, que era pequeno. Depois de grande, ele foi fazer faculdade em Campinas e eu fiquei sozinha. No começo foi ruim, depois acostumei.

— Antes só do que mal acompanhada, tia. Meu pai fez a maior burrada em ter se casado com a Rosa. Não bastasse

isso, levou-a junto com os filhos para dentro da nossa casa.
— Nesse momento, Isabelle atraiu, imediatamente, o espírito Dulce para junto de si. Passando a experimentar imensa tristeza e irritação que a desencarnada lhe passava. — Quando minha mãe era viva, tínhamos um lar. Nós tínhamos paz. Nós nos entendíamos. Agora... Nossa casa virou um inferno. Todos os dias temos brigas. Quando não é um, é o outro. Quando não é por uma coisa, é por outra. O Ailton e a Rafaelle estão revoltados. Chegam da escola batendo porta, empurrando as coisas...

— Vocês tiveram uma boa mãe. Por que não usam o que aprenderam com ela?

— Ah... Tia... A Rosa é provocativa. No começo, ela não era assim. Agora está ficando. Quando o nosso pai não está, é uma pessoa. Na frente dele, é outra. Ela não queria que meu pai pagasse a minha faculdade, sabia?! — ressaltou. — Disse que é um luxo! Estou procurando um emprego, mas está difícil. Mesmo arrumando, talvez, eu não consiga bancar meus estudos sozinha. Além do que, posso ficar sem emprego de repente. Tenho que contar com a ajuda do meu pai.

— Não sofra por aquilo que ainda não aconteceu. Confie na vida. Confie em Deus. Estudar é importante e o Antônio sabe disso.

— Mas, tia, o clima lá em casa é sempre ruim. Fico mais na casa das minhas amigas do que na minha própria casa. A Rosa acha que é dona de tudo! A Vera, aquela menina chata e metida, pensa que é alguma dondoca! Não faz nada! Fica fazendo ou falando desaforo pra gente. Usa roupas caras! Lógico que é a mãe dela quem compra com o dinheiro do meu pai! Fico indignada! A Vera fica desfilando com roupas boas. Fica medindo a Rafaelle com o olhar. A Rafa usa roupas que eram minhas e não servem mais. Meu pai não dá a menor importância quando a gente reclama. Não fica em casa pra ver o que acontece. E a Rosa incentiva a filha a dar uma de riquinha, de patricinha... É um clima muito ruim, tia. — A jovem não parou de falar. Contou tudo o que estava acontecendo e a incomodava incrivelmente.

Mesmo atenta ao que a sobrinha dizia, Carminda percebeu a presença do espírito Dulce.

Quando Isabelle ofereceu uma trégua, a tia-avó orientou:

— Belle, tudo o que Deus permite que aconteça conosco é para o nosso crescimento, para a nossa evolução.

— Você sabe que estou aqui, Carminda? Sabe que estou sofrendo por ver meus filhos nessa situação? Vai, conta pra Belle o que aconteceu comigo! Que minha morte foi injusta! Que o pai dela é um cafajeste! Vai! Conta! — exigia, transtornada.

Carminda não se manifestou. Nem pareceu perceber o que aquele espírito desequilibrado e aflito lhe dizia.

— Ai, tia... Deus foi cruel em colocar essa mulher e seus filhos na nossa casa e no nosso caminho.

— Não foi Deus quem colocou! Foi o seu pai! A Belle defende muito o pai! Sempre foi assim. Ela precisa saber que a culpa de tudo isso é dele! — tornou a desencarnada.

— O que dá pra gente fazer, tia?

— No momento, não muita coisa. Aprenda com a lição. Seu pai foi precipitado, não seja como ele. — Alguns instantes, após bebericar a xícara de café, comentou: — Nada dura para sempre, Belle. Daqui a pouco você termina a faculdade, vai trabalhar, namorar e formar uma família. Por enquanto, você e seus irmãos devem se unir. Dissolver toda essa raiva, toda essa mágoa. Isso vai fazer mal a vocês. Podem ficar cegos e não enxergar o futuro que podem ter. Se um ajudar o outro... Se um ouvir o outro... Se pensarem juntos, poderão construir um futuro melhor. Unam-se.

— E o meu pai?

— Belle, não devemos ser egoístas. Precisamos respeitar as escolhas das outras pessoas. O Antônio está com a vida que escolheu. Unidos neste momento, você e seus irmãos podem se ajudar e se equilibrar. No futuro, seus irmãos vão construir suas próprias vidas. Seu pai ficará sozinho com as escolhas que fez. Converse com seus irmãos para que fiquem mais tranquilos, para que não reajam... Quando controlamos nossos sentimentos, dizendo que não vale a pena sentir raiva, ódio, ficar contrariada... Dizer que precisamos perdoar e nos esforçando para isso, praticamos um benefício enorme, para nós e para os outros. Fazendo isso, você e os seus irmãos terão mais saúde, mais qualidade de vida, mais paz. Poderão ter um futuro melhor e evitar muitas dores e dificuldades.

— Desculpe, tia... Na minha opinião, perdão é algo impossível! Como perdoar alguém que matou sua mãe? Como não sentir raiva?

— A primeira coisa a fazer para não sentir raiva é não explodir. Pare por um instante. Você tem capacidade para fazer isso. Pare e diga a si mesma: não vale a pena sentir raiva, brigar, xingar... Existe outra forma melhor e mais madura para resolver tudo.

— Ai, tia... Não sei se consigo.

— Tentou?

Isabelle riu e respondeu:

— Não.

— Tente. A imaturidade se aloja nas pessoas que não tentam fazer o que é certo e reclamam pelo que não conseguem. Tente. Se não conseguir, tente novamente. É mais fácil do que parece. Depois, fica automático controlar todos os sentimentos ruins e que nos fazem tão mal. — Deixou-a pensar por alguns minutos e, em seguida, sugeriu: — Você veio aqui para descansar. Que tal ir lá para o quarto, tomar um banho e ir para a varanda? Deita lá na rede e assista um lindo pôr do sol.

— É... — sorriu. — Vai ser bom. — Levantando-se, perguntou: — O Tobias não virá para cá, tia?

— Vem no fim de semana. Ele foi contratado pela empresa onde foi fazer estágio. Não vai poder tirar férias agora.

— Deve estar orgulhosa dele.

— Sim! Muito. A Rafaelle e o Ailton deveriam ter vindo com você.

— Eu chamei. Eles não quiseram. Acho que preferem ficar lá, brigando todos os dias — falou indo pelo corredor com a bolsa e a mochila.

Os dias que ficou na casa de Carminda foram muito bons para Isabelle. Ela retornou muito animada para sua casa.

As sugestões e conselhos da tia lhe fizeram bem, mas ela não os aplicou como deveria.

O espírito Dulce não ficou por muito tempo na casa de Carminda. Os lamentos de Rafaelle a atraíram para junto da filha caçula.

Para Isabelle, ir para a universidade foi uma emoção única. Ter suas amigas Anita e Luci juntas, na mesma sala de aula, deixou-a muito mais feliz.

Não demorou e as três se enturmaram com novas pessoas, aumentando o círculo de amizade.

Foi assim que conheceram Rodrigo, um rapaz que fazia o mesmo curso, em turma bem mais adiantada do que a delas.

— Ele fez um preço legal pelos livros que precisamos para este semestre — Isabelle comentou.

— Verdade. Mas eu queria mesmo aquele outro que ele não quis vender.

— Ele vai usar neste semestre, Anita. Vamos ter que tentar comprar com alguém do sétimo semestre. É um livro que vamos usar muito — Isabelle explicou.

— Ele é um gato — Luci admirou. — E ficou de olho em você Belle.

— Em mim?! Ah!... O que é isso?!

— Ficou! Ficou de olho sim! — Anita confirmou. — Mas bem que poderia mudar de camisa. Reparou que ele está sempre com a mesma camisa?

— Ai, Anita! Deixa de ser implicante — Luci reclamou.

— Não sou implicante. Custa o cara gastar um dinheirinho com algumas camisas? E boas! Ninguém merece roupa porcaria!

Com o passar do tempo, Isabelle, de adolescente sem jeito, tornou-se uma bela moça. Aprendeu a se comportar, a se arrumar e buscava sempre ter boas maneiras.

Era estudiosa, diferente de suas amigas. Não se importava em ser ela sempre a que fazia os trabalhos universitários, enquanto as outras duas arrumavam desculpas para não fazerem nada.

A amizade com Rodrigo foi se estreitando e ela gostava disso.

Sempre se encontravam na faculdade. O rapaz a ajudava com algumas dificuldades e estavam sempre juntos.

Não demorou e ele a convidou para ir ao cinema.

Isabelle disse que iria pensar. Insegura, consultou as amigas.

— Deve ir, boba! — aconselhou Anita. — O Rodrigo é tudo de bom! Até começou a se arrumar melhor desde que começou trabalhar. Percebeu?

— Mas a Belle nem conhece o cara direito, né? — Luci considerou.

— Tá com inveja, Luci! Só porque o Fabiano não deu bola pra você! — Anita ressaltou e caiu na risada.

— Qual é, Anita?! Nem tô a fim do Fabiano! — ficou brava.

— Imagina se estivesse?! — riu novamente a amiga que não deixava de manifestar suas opiniões fortes.

— Você é muito maldosa, Anita! — tornou a outra.

— Sou verdadeira! Sou realista! — Breve pausa e disse: — Vamos ver o que a Belle decide! Vai, Belle! O que vai fazer?

As moças estavam sentadas à mesa em um barzinho próximo à universidade.

Isabelle bebia um suco, enquanto as amigas tomavam cerveja.

Anita baforava um cigarro entre um gole e outro de cerveja, ficando na expectativa.

— Então vou aceitar. Mas e meu pai?

— O que tem o seu pai? Vai levar seu Antônio junto?! — Anita riu ao perguntar rudemente.

— Devo contar para ele que vou sair com um rapaz?

— Por acaso o seu pai deu satisfações ou perguntou a você alguma coisa quando foi sair com a Rosa? — Sem esperar resposta, arremedou: — Meus filhinhos queridos, hoje vou ao motel com a Rosa. Não se preocupem comigo! — gargalhou. Em seguida, disse: — Vai logo pro cinema e pronto! Deixa de ser trouxa! — Um momento e lembrou: — Falando em trouxa... Gente! Aquela professora de Recursos Humanos é trouxa mesmo, não é? — Não esperou que respondessem. — O pessoal trocando prova na cara dura e ela nem aí!

— Trouxa são os alunos que colam. Não acha? — Isabelle opinou.

— Coisa horrorosa ela, não acham? Aqueles dentes pra fora! Que ridícula! Vai num dentista colocar um aparelho! Imagino pra beijar o marido!... — riu muito. — E o cabelo, então. Uma cor de burro quando foge, misturada com a cor natural que está crescendo... Credo! Mas, cá pra nós... As professoras dessa facul usam roupas muito bregas. Ridículas!

— Ai, Anita! Deixa de criticar os outros — Luci pediu.

— Eeeeh... Olha pra você, amiga! Tá precisando dar uma repaginada. Pelo amor de Deus! Dá um jeito nesse cabelo horroroso, Luci. Tá na hora, né? Faz uma progressiva ou sei lá!... Credo!

— Deixa o cabelo da Luci em paz, Anita! Por que você implica tanto?! — Isabelle defendeu a amiga.

— Porque é feio! Simples assim! E você também precisa melhorar suas roupas, Belle. Você anda muito brega.

— Já olhou para você, Anita? — Luci perguntou.

— Lógico! Assim que eu puder vou fazer uma cirurgia plástica nesse nariz horrendo. Dar uma turbinada nos seios. Quando eu tiver dinheiro, vou me mudar todinha! Odeio muitas coisas em mim. Na minha opinião, dinheiro resolve muita coisa. Como resolve! Vou pra uma academia pra tirar essas banhinhas, credo! Odeio! Tenho nojo de gente com banha!

— Nem tudo, Anita. Nem tudo se resolve com dinheiro — Isabelle observou.

— Você que pensa! Com dinheiro quero viajar pelo mundo, conhecer gente rica, fina, cheirosa, bonita!... Detesto essas pessoas pobres que não cheiram bem. Aliás... Eita povo pra não tomar banho antes de vir pra essa faculdade! Credo! Tem uns que fedem suor!

— Estavam trabalhando! Trabalhando duro pra pagar faculdade. Pegam ônibus, trem, metrô ou sei lá... Tem uns que vem até de bicicleta. São pessoas esforçadas que dão um duro danado para terem um futuro melhor — Luci esclareceu.

— Pobre! Não passa de gente pobre! — Anita afirmou. — Pobre é tudo fedido!

— E nós? O que somos? — Isabelle perguntou.

Luci começou a rir e disse:

— Somos milionárias, não está vendo?! Uma trabalha como operadora de caixa de mercado, a outra como vendedora em uma loja de bijuterias e a outra desempregada — riu com gosto e as amigas riram junto.

Foi com muita insegurança que Isabelle aceitou o convite e saiu com Rodrigo.

# Capítulo 5

## *Verdade amarga*

O tempo foi passando...

Isabelle e Rodrigo estavam namorando e se gostavam muito.

Ela ficou sabendo que a família do rapaz havia se mudado para o interior de São Paulo.

Para terminar o curso universitário, ele ficou morando na casa de seus tios, junto com dois primos. Todos se davam muito bem. Ao contrário da família da moça. Ela se constrangia por isso. Mal o apresentou para o pai e para a irmã Rafaelle. Não teve oportunidade de apresentá-lo ao irmão. Ailton quase não parava em casa.

Certo dia, sem que esperasse, Rodrigo foi até sua casa e a jovem ficou muito sem jeito.

Rafaelle e Vera se achavam no meio de uma briga e não se importaram com a presença do rapaz. Continuaram gritando e se ofendendo.

Rosa, por sua vez, mal o cumprimentou, não dando qualquer atenção ao moço. Muito menos se preocupou em chamar a atenção das meninas para que parassem com a briga.

Para se agredirem verbalmente, Vera e Rafaelle usavam palavreado baixo e vulgar.

Na espiritualidade, havia uma competitividade entre dois grupos de espíritos inferiorizados. Era como uma torcida, incentivando as duas jovens para que colocassem mais intensidade no que faziam. Ao mesmo tempo que outros espíritos se colocavam como observadores, rindo e zombando da cena que presenciavam.

Os mentores e entidades amigas assistiam a tudo com tristeza. Sabiam das negatividades que Rafaelle e Vera atraíam para si e para o lar.

Enquanto isso, o espírito Dulce, em estado extremamente sofrido, tentava defender, em vão, a filha.

Isabelle se sentiu extremamente envergonhada e sem saber o que fazer.

Com jeito constrangido, chamou o namorado para o fundo do quintal.

Lá, sentou-se em um banco, que ficava sob a sombra de uma amoreira, e comentou:

— Desculpa por tudo isso.

Com jeito simples, Rodrigo disse:

— Não se preocupe. Não é culpa sua.

— Quando minha mãe era viva, nunca houve briga nesta casa. Podia acontecer alguma coisa entre nós, irmãos... Mas nada dessa magnitude. Ela sempre sabia o que fazer. Colocava a gente de castigo... — esboçou um sorriso. — Ou dizia: "se vocês não pararem vou aí resolver as coisas no três!"

— E como ela resolvia as coisas no três? — perguntou curioso.

— Ela dava três palmadas no bumbum de cada um. Palmadas bem dadas! Não importava o quanto um ou o outro estivesse certo. Ela dizia que ninguém brigava sozinho. E que podíamos resolver as coisas conversando de modo civilizado. E quando batia na gente, mesmo assim, colocava-nos de castigo. Um sentado de frente para o outro, até ela achar que estava bom. Depois fazia a gente se abraçar e trocar beijos. Pedir desculpas... Aquele que não aceitasse se desculpar, ficaria mais trinta minutos sentado sozinho, olhando para a parede. Desde que ela morreu, nossa vida mudou muito. Mudou para pior — seus olhos marejaram, mas ela respirou fundo e disfarçou. Embora ele tivesse visto.

— Talvez, a ausência dela ajude vocês a serem mais fortes, mais unidos, mais firmes em propósitos e opiniões.

Isabelle o olhou, sorriu e observou:

— Você está falando igual a minha tia Carminda. — Um breve momento e disse: — A culpa de tudo isso é do desgraçado de um motorista de ônibus. Imprudente, negligente, infeliz que atropelou e matou minha mãe. Ela morreu atropelada.

Rodrigo franziu o semblante sem que a namorada percebesse. Inquietou-se. Remexeu-se e argumentou:

— Já pensou no fato de ter sido um acidente? Que, talvez, ele não tenha sido culpado?

— Ele foi absolvido! Disseram que não teve culpa. Mas eu duvido! Poderia ter freado. Ter tido mais atenção! Poderia ter feito alguma coisa... Desviado ou sei lá! Quem assume a direção de um veículo é responsável por tudo o que acontece. Tomara que esse homem sofra até morrer!

Podia-se notar certa apreensão no rapaz, se alguém tivesse olhado para ele. Algo muito forte o incomodou.

Com um toque de insegurança na voz, ele indagou:

— Faz... ...muito tempo que sua mãe morreu?

— Cinco anos.

— Foi aqui perto? — perguntou no mesmo tom.

— Sim. Foi na avenida que passa ali em cima. Ela saiu para ir até a padaria e passar em outro lugar... Não voltou. Os meninos da rua vieram avisar aqui em casa. Fui até lá... Ela havia batido com a cabeça no chão. Havia muito sangue... Eu abaixei perto dela... Chamei, chamei... Gritei: Mãe! Mãe! Fiquei desesperada. Ela estava sem qualquer reação. Tentei ouvir seu coração e encostei meu ouvido no peito dela... — chorou. Nunca havia contado aquilo para ninguém. — Alguém me segurou pelos braços, fez com que levantasse e me afastou. Disse que a polícia estava chegando e eu não poderia ficar ali. Não consegui olhar pra ela jogada no chão e... Daí entendi que aquele homem que me segurava era o motorista. Era o homem que havia acabado de matar minha mãe. Saí correndo e fui para a casa da Anita. Entrei em desespero... Até hoje não esqueço aquelas imagens. — Rodrigo respirou fundo e pareceu sentir-se desconfortável. Ficou calado. Isabelle ainda indagou: — Como uma pessoa pode acabar com a vida e a paz de uma família?

— Talvez não tenha sido culpa dele.

— Como não?! Como eu disse... Quando uma pessoa se presta a um trabalho, a fazer alguma coisa, ela precisa ser capaz e assumir responsabilidades. Todos os dias rezo para que esse homem sofra muito! Muito! — expressou-se com raiva.

— Acho que isso vai te fazer mal.

— Nossa, Rodrigo. Você está falando igual a minha tia! — ficou contrariada. — Como devo pensar, então?! Acha que devo perdoar o sujeito que matou minha mãe?! Minha mãe era uma pessoa maravilhosa! Hoje nos faz muita falta. Sinto saudade de tudo o que ela fazia! Da sua atenção, do seu carinho, do seu amor... Nossa vida virou um inferno desde que ela morreu. Não posso perdoar o homem que a matou!

— Desculpe, mas... Penso um pouco diferente.

Isabelle o olhou com o canto dos olhos e perguntou:

— Como você pensa?

— Se sua mãe tivesse morrido de um infarto, você e seus irmãos também ficariam sem todos os cuidados, sem toda a atenção, carinho e amor que ela oferecia. Isso é uma coisa. Outra coisa foi o fato de seu pai ter casado novamente. Pensando friamente, não foi o homem que matou sua mãe que fez da vida de vocês um inferno. Isso aconteceu porque o seu pai não pensou muito bem e se casou com uma mulher aproveitadora, com interesses escusos. Em minha opinião, foi o pai de vocês que errou. Acredito que você e seus irmãos deveriam ter uma conversa bem séria com ele. Se esta casa é do seu pai com sua mãe, vocês têm mais direitos.

— Esta casa foi meu avô quem doou para nós. Meu pai não tem direito.

— Tá aí a solução! Fica mais fácil ainda. Você e seus irmãos precisam reivindicar seus direitos. Precisam se unir para terem paz. Podem pedir para o pai de vocês ir morar em outro lugar com a nova mulher dele e com os filhos dela. Seria triste, mas é a solução. Traria tranquilidade a vocês, filhos legítimos e herdeiros desta residência.

— O que você está querendo dizer, Rodrigo? Quer que minha família se desfaça?!

— Já não está desfeita, Isabelle? Escutou os gritos da sua irmã com a filha da sua madrasta? Isso é família unida?

— Não estou gostando do que você está me dizendo!

— Fui sincero! Só isso. Repare... Você não para em casa por causa da madrasta com os filhos dela. Sua irmã só briga com a tal Vera. Seu irmão... Notou que eu não conheci seu irmão? Nunca o vi! E olha que namoramos há... Dois anos?

— Quase dois anos! E olha o jeito que está falando comigo!

Enoque, mentor de Isabelle, sugeriu, generosamente, que a jovem ouvisse com atenção a proposta ou a nova forma de ver a situação que Rodrigo apresentava.

O rapaz continuou:

— O pai de vocês está muito omisso nessa situação que ele mesmo provocou. Só trabalhar e colocar dinheiro em casa, não é suficiente. Ele precisa estar muito mais presente. Ouvir você e seus irmãos e saber a razão das brigas acontecerem. Dessa forma, deveria chegar até sua madrasta e exigir um comportamento diferente. Fazer com que ela e os filhos dela entendam que esta casa é de vocês. Que eles moram aqui por uma concessão. Seu pai está sendo omisso. Muito acomodado.

— Agora você está querendo colocar a culpa no meu pai?

— Quem casou seu pai com essa mulher não foi o motorista que atropelou sua mãe!

Por não viver em um lar espiritualmente equilibrado, não cultivar princípios de elevação, Isabelle era facilmente envolvida pelas sugestões de espíritos inferiores e infelizes que se satisfazem com os erros dos outros.

— Se minha mãe estivesse viva, nada disso estaria acontecendo! Você não percebe isso, Rodrigo?! — falou de modo duro.

— Isso mesmo, mina! Esse cara não sabe de nada! Quer se meter na sua vida e nem sabe metade da sua história! — influenciava um espírito que queria, por diversão, ver o casal discutindo.

— Isabelle, pense! E se sua mãe tivesse morrido por outro motivo, isso também estaria acontecendo, porque o seu pai escolheu essa outra aí pra se casar e quis que ela morasse aqui com os filhos dela. O seu pai é quem precisa resolver essa situação.

— Olha aí! Agora ele pegou pesado! Vai Isabelle!!! Dá um jeito nesse cara! Não vê que ele tá querendo jogar você contra o seu papai? — gargalhava em zombaria um espírito que insistia em influenciá-la. — Vocês já não têm mãe, brigando com o papai vão ficar bem pior! — ria. — Quem esse cara pensa que é? Dono da verdade? Defenda o seu pai, trouxa!

— Rodrigo! Não estou acreditando que você quer ditar normas ou dizer o que meu pai deve fazer.

— Não. Não é isso. Pretendo mostrar o que você e seus irmãos precisam fazer para o pai de vocês ter um posicionamento e uma atitude diante de tudo isso. Somente dessa forma vão viver melhor, pois essa casa é um inferno, como você diz, por culpa dele.

— Nossa!!! — gritou e gargalhou outro espírito inferior que prestava atenção na conversa. — Agora ele está se achando o dono da razão e da perfeição! — riu muito.

Sem perceber que os pensamentos que lhe chegavam não eram saudáveis, Isabelle se irritou:

— Olha aqui, Rodrigo, eu não estou gostando desta conversa nem das suas opiniões. Você vem aqui, na minha casa, não conhece nada nem ninguém e... Logo vem dizendo que o meu pai agiu errado e quer determinar o que ele ou nós devemos fazer?! Isso não está certo!

— Então, desculpe. Só dei minha opinião porque pensei em ajudar. Afinal, você vive reclamando da sua vida aqui. Diz que tudo está um inferno desde que sua mãe morreu...

Ela ficou aborrecida e demonstrou isso visivelmente através do semblante sisudo.

— Ei... Belle? — chamou-a com ternura. — Não fica assim, não... — puxou-a para um abraço, mas a moça se esquivou.

Rodrigo tentou agradá-la de várias maneiras, enquanto, na espiritualidade, alguns espíritos zombeteiros riam da situação.

— O idiota agora vai fazer um carinho!... — gargalhavam. — A imbecil vai ficar mais emburradinha ainda! Vai besta! Faça cara de mais zangada ainda! — riam. — Mostra que você é bem imatura!

— Bebezinha! Oh!... Coitadinha da órfãzinha! Vira a cara pro outro lado agora! — riu o outro, mais ainda quando Isabelle fez o que ele inspirava.

— Ela fez o que você pediu! Vai meu! Ela está na sua sintonia! Continua! Continua! — pedia outro do mesmo nível.

Rodrigo tentou conversar sobre outros assuntos, pediu desculpas sobre o que tinha falado, mas a namorada, envolvida por sugestões de espíritos inferiores, não agia de forma madura.

Insatisfeito, o rapaz se cansou e foi embora.

Sem demora, Isabelle foi para a casa de Anita e, no quarto da amiga, chorava após contar o que aconteceu.

— Foi isso! Eu nem acredito que o Rodrigo culpou o meu pai por tudo o que vivo! O que mais ele pode dizer ainda?

— Amiga... Sei que você está bem triste agora, mas... Parou para pensar que o Rodrigo até que deu uma boa ideia pra vocês? Veja bem, se o problema é a Rosa e os filhos, eles devem deixar a casa de vocês. Você e seus irmãos poderiam se unir e exigir isso do seu pai.

— Anita! Não acredito no que está me dizendo! Você está falando que o Rodrigo tem razão?

— E não tem? Se o seu pai não tivesse casado com aquela sem-vergonha, vocês não estariam vivendo tudo isso. Concorda?

— Tudo começou com a morte da minha mãe! Vocês não estão vendo isso! Se aquele desgraçado não tivesse atropelado minha mãe, ela não teria morrido. A Rosa é uma imbecil, desgraçada e idiota, mas ela só está lá em casa porque minha mãe foi morta!

— Tá! Tá bom. Não adianta. Já falamos incontáveis vezes sobre isso e você não muda de opinião. Mas... Você tá chateada com o que, exatamente? Só por causa da opinião dele?

— Não... Eu acho. Ele foi embora.

— Ah!... Espere um pouco! Você me disse que virou a cara. Que ficou emburrada e não conversou mais! Agora vem chorar porque o Rodrigo foi embora? O que você queria?! — comentou.

— Ah... Não sei por que fiz aquilo... — chorou.

— Vai procurar ele, droga!

— Vai procurá-lo, é o correto.

— Ah! Isabelle! Vai pro inferno! Para de me corrigir! Que mania... — Anita foi até sua bolsa, abriu, pegou um maço de cigarros, acendeu um e, em seguida, ofereceu: — Quer um trago?

— Não. Não quero me viciar nessa porcaria — balbuciou.

Anita sorriu. Sacudiu os ombros como quem expressasse que não se importava. Deu algumas baforadas e, depois, perguntou:

— Não vai atrás do Rodrigo?

— Você acha que eu devo?

— O que tem a perder?

— Não acha que fica chato?

— Qual é, Isabelle?! Vocês estão namorando. Se fosse só um carinha e estivesse correndo atrás, eu diria que poderia ficar chato. Mas não é o caso. — A outra não disse nada e Anita perguntou: — Quer que eu vá com você?

Longe dali, Rodrigo já estava na casa dos seus tios.

Foi para a garagem onde o tio limpava o carro. Sentou-se em um banco de madeira, observando o senhor.

Após algum tempo, o homem quis saber:

— O que aconteceu pra você estar com essa cara?

O rapaz pensou um pouco e decidiu contar:

— Tio, a mãe da Isabelle faleceu há cinco anos. Foi atropelada por um motorista de ônibus.

O tio parou com o que fazia. Sério, fitou-o e esperou que o sobrinho continuasse. Mas Rodrigo não o fez. Incomodado com o silêncio, Justino indagou:

— Onde ela foi atropelada?

— Na mesma avenida que o meu pai, quando era motorista de ônibus, atropelou e matou aquela mulher, há cinco anos — contou em tom amargurado, olhando para o tio de modo triste.

Inquieto, Justino suspirou fundo. Jogou com força, em um balde, o pano que segurava e foi para junto de Rodrigo, dizendo:

— Acidentes acontecem todos os dias e... Você contou pra ela?

— Não.

— Perguntou ao menos o nome do motorista?

— Não. Não tive coragem. Eu me senti muito mal quando ela contou a história e... Não consegui perguntar.

Sentado, Rodrigo abaixou a cabeça, curvou o corpo e entrelaçou as mãos frente aos joelhos, perdendo o olhar no chão rústico.

— Pode ser uma coincidência.

— É... Pode. Mas... e se não for? Eu gosto muito dela, tio! Essa tragédia acabou com a vida do meu pai. Ele ficou doente. Entrou em depressão... Vendeu tudo o que tinha e foi para o interior. Largou tudo e... A bem da verdade, até hoje não se recuperou. O senhor sabe. A Isabelle odeia esse motorista.

Ela diz que a vida dela é um inferno por causa da morte da mãe. O pai se casou com outra mulher que já tinha um casal de filhos. A irmã da Isabelle briga demais com a outra menina. Hoje eu fui lá e as duas estavam aos berros. Realmente, a casa é um inferno. — No momento seguinte, confessou: — Estou angustiado. Não sei o que fazer.

— É a dúvida que está te matando. Precisa saber a verdade dos fatos. Quer que eu ligue para o Nélio e pergunte o nome da mulher que morreu naquele acidente?

— Não. Meu pai vai querer saber a razão dessa pergunta e... Se tiver esquecido o fato, vai se recordar. Não vai ser nada bom. Melhor não perguntar nada — decidiu Rodrigo.

— Então precisa saber qual era o nome do motorista que dirigia o ônibus que atropelou a mãe dela.

— Tio, será que a tia sabe o nome da mulher que o meu pai atropelou? Ela conversava tanto com meus pais — lembrou de perguntar.

— Vamos ver com ela! — disse Justino, saindo da garagem, seguido pelo sobrinho.

Ao entrarem na cozinha, Catarina, que estava passando café, olhou-os com o canto dos olhos e sorriu.

— Eu já ia chamar vocês!

— Tá cheirando café fresco! — o marido disse sorrindo.

Colocando a garrafa térmica sobre a mesa, a mulher falou:

— Tem bolo de fubá. Só que está quente. Alguém quer?

— Nossa, tia! Nem precisa perguntar — respondeu, enquanto pegava as xícaras e colocava sobre a mesa.

Quando todos se sentaram e bebericavam o café, Justino perguntou:

— Catarina, por acaso você sabe o nome daquela mulher que o meu irmão atropelou há cinco anos?

A esposa pensou um pouco e comentou:

— O Nélio não falava muito no assunto com a gente. Mas a Jaci deve saber.

— Verdade. Ele conversava muito com a minha mãe. Nem com a gente meu pai tocava no assunto — Rodrigo lembrou.

— A Jaci sabe. Tenho certeza. Por que querem saber isso?

Justino tomou a frente e contou.

A esposa ficou surpresa, mas não se manifestou.

Discreta, olhou para o sobrinho e murmurou:

— Se for isso mesmo... Que mundo pequeno, hein, Rodrigo?!

— Nem me diga, tia. Nem me diga — ele colocou os cotovelos sobre a mesa e esfregou o rosto com as duas mãos.

Rodrigo era um rapaz bonito. Seu rosto trazia traços fortes. Sobrancelhas largas e quase juntas. Olhos castanho-claros profundos. Nariz de abas largas e lábios grossos. Feição que herdou de seu pai, que era mulato. Já a pele mais clara, puxou à de sua mãe.

Era um rapaz alto, corpo atlético e mãos fortes. Gostava de esportes. Jogava basquete amador em um time do clube do bairro.

Após terminar a faculdade, trocou de emprego e começou a trabalhar em um banco, onde estava pleiteando arrumar um emprego para Isabelle.

— Bem... Precisamos saber o nome da mulher do acidente. E isso só ligando para sua mãe. Quer que eu faça isso agora?

— E o que a senhora vai dizer pra ela? Como vai justificar uma pergunta dessas?

— Vou falar a verdade. Por que eu mentiria?

— Mas?...

— Você tem vinte e cinco anos, meu filho. Seus pais sabem que você namora. Está com medo do quê?

— Do nome da mulher ser Dulce — respondeu ao olhar para a tia com certa angústia.

— Quer saber?... Vou fazer isso agora! — Catarina decidiu, determinada, e se levantou. Foi para a sala, deixando Justino e Rodrigo sozinhos.

O tio puxou assunto sobre o time de basquete para distrair o rapaz, mas percebia-o disfarçando o nervosismo.

Em determinado momento, o jovem revelou, mudando drasticamente de assunto:

— Eu gosto muito dela, tio. Estou tentando arrumar um emprego pra ela lá no banco e... Quero alugar uma casa e, quem sabe, a gente se casa. Aí eu dou sossego pra vocês — sorriu, demonstrando ansiedade.

— Olha... Querer se casar é uma coisa. Querer nos dar sossego é outra. Aqui em casa você não incomoda em nada. É mais um filho pra nós. Agora, se gosta da moça, a ponto de se casar, isso é outro assunto. Não vá querer se casar só para sair daqui, achando que está incomodando.

— Às vezes, acho a Isabelle um pouco imatura. Fica emburrada à toa. Mas é uma menina que tem juízo e responsabilidade. Muito diferente das amigas e da irmã. A gente já está namorando há tempo e...

Catarina retornou à cozinha e a conversa foi interrompida.

O sobrinho a encarou sem piscar, expressando grande expectativa.

— Conversei com sua mãe. Expliquei tudo e... O nome da mulher era Dulce. Sinto muito, Rodrigo... — apiedou-se.

— Ah... Não... — murmurou o rapaz, pendendo com a cabeça negativamente.

Aproximando-se, a mulher esfregou o ombro dele e contou com um toque de piedade na voz:

— Sua mãe lembrou de muitos detalhes, porque o seu pai falou muito nesse assunto com ela, na época. Disse que ele ficava chateado e repetia que a mulher que morreu tinha três filhos menores. Que ele teve de tirar a filha mais velha de cima do corpo da mãe, pois a mocinha apareceu no local. Essa mais velha tinha dezesseis anos na época. Contou que o Nélio não se conformava com o ocorrido. Ele dizia que a mulher saiu da calçada, de trás de uma banca de jornal, andando de costas para a rua. Que parecia atordoada. Que ele buzinou e tentou tirar o ônibus, mas não foi o suficiente e acabou batendo nela e jogando-a na guia. Ela bateu com a cabeça e morreu na hora.

— Meu Deus!... A Belle me contou tudo isso hoje. E eu pensando em me casar com ela... — o rapaz murmurou amargurado.

— Olha, Rodrigo, a Isabelle precisa entender que você não é o seu pai. Foi um acidente. Uma coisa não tem nada a ver com a outra — opinou Justino.

— Como não, tio? Ela fala desse motorista com um ódio que o senhor tem de ver!

— Você não precisa apresentar sua namorada para a sua família agora. Ela sabe que os seus pais moram no interior e que não é sempre que você vai lá... Continue trazendo a Isabelle aqui pra casa como sempre. Continue com o namoro de uma forma normal. Conquiste a moça. Faça com que te conheça. Façam planos. Quando for preciso mesmo, aí sim deixe tudo vir à tona.

— Mas ela vai dizer que menti. Vai perceber que eu sabia a verdade toda e escondi dela. Não pode ser assim, tia.

Nesse instante, a campanhinha tocou. Justino levantou e foi ver quem era.

# Capítulo 6

## *O plano das amigas*

Catarina aconselhava Rodrigo quando a voz alegre de Justino soou alta, junto com alguns risos.

Tia e sobrinho pararam de falar e ficaram atentos.

O rapaz pareceu olhar um fantasma quando viu Isabelle, sorridente, adentrar à cozinha. Sentiu-se gelar, mas soube disfarçar.

— Oi, dona Catarina — a moça cumprimentou.

— Oi, Belle! Tudo bem com você? — a mulher perguntou indo a sua direção para beijá-la.

Anita, que acompanhava a amiga, também cumprimentou a todos.

Educada, Catarina pediu que se acomodassem à mesa:

— Sentem-se. O café é fresquinho! — Foi pegar mais xícaras e pratinhos para pôr sobre a mesa. — Tem bolo de fubá. E aconselho que se sirvam logo! — riu. — Hoje o Rodrigo está em casa.

— Para mim não, dona Catarina. Eu vim aqui só para conversar um pouquinho com o Ro.

Anita se acomodou e aceitou o café servido.

Por sua vez, o rapaz se levantou e, sem dizer nada, conduziu Isabelle para a sala.

Para evitar que alguém os ouvisse, ligou a televisão e se sentou no sofá, ao lado da namorada.

Ficando de frente para ela, perguntou:

— Tudo bem com você?

— Sim. Quer dizer... Sei lá... Fiquei muito mal depois que foi embora.

— Você não quis conversar. Eu não tinha mais nada que fazer ali.

Ela se curvou e recostou a testa em seu ombro, murmurando:

— Aaaah... Não sei o que me deu. Desculpe. Fui imatura.

— Foi mesmo.

— Ai, nossa... — falou com jeito dengoso. Queria ouvir o contrário.

— Estou dizendo a verdade para que evite fazer isso de novo. Esse comportamento se tornou uma mania. Precisa se vigiar. É muito chato.

— Tudo bem. Desculpa... Vou me vigiar.

Ele a abraçou com carinho e a beijou.

Após um tempo, contou:

— Estou tentando encaixar você lá no banco. Acho que as coisas estão dando certo.

— Um emprego?! Jura?! Ai, que maravilha! — beijou-o.

— Conversei com um dos diretores e ele me disse que estão precisando de alguém. Pediu um currículo seu.

— Só tenho experiência por trabalhar em serviço temporário de fim de ano em crediário de loja. Será que serve?

— Lógico! Afinal, sou eu quem estou indicando! — falou de modo esnobe, brincando ao se exibir.

— Como você é arrogante! — ressaltou rindo e o beijou rápido novamente.

Riram e se abraçaram, selando o momento com um beijo amoroso.

Abraçando e embalando-a levemente, beijou-lhe o alto da cabeça e fechou o sorriso sem que a namorada visse.

Rodrigo suspirou fundo e cerrou os olhos, apertando-a contra o peito.

Algum tempo depois, Isabelle se remexeu e, fazendo questão de encará-lo, perguntou:

— Tudo bem com você?

— Sim. Tudo bem.

— Ficou tão quieto...

— Estava pensando...

— No quê? — quis saber curiosa.

— Quando começar a trabalhar lá no banco, vai ganhar razoavelmente bem. Podíamos guardar uma grana e pensar em nós.

— Sério que está pensando nisso?! — admirou-se.

— Por que não? — ele sorriu lindamente.

— Mas nem conheço sua família! — ela riu.

Rodrigo se sentiu mal, mas procurou disfarçar, dizendo:

— Eu também não conheço seu irmão. Vi seu pai pouquíssimas vezes e... Você vai se casar comigo, não com a minha família.

Isabelle fez um jeito mimoso e recostou-se nele, feliz com o carinho que recebia.

— Qualquer fim de semana desses, nós poderíamos ir até a casa dos seus pais, não acha?

— Sim... Claro... — respondeu sem firmeza.

— Como seus pais se chamam? — a namorada quis saber.

Ele pensou rápido e respondeu:

— Antônio — falou o segundo nome do seu pai. — Meu pai se chama Antônio e minha mãe Jaci.

— Nossa! Nossos pais têm o mesmo nome! Que legal!

— É... — sorriu sem jeito e sem entusiasmo.

— Namoramos todo esse tempo e nunca perguntei o nome deles. Que cabeça a minha... — Isabelle riu.

Rodrigo ficava pensando em um jeito de mudar de assunto, até que uma ideia lhe surgiu:

— Vamos lá para a cozinha — convidou, levantou-se e a puxou levemente pelo braço. Desligou a televisão e, indo para o outro cômodo, disse: — Eu gostaria de conhecer sua tia Carminda. Você fala tanto dela. Qualquer dia desses, poderíamos visitá-la.

— É mesmo! Faz tanto tempo que não vou lá. Minha tia vai gostar. Ela é um amor.

O casal entrava na cozinha quando Anita perguntou:

— Quem é um amor? Eu? — e riu.

— Você está longe disso! — disse Isabelle brincando. — Estou falando da minha tia Carminda.

— Ah, sim! — tornou a amiga. — Realmente, ela é um amor. — Olhando para os demais, riu de um jeito engraçado e contou: — É uma mulher muito bruxa, sabe? Quando a gente era pequena, a Belle tapava os olhos e...

— Ah!... Não! Não!... Para com isso Anita! — pediu rindo, como se implorasse. Mas não adiantou.

— Vou contar sim! A Belle tapava os olhos, virava para um canto e pedia para eu pegar um objeto ou outra coisa qualquer. Daí, tentava adivinhar o que a gente tinha nas mãos.

— E para que isso? — Rodrigo quis saber, embora já soubesse.

— Ela queria adivinhar as coisas igual à tia dela.

Isabelle ficou sem jeito. Apesar de envergonhada, riu ao se lembrar.

— Quer dizer que você gostaria de ser médium, Isabelle? — perguntou Catarina.

— Não é bem assim... — respondeu tímida. — Essa minha tia é uma pessoa incrível. Sábia, gentil e nos dá conselhos ótimos. Eu gostaria de ser como ela.

— Eu não gosto muito de ver ela.

— Vê-la — Isabelle corrigiu baixinho.

Anita olhou para a amiga com o canto dos olhos e prosseguiu:

— Vai que a mulher sai lendo os meus pensamentos! — falou de um jeito engraçado.

— Também não é assim. Quando pequena, eu pensava dessa forma. Acreditava que minha tia saía por aí lendo pensamento. Um dia, perguntei e ela me explicou que não é bem assim que funciona. Hoje eu vejo os dons dela de outra maneira.

É sábia, inteligente... Percebe coisas que não vemos e sabe como orientar.

— Ela é médium.

— Sim, dona Catarina. É isso o que ela nos fala — tornou Isabelle com jeito simples.

— Todos nós somos médiuns, em maior ou menor grau. Para ser médium respeitoso e eficiente, é preciso estudar, ter bom senso, desenvolver sabedoria e moral elevada, em todos os sentidos, senão, de nada serve. Mentores elevados não ficam em companhia de pessoas sem elevação moral, sem bons princípios para trabalhos espirituais. Ao contrário. Médium sem elevação ou interesseiro só vai atrair espíritos do mesmo nível. Dessa forma, seus trabalhos, sejam eles na área mediúnica que for, terão sempre um teor falso, pseu-dossábio, enganador e medíocre. Vai falar aquilo que só lhe convém. E pior, iludir pessoas simples e sem esclarecimento, levando-as a erros, dores e sofrimento. Isso é muito triste e comprometedor para uma vida futura desse médium.

— Meu bem, acho que elas não estão entendendo nada — alertou Justino com jeito delicado.

— Ah!... Eu estou entendendo sim — ressaltou Anita. — Já vi umas coisas por aí que... Deus me livre! Quanta enganação pra levar o dinheiro dos outros. — Um instante e quis saber. — A senhora é espírita?

— Sim. Aqui em casa todos somos.

— Minha mãe também é espírita. Já eu... Sou espírito de porco! — riu de si mesma.

— Cada um se torna o que precisa na hora certa. Nunca sa-bemos de tudo. Esse é o principal proposto da Filosofia Espí-rita. Allan Kardec, o codificador do Espiritismo, escreveu em *O Livro dos Médiuns*, capítulo III: "Dissemos que o Espiritis-mo é toda uma ciência, toda uma filosofia. Quem, pois, se-riamente, queira conhecê-lo deve, como primeira condição, dispor-se a um estudo sério e persuadir-se de que ele não pode, como nenhuma outra ciência, ser aprendido a brincar", ou seja, o espiritismo não é brincadeira.

— Minha tia decorou a Codificação Espírita. Não reparem — Rodrigo comentou e sorriu.

— Como expositora de curso, há anos, em casa espírita, não poderia ser diferente — Catarina sorriu e se serviu de mais café.

— O que é a Codificação Espírita? — Isabelle quis saber.

— A Codificação Espírita é um conjunto de cinco obras literárias de Allan Kardec, escritas e publicadas num período de onze anos, na França, entre 1857 e 1868. O primeiro livro publicado foi *O Livro dos Espíritos*, publicado em 1857, composto de perguntas formuladas por Allan Kardec e respondidas por espíritos. Livro esse que deu origem ao Espiritismo. Depois, veio o segundo livro, *O Livro dos Médiuns*, publicado em 1861, importantíssimo para quem quer conhecer e saber sobre mediunidade. Em seguida, *O Evangelho Segundo o Espiritismo*, publicado em 1864, um livro consolador e explicativo sobre os ensinamentos do Mestre Jesus. O livro *O Céu e o Inferno*, publicado em 1865, fala sobre o destino do ser humano após a morte, se existe céu e inferno, medo da morte. O livro *A Gênese*, publicado em 1868, que nos apresenta o Espiritismo e a Ciência complementando um ao outro. Mostra que a ciência sem os ensinamentos espíritas torna-se incompleta para explicar certos fenômenos apenas pela lei da matéria. Por outro lado, o Espiritismo, sem a ciência, ficaria sem suporte ou comprovação. Ambos se completam — explicou Catarina.

— O Espiritismo é uma filosofia maravilhosa. Ele nos leva a ver, conhecer, observar... Com isso, não acreditamos em tudo o que vemos, lemos e ouvimos e passamos a ter fé raciocinada, ou seja, passamos a ter condições de avaliar situações e tirar nossas próprias conclusões para sabermos se aquilo serve para a nossa elevação moral ou não. Conseguimos analisar e saber se estamos sendo enganados, se estamos sendo atraídos para o que não presta... É um conceito totalmente oposto de religião que prega fé absoluta, fé cega, dogmas... Filosofia é quando paramos para pensar e repensar. Sabemos, com isso, analisar o que devemos aceitar ou não para nossa vida. O Espiritismo é estudo. Não aceita nada pela fé cega. Não tem dogmas ou doutrinadores. Somos seres libertos e individuais, responsáveis por nossos pensamentos, palavras, ações e sentimentos. Somente nós teremos de prestar contas a Deus por tudo o que fizermos, ou não, em nossas vidas e de nossas vidas — Rodrigo comentou.

— Isso que o meu sobrinho falou, somada à conscientização da lei de causa e efeito, é ensinado por todas as filosofias responsáveis — tornou Catarina.

— Minha tia Carminda falou sobre esses livros de Kardec, mas eu não sabia que se tratava da Codificação Espírita. Fui criada com princípios católicos. Mas... Após meu pai ter se casado novamente, deixamos de ir à igreja. Nem sei por quê.

— Eu creio que a religiosidade seja muito importante para uma família — disse Catarina.

— O Espiritismo nos ensina a nos religarmos com Deus através da boa conduta, dos bons pensamentos, das boas palavras, das boas ações... — Rodrigo esclareceu.

— Mas nem todos se adaptam ao Espiritismo. Quando eu digo que a religiosidade é importante, quero ressaltar que, de alguma forma, precisamos ir à busca de Deus e trazê-Lo para dentro de casa, para dentro do nosso coração. Seja através do Espiritismo, do Catolicismo, do Protestantismo, que são os evangélicos ou de qualquer outra filosofia ou religião. As pessoas e as famílias precisam se espiritualizar mais e se materializar menos.

— A senhora é contra o dinheiro, posses e riqueza? — Anita quis saber, perguntando de um jeito desconfiado.

— Não. De forma alguma. Acredito que todo ser humano deveria ter conforto, comodidade e praticidade para viver bem e melhor. Necessitamos de dignidade! — salientou. — Não é preciso ter torneiras de ouro, piso com filetes de ouro e diamante, como vemos por aí nessas revistas ou programas que ressaltam o sensacionalismo, o egocentrismo ou a excentricidade de alguns. Isso sim pode ser um sério problema.

É extravagância. Muitos não morreriam de fome, com falta de remédio e com dor se o filete de ouro fosse usado para suprir essas necessidades. Mas é direito termos um banheiro apropriado e saneamento básico, alimentação saudável, comodidade para dormir, assistência médica e odontológica de qualidade, escolas decentes e com ensino de qualidade, roupas, calçados, produtos de higiene. Temos de nos esforçar para termos tudo isso.

— A senhora não acha que o governo deveria providenciar tudo isso? — indagou Anita.

— Para as pessoas realmente necessitadas, que não têm condições de trabalhar para suprirem suas necessidades, sim. Eu acho que o governo tem de providenciar. Mas não para pessoas acomodadas. Pessoas que gostam de usufruir, ter benefícios sem se esforçar para isso, não. — Catarina ofereceu uma pausa, pensou e depois comentou: — Veja bem, Anita... Vamos observar como Deus age. Nós nascemos simples e ignorantes. Todos nós. Suponhamos que você se esforçou. Estudou, aprendeu, trabalhou e conquistou seu lugar no mundo. Teve uma religião ou filosofia e, com isso, foi grata a Deus, entendeu também que a dor do outro precisa ser levada em consideração. Você foi caridosa e benevolente. Praticou a caridade. Foi prudente. Tomou conta de si para não cometer muitos enganos. Não prejudicou ninguém... Daí você morreu. Em contrapartida, eu não quis estudar, não quis trabalhar. Fiquei dependente de alguém ou do governo. Não me esforcei para nada. Fiz um monte de coisa errada... Maltratei os outros, briguei, ofendi... Estraguei minha saúde com tudo de ruim que apareceu na minha frente. Depois que prejudiquei minha vida, minha saúde, fiquei ainda mais dependente. Daí, morri. Quem será que terá mais refazimentos para fazer? Eu ou você? Quem será acolhido no plano espiritual com merecimento? Eu ou você? — não houve resposta. — Deus é tão bom quanto é justo. Aquele que errou terá de refazer sua trajetória até acertar. Aquele que acertou, vai para um novo e melhor estágio evolutivo, claro. — Nova pausa e a moça nada disse. — Deus não vai permitir que quem fez tudo errado receba toda a honra e toda a glória! Está errado! Essa pessoa vai ter que refazer tudo de novo e harmonizar o que desarmonizou. Deixá-la em condição elevada não é correto. Ela tem que aprender a ter responsabilidade. Ou, então, Deus não é bom nem justo. É como deixar um aluno passar de ano sem ter aprendido. Ele não vai ser bom profissional. Aqui, na Terra, pode até enganar os homens, mas a Deus, não. Muitos prédios caem e catástrofes acontecem na engenharia, porque aquele engenheiro faltou à aula, colou na prova, não fez o trabalho em grupo e se achou o melhor! O máximo! "Os trouxas se esforçaram e eu não!", ele pode dizer. Mas, certamente, a ponte que ele fizer pode cair. Depois que a ponte cair, ele não vai mais arrumar emprego. — Um instante e disse: — A vida nos devolve o que oferecemos a ela. Uma pessoa que faz corretamente o que for preciso vai obter, sem dúvida, o retorno de seus esforços.

— Então não devemos ajudar a ninguém? — Anita indagou com um tom de desdém.

— Não foi isso o que eu disse. Existem pessoas que necessitam de amparo e ajuda a vida inteira! Outras não. Devemos todos nos esforçar. Lógico que pode acontecer um imprevisto na vida de alguém e essa pessoa precisa ser ajudada. Por isso, é importante avaliarmos bem a ajuda que proporcionamos, o tempo de ajuda e ver se a pessoa não está fazendo corpo mole, entende?

— As religiões não ensinam isso — retrucou. — Nenhum lugar ensina isso.

— É algo que o nosso bom senso vai avaliar. Por exemplo... Tem muita gente que acha difícil praticar a caridade.

— Não. Isso é fácil — tornou Anita. — É dar um dinheiro... Uma esmola.

— A maior caridade é o amor. A maior caridade é aquela que praticamos dentro da nossa casa. A maior caridade é a atenção, o carinho, o sorriso, o afeto, a generosidade, o respeito com todos com quem dividimos o mesmo teto, transformando nossa morada em um lar. Quando frequentamos uma igreja séria, voltada a valores morais e espirituais e não voltada à arrecadação monetária... Quando frequentamos uma casa de oração, um centro espírita cujos ensinamentos e reflexões são voltados a não especulações mediúnicas e levamos esses valores para dentro de nossa casa, vamos aprendendo a harmonizar situações. Conscientizamos, a nós mesmos e aos outros, sobre viver melhor, em equilíbrio, sem brigas ou intrigas. Essa é a maior riqueza, a mais linda paz.

— Isso é verdade. Quando minha mãe era viva, não existiam brigas dentro de casa. Às vezes, a gente se desentendia, mas era coisa boba de criança, nada comparado ao que temos agora — Isabelle contou. — Ela nos fazia ir à igreja, orar antes das refeições e antes de ir dormir.

— Olha só que interessante! — Catarina se animou. — Orar antes das refeições! Uma atitude que vem se perdendo à medida que as pessoas se afastam da religiosidade. O momento da oração, da prece ou o ato de agradecer antes das refeições dissolvem todas as energias negativas que podem estar naquele alimento. Com certeza, vai impregná-lo de energias elevadas, ativando as propriedades do que comemos para que elas, as propriedades, atuem beneficamente no nosso corpo físico e espiritual.

— Como assim, dissolvem todas as energias negativas do alimento? E alimento tem energias negativas? — Anita perguntou.

— Através do pensamento e da vontade, possuímos um poder que, muitas vezes, desconhecemos — explicou Catarina. — Nós somos energia, pois somos espíritos que ocupamos temporariamente um corpo de carne, em vivência terrena, para lidar com situações e pessoas com a finalidade de evoluirmos e sermos felizes. Assim sendo, os nossos pensamentos, desejos, vontades, sentimentos e emoções são energias. Essas energias nos circundam o tempo todo. A isso se dá o nome de psicosfera.

— Psicosfera? — indagou Anita, franzindo o rosto como se não tivesse entendido. — Nunca ouvi falar.

— Psicosfera é uma palavra que vem do grego. É um termo usado muito por espíritas e espiritualistas. Significa a atmosfera psíquica, ou melhor, um campo de emanações eletromagnéticas que envolvem todo ser vivo. É como o nosso meio ambiente espiritual. O espírito André Luiz, pela psicografia de Chico Xavier, criou esse termo para nomear o halo energético que envolve todos os seres vivos, onde se estendem os seus pensamentos, desejos, realidade evolutiva e padrões psíquicos — esclareceu a mulher.

— Acho que entendi — Anita considerou. — Mas não imaginava que isso pudesse existir.

— Os nossos desejos, pensamentos, emoções e sentimentos são energias e essas energias nos rodeiam o tempo todo. Além disso, elas se emanam, ou seja, elas saem de nós e impregnam ambientes, objetos... Tudo a nossa volta. Dessa forma, aqueles que manuseiam os alimentos, seja na plantação, na colheita, no estoque ou, simplesmente, a moça que é operadora de caixa no mercado ou o cozinheiro do restaurante ou o garçom, podem impregnar esses alimentos com suas energias, seus sentimentos de raiva, contrariedade, rancor, inveja, decepção... Qualquer coisa que esteja sentindo no momento, ou seja, todos os sentimentos, emoções, pensamentos e desejos inferiores que emanam dessas pessoas que tocam o nosso alimento podem impregná-lo com energias. O contrário também acontece. Por isso, no instante em que você tem o seu prato de comida, o seu café, chá, suco ou o que for, na sua frente, deve se interiorizar em sentimento de agradecimento a todos que, de alguma forma, fizeram aquele alimento chegar até ali, até você. Agradecer por aquele instante e pedir a Deus que bênçãos sublimes se derramem sobre aquele alimento, já é o suficiente para dissolver energias negativas e imantar energias sublimes em tudo o que está ali para lhe nutrir.

Anita sorriu demonstrando certo ar de deboche e pendeu com a cabeça negativamente ao se manifestar:

— Ah, não!... A senhora quer dizer que, em pleno restaurante, eu devo unir as mãos em prece e rezar?

Catarina pareceu esperar por aquilo. Sorriu e respondeu:

— "A prece é sempre agradável a Deus, quando dita pelo coração, porque a intenção é tudo". Isso é o que nos ensina a questão 658 de *O Livro dos Espíritos* a respeito da prece. Quando entendemos que na prece dita pelo coração não é usada a sonorização de palavras, porque nossa intenção é tudo, aprendemos a orar sem gestos e com a mente. Lembrando que existem aqueles que ainda fazem o sinal da cruz e rezam, em silêncio ou não, diante de um prato de comida e isso é muito louvável. Mas, caso não se sinta confortável, orar em silêncio tem o mesmo efeito. Jesus mesmo já nos disse para orar em secreto, ou seja, em segredo que o Pai está ouvindo. Com isso, entendemos que não é preciso fazer *show* nem exibições em público para mostrarmos que estamos em oração. Bastam alguns segundos e seremos beneficiados.

Anita ergueu as sobrancelhas e remexeu-se na cadeira.

Isabelle, por sua vez, parecendo muito interessada, disse:

— Vai ver que é por isso que a comida feita pela minha mãe era tão diferente. Muito boa. Tinha algo que hoje não consigo replicar.

— É possível. Geralmente, aí fora, a maioria dos trabalhadores está descontente, contrariada com o que faz. Não tem resignação nem, tampouco, gratidão por ter um emprego. Com isso, emanam energias de raiva, contrariedade, inveja... Entre outras. Dessa forma, impregnam-se em uma psicosfera muito negativa. Já, em casa, normalmente, a mãe ou a avó preparam alguns alimentos com os pensamentos voltados a agradar aqueles que os vão comer. Elas querem que seus filhos, marido e netos saboreiem, gostem, sintam prazer com a comida. Isso é amor. O amor dissolve tudo o que não precisamos. Amor é remédio, é nutriente, é energia sublime. Foi o amor de Deus que criou a nós e tudo o que existe no Universo.

— Eu discordo de uma coisa — Justino se manifestou. Todos o olharam e ele reclamou: — Isso é preconceito.

— O que é preconceito, meu bem? — Catarina perguntou intrigada.

— Não são só as mães e as avós que preparam alimentos com amor! Eu me senti excluído. Eu e muitos pais também preparamos refeições com amor.

Catarina riu com gosto. Tocou-lhe as costas com a mão e reclinou-se, quase o abraçando, e disse:

— É verdade. Não podemos falar assim. Até porque, o Justino cozinha muito bem. Vocês têm de experimentar a lasanha que ele faz!

— Agora fiquei interessada! — Anita comentou.

Após conversarem um pouco mais, as moças decidiram ir embora e Rodrigo foi levá-las com o carro do tio.

A pedido da namorada, o rapaz as deixou na casa de Anita.

No quarto, as amigas conversavam:

— Imagina só?! Estou em um restaurante e vou juntar as mãos e ficar rezando! Ah!... Por favor, né?! Tenha a santa paciência! — Anita criticou.

— Não foi isso o que ela disse. Eu entendi que só o fato de ficarmos em silêncio, termos gratidão pela comida e pedirmos bênçãos nós já somos atendidas. Minha mãe ensinou algo assim para nós. E a propósito, eu já vi muita gente, em restaurante, fazendo o sinal da cruz antes de comer. Minha mãe fazia isso. Ela não tinha vergonha. — Breve pausa e Isabelle comentou: — Eu gostaria de conhecer mais sobre Espiritismo. Acho que vou comprar o tal *O Livro dos Espíritos* pra ler. Minha tia Carminda é espírita também. Ela sempre fala nisso.

— Ela é doida. Isso sim. Igual a minha mãe... Fica lendo, lendo... Isso não serve pra nada.

Nesse momento, a outra amiga chegou, entrando sem bater.

— Oi! — Luci cumprimentou.

— Chega aí! — pediu Anita.

— Oi — respondeu Isabelle.

— Onde vocês foram que nem me chamaram? — Luci quis saber.

Isabelle contou.

Incomodada com o que foi dito pela tia de Rodrigo, Anita narrou tudo o que foi falado sobre psicosfera e prece, demonstrando-se bem contrariada.

— Sabe, Anita... Acho que a tia do Rodrigo pode estar certa. Quando se tem religião boa, a gente consegue unir a família. Ela uniu a dela.

— Ah!... Qual é?! Você também?

— Vai lá na minha casa pra ver como tá! Um inferno! Não aguentei. Tive de sair e ficar sentada lá na calçada a tarde toda. Se meus pais tivessem uma religião, acho que seria bem diferente. Lembro que, algumas vezes que fui na igreja, ouvi o padre falando sobre a importância de se conversar em casa em vez de gritar.

— Não fale ir lá na minha casa, nem fui na igreja. O correto é ir lá à minha casa. Fui à igreja.

Anita pronunciou um palavrão e completou:

— Caramba, Isabelle. Você enche a gente com essa mania de falar certinho.

A amiga não se importou e riu. Às vezes, fazia de propósito para ver a outra contrariada.

— Sabe que a Belle tem razão! — Luci opinou. — Se a gente começa a falar e escrever errado, em uma ocasião importante, como em uma entrevista de emprego, podemos perder pontos por isso.

Ninguém se importou com o que Luci disse.

— Ai, gente! Amanhã é segunda-feira! Não acredito que o fim de semana passou tão rápido! Ai!... Que droga! — Isabelle reclamou. Pegou um travesseiro e abafou um grito de contrariedade.

— Cuidado, hein! Se ficar assim, vai contaminar tudo a sua volta e os outros vão se sentir mal por causa da sua energia — Anita disse zombando.

No instante seguinte, Isabelle se acomodou melhor e contou:

— Minha tia Carminda já me disse algo assim. Agora estou lembrando... Ela ainda disse que o problema maior de sentir raiva, ódio e contrariedade é que você contamina a você mesma e...

— Ai, Belle!!! Pelo amor de Deus! Chega desse assunto! — Anita gritou, interrompendo a amiga.

— O Rodrigo vai ver se arruma uma vaga para mim lá no banco.

— Nem terminou a faculdade e já arrumou um emprego no banco. Vai ser legal. Você merece. Eu tenho medo de ficar como promotora de vendas pra sempre, apesar da faculdade — Luci disse.

— E eu como operadora de caixa de mercado. Já imaginou ficar sentada ali pro resto da vida? — Anita comentou.

— Gente... Não é certeza. Ele está vendo se consegue. Vou ter que fazer um teste e entrevista — tornou Isabelle.

— Anita, será que o fato de a dona Catarina ter falado das energias de uma pessoa que é operadora de caixa de mercado... Isso mexeu com você?

— Vai pro inferno, Luci!

As amigas riram e Luci continuou:

— Dizem que quando nós nos incomodamos com algum assunto ou com alguma pessoa é porque temos algo para trabalhar em nós sobre aquilo. Geralmente, é raiva por não podermos, não conseguirmos ou não sabermos fazer.

— O que você está fazendo aqui? Já não te mandei pro inferno, Luci! — tornou Anita pegando um travesseiro e atirando na amiga.

— Preciso tirar minhas sobrancelhas — disse Isabelle, olhando-se no espelho.

— Quer que eu tiro? — Luci perguntou, mas não esperou resposta. Levantou-se e foi à direção de um móvel e pegou uma pinça.

Isabelle se acomodou em uma cadeira e reclinou-se para trás.

Quando a amiga começou a tirar os primeiros fios, Isabelle disse:

— Se fizéssemos um curso de cabeleireira, manicure, pedicure, podóloga... Talvez, pudéssemos ter uma boa renda. Não acham?

— E grana para montar um salão? — Luci perguntou. — Não é barato!

As três amigas se entreolharam por longo tempo, até que Anita comentou:

— Já cortei o cabelo de vocês. Não é difícil. Vocês gostaram. E a Luci faz unhas muito bem.

— Mas... O que vamos fazer com a faculdade? Desistir? Minha mãe me mata! — ressaltou Luci.

— Vamos terminar a faculdade. Falta pouco. Guardar uma grana... Cursos, nessa área, não são demorados. Depois vamos nos aperfeiçoando — sugeriu Isabelle.

— Eu não aguento mais ser operadora de caixa em mercado. Mas pagar a faculdade e fazer mais um ano de curso... Não vou ter grana pra isso! — Anita foi realista. Logo, parou e pensou: — A garagem daqui não é usada e dá um belo salão! Mas e o curso?

— Tem cursos gratuitos. Já ouvi falar. Pelo menos pra começar. Precisamos procurar informações a respeito — disse Isabelle.

— Gente! Sabe que eu gostei da ideia! — Luci se expressou muito entusiasmada. — Se tiver um curso pra mim fazer de sábado, será ideal.

— Mim não conjuga verbo. Não é pra mim fazer. O correto é para eu fazer. Para de falar como índio — Isabelle corrigiu. — Não fale igual índio: Mim chama, mim leva, mim fala, mim aceita... Já vi vocês duas escrevendo isso — riu com gosto. — O correto é chame-me ou chame a mim. Leva-me ou leve a mim. Aceite-me ou aceite a mim.

— Legal! Vou lembrar — Luci agradeceu.

— Vai se ferrar, Isabelle!!! — berrou Anita. — Temos coisas muito mais importantes!!! E grana?! — tornou irritada. — Não dá pra fazer as coisas sem dinheiro! Quando eu falo que dinheiro é importante pra tudo, vocês não me dão razão! Até pra montar uma porcaria de salão, precisamos de dinheiro! Não estou nem falando de um salão grande!

— Calma, Anita. Daremos um jeito. Se eu começar a trabalhar no banco, posso entrar com o material. Mas é preciso que você e a Luci façam alguns cursos. Como ela lembrou, tem cursos que são gratuitos — e espremeu os olhos com um sorriso esperançoso nos lábios.

— Precisamos ter um salão que impressione — tornou Anita. — Não quero atender gente que não toma banho. Imagina isso! Um salão que impõe respeito, gente de determinado nível não vai entrar. Além disso, não podemos cobrar barato. Precisamos ter um retorno rápido do investimento.

— Calma, Anita — Luci pediu. — Estou sentindo que vai dar certo. E se, pra crescer, for preciso começar de baixo, eu topo! Pode me passar os clientes que você não quiser atender.

Capítulo 7

# Por apenas quinze segundos

Com a ajuda de Rodrigo, Isabelle conseguiu uma entrevista e arrumou o emprego no banco. Dessa forma, começou a fazer economias para o plano de montar um salão de beleza com as amigas, que já faziam cursos para a nova atividade.

O namorado não ficou muito satisfeito. Afinal, seus planos eram outros.

Durante uma conversa, ele questionou:

— Não seria melhor pensarmos em nós?

— Estou pensando! Acredito que, se investirmos em um Estúdio de Beleza, vou ganhar mais. Além do que, minha ideia não é deixar de trabalhar no banco.

— Como assim? Será que vai conseguir ter duas atividades? — Rodrigo quis saber.

— Já conversei com elas. Farei um bom investimento na sociedade e terei uma boa participação nos lucros sem ter de trabalhar no salão. A não ser na sexta-feira à noite e sábado, dias de maior movimento, vou dar uma ajuda e gerenciar algumas coisas.

— Não quero duvidar da Luci nem da Anita, mas... Você acha que pode confiar nelas?

— Lógico! Somos amigas! Nós nos conhecemos desde pequenas — sorriu. — Estamos bem animadas. Não podemos deixar essa animação passar.

Rodrigo não disse nada e concordou sem satisfação.

Era um final de semana prolongado.

Isabelle e Rodrigo decidiram ir até a casa de Carminda a passeio. Levaram Rafaelle, Luci e Anita.

Após uma viagem curta, foram recebidas com muita alegria pela simpática tia-avó de Isabelle e Rafaelle.

Sorridente, ao cumprimentar o rapaz, Carminda afagou seu rosto, dizendo:

— Já ouvi falar tanto de você.

— É um prazer conhecê-la, dona Carminda. Também ouvi falar muito da senhora.

As moças achavam-se muito entusiasmadas, com exceção de Anita, que ficava na expectativa.

Após os devidos cumprimentos, a anfitriã convidou a todos para entrar.

A mesa grande da cozinha ficou rodeada pelos visitantes. Carminda serviu café, biscoitos e bolo que ela mesma havia preparado.

Rodrigo parecia um tanto apreensivo. Lembrou-se das histórias sobre a tia de Isabelle ser médium e saber a respeito de certas coisas antes de falarem.

O rapaz respirou fundo e sorriu levemente quando a mulher sentou-se a sua frente.

Animada, Isabelle perguntou:

— E o Tobias?

— Daqui a pouco deve chegar. Ele ligou quando estava saindo de Campinas. Como é bom ter telefone em casa, né?! — Carminda comentou achando graça. — Antes disso eu me sentia muito isolada, além de dependente dos recados da minha vizinha. Não gosto de amolar as pessoas.

— Os vizinhos aqui não são tão perto. Reparei isso no caminho — Luci comentou.

— A gente se acostuma a viver em sítio — Carminda disse. — Os vizinhos são longe, mas somos mais unidos. Um conhece o outro, ajuda ao outro...

— Eu gostei daqui. Acho que me adaptaria a morar em uma cidade do interior ou um lugar assim — tornou a jovem.

— Ah!... Pois eu não! — disse Rafaelle. — Não sei como minha tia consegue ficar aqui, neste fim de mundo!

— Quando Isabelle me disse que a senhora morava perto de Campinas, pensei que fosse mais próximo do Centro. Mas não. Aqui pertence à cidade de Vinhedo.

— É mesmo, Rodrigo. Estamos em Vinhedo. Apesar de que Campinas é bem mais perto do que o centro de Vinhedo — afirmou a mulher, percebendo que ele conhecia a região. Entretanto, não disse nada.

— A senhora mora aqui há muito tempo? — questionou o rapaz.

— Desde que me casei. No começo senti falta da cidade grande, de São Paulo. Hoje, não me vejo em outro lugar. A vida aqui é bem tranquila.

— O terreno da senhora é enorme! Gostei muito daqui — disse ele.

— Temos muitos pés de fruta... Uma boa horta... — Carminda admitiu. — Os vizinhos são muito bons. Trocamos algumas coisas que produzimos ou, então, damos uns aos outros o que não consumimos nem vendemos. Tem uma pessoa que compra e leva nos bairros para vender. É um homem que vem aqui duas vezes por semana.

— É a senhora mesmo quem planta? — tornou ele, querendo saber.

— A maioria das coisas, sim. Porém tem um senhor que vem aqui para carpir o mato, remover terra, montar canteiros, rachar lenha... Ele faz o serviço mais pesado.

— Eu não teria o menor dom para mexer com terra — disse Anita sem qualquer ânimo. — Deus me livre.

Carminda serviu-os com mais café e voltou-se para o jovem, perguntando:

— Você faz o quê?

— Trabalho em um banco. Acabei de comprar aquele carro — olhou para a porta indicando com gesto singular. — Ainda estou pagando.

— Trabalhamos na matriz do banco, tia. O Rodrigo me arrumou emprego lá.

— Porque você preencheu os requisitos quando fez entrevista e teste — lembrou o namorado.

— Vamos montar um salão de beleza — Anita comentou, quase interrompendo-o. — Não vejo a hora. Não suporto o trabalho que faço.

— Acha que vai dar certo, tia? — perguntou Isabelle.

— Quando existe caráter, empenho e honestidade, toda sociedade dá certo. Vai depender de vocês.

— Dona Carminda, isso não foi uma resposta. Pareceu mais um conselho — Anita comentou como se retrucasse.

— Mas é um conselho — a senhora sorriu ao afirmar. — ...e também uma resposta — foi enigmática.

— Tia — Rafaelle cortou-a, mudando de assunto. — A senhora acha possível eu receber uma carta psicografada da minha mãe?

— Tudo é possível, Rafaelle.

— A Rafa agora deu pra querer carta da nossa mãe — Isabelle explicou, mas não parecia de acordo com a irmã. — Acho que devemos deixar nossa mãe descansar em paz.

— Eu quero saber como ela está. Quem sabe vem algum conselho... Uma orientação, talvez.

— Orientação para o que, Rafaelle? — a tia perguntou.

— Para a minha vida. Eu fui a mais prejudicada, desde a morte da nossa mãe. Fui a que menos fiquei com ela. Era a caçula. A mais dependente...

— Uma mãe sempre deseja o melhor para um filho e sempre daria conselhos para que seguisse um bom caminho — disse Carminda, indagando em seguida: — Olhando pra você hoje, o que acha que sua mãe diria?

Na espiritualidade, Dulce respondeu:

— Que tivesse mais juízo. Continuasse os estudos para ter uma profissão! O que vai fazer da vida só com o ensino médio?!

Rafaelle se emocionou sem saber a razão. Depois falou:

— Sei lá o que minha mãe diria pra mim. Eu ia querer ouvir dela.

— Certamente, não iria gostar de saber que terminou o ensino médio e não vai fazer uma faculdade ou um curso profissionalizante. Iria gostar menos ainda de vê-la pra cima e pra baixo com aquela turma que não vale nada! — Anita comentou sem trégua.

— Minhas amigas são minha família, tá! Não é da sua conta o que eu faço ou não — retrucou a jovem.

— Mas o que acha que sua mãe está sentindo ao ver o que você está fazendo, ou o que não está fazendo? É só pensar e vai ter uma resposta. Aliás, em vez de uma carta, você receberia um livro inteiro sobre as opiniões dela — Anita riu.

Enquanto isso, na espiritualidade, Dulce mostrava-se zangada com a situação da filha. Desejava que Carminda oferecesse bons conselhos para Rafaelle.

Ao mesmo tempo, no plano espiritual, em um nível que Dulce não conseguia perceber, Florina e Herculana observavam.

— Como é difícil, no nosso estado, vermos os filhos seguindo por caminhos tortuosos por suas más escolhas — comentou Herculana.

— Nós, aqui, lastimamos as escolhas de Dulce, que por sua vez lamenta as escolhas da filha Rafaelle — reparou Florina.

— Meu querido filho Antônio também errou muito. A primeira coisa que precisei aprender foi que as escolhas dele são dele. Podemos lamentar ou até inspirar, se possível, mas não tentar interferir, como Dulce está fazendo. Ela não percebe que não pode fazer nada, no estado em que se encontra — tornou Herculana.

— Os gemidos lamuriosos dos filhos inconformados, principalmente de Rafaelle, foram insuportáveis para ela. Rafaelle montou um verdadeiro altar para a mãe. Com fotos, flores e velas... Motivos de muitas brigas com quem divide o quarto. E todas as vezes que fica frente a esse altar, olha fotos e chora, emana energias grosseiras que causam muito sofrimento em Dulce.

— O estado semelhante ao sono, após o desencarne, muitas vezes, é para que as vibrações pesarosas de desespero, saudade e sofrimento dos encarnados não cheguem até o que desencarnou. Quando os encarnados retomam suas vidas e seguem sem desespero, lembranças excessivas e choro é o momento daquele que desencarnou despertar para a nova vida no plano espiritual. Mas, quando esses gritos de saudade, essas lembranças carregadas de choro e tristeza chegam... É terrível. Faz muito mal. Foi o que atraiu Dulce de volta à crosta terrena. Ela não suportou a saudade que sentiu, misto ao choro e desespero de Rafaelle que a chamava. Agora, encontra-se sem amparo ou assistência energética e espiritual. Está em um nível vibratório tão baixo que não consegue ver a realidade.

— Está tão feia... Maltratada... Pobre Dulce — apiedou-se Florina.

— E não há nada que possamos fazer. Orientações ela recebeu. Narrei tudo o que aconteceu comigo... Um caso muito semelhante. Alguns aprendem observando as falhas alheias. Outros aceitam conselhos e buscam caminhos mais tranquilos. Mas existem aqueles que só aprendem após grandes dificuldades por consequências de suas escolhas — Herculana observou.

Aproximando-se do espírito Dulce sem ser percebida, Florina aconselhou, passando-lhe as impressões:

— Não pense que, se estivesse entre seus filhos, eles agiriam diferente. Não vai conseguir fazer nada por eles. É o momento de cuidar de você, minha filha... Sair desse estado. Não deve continuar junto aos encarnados. Está sofrida... Os cortes e machucados que causaram o seu desencarne estão expostos e você está com fortes impressões deles. Ore, filha querida. Ore... Rogue para ser socorrida e voltar para o lugar de onde saiu.

Muito transtornado, o espírito Dulce não conseguia ver o que acontecia na própria espiritualidade.

— O estudo vai fazer muita falta para Rafaelle. Ela terá problemas por causa das amizades, das falsas alegrias. Ela precisa pensar em uma profissão. Está indo para o mau caminho... — Um instante e Dulce reclamou, irritada e chorando: — A Isabelle... Esse rapaz está mentindo pra ela! Minha filha precisa saber que o pai dele me matou! Ela precisa saber! E o Ailton... Meu filho! Coitado! Está deprimido. Não come, não dorme, só estuda! Ninguém vê isso! Preciso fazer alguma coisa por eles! Faço falta na vida deles! Eu deveria estar viva, junto de vocês! — Aproximando-se de Carminda, protestou: — E você não faz nada?! Por que não diz que estou aqui?! E quero ajudar!!! — desesperava-se. — Você não vê a espiritualidade coisa nenhuma!!! Você é uma fraude!!! Não está me vendo nem me ouvindo!!!

Nesse momento, o mentor de Carminda chegou. Cumprimentou Herculana, Florina e os demais ao seu nível. Aproximou-se de sua protegida. Cedeu-lhe energias revigorantes e tranquilas para que as vibrações de Dulce não a perturbassem.

— Carminda pode nos sentir. Mas é muito educada e sensata. Só vai falar o que for preciso — Florina observou.

Enquanto isso, no plano físico, a conversa continuava.

— Por que não vai prosseguir com os estudos, Rafaelle?

— Ah... Tia... Estudar é um saco. Os professores enchem muito.

— Professores compromissados com a abnegada tarefa de ensinar precisam ser exigentes. Mas... Fora isso, você não acha que os estudos vão fazer falta em sua vida?

— Vou pensar em fazer algo que não precise estudar tanto — a jovem respondeu à sua tia-avó.

— Virar pedinte de rua não exige estudo — Anita comentou grosseiramente.

— Ah! Vai se danar, Anita! — Rafaelle exclamou. — Você fez Administração e vai cortar cabelo dos outros. Grande coisa!

— Pelo menos eu tive capacidade de me graduar.

— Eu tenho capacidade, tá bom! — retrucou a outra.

— Meninas!... Meninas!... — alertou Carminda, percebendo que a conversa ficaria acalorada.

Mas Isabelle a interrompeu, aproveitando o momento:

— Você precisa mesmo de uns bons conselhos, Rafaelle! Não pense que vai ficar na boa vida pra sempre, sem estudar, sem ter um bom emprego e sem fazer nada. Não pense que vai se encostar a mim. Você precisa ter uma profissão e arrumar um bom emprego.

— Ah!... Não enche você também! — dizendo isso, Rafaelle se levantou de modo abrupto e foi para fora da casa.

Voltando-se para Carminda, Isabelle comentou:

— Não sei mais o que falar pra ela, tia. Está rebelde. Não aceita nada do que nós falamos. Por isso, fiz questão de tra-zê-la aqui. Ela não tem uma mãe para orientar. Quem sabe se a senhora conversar com ela, ainda tem jeito.

Anita se levantou e disse:

— Vou fumar lá fora. Preciso de um cigarro. Com licença...

Luci a acompanhou.

Ao se ver a sós com a namorada e Carminda, Rodrigo co-mentou:

— Mãe faz muita falta, mas isso não pode ser usado como desculpa e justificativa para os erros. A Rafaelle é bem gran-dinha e inteligente. Ela tem condições de escolher as com-panhias e tomar decisões assertivas na vida. Às vezes, acho que usa a ausência da mãe para justificar as escolhas erradas.

— Você tem razão, Rodrigo — a senhora concordou. — Outro dia, a Isabelle me disse que você é espírita.

— Sim. Sou — sorriu acrescentando: — Pelo menos tento ser, dona Carminda.

Rindo junto, ela considerou:

— Sabe... Nós reencarnamos para nos melhorarmos e ven-cermos nossos vícios e nossas más tendências. Abandonarmos hábitos não saudáveis e evoluirmos. É esse o objetivo de Deus nos dar tantas oportunidades nas reencarnações. Desencarnados, olhamos nossas histórias de vida e enxergamos tristemente as coisas erradas, os enganos tolos, o egoísmo e as mesquinhezas da nossa parte, que atravancaram nossa evolução. Isso nos dá um sentimento de culpa. O desejo verdadeiro e sincero de todos nós, espíritos que somos, é evoluir. Somente assim encontramos a verdadeira felicidade. Mas é encarnado, com o véu do esquecimento, que vamos passar por diversas provas para testarmos nosso aprendizado, tal qual uma criança na escola que, em uma prova, deve mostrar conhecimento sem poder consultar os livros ou cadernos onde estão as matérias. Encarnados, vamos atrair situações e companhias que vão testar nossas capacidades de escolher. E aí teremos de ser fortes nas provas contra as más tendências.

— Dona Carminda, a senhora não acha que sempre pensamos nas provações ou nos hábitos e vícios mais evidentes para vencermos e esquecemos de outros tipos de comportamentos também viciosos?

— Como assim, Rodrigo?

— Tem gente que é dependente dos outros. Precisa da opinião ou até mesmo da presença de alguém para se orientar e até fazer as suas coisas. Desculpe por mencionar, mas... — Olhou para a namorada, depois falou: — A Rafaelle, por exemplo. Vejo que ela não faz nada. Não tem ocupação. É agressiva com palavras, principalmente quando recebe conselhos. O jeito de ela agir, querendo que os irmãos resolvam os problemas, façam por ela... Isso também não é um vício?

— Pessoas que exigem atenção demais são carentes. As que desejam que os outros resolvam seus problemas são egoístas. Pior que tem gente que tem as duas coisas. O egoísmo é uma forma de vício. Muito perigoso, diga-se de passagem. O egoísta chantageia sem perceber e sem que os outros percebam. Faz-se de coitado.

— Isso mesmo! A Rafaelle se faz de coitada, tia. Sempre se coloca na posição de órfã desamparada. Eu entendo que cada um tem o seu tempo de crescimento, mas precisamos nos forçar um pouco para aprendermos mais rápido tudo o que precisamos e não nos tornarmos um peso para os outros. Ela quer conseguir as coisas com facilidade. Tanto que não quer estudar e diz que vai arrumar um bom emprego que não precise disso.

— A vida sempre ensina essas pessoas, filha. Elas vão atrair para si situações complexas de grandes provações como dependência ou solidão.

— Mas pessoas assim acabam usando muito os outros — tornou Isabelle. — Ficamos desgastados.

— É só não se deixar usar. Dizer não é uma alternativa muito boa. Não dar importância as suas queixas, é outra — aconselhou a tia. — Temos que pôr um limite ou dar um prazo para não sermos usados.

— Esse é o problema da Isabelle. Ela tem dificuldade de dizer não.

Carminda olhou para a sobrinha, ofereceu leve sorriso e comentou:

— Isabelle é insegura na maior parte do tempo. Quando não, confia demais nas pessoas.

— Ai, tia... — falou com jeito mimoso.

— É verdade — afirmou a senhora. — Mas vai ter que aprender a ter suas próprias opiniões e tomar decisões.

— Eu tenho medo de falhar. Por isso peço a opinião dos outros — disse a moça, tentando se justificar. — O que a senhora acha que devemos fazer quando não temos uma opinião formada ou não sabemos que atitude tomar?

— Aconselhar-se com pessoas equilibradas, experientes e que te queiram bem é uma coisa. Outra, é aceitar a opinião de qualquer um.

— E quando não se tem uma pessoa sábia e experiente para se aconselhar? — indagou a sobrinha.

— Ore. Atue no bem. Entregue a Deus o seu desejo. Continue atuando no bem. Confie em Deus. Atue no bem. Agradeça, seja qual for o resultado. E continue atuando no bem.

Quando praticamos o bem, vamos atrair todos os resultados positivos para a nossa elevação. Todo estado contemplativo, assim como o desespero, só nos afasta das coisas boas.

— A prece nos aproxima de Deus e das coisas boas — Rodrigo confirmou.

— Sim, filho.

Anita, Luci e Rafaelle retornaram. Estavam mais calmas. Sentaram-se novamente e ficaram prestando atenção.

Isabelle pareceu em dúvida sobre o que ouvia e o namorado indagou:

— Quando é que você acha que Deus te ouve?

— Bebendo cerveja, falando mal dos outros que não é! — Anita riu.

— Você disse uma verdade, filha — concordou a anfitriã.

— Na prece? É na prece que somos ouvidos? — respondeu Isabelle com uma pergunta.

— Jesus disse que o Pai já sabe o que precisamos antes que peçamos a Ele. Jesus disse também para não usarmos de vãs repetições, pensando que por muito falarmos seremos ouvidos — lembrou Carminda. — Portanto, a melhor prece é um ato de adoração[1]. A prece deve ser sempre agradável e não desesperada, cheia de pedidos. Ela deve ser feita com palavras vindas do coração para ser um ato que nos aproxima de Deus. Só assim, entramos em comunhão com Ele. Na prece, nós louvamos, pedimos e agradecemos. Ela nos torna melhores e mais confiantes contra, inclusive, as tentações, contra os vícios e obsessores. No momento da prece sincera, Deus sempre envia bons espíritos para nos assistir e ajudar. Quando pedimos com amor, respeito e sinceridade, Deus jamais nos abandona. Por isso, é muito importante saber fazer uma prece.

Isabelle riu, mais por ignorância inocente do que por deboche, e perguntou:

— Precisamos saber fazer preces?

— Sim. Geralmente, nas preces, nós imploramos e somos egoístas, pedindo só para nós — disse Carminda.

---

[1] N.A.E. Como nos ensina *O Livro dos Espíritos* nas perguntas 658 a 660.

— Sem contar que não paramos de falar. Em vez de calarmos e ouvirmos. Quando silenciamos, Deus nos envia paz. Na paz, encontramos soluções. Não adianta nada só fazermos preces quando estamos desesperados em busca de soluções que sejam boas para nós. Nos outros dias, quando está tudo bem, não nos lembramos de Deus — completou Rodrigo.

— Bem lembrado! — tornou Carminda. — Fazer preces, como Jesus falou, com repetições e pedindo só para si... Fazer preces só quando se precisa, é egoísmo puro. Mas ninguém admite ou percebe isso. A prece tem que ser diária. Eu arriscaria dizer mais... A prece precisa ser vivida a todo momento.

— Ai, tia! A senhora acha que temos de virar monges?! — Isabelle reclamou.

— Não. Eu não disse isso. As melhores preces sentidas em nosso dia a dia devem ser: abrir a janela pela manhã, olhar o céu, sorrir e agradecer pelo dia lindo, mesmo quando estiver nublado, frio, chuvoso ou quente demais... Sorrir e agradecer por esse dia é uma prece. É gratidão e vai agradar a Deus. Se tiver frio, coloque mais uma blusa. Se estiver chovendo, use guarda-chuva ou capa e assim por diante. A chuva e o frio são tão importantes para a natureza quanto o sol. Sorrir e agradecer é o mesmo que se colocar em comunhão com Deus. Queixa é o oposto da prece. Ambas surtem os mesmos efeitos. Ambas atraem para nós o que falamos.

No seu desjejum, você pode parar por quinze segundos, olhar para o que você vai comer ou beber. Só por quinze segundos pare sua mente, pare seus pensamentos e agradeça pelo alimento que tem a sua frente. Sorria e agradeça a todos aqueles que fizeram com que tudo aquilo chegasse até você. Faça isso em todas as refeições — Carminda ensinou e prosseguiu: — Quando for trabalhar ou estudar e precisar do transporte coletivo, novamente, agradeça. Só por quinze segundos, agradeça. Por poder andar ou pelo menos por se locomover. Agradeça pela experiência que mostra quão forte você é. Agradeça em pensamento pelo motorista que está ali trabalhando, pois é muito provável que ele ou ela está vencendo desafios particulares imensos para estar ali. Se for com seu carro, não reclame do trânsito. Agradeça. Por quinze segundos, agradeça por usufruir o conforto de um veículo. No serviço, por apenas quinze segundos, agradeça. Chegue ao seu serviço e agradeça por ter um emprego, por ter companheiros de trabalho, por ter desafios que forcem sua inteligência, porque até a inteligência atrofia se não a usarmos.

No almoço, faça o mesmo que no café da manhã: agradeça. Onde estiver, pare frente ao seu prato, por apenas quinze segundos, e agradeça pelos alimentos que deram a vida por você e que agora vivem em você — prosseguiu a mulher e todos silenciaram. — Quando for estudar, faça o mesmo: agradeça. Por apenas quinze segundos, agradeça a todos aqueles que contribuíram, de alguma forma, para o seu aprendizado. Mesmo aquele que você acredita ser o mais exigente ou o pior professor, agradeça. Ele é quem faz você se esforçar e ser melhor do que já é. — Nova pausa e lembrou: — Quando for pagar uma dívida ou qualquer outra coisa, agradeça por aquilo que adquiriu. Não importa o que foi, pois foi capaz de ter dinheiro para comprar. Agradeça e nunca reclame por ter de pagar algo.

No jantar, faça o mesmo: agradeça novamente. Por apenas quinze segundos, agradeça a tudo e todos que contribuíram para a sua alimentação.

Agradeça sempre! — ressaltou Carminda. — Agradeça de coração. Tudo, exatamente tudo o que agradecemos volta para nós, para a nossa vida.

Assim como tudo, exatamente tudo o que reclamamos, retorna multiplicado para nós, até que possamos entender e aprender as lições que nos fazem evoluir. — Vendo todos atentos, Carminda disse: — Quando você inicia o dia reclamando do tempo, da chuva, do frio, do calor, de ter que trabalhar, da alimentação... Você cria energias densas ao seu redor. Quando iniciamos o dia agradecendo, por acordar, por abrir as janelas, por respirar, por tudo o que temos... Criamos energias e vibrações positivas que nos circundam o tempo todo.

— É a tal psicosfera, que a tia do Rodrigo falou — lembrou Anita.

— Sim. Psicosfera é o espaço ao nosso redor, ocupado pela nossa energia. Você já reparou que, só por ficarmos ao lado de algumas pessoas, nós nos sentimos bem? Isso acontece devido às energias mentais que essa pessoa produz. Muito provavelmente, é alguém que entra em comunhão com Deus através da prece, do agradecimento, da mansuetude, da compreensão.

— A senhora vai me desculpar, dona Carminda. Mas se eu ficar agradecendo, agradecendo e agradecendo não vou conseguir fazer mais nada na minha vida. Pelo amor de Deus! — Anita disse em tom de protesto.

— Viu quanta coisa você tem para agradecer? Que maravilha! Não precisa fazer isso o dia todo. Basta agradecer três coisas por dia. Três coisas diferentes a cada dia. Faça isso de coração. E daqui a pouco vai se tornar um hábito automático. Quando você vir algo útil e produtivo, estará agradecendo automaticamente. Estará em comunhão. Quando foi a última vez que você agradeceu a Deus por alguma coisa?

Não houve resposta e Anita pareceu nitidamente aborrecida.

— Tia, já ouvi dizer que é bom agradecermos até as coisas ruins que nos acontecem. Não concordo com isso.

— Isabelle, imagine-se sem desafios, sem problemas, sem coisas ruins acontecendo. A vida seria sem graça. Perderíamos o ânimo de viver. A vida é feita de conquistas. Os desafios e as dificuldades nos fazem ser ativos, criamos forças e temos ideias. Nós nos exercitamos. Quanto mais agradecermos, mais ativos, mental e espiritualmente seremos. Quando nos acontece um problema, uma decepção ou até uma tragédia, no primeiro momento, que pode até se estender por anos, nós ficamos revoltados, amargurados, rancorosos... Odiamos a situação. Com o tempo, que pode se estender até para o plano espiritual, nós vamos percebendo que aquilo que nos deixou infelizes, nos ofereceu uma grande lição ou nos proporcionou um grande equilíbrio espiritual. Tudo, exatamente tudo o que nos acontece, serve para a nossa evolução, para o nosso aprendizado e crescimento moral e espiritual. Agradecer o que de ruim nos aconteceu, já mostra que nós começamos a aceitar a lição, aceitar a harmonização. Geralmente, nós nunca mais somos os mesmos depois de uma grande decepção, porque aprendemos e crescemos com a lição. Mas, para crescer, não precisamos carregar ódio, raiva ou rancor. Podemos carregar, no coração, a gratidão pelo que aprendemos.

— E quanto ao outro que nos feriu, magoou ou decepcionou? — tornou a sobrinha.

— O problema é dele. Não seu. Desejar que o outro sofra ou que pague pelo que provocou, é sentimento de vingança. Vingança é desejo de pessoas sem evolução.

Rodrigo percebeu que Isabelle falaria sobre a mágoa que tinha do homem que atropelou sua mãe. Não querendo tocar naquele assunto, perguntou:

— Fala-se tanto em meditação hoje em dia. A senhora acha que a prece bem feita é o mesmo que meditação?

— Se a prece bem feita é algo que nos liga ao Poder Criador de tudo e de todos, liga-nos a Deus, então eu diria que a parte de agradecimento verdadeira, que nos oferece aquela sensação de paz e alegria, que compõe uma prece, é uma das fases da meditação. A prece deve ser feita diariamente. Eu prefiro fazer duas vezes ao dia: ao me levantar e ao me deitar. Mas nunca faço prece deitada. Isso não. A não ser em caso de doença, lógico — sorriu. — Sentados, temos o domínio melhor da nossa consciência, do que estamos fazendo ou pensando. Durante a prece, precisamos calar a nossa mente e conduzir os nossos pensamentos. Assim como é feito na meditação. Para entender melhor é necessário saber o que é a mente. A mente é o poder intelectual do espírito. É nela que nossos pensamentos são desejados, que criamos fantasias, ilusões, medos, anseios, inseguranças... O nosso estado psicológico cria ideias e pensamentos sempre no nível em que estamos: espiritual e emocionalmente falando. Essas ideias e pensamentos sempre vão tomando vulto, ou seja, vão crescendo. Um dos maiores perigos ou riscos que nós corremos é deixarmos nossa mente vagar sem o controle da nossa vontade e consciência. Os pensamentos e ideias são criados de forma acelerada e, sem controle, saltam de um para o outro sem um julgamento da nossa consciência, sem verificarmos a qualidade ou darmos um desfecho a ele. Quando não os dominamos e não colocamos um freio através de princípios adquiridos como: conhecimento, razão, bom senso e tudo o que é equilibrado, podemos correr o risco de sofrer transtornos emocionais, psicológicos. Ficamos abalados e inseguros, podendo até desenvolver sintomas que se refletem no corpo físico.

— Ou seja, se deixarmos a nossa mente correr solta, ela pode nos levar a caminhos, situações e compreensões que podem nos prejudicar muito — Rodrigo completou.

— Isso mesmo — tornou a senhora. — Você já deve ter ouvido falar em pensamento acelerado, não é mesmo?

— Sim. Já.

— Hoje em dia, tudo tem de ser rápido, correndo, depressa... Parece que precisamos dar conta de tudo, de todos e isso nos faz pensar em muita coisa ao mesmo tempo. Se não colocarmos um freio, a nossa mente vai correr, desenfreadamente, para diversos tipos de pensamentos. De um pula para o outro, sem qualquer controle. Tudo fica misturado e confuso. Não conseguimos ter opiniões corretas, coerentes e concretas de nada. Assim sendo, nós nos tornamos compulsivos mentais. Essa agitação toda pode nos causar perturbações, confusão mental e até transtornos como Ansiedade, Depressão, Síndrome do Pânico e outros. O pior que, pessoas que entram nesse ritmo acelerado, começam a exigir o mesmo comportamento dos outros, sem perceber. Elas começam a ter pressa em tudo. Querem que as coisas aconteçam logo e tenham resultados satisfatórios de acordo com o que elas desejam. Pessoas assim, que vivem nessa agitação, passam a vida sem perceber a utilidade da vida. Geralmente, sofrem sem perceber que essas dores, emocionais ou físicas, são causadas por excesso de pensamentos acelerados e sua própria agitação. Confusões mentais, pensamentos acelerados, assim como os transtornos emocionais, são pedidos de socorro de você para você mesmo. O seu Eu Interior está dizendo: "Ei! Pare! Organize sua casa mental! Arrume a bagunça que está aqui! Tire o lixo ou se desfaça daquilo que não precisa mais dentro dessa cabeça e coloque, com tranquilidade e bom senso, coisas novas, úteis e necessárias para a sua paz e evolução". — Ao vê-los reflexivos, comentou: — Às vezes, a bagunça e a agitação estão tão intensas dentro de nós que somos capazes de sentir essa agitação vibrando e tremendo em nosso corpo, em nosso rosto ou pesando no peito, dando um nó na garganta... Parece que o coração dói. Sentimos um vazio, um não sei o que de errado. Uma tristeza sem sentido. E tudo isso porque não controlamos a nossa mente. Não dirigimos, não direcionamos ou não dominamos os nossos pensamentos com a nossa vontade. Não oferecemos um freio a nossa mente. — Ao perceber leve sorriso no rosto de Rodrigo, entendendo-lhe o questionamento, disse, olhando-o nos olhos: — Então você me pergunta: "Mas como é que eu vou conseguir colocar um freio na minha mente? Como é que vou dominar os meus pensamentos?" — Rodrigo sorriu largamente, mostrando os dentes alvos. Carminda sorriu também e respondeu às próprias perguntas: — Enquanto agirmos, pensarmos, falarmos e sentirmos com precipitação e sem refletir, não vamos dominar a nós mesmos. Então devemos parar e pensar por um momento antes de falarmos, de agirmos, de sentirmos. Verificar se aquilo que falamos, se o que vamos fazer, escrever, pensar e sentir é necessário mesmo! Se precisa ser daquele jeito e com aquela intensidade, pois aquela intensidade raivosa, irada é o que vai envenenar a nós primeiro. — Fez breve pausa e prosseguiu: — O conhecimento e reflexão sobre religiosidade, filosofia e verdades absolutas nos oferecem princípios bons, úteis e saudáveis moral e espiritualmente para aprendermos a ter uma boa opinião e boa conduta para selecionarmos o que vamos colocar para dentro de nossa cabeça, em nossos pensamentos. Isso vai começar a ter ótimo efeito de nós para nós mesmos. Passaremos a ter princípios e valores equilibrados, com fé raciocinada. Dessa forma, será mais fácil controlar a impulsividade. Vamos colocando freios nos sentimentos e pensamentos precipitados, acelerados e com os quais não precisamos sofrer. Passamos a entender que não vai adiantar, em nada, a agitação, a pressa e o desespero. Que tudo tem uma razão de existir e um fim adequado, pois Deus não erra. Com princípios e valores, deixaremos de acreditar em pessoas manipuladoras e que só querem atenção para si, sem nos magoarmos com elas, pois vamos entender que aquilo é o melhor que podem ser no estágio evolutivo em que se encontram. Vamos abandonar o sentimento de culpa por algo que possamos ter errado, para adquirirmos o sentimento de fé em nós mesmos para fazermos e exemplificarmos corretamente o que for preciso. Com verdadeiros princípios e valores, não vamos precisar perdoar qualquer pessoa, pois vamos deixar de nos magoar ao entendermos que o outro fez o que deu para ele fazer, dentro daquele momento infeliz que nos feriu. Compreenderemos que Deus não erra e que aquele suposto mal foi o melhor para a nossa evolução.

O silêncio reinou por longos minutos.

Carminda desejava que aquelas palavras fossem registradas por todos. Sabia que todos ali precisariam aprender sobre perdão em alguma fase de suas vidas.

Após algum tempo, Rodrigo comentou:

— Por isso é bom termos conhecimento e não ficarmos iludidos ou cegos, acreditando-se dono da verdade. É bom saber que até para fazermos prece precisamos de conhecimento.

— A prece deve ser a primeira e não a última alternativa em nossas vidas — disse Carminda. — A prece bem feita e também a meditação são remédios para todos os males que fustigam e castigam a nossa mente e que, se não controlados, deságuam como doenças em nosso corpo físico e espiritual. Isso deve ser um hábito diário e não somente quando precisamos. A correria do mundo moderno está fazendo as pessoas levarem a agitação e a pressa para a prece também. Orações prontas e decoradas. Palavras repetidas que quase não se presta atenção, que efeito terão? — Não houve resposta. — Para alcançarmos a verdadeira prece, louvarmos e adorarmos o Pai Criador, recebermos as bênçãos, ou seja, as energias benéficas que ela nos traz, é preciso que nos dediquemos por um tempo relativamente curto, se observarmos os grandiosos benefícios que vamos ter. — Aguardou um momento, olhou para Rodrigo e disse: — Respondendo a sua pergunta de como a prece deve ser feita... Devemos ficar sozinhos em nosso quarto ou em outro ambiente. Fechar a porta, se possível, para não sermos interrompidos. Sentar. Aquietar o corpo e a mente e, para isso, respire fundo algumas vezes, depois não interfira mais na sua forma de respirar. Mas preste atenção no ar entrando e saindo dos seus pulmões. A ciência comprova que a respiração profunda, feita lentamente, acalma, revigora e nos deixa mais conscientes. Ela acalma a mente acelerada.

— É verdade. Já ouvi falar disso e já pratiquei — disse o rapaz aproveitando-se da pausa. — Para saber se está fazendo correto, quando respirar e encher os pulmões, faça uma contagem de tempo tranquila. A mesma contagem que se usa para inspirar deve ser usada para espirar. Direcionando a atenção para o ar como se estivesse percorrendo o caminho do ar que entra pelo nariz, percorre para dentro do corpo até chegar aos pulmões e também o contrário. Pode-se imaginar, nesse instante, que o ar é como uma luz que ilumina o nosso interior e se expande...

— Isso mesmo. Depois de algumas vezes, sua mente vai se acalmando e o efeito tranquilizante, na mente e no corpo, começa a ser sentido. É impressionante. Eu também faço isso! — contou Carminda.

— Esse exercício não será encontrado nos livros da Codificação — tornou o rapaz.

— É verdade, Rodrigo. Mas Kardec, o codificador do Espiritismo, ensina-nos que, se a ciência comprova estar correto, fiquemos com a ciência. E esse exercício, usado antes da prece, é algo muitíssimo bom. Ele faz com que fiquemos conscientes do que estamos fazendo e nos deixa bem tranquilos e elevados.

— Nossa... Tia, estou fazendo tudo errado! — exclamou Isabelle que riu com gosto. — Eu já começo pedindo para Deus afastar toda gente ruim e fofoqueira do meu caminho — riu novamente.

— Sempre é tempo de aprender, filha. Comece procurando se acalmar com esse exercício de respiração. Respire tranquilamente e preste atenção na sua respiração. Fique atenta e traga o seu pensamento de volta ao que está fazendo naquele momento. Será um exercício e terá de se corrigir, só no começo. Depois vira prática. Quando se sentir calma, comece um diálogo de agradecimento por tudo o que você tem. Por ter acordado, pelo dia que está vivendo... procure, calmamente, lembrar-se de tudo. Se tiver necessidade, peça ajuda a Deus ou ao seu anjo da guarda para a solução e aceitação de alguma coisa, para aliviar a tensão mental. Peça também pela paz no mundo, para o nosso país, para as outras pessoas, família, amigos e inimigos. Deseje o bem e muita luz para as pessoas que você considera ruins e fofoqueiras. Se não vibramos verdadeiramente para o bem e para a prosperidade dos outros, não somos dignos de recebermos o bem e a prosperidade em nossa vida. Faça prece como acabei de falar. Isso vai acalmar sua mente, seu corpo. Vai organizar seus pensamentos e fazer com que lhe surjam novas e boas ideias e oportunidades. Com a prática diária, vai ver o quanto sua vida pode melhorar. Aí nem vai se lembrar da existência de gente ruim e fofoqueira. Isso não terá qualquer importância para você.

Anita suspirou fundo e falou, como se reclamasse:

— Vejo que assunto sobre preces está em moda — havia um tom de deboche na sua fala.

— Vou fazer outro café e vocês podem conversar sobre o que quiserem... — sorriu com simplicidade e se levantou.

— Não, tia! Não precisa! — Isabelle disse.

— Precisa sim! O Tobias já está aí. Ele gosta de café fresquinho! — Carminda respondeu.

A água nem havia fervido quando o carro de Tobias estacionou no quintal da casa.

Rodrigo e Isabelle se entreolharam e sorriram, sem dizer nada.

Luci pareceu hipnotizada e ainda refletindo sobre tudo o que tinha ouvido.

Enquanto Rafaelle debruçou a cabeça sobre os braços e não disse nada. Nem pareceu ter ouvido tudo aquilo.

# Capítulo 8

## *O tempo não espera*

Tobias e Rodrigo pareciam amigos de longa data.

Conversaram muito sobre vários assuntos e trocaram ideias. Não se largaram.

Isabelle, Anita e Luci passaram, boa parte do tempo, sentadas nas redes da varanda ou no pomar.

Percebendo que Rafaelle era a mais isolada, Carminda foi até ela enquanto observava as energias inferiores que a rodeavam.

A moça estava sentada no balanço que havia em uma árvore no fundo do quintal.

Não balançava. Girava as cordas lentamente, deixando destorcerem-se sozinhas em seguida.

— Tudo bem?

— Oi, tia... — surpreendeu-se e olhou-a, sorrindo, em seguida.

— Vejo que está tão quieta.

— Ah, tia... — falou de um jeito mimoso. — A senhora sabe que eu não gosto muito do interior. Não tem nada pra fazer aqui. Não é por causa da senhora... Aqui é muito parado. Eu que gosto da cidade. Da agitação... Não vejo a hora de voltar.

— E voltar para quê? Tem planos? — indagou a mulher.

— Ah!... Sei lá!... Na cidade tudo é mais animado.

— Você é bem jovem, Rafaelle. É inteligente... Por que não prosseguir com os estudos?

— Tô cheia da escola, tia. Tudo é muito chato.

— Aproveita que é jovem e se esforça um pouquinho para ter uma boa formação. Assim poderá ter um bom emprego. O que vai fazer na vida?

— Vou arrumar um emprego bom. A senhora vai ver — sorriu ingênua.

— Cuidado para não se iludir. É importante ter uma profissão, especialização...

Espíritos sem evolução, que acompanhavam a jovem, procuravam influenciar Rafaelle.

— Essa velha é uma chata! Nem dá ouvido, tá?

— Ela não pode dar ouvidos. Tem que ficar na nossa — dizia outro, preocupado. — Temos de dar um jeito é nessa idiota dessa mulher para ela parar de falar.

— Que jeito? Num conseguimu nem fica lá dentro da casa dela muito tempo. Deu uma coisa... Cê viu! Ficô insuportável!

Sem saber o que se passava na espiritualidade, Rafaelle comentou:

— Ah... Estudar é tão chato. Não sinto vontade. Nem acho necessário. Não tenho motivação, tia. Até durmo em cima dos cadernos.

— Você sempre foi muito estudiosa, menina. Essa falta de motivação pode ser alguma influência. Você está indo à igreja? Está rezando? A oração é algo muito importante.

— Às vezes vou na igreja... Mas também é um saco ouvir a mesma ladainha do padre.

— E se você fosse a uma casa espírita? Você já foi a uma comigo e gostou.

— Velha infeliz! Imbecil!!! Cala a boca ou vamos acabar com você! — esbravejou um dos espíritos que estavam presentes.

— Viu só o que ela está tentando fazer? — na espiritualidade, todos os que acompanhavam Rafaelle ficaram revoltados.

— Por quê? A senhora acha que tem algo ruim me acompanhando? — a sobrinha perguntou, sem perceber o que se passava no plano espiritual.

— Não precisamos ir à casa espírita só quando estamos abalados espiritualmente. Uma casa espírita é um lugar para se elevar até Deus, aprender com os ensinamentos para se reformar intimamente, ou seja, tornar-se uma pessoa melhor, aplicando os ensinamentos do Mestre Jesus e... Mudar os maus hábitos.

— Tia, como é que eu posso saber se tenho ou não obsessores ou espíritos inferiores ao meu lado me atrapalhando?

— Observe o que está pensando, falando, escrevendo, cantando e fazendo... Observe o modo como está agindo, quais atitudes está tomando. Se você é uma pessoa briguenta, rancorosa... Se guarda mágoa, quer agredir, é implicante... São espíritos desse tipo, que gostam dessas atitudes que estão ao seu lado. Além de espíritos zombeteiros, que riem pelo que você faz. Quando não quer trabalhar, tem preguiça ou desânimo... São espíritos assim que a ajudam, ainda mais, a ficar nesse estado e sem progresso. Observe as suas vontades. Será que suas vontades e seus desejos são compatíveis com as vontades e desejos de espíritos elevados? — Ofereceu uma pausa para que a sobrinha pensasse. — Certamente um espírito esclarecido, que tem conhecimento, quer ajudar o encarnado a ser melhor, intelectual ou moralmente, não vai estar ao lado de pessoas que não querem prosperar. A atitude de ficar sem propósito e sem vontade é perda de tempo para espíritos assim. O que eles estariam fazendo ao seu lado?

— Vou arrumar um bom emprego, tia. A senhora vai ver. Não tenho preguiça não. Sou esperta.

— Procura orar e peça a Deus que ajude você a encontrar um objetivo, uma tarefa que a faça feliz. Frequente uma casa de oração que lhe agrade.

— Vou fazer isso. Vou procurar um centro para receber uma carta psicografada da minha mãe.

— Para que você quer isso, Rafaelle?

— Quero saber como ela está. Quero que ela me dê um sinal... Umas orientações... Sei lá. Eu andei falando com uma colega. A mãe dela trabalha em um centro espírita. Então eu dei o nome da minha mãe, uma foto, data que ela nasceu e faleceu, endereço e tudo mais... Aí a minha colega trouxe de volta. Disse que a mãe dela falou que não é assim que funciona. Que "o telefone toca de lá para cá", que não é qualquer médium que pode trazer psicografia. Fiquei com raiva da má vontade dela. Nem converso mais com essa colega.

— Mas ela está certa, Rafaelle. Não é assim, tão simples, trazer uma psicografia de uma pessoa falecida. Primeiro, não basta ser médium para trazer uma mensagem. Segundo, há vários tipos de médiuns. Cada um com um atributo mediúnico diferente e em determinado grau. Por exemplo: uma pessoa que é médium escrevente ou psicógrafo pode escrever com espíritos do seu nível. Acontece que nem todos os espíritos terão o mesmo nível de sintonia desse médium. Então esse pode trazer uma mensagem de um espírito amigo para confortar o encarnado que deseja a carta psicografada, mas não consegue ser instrumento para outro desencarnado que quer enviar outra mensagem. Além disso, o desencarnado, de quem se deseja a carta, tem de estar em condições de enviar alguma notícia. Coisa que nem todos estão.

— Como não tem condições de mandar notícias?

— Quando desencarnamos, não ficamos à toa, sem fazer nada. A não ser espíritos de baixo nível. A maioria de nós passa por um período de adaptação, de refazimento, até entender sua condição de desencarnado. Normalmente, após se dar conta de que o corpo de carne está morto, o espírito passa por aprendizagens inúmeras. Logo em seguida, coloca-se, geralmente, em condições de trabalho e auxílio a outros irmãos. Isso é a média. Mas existem também os que ficam em condições difíceis após o desencarne. Geralmente, são aqueles que, quando encarnados, agiram em desarmonia com as Leis de Deus, com vários fatores morais e espirituais. Então, pensa junto comigo: um espírito que está em uma grandiosa tarefa de socorro, ou um espírito que está em um curso, ou em aprendizado espiritual importante para a sua evolução, pode largar o que está fazendo para vir aqui, na crosta terrena, na hora em que um parente achar um médium, que esteja afinado com ele, para mandar uma mensagem? É difícil, concorda? Não existe metrô das colônias para cá, não! — sorriu. — Nem tampouco um espírito pode largar algo importante que esteja fazendo. E se esse desencarnado não estiver em condições boas? Ele nem vai saber como isso funciona? Apesar de um espírito que tenha sido socorrido, pode nem saber como isso funciona. Aí vai precisar da intervenção de instrutores e de toda uma movimentação para trazê-lo para escrever com um médium encarnado compatível, educado, responsável, sincero... O espírito precisa ser evangelizado e equilibrado. Ter condições de enviar alguma mensagem. Não só isso. Existem médiuns de psicografias, mas essas são específicas para livros. Esses médiuns não costumam trazer psicografias de desencarnados, como cartas e mensagens. E a maioria dos médiuns com tarefa na psicografia de cartas e mensagens não costumam abraçar tarefas com literários.

— Mas o Chico Xavier escrevia de tudo! — disse como se reclamasse.

— O Chico tinha uma missão especial, principalmente para sua época quando o espiritismo começa a despontar e chamar a atenção. Chico Xavier era um médium completo. Ele teve uma razão para reencarnar assim. Apesar de que Chico não era médium orador como Divaldo Franco, por exemplo. Divaldo tem vários livros excelentes e pouco, ou quase nada, se sabe sobre ele trazer cartas de pessoas falecidas. Cada um tem uma missão, Rafaelle. Já ouvi contar de pessoas que frequentaram a Casa da Prece, em Uberaba, por anos, antes de receberem uma carta psicografada de um ente querido através das abençoadas mãos de Chico Xavier. Outras, quando foram lá pela primeira vez, receberam uma carta psicografada. Isso pode ter acontecido porque um espírito não estava preparado e o outro sim. Um, talvez, estivesse trabalhando ou em curso no plano espiritual. E alguns trabalhos são muito importantes. O outro... estava estudando aqui na crosta ou de passagem e para ele foi mais fácil, quando viu a família desejando e com a possibilidade de receber uma mensagem. Imagine você... — pensou e disse: — Você, como enfermeira, em um setor importante de um hospital e sem ter, naquele momento, alguém igual para substituí-la. De repente, precisa parar para pôr uma carta no correio. Será que vai poder largar tudo o que está fazendo e sair para ir aos correios? Vamos lembrar que esse correio fica longe e tem fila.

Rafaelle ficou pensativa e comentou:

— É um desperdício de tempo, né?

— Em alguns casos, sim. Suponhamos que alguém esteja na Universidade, em um curso importantíssimo para o seu progresso, e tem que abandonar a sala de aula para ir aos correios. O curso não pode parar por causa desse aluno e vai ser difícil para ele repor o que perdeu. É mais ou menos assim que funciona na espiritualidade. O médium precisa ter afinidade, além de tarefa específica em psicografia de mensagens. Fora isso, é necessário que o espírito seja trazido de uma colônia espiritual para a crosta terrena. Ele não pode vir sozinho. Normalmente, essas viagens são feitas em grupo. Por isso, muitas vezes, é bem demorado de se receber uma carta psicografada de alguém que se foi. É preciso que vários fatores contribuam. Por essa razão, algumas vezes, outro espírito, que está a par do caso, traz notícias, através de um médium, para o encarnado que solicitou.

— A senhora não psicografa, né, tia?

— Não. Eu vejo e escuto o que me permitem. Mas não sou um rádio ou TV que se liga e muda de canal quando se quer — riu com gosto. — Um médium precisa estar muito bem moral, psicológica, espiritual, física e mentalmente para trazer informações, no mínimo, boas. Todos nós temos mentores ou anjo da guarda, como queira... No caso dos médiuns tarefeiros, seus mentores, geralmente, ficam muito atentos e podem, se for conveniente, interferir na mediunidade do seu pupilo para protegê-lo. Depende do caso. Além disso, cada médium tem sua tarefa como encarnado. Ele é filho e precisa dar atenção para os pais ou, então, esse será seu primeiro fracasso reencarnatório. Se for casado, precisa participar de suas tarefas no lar, cuidar de sua vivência junto com seu cônjuge. Se tem filhos, necessita cumprir o papel com eles com cuidados e na educação daqueles espíritos que lhe foram confiados. Organizar-se e disciplinar-se de tal forma que lhe sobre tempo para sua tarefa com a espiritualidade. Se a pessoa não consegue conduzir bem a própria vida, como é que vai trazer mensagens ou trabalho literário e tentar ajudar ao próximo? Se o médium não é equilibrado, moralmente, como vai conduzir um trabalho espiritual ao lado de entidade evoluída para ajudar os irmãos do caminho a se equilibrarem e evoluírem? Sim, porque indicar o caminho da prosperidade e da evolução é tarefa primordial do trabalho espiritual de um médium. Se um médium não controla as suas vontades e desejos inferiores, como é que trará mensagens que auxiliem o próximo a vencer vontades e desejos inferiores? Somente espíritos desse nível irão rodeá-lo.

— E como vamos saber se um médium é equilibrado e faz um trabalho legal? — Rafaelle quis saber.

— O médium não tem de viver para os outros como pensam alguns. Ele é um ser humano normal e tem desafios e problemas de toda espécie, iguais aos demais. Mas o seu trabalho, principalmente o médium da escrita e também o médium orador, tem de trazer luz, harmonia, elevação e direção para o que é bom, útil, saudável e elevado moral e espiritualmente. O médium não tem de viver só para os outros, cuidando dos outros como eu já ouvi falar. Ele tem sua própria vida. Precisa cuidar primeiro de si e do próximo mais próximo como ensinou Jesus. Cuidar de si. Trabalhar-se moralmente. Cuidar-se mentalmente, psicologicamente. Se ele não estiver bem, não vai conseguir uma tarefa mediúnica equilibrada, vai dizer e escrever tudo o que é conveniente para ele. Dessa forma, o que ele tem a dizer para os demais, para ajudá-los, vai expressar através de seu trabalho. "É pelas obras que se conhece o obreiro." Essa frase se encaixa em tudo, Rafaelle. Não só para médiuns. É para qualquer pessoa. Se alguém não estiver bem, moral, espiritual, psicologicamente, ele briga, xinga, esperneia, ofende, maltrata, indispõe-se com facilidade, faz fofoca, agride com palavras ou ações. Depois se camufla e disfarça todo esse desequilíbrio emocional, espiritual e se faz de vítima. Quer aparentar ser perfeita, ser nobre, acha-se indispensável ao grupo que pertence... Pessoas assim precisam encontrar o próprio equilíbrio. São espíritos endividados assumindo outras dívidas. E quando chamados atenção, não aceitam. Não mudam. Invertem as coisas e colocam a culpa no outro e acreditam estarem certos. Como eu disse, isso não é só para médiuns. Serve para todos.

Rafaelle ouviu, mas não quis prestar atenção. Seu foco era outro.

O fim de semana prolongado estava terminando.

Todos se despediram de Carminda que, sozinha, retomaria sua rotina, enquanto os jovens retornariam para a Capital, bem animados.

Rodrigo percebeu que os outros se achavam afastados e entretidos. Ao pegar suas coisas e despedir-se da senhora, perguntou:

— Algum conselho para mim?

Carminda ofereceu um sorriso suave e respondeu com uma indagação:

— Eu preciso te aconselhar?

— Meu coração está apertado. Não sei se posso contar à Isabelle toda a verdade que eu sei.

— Verdade é verdade em qualquer época, por isso ela vai aparecer, um dia ou outro.

— Se eu contar agora, o estrago pode ser menor, não é?

— A reação dela será a mesma. Ainda não aprendeu sobre perdão. É uma pena... Quando perdoamos aos outros é mais fácil perdoar a nós mesmos. — Aquela última fala não fez sentido para Rodrigo. Não, naquele momento. E a senhora prosseguiu: — Porém, se esconder por mais tempo, não será bom.

— Vai ser pior?

— Certamente.

— Gosto muito dela, dona Carminda.

— Eu sei. Isabelle é uma ótima pessoa, mas imatura. Vai precisar passar por algumas experiências para amadurecer. Quanto a você... Vigie-se. Ore. Não importa o que aconteça. Mantenha o equilíbrio. Talvez, você vá ajudar muito minha sobrinha.

A aproximação de Anita não deixou que a conversa terminasse, por isso, Rodrigo falou:

— Adorei a senhora e esse lugar encantador. A vista... As flores diversas...

— Então volte quando quiser! — ela convidou sorridente.

— Obrigado pela hospitalidade — tornou agradecendo.

— Também sou grata pela hospitalidade — disse Anita mais próxima. — Aturar um bando como o nosso não é fácil não — riu.

— O que é isso!... Adoro vocês! — tornou a anfitriã. — Minha casa sempre estará à disposição. Gosto muito de companhia.

— Muito obrigada pelos livros que me deu, dona Carminda — Luci agradeceu. — Estou muito interessada em conhecer melhor sobre espiritismo.

— Não me agradeça. Espero que esses livros te ajudem.

Após as despedidas, todos se foram.

Carminda entrou para sua casa.

Na cozinha, falou em voz alta:

— Dulce! Sei que pode me ouvir. Pedi para que você ficasse porque preciso te falar.

O espírito Dulce esperava expressando aflição. Pouco antes, havia ficado muito surpreso com o pedido, pois havia duvidado da mediunidade da outra por não ter lhe dado atenção.

— Você pode me ouvir, Carminda! Por que não disse isso antes? Por que não disse isso para as minhas filhas?!

— Eu quero falar com você. Não tenho nada para dizer para as suas filhas, a não ser o que eu realmente quero. — Breve instante e falou com voz generosa: — Dulce, ore para que retorne ao lugar de onde veio. Aqui, entre os encarnados, não é o seu lugar. Não no estado em que se encontra. Se fosse para estar aqui, junto dos seus filhos, estaria encarnada.

— Você sabe como eu morri! Não tinha chegado a minha hora! Todos precisam saber a verdade! Todos!!! Aquela mulher vivendo lá, dentro da minha casa! Não posso aceitar isso! O Antônio!... Eu preciso que a Rafaelle encontre alguém que traga notícias minhas, que fale quem é o pai deles! Você sabe o que o Antônio fez! Você sabe! Sabe e não faz nada! Não fala nada! Por quê?!

— Porque com os olhos do corpo físico eu não vi nada. Com os ouvidos do corpo físico eu não ouvi nada. Respeito o dom que me foi dado e trago como lema: se fosse para eles saberem, eles também saberiam como eu. — Em tom mais brando, aconselhou: — Minha querida Dulce, assim que chegou ao plano espiritual você foi recebida com tanto carinho... Tratada com tanto amor... Esteve nos braços de sua mãezinha. Foi orientada... Por que não aceitou?

— Como ficar lá lembrando de como desencarnei?! Foi um erro! Foi injusto!

— Deus não erra, minha querida. As coisas vão ficar melhores para você se rogar ajuda e aceitar o socorro. Olhe para você. Veja o seu estado. Dessa forma está sofrendo e não está ajudando a ninguém.

— Meus filhos precisam de mim! Precisam saber o que aconteceu comigo! Precisam saber quem é o pai deles e aquela maldita que está dentro da minha casa!

— Será que seus filhos vão precisar saber o que aconteceu mesmo? Em que isso iria ajudá-los? Confie em Deus. Se for útil e necessário que descubram tudo ainda nesta vida, eles vão descobrir. Antônio sempre foi omisso, você sabe. Será que a Rosa tem toda a culpa? Será que os seus débitos do passado não a fizeram merecer isso, Dulce? Você só está olhando para a vida nesta última encarnação.

— Está errado! Eu não merecia isso! Quero que a Rosa morra!!!

— Talvez, a Rosa ainda tenha uma missão imposta por Deus, se ela aceitar. Nunca se sabe quando e o quanto alguém pode ser útil. Entregue tudo nas mãos do Pai da Vida. Perdoe. Deixe que Deus dê o curso na vida das pessoas. Não queira impor sua vontade.

— Meus filhos precisam de mim. Vou ficar com eles! Você deveria ter dito a verdade sobre mim! Deveria ter falado sobre tudo o que sabe!

— Então vá. Desejo luz a sua consciência.

Imediatamente Dulce se foi.

Carminda lamentou. Fez uma prece de agradecimento pela oportunidade e também pelas boas companhias que a visitaram naquele fim de semana e voltou aos seus afazeres.

O tempo não esperava por ninguém e corria célere.

Uma pequena reforma deixou a garagem da casa de Anita pronta para ser usada como salão. Isabelle e Luci se empenharam na compra de móveis, espelhos, objetos decorativos e dos materiais necessários para começarem o atendimento.

A demissão de Anita veio a calhar. O valor recebido foi conveniente para empregar no novo negócio. Embora ela reclamasse, pois achou que deveria receber mais. O que tinha nunca lhe bastava.

Aos poucos, o salão de beleza foi ganhando movimento.

Luci pediu demissão da loja em que trabalhava para atuar como podóloga e depiladora. Precisaram contratar duas manicures, pois Anita e Luci não estavam dando conta do número de clientes e Anita gostaria de atuar só com cabelos.

— Detesto pegar em pés e mãos. Principalmente em pés! Ai! Tem uns que chegam daquele jeito horroroso! Credo!

— Ai, Anita, não exagera. Usamos luvas e temos produtos para prepararmos os pés antes de serem cuidados. Além do que, as pessoas vêm aqui porque elas próprias não sabem ou não conseguem cuidar dos próprios pés. Você reclama muito!

Isabelle administrava o que podia. Afinal, não deixaria o emprego no banco onde tinha um salário garantido.

Era um sábado à noite e, enquanto Luci recolhia alguns materiais e limpava seu espaço, Anita varria o chão e implicava:

— Não gosto daquela última cliente. Mulher metida à besta!

— Eu nem esquento. Deixo que fale. O que importa é que ela faz de tudo o que oferecemos no salão e paga sem reclamar! — ressaltou Luci.

— Pois eu não suporto ela — tornou Anita.

Luci riu com gosto e comentou:

— Se a Belle estivesse aqui, iria falar: "O correto é dizer não a suporto" — riu muito.

— Vão se ferrar você e a Isabelle. Eu não suporto a mulher e pronto! Ela vive falando das viagens que faz, do filho que é engenheiro e que mora no exterior!... Grande porcaria! Vai ver o cara é pedreiro lá nos Estados Unidos e ela fica se gabando.

— Não esquenta, Anita — disse Luci. — O que importa é que trabalhamos e recebemos.

— Ah!... Mas você não imagina o que eu pego lá na cadeira. Tem cada cabelo nojento, ensebado! Parece que não vê água e xampu há um século! Povo porco! Não sei se isso é pra mim. Quero contratar outro cabeleireiro para passar algumas pessoas pra ele. Não vejo a hora de crescermos mais e eu ficar administrando tudo igual à Belle. Você não acha a Belle folgada?

— Não. Ela é empenhada. Quanto aos cabelos sujos... É só levar pro lavatório e lavar.

— Mas quem se sai bem nessa história é a Isabelle que ganha sem fazer nada.

— Ah... Peraí... Ela investe muito financeiramente. E, quando tem mão pra fazer de sábado, ela fica aqui fazendo até tarde. Tem até cliente que prefere a ela.

— A Belle é sortuda. Com certeza, está passeando com o Rodrigo agora enquanto estamos aqui. Conseguiu emprego em um banco!...

— Ela sempre foi esforçada, estudiosa... Mereceu a colocação, o emprego... — calou-se, percebendo a inveja da amiga.

— O que você vai fazer hoje? Vamos pra uma balada? — Anita convidou. — Quem sabe a gente arruma uns carinhas... — riu.

— É... Pode ser — Luci concordou.

Isabelle e Rodrigo saíam do cinema e caminhavam na praça de alimentação do shopping à procura de um lugar para se acomodarem com a bandeja de lanche.

Ela deu um gole no refrigerante e, com expressão risonha, comentou sobre o filme:

— Não aguentei a hora que ele abriu a porta do carro e olhou a cara do cachorro — riu novamente.

— Eu também. Adoro filmes com esse ator — Rodrigo afirmou.

Mudando rapidamente de assunto, ela lembrou:

— Acho que elas estão fechando o salão agora.

— Será?

— Sem dúvida. Eu deveria ter ido lá hoje.

— Precisamos de um tempo para nós, você não acha? Está na hora de pensarmos um pouco mais na gente...

— Está na hora de eu conhecer os seus pais — disse e sorriu lindamente com jeito mimoso.

Rodrigo pendeu com a cabeça positivamente e falou em tom solene:

— É verdade.

— Às vezes, acho que você tem vergonha de mim ou, talvez, da sua família.

— Que nada! Não pense isso.

— Então por que ainda não nos apresentou?

— Vou fazer isso. Fique tranquila — prometeu e sorriu, apesar do coração apertado. Para disfarçar, brincou: — Também acho que tem vergonha de mim. Ainda não me apresentou para o seu irmão.

— Ai! Bobo... É diferente. Além do que, o Ailton passou na faculdade de Medicina, você sabe. Foi estudar no interior e quase não aparece em casa. Nem o vemos direito.

Continuaram conversando...

Após deixá-la em casa, Rodrigo foi para a casa de seus tios, onde morava.

Chegando lá, encontrou sua tia ainda mexendo na cozinha. Achou bom vê-la ali. Precisava falar com alguém.

— Oi, tia!

— Oi, Ro. Tudo bem?

— Quase... Que bom que a senhora está aqui.

— O que foi?

O rapaz puxou uma cadeira e se acomodou. Mexendo nas chaves do carro sobre a mesa, desabafou:

— A Isabelle quer conhecer meus pais.

— Eu também acho que isso já passou da hora de acontecer. Você vai precisar contar a verdade, Ro.

— Mas tia... E se?...

— Até quando acha que vai conseguir esconder a verdade, Rodrigo?

Ele respirou fundo e decidiu, mesmo parecendo contrariado:

— Então, de amanhã não passa.

— Vai levá-la até a casa dos seus pais? É perto do sítio da tia dela, pelo que você me falou.

— Não. Não sei como a Isabelle vai reagir. Não quero que meu pai fique magoado.

— A Belle conhece você o suficiente. Está na hora de ela saber. Não creio que vai reagir... Acho que vai ficar chateada, mas... Ela já te conhece bem.

— Vou trazê-la aqui. Será melhor para conversarmos.

— Tudo bem. Como você quiser.

Na tarde do dia seguinte, Rodrigo foi até a casa de Isabelle. Estacionou o carro e entrou pelo portão, que já estava aberto.

Chegando à porta da sala, já pôde ouvir os gritos de Rafaelle e Vera que não se entendiam por alguma coisa.

A casa estava mal arrumada e cheirava falta de limpeza.

Não demorou e Isabelle apareceu, surpreendendo-se por vê-lo ali, parado.

— Oi! — beijou-o rapidamente. — Pensei que viesse me pegar mais tarde.

— Achei melhor vir agora. Preciso conversar com você.

— Nossa!... — ela sorriu, mas não revelou a preocupação que lhe surgiu no momento. Ficou ansiosa. — Você parece tão sério!

O namorado só retribuiu o sorriso e ela decidiu.

— Vou me arrumar. Sente aí e... Não repara.

— Vai lá. Eu espero.

Aproximando-se do rapaz, o espírito Dulce o rodeou e reclamou:

— Você não deveria estar com ela. O seu pai tirou a minha vida! Tudo isso nesta casa aconteceu por culpa dele! Você está enganando a minha filha!

Um medo começou a crescer nos sentimentos de Rodrigo. Sem entender o que era, suspirou fundo, levantou-se do sofá e foi para fora. Debruçou no portão e ficou olhando a rua.

Algum tempo depois, Isabelle apareceu.

— Demorei?

— Não. — Olhou-a de cima a baixo, sorriu e falou: — Você está linda! — beijou-a rapidamente. Depois disse: — Vamos?

— Vamos.

# Capítulo 9

# A verdade

Sem demora, chegaram à casa dos tios do rapaz, que ficava longe para ir a pé.

Catarina recebeu-a bem, como sempre.

Sabendo a razão de o sobrinho tê-la trazido ali, deixou-os à vontade na sala e foi para a garagem para junto do marido.

— Você quer alguma coisa? Água... Refrigerante?...

— Não. Nada, obrigada — ela respondeu e achou estranho. Algo pairava no ar.

O rapaz pareceu não ouvir. De um jeito mecânico, pegou dois copos com água e colocou sobre a mesa, um perto dela e, com o outro na mão, sentou-se ao seu lado.

— Ai, Rodrigo... Estou ficando ansiosa. Você está tão estranho. Agindo com tanto mistério.

— É que tenho um assunto muito importante para falar com você.

Isabelle sentia o coração apertado e até um mal-estar tomou conta dos seus sentimentos.

— O que foi? Do que se trata?

Ao seu lado, ele ajeitou a cadeira e ficaram sentados frente a frente.

Pegou em uma de suas mãos, olhou em seus olhos e falou:

— Isabelle... Eu gosto muito de você... Eu te amo...

A jovem sorriu e retribuiu com carinho na voz:

— Eu também te amo.

— Você não imagina como esse momento está sendo difícil para mim. — Fez breve pausa e prosseguiu: — Acho que comecei a gostar de você desde quando a vi pela primeira vez na faculdade. Toda atrapalhada... — esboçou um sorriso e ela retribuiu. — E algum tempo depois, começamos a namorar.

— Rodrigo, pelo amor de Deus, fala logo! — pediu aflita. — Estou achando você muito estranho. Agora vem com essa conversa... Não aguento mais toda essa expectativa. Estou pensando um milhão de coisas.

— Eu preciso falar dessa forma porque quero que me entenda. — Um momento e explicou: — Os meus pais, conforme já contei, moravam em São Paulo. Meu pai entrou em depressão. Ficou muito doente e por conta disso foi morar no interior. Em Vinhedo.

— Perto da minha tia Carminda? Por que não fomos lá quando visitamos minha tia? — indagou com insatisfação no tom de voz.

Ainda segurando a mão de Isabelle, abaixou a cabeça e respirou fundo.

— Ai, Rodrigo! Fala de uma vez! — pediu aflita.

— Pois bem... Faz um tempo, eu descobri algo que você não vai gostar de saber. Isso me deixou inseguro. Mas não há nada que eu ou você possamos fazer. Não contei antes por medo. Gostaria que me conhecesse melhor para, depois, tirar suas conclusões e entender que eu sou eu e meu pai é meu pai...

Mesmo sem entender nada sobre o que o namorado falava, Isabelle decidiu ficar em silêncio para que Rodrigo criasse coragem de revelar o que o angustiava.

E ele continuou:

— Bem... Meu pai entrou em depressão. Passou a ter complicações com a saúde em decorrência de ficar sem se alimentar direito. A depressão teve, como um dos sintomas psíquicos, a anorexia. Ele deixou de se alimentar. Fraco, não saía da cama. Começou a ter problemas renais. Perdeu um rim. Por perceber que ele se sentia melhor quando ia visitar parentes no interior, minha mãe decidiu vender nossa casa aqui. Compraram outra em Vinhedo. Meu irmão, o Leandro, decidiu ir com eles. Afinal, não queríamos deixar minha mãe cuidar de tudo sozinha. Eu já estava na faculdade e, apesar do Leandro ser o mais velho e estar na metade do curso, ele quis trancar a matrícula, porque não estava certo do que queria. Assim, acompanhou nossos pais e depois foi estudar em Campinas. Por ironia, continuou com o mesmo curso...

Meu pai se aposentou — prosseguiu. — Moram em uma chácara, muito perto da sua tia.

Minha mãe é uma mulher muito forte. Abriu um pequeno comércio na cidade. Uma mistura de mercearia com quitanda... Vende algumas coisas que são produzidas na chácara como ovos e verduras. Ajuda a completar o orçamento... O meu pai é quem cuida da plantação, da horta e de alguns bichos que eles têm.

— O seu pai se recuperou? — interessou-se.

— Um pouco. Ainda tem momentos muito depressivos. Ele não dirige mais. Evita tomar decisões... Não gosta de ficar sozinho. É minha mãe quem dirige, faz compras... Decide tudo. Nos últimos tempos, eu estou bastante preocupado. O Leandro arrumou um emprego muito bom em Campinas e precisou se mudar para lá. Conversamos. Dei todo apoio para ele que, afinal, segurou essa barra de mudança sozinho. O Leandro precisa cuidar da própria vida e... Ele propôs para nossos pais se mudarem para Campinas, mas meu pai não quer. Como eu disse, meu pai não dirige mais, quase não deixa a chácara, a não ser para ir ao médico. Há dias, nesses anos todos, que ainda tem recaídas e nem se levanta da cama. Eu e meu irmão já procuramos informações. A depressão é uma doença cruel[1]. Cada caso é particularmente único. Qualquer ser humano pode, de um momento para outro, entrar nesse estado sem um motivo aparente. Existem aqueles que conseguem superar a depressão e tornam-se pessoas melhores do que já foram, independente do grau de depressão que tiveram. Há os que conseguem conviver com esse transtorno e estudar, trabalhar, levar a vida. São fortes e prosseguem mesmo arrastando o sofrimento. Outros sucumbem, infelizmente. Seja pelo suicídio ou por desistir de viver, embora estejam vivos... O suicídio não resolverá o problema, pois a morte é só do corpo físico[2]. O espírito continuará sofrendo muito mais após o desencarne. Os que desistem de lutar, como o meu pai, precisam de compreensão, atenção, cuidados... Mas, acima de tudo, incentivo. Essas pessoas não estão nas nossas vidas por acaso. Críticas não vão curá-las nem tampouco ajudá-las. Desprezo muito menos.

— Não existe remédio para isso?

— Veja bem... Os remédios não fazem o efeito que esperamos. Em alguns casos, os medicamentos pioram. Em outros, eles são extremamente necessários. Se a pessoa pensa em suicídio, a medicação vai ajudar. Se a pessoa tem aqueles sintomas horríveis causados pela depressão, nem sempre os remédios ajudam totalmente. Algumas se viciam na medicação e, quando ela é retirada, os sintomas reaparecem. Quando se melhora por causa da medicação, deve-se aproveitar a melhora e mudar hábitos, ter novos costumes, atitudes mais positivas, cuidar da saúde em todos os sentidos. Alimentar-se bem, fazer atividades físicas, sair, passear, ter uma religião equilibrada, trabalhar no que gosta... Mudar-se completamente. Equilibrar-se em todos os sentidos. Tem gente que melhora com o remédio e não faz nada. Quando ele for retirado, tudo volta a ser como antes. Isso é muito complicado. Tomar remédio não significa curar a depressão. A pessoa

---

[1] Nota da Médium: O livro *Corações Sem Destino*, de Eliana Machado Coelho em parceria com Schellida, fala desse e de outros transtornos emocionais.

[2] N.M. O livro *Força para recomeçar*, de Eliana Machado Coelho em parceria com Schellida, fala desse e de outros assuntos.

necessita mudar sua forma de viver. Mudar seus costumes. Tudo o que ela sempre foi a levou até ali e é isso que precisa ser mudado.

— O seu pai usou remédios?

— No começo sim. Ele fez psicoterapia e acompanhamento com um psiquiatra. O médico prescreveu uma medicação, depois outra e outra... Após um tempo, a ideia de suicídio passou. Ele começou a procurar ajuda na religiosidade. Passou a ler livros de Kardec e a aceitar que passamos por situações para nos harmonizarmos. Embora não acredite que o que ele passou, tenha servido para se harmonizar de alguma coisa, pois o deixou nesse estado horrível. Muita medicação prejudicou sua saúde e ele até perdeu um rim. A retirada dos remédios foi bem complicada. Tinha dia que ele passava na cama chorando. Só permitia minha mãe no quarto. Chamamos uma psicóloga que o atendia em casa. Aos poucos, passou a aceitar atividades físicas, caminhadas... Minha mãe adotou um cachorro de rua, um filhotinho abandonado que ficou enorme — riu por se lembrar. — Meu pai não queria, no começo. Aí ela pedia para ele dar mamadeira para o cachorro. Ele fez isso por muito tempo. O cachorro nem mamava mais — riu alto. — Mas meu pai não sabia. Ela dizia que tinha de dar comida na boca do cachorro ou ele ia morrer de fome, pois não sabia comer — achou graça de novo. — Fora isso, meu pai tinha de levar o Alemão para passear três vezes por dia. Minha mãe dizia que o cachorro não podia ficar solto ou não voltaria mais. Ele ficava preso só dentro de casa. A contragosto, meu pai se levantava e ia. Parava para conversar com um e com outro... Até estranhos conversavam com ele por causa do cachorro. Isso ajudou muito no período de ele se levantar para fazer uma atividade e se distrair para deixar os remédios. Ele melhorou bastante. Passou a se alimentar melhor. Foi então que decidiram ir para a cidade de Vinhedo, interior de São Paulo.

— O cachorro ainda está com eles?

— Sim. Apesar de bem grande, dorme dentro de casa e tem um quarto só para ele. O Alemão não larga meu pai. Tem outros cachorros que têm lugar bem apropriado para dormir e ficar, mas esse daí é o xodó.

— Contou que seu pai não acredita que o que ele passou tenha sido para sua harmonização. O que aconteceu que levou seu pai a esse estado?

Rodrigo sentiu-se gelar. Mas precisava responder.

— Meu irmão está muito empenhado no novo emprego, Por isso vou precisar ir mais vezes até a chácara para visitar meus pais e... Gostaria de te levar. Estou contando tudo isso para que saiba que vai ser muito difícil para meu pai te conhecer e você a ele.

— Por quê? Ele não gosta de conhecer pessoas?

— Não. Não é isso. — Olhando em sua alma através dos olhos, decidiu dizer: — O meu pai era motorista de ônibus. Sempre foi. Até que um acidente aconteceu. Ele atropelou uma mulher. — Rodrigo encarou o olhar mais duro que já tinha visto em Isabelle. Mesmo assim, prosseguiu: — Ele ficou desesperado quando percebeu que a mulher faleceu. Nunca mais dirigiu. Nunca mais foi o mesmo homem. Entrou em depressão e tudo mais o que te contei.

Ela abaixou o olhar.

Em segundos, Isabelle se lembrou de quando ele insistiu em dizer que o atropelamento e a morte de sua mãe tinham sido um acidente. Rapidamente, entendeu que disse aquilo porque seu pai havia atropelado alguém e queria justificar o fato.

Em tom triste, comentou:

— Como você disse, foi um acidente. — Sem encará-lo, sugeriu: — Para que o seu pai não sofra mais, se você quiser, não precisamos contar que minha mãe foi atropelada. De repente... Se ele souber disso, como disse, vai ser difícil me encarar. — Sorriu meigamente, disfarçando o travo amargo na voz, ao perguntar: — É por isso que não me levou para conhecê-los até hoje?

— Não é só por isso, Isabelle. É que... Meu pai se torturou e se tortura pelo acidente. Ele repetia que... Que a mulher tinha uma vida pela frente e deixou marido e três filhos... — A namorada olhou-o fixamente e ele completou: — O nome do meu pai é Nélio. Nélio Antônio de Alcântara Dutra. Foi a sua mãe que o meu pai atropelou e matou.

De forma lenta, Isabelle pendeu negativamente com a cabeça e murmurou:

— Não... Não pode ser... — fechou os olhos por alguns instantes. Talvez, pensasse estar em um sonho, ou melhor, em um pesadelo.

— Isabelle... por favor... — ele não sabia o que dizer.

Rodrigo já havia escutado a namorada culpar o motorista, que matou sua mãe, milhares de vezes. Ela o queria condenado e preso. Acreditava que sua casa tornou-se um inferno por causa daquele homem. Não admitia chamar o ocorrido de acidente.

— Não... — murmurou, olhando de modo indefinido. Tirando-o dos pensamentos enigmáticos, ela perguntou como se o acusasse: — Você sabia?... Sabia e mentiu para mim...

— Não! Não menti! Eu omiti. Quando liguei os fatos e descobri, decidi não te contar. Eu fiz isso porque gostava muito de você. Queria que me conhecesse primeiro para que soubesse quem eu sou. Quero que entenda... Mesmo sabendo de toda a outra parte da história, do sofrimento do homem que se culpa, até hoje, por causa de um acidente!... Um homem que sofreu e sofre horrores por algo que não conseguiu evitar... Mesmo que nunca perdoe ao meu pai, quero que entenda que eu não sou ele. Saiba... Nunca vou te pedir que se encontre com ele, mas entenda que preciso visitá-lo. E... — Longos minutos de silêncio em que se olharam. Isabelle trazia no olhar angústia e dor.

Levantando-se, ela não disse nada.

— Isabelle, por favor, diga alguma coisa.

— Você mentiu para mim!

— Não. Não foi isso. Você não quer entender.

— Você mentiu! Mentiu sim! — gritou com lágrimas correndo na face pálida.

Rodrigo levantou-se. Ao seu lado, tentou tocá-la, mas a namorada se esquivou.

— Sente-se. Vamos conversar.

— Não temos muito que conversar.

Dizendo isso, Isabelle saiu.

O extraordinário sacrifício de Rodrigo para explicar deta-lhadamente a situação de seu pai, tentando comovê-la com a difícil realidade, foi reduzido a pó.

Quem sabe, Isabelle precisasse de um tempo para refletir sobre tudo aquilo.

Quanto tempo seria?

Naquele momento, ninguém saberia responder.

Sentimentos tempestuosos regados a lágrimas levaram Isabelle a desabafar com suas melhores amigas.

No quarto de Anita, ao lado de Luci, chorava enquanto dizia:

— Ele não me contou! Descobriu tudo isso, ligando situa-ções, e não me contou nada!

— Não acho que o Rodrigo fez isso por maldade — Luci opi-nou. — Dá um tempo pra você mesma até essa agitação passar.

— Discordo. Pense bem. Ele sabia de tudo isso e não falou nada. Não foi uma coisa legal da parte dele — manifestou-se Anita, afagando as costas da amiga que chorava, deitada de bruços sobre a cama.

— Tem que pensar no lado dele também. Certamente, o Rodrigo ficou tão assustado e chateado que não sabia o que fazer. A Belle contou que ele falou que queria que ela o co-nhecesse bem antes de saber de tudo. Isso foi correto. Ela poderia julgar ou compará-lo ao pai. Uma coisa não tem nada a ver com a outra.

Na espiritualidade, havia um alvoroço, como uma torcida dividida em opiniões.

Sem indulgência, compaixão e por gostarem de criticar, observando o lado negativo das coisas, espíritos que sempre acompanhavam Anita, influenciavam-na. A ligação era tão estreita entre a encarnada e aquelas entidades que a jovem acreditava que as opiniões fossem dela. Por isso, perguntou impiedosamente:

— Mas como é que a Isabelle vai olhar para o Rodrigo, sabendo que o pai dele matou a mãe dela?

— Credo, Anita! — Luci, praticamente, gritou. — Você sempre fala coisas amargas e negativas.

— A verdade é o que é!

— Mas se a Belle não estava pensando nisso, agora vai pensar. Você precisava lembrar isso? — Sem dar trégua para resposta, indagou no mesmo tom irritadiço: — O que te aconteceu de tão horrível na vida para você destilar tanto veneno sobre a vida dos outros? Você só critica, reclama, só vê coisas negativas...

— Vai se danar, Luci! Qual é?!

— Qual é digo eu! Não acha que os outros estão cansados do seu azedume, das suas negatividades e críticas? Você só destaca o lado ruim da vida dos outros! Pelo amor de Deus! Precisamos entender que o sentimento do outro é sagrado demais para ser invadido e questionado. Nunca sabemos o tamanho da dor que um coração está suportando. Se não for para estender a mão, permaneça em silêncio.

— Agora que deu pra ler esses livrinhos espíritas, deu pra falar bonito, né? Olha pra você! Olha pro teu passado!

— Parem vocês duas! — pediu Isabelle num grito. — Estou com problemas demais para ainda ter de ouvir briga de vocês duas! — Levantando-se, secou o rosto com as mãos. Calçou o tênis e foi embora, mesmo sob o protesto das amigas.

— Viu o que você fez? — indagou Anita com um tom de insatisfação.

— Ah, Anita, por favor, né! Você precisa parar com isso. Presta atenção no que falou: "Como a Isabelle vai olhar para o Rodrigo sabendo que o pai dele matou a mãe dela?" — arremedou a outra com toque de deboche na voz. — Em uma situação dessa, a gente precisa amenizar as coisas para ela sofrer menos. Para que tudo fique mais claro e ela possa tomar a melhor decisão. Aí você fala uma besteira dessa e acha que está ajudando?!

— A verdade é o que é, como eu disse, e a amargura é por conta de como você vê.

— Anita! Acorda! Não estou falando só disso o que aconteceu agora. Você só critica, só vê coisa ruim, só reclama... Caramba! Ninguém gosta de gente assim. Você vai acabar sozinha. Toda essa amargura vai te fazer muito mal.

— Eu sou desse jeito, tá! Não sou obrigada a mudar. Quem quiser que goste de mim assim como sou.

— Acontece que não vai encontrar quem goste de você desse jeito que é. É preciso mudar e, se não fizer, a vida vai se encarregar disso! — falou Luci muito nervosa. Em seguida, levantou-se e saiu.

Anita fez um gesto evasivo. Balançou os ombros em sinal de tanto faz e nem sequer refletiu sobre o que tinha acontecido.

Sua mãe, Beatriz, chegou ao quarto querendo saber o que havia acontecido.

— Anita? — chamou frente à porta entreaberta.

— Ôoooi!... — respondeu em tom aborrecido.

A mulher entrou e quis saber:

— Por que a Isabelle saiu daqui chorando e a Luci pisando duro? Nem olharam quando eu chamei.

— Ah, mãe!... Problema delas. Não gostam de ouvir a verdade. Acho que é isso.

— Verdades ditas por você, minha filha?

— Por quem mais?

— Anita... Cuidado, minha filha. Se a verdade for dita de forma a oferecer dor ao coração alheio, deixou de ser uma coisa boa para ser dor. A dor causada ao outro volta à origem.

— Ai, mãe! Qual é?! Até você?!

— Falo assim porque te conheço. Você é terrível! São suas melhores amigas. Não pode falar qualquer coisa. Mantenha atitude positiva quando se expressar e espalhe amor no mundo. O que você espalha há de colher.

— Lá vem você com filosofia barata! Sou sincera e pronto!

— É essa filosofia barata que me faz ter amigos bons e sinceros. Nunca fiquei sozinha. Cuidado para não ficar sozinha.

— Tô vendo! Fez tanto efeito que meu pai te deixou! Ficou sem marido, sozinha e com uma filha pra criar.

— Eu disse: amigos bons e sinceros. Coisa que seu pai não conseguiu ser e por isso não ficou ao meu lado. Não posso reclamar das pessoas boas que aparecem na minha vida. Tomara que suas amigas não se ofendam tanto ao ponto de se afastarem de você. Tomara. É difícil ficar sozinha e sem bons amigos.

— Iiiiiiih!... — exclamou. Não disse mais nada e saiu do quarto.

— Anita! — gritou a mãe.

Rodrigo ainda conversava com os tios sobre o ocorrido.

— O estranho foi ela não ficar para me ouvir.

— Ela te ouviu, Rodrigo. Pelo que nos contou, Isabelle ouviu tudo. Talvez, precise de um tempo para tirar as próprias conclusões — o tio orientou.

— Não, Justino — disse Catarina, sua esposa. — Pior que ela não vai tirar as próprias conclusões. Vai ouvir as amigas. Isabelle é insegura. Por isso, Rodrigo, seria bom você falar com ela antes que as amigas façam isso.

— Mas, tia, a senhora viu como ela foi embora. Não se despediu nem de vocês.

— Isso mostra o quanto ela é imatura.

— Justino! Não fale assim.

— É verdade. Se fosse uma moça com maturidade, iria dizer para o Rodrigo que estava triste e não sabia o que falar no momento. Que amanhã ou depois iriam conversar. Não é verdade? — tornou o senhor.

— Cada um tem determinada reação diante de um fato. Não podemos julgar.

— Concordo com a tia. A Isabelle sempre se sentiu prejudicada, desde a morte da mãe. Acredita que o responsável por tudo isso foi o homem que atropelou a mãe dela. De repente, descobre que esse homem é meu pai e... Lógico que não esta-va preparada para isso e não sabia o que pensar. Foi um susto.

— Vá procurá-la, Rodrigo.

— Não sei... Acho melhor dar um tempo para ela, tia.

Os tios respeitaram a opinião do sobrinho e não disseram mais nada.

# Capítulo 10

## A ideia de mudar

Isabelle estava jogada sobre sua cama chorando silenciosamente, quando Anita chegou.

A amiga sentou-se ao seu lado e afagou suas costas.

— E aí? Como você está?

Remexendo-se e secando o rosto, murmurou com voz rouca:

— Péssima...

— Imagino. — Anita circunvagou o olhar pelo quarto. Reparou, demoradamente, um lugar sobre a cômoda onde havia
fotos de Dulce com os filhos, tendo ao lado flores e velas
grossas, daquelas que duram dias, acesas.

Percebendo que a amiga olhou longamente para o lugar,
Isabelle justificou:

— A Rafaelle fez esse altar para minha mãe. São fotos
nossas com ela.

— E você acha que sua mãe precisa disso?

— Ah... Anita... .

— Tá bom... Tá bom... Não falo mais nada. Mas que isso não me parece bom, não parece. — Ofereceu uma pausa e perguntou: — Já sabe o que vai fazer?

— Não... Não tenho ideia. O que você acha?

— Sei lá... É difícil, né? — Anita tentou ser neutra.

— Ele sabia disso há tempos e não me contou nada... — Chorou discretamente. — Como você falou... Como vou olhar para o Rodrigo, sabendo que o pai dele matou minha mãe?

— Talvez, eu não tenha dito uma coisa legal. Esquece.

— Mas é a verdade! — entoou com uma voz chorosa.

— Não sei se a culpa é dele ou não... — Tornou a amiga indecisa.

— Culpa dele quem? Do pai do Rodrigo?

— Culpa do pai dele é. Afinal, estava dirigindo. Sabe o que eu acho de verdade? Acho que as pessoas precisam assumir seus erros e as suas falhas. Tem muita gente omissa por aí, dando uma de vítima e... — Anita falava sem refletir ou levar em consideração qualquer circunstância ou nível de entendimento. Até mesmo a Lei de Causa e Efeito tem influência em muita coisa que acontece. Suas palavras críticas influenciavam a amiga que nem sempre tinha opinião própria.

— Isso mesmo, Anita. Aconselhe minha filha direito — dizia o espírito Dulce, desejando que a encarnada manifestasse suas opiniões. — Diga a ela que não sofra por ninguém. Essa vida é cruel! A gente se sacrifica pelos outros, doa-se a vida inteira para depois ser enganada. Isabelle precisa deixar de ser boba.

— Também acho, Anita — tornou a amiga. — O pai dele acabou com a nossa vida, com a nossa paz... O Rodrigo deve ser do tipo do pai... Quis me enganar. Mentiu pra mim... Escondeu toda a verdade. Não admite que o pai dele é responsável por tudo o que eu e meus irmãos vivemos. Estou cansada. Olha pra mim! Olha pra minha vida!

Nesse instante, escutava-se Rosa discutindo com Rafaelle.

— Essa outra aí — referiu-se à madrasta —, infernizando a nossa vida em minha casa!

— Ah!... Nisso você tem razão. E... Vai me desculpar, mas tenho que falar. O seu pai também, né?

Isabelle pendeu positivamente com a cabeça, concordando com algo que sempre relutou aceitar.

— Verdade. Andei pensando bem e... Você tem razão. O meu pai é outro que não toma atitude nenhuma e contribui com tudo isso que vivemos hoje. — Lágrimas correram em seus olhos no instante em que Dulce a abraçou pelas costas. — Minha mãe sempre foi uma mulher exemplar. Ótima mãe! Excelente dona de casa. Cuidava da gente, da casa, do meu pai... Você lembra?

— Lembro sim! Lógico!

— Mas ela morreu e ele colocou essa aproveitadora aqui dentro e nossa vida virou isso. Se hoje a Rafaelle está fazendo o que faz, a culpa é da falta de orientação e dos desaforos que ela tem de aturar aqui dentro por causa da Rosa e da Vera.

— Até que enfim você está começando a entender tudo, minha filha. Preciso que alguém saiba da verdade. Que alguém descubra porque eu morri daquele jeito tão estúpido e cruel. Foi tudo muito bem tramado pela Rosa e por seu pai.

— Minha mãe não merecia o que aconteceu. Coitada... — Isabelle chorou. — Tudo começou com o desgraçado que matou minha mãe. Eu odeio esse homem! — revoltou-se.

Nesse momento, Rafaelle adentrou no quarto e bateu fortemente a porta em sinal de protesto contra a madrasta, que ainda gritava em algum lugar da casa.

Só depois a jovem viu a irmã e Anita.

Após mencionar alguns palavrões, falou:

— Que saco! Tenho vontade de matar essa Rosa! Desgraçada!!! — Olhando para a irmã, perguntou em tom mais brando: — O que foi? Por que está chorando?

Isabelle contou tudo novamente. No final, reclamou:

— Ele escondeu tudo de mim! Como pôde fazer isso?!

— O Rodrigo gosta de você. Não contou porque ficou com medo. Simples assim — a irmã resumiu.

— Não é tão simples assim, Rafaelle! Ele mentiu!

— Se ele escondeu, foi porque não quis te perder. Deixa de ser trouxa e para de pensar besteira.

— Mas o pai dele matou nossa mãe!

— Não foi porque ele quis. Tanto é que o homem ficou até doente por causa disso. Você não vai ficar com o pai dele. Nem precisa ir ver o homem se não quiser.

— Não é tão simples assim! Você não está entendendo. Nossa vida está desse jeito por culpa dele.

— Errado! Nossa vida está desse jeito por culpa do pai que foi um idiota por ter se casado com essa infeliz que está aí. Era com isso que você deveria se importar! Tínhamos que criar coragem, chegar pro pai e exigir que essa... — falou um palavrão — Rosa e os filhos saíssem daqui! Isso sim! — No mesmo instante, Rafaelle, com uma atitude abrupta, decidiu: — E quer saber de uma coisa?! Fui! Você não vai me ouvir mesmo. Não vou gastar meu tempo. — Virou-se e bateu a porta quando saiu.

Após alguns instantes, sem saber que estava sob efeito das vibrações de espíritos inferiores, Isabelle, tomada por um momento de fúria, decidiu:

— Vou cuidar da minha vida! Meu pai é um trouxa mesmo! Essa casa nunca vai ter jeito. A Rafaelle não aceita conselhos, vai fazer burrada e vai sobrar pra mim que sou a mais velha. Viu o jeito que ela fala? Viu as amizades que está arrumando? Vive na casa de não sei quem e não sei onde! Arruma-se toda! Ela e a Vera ficam competindo pra ver quem se veste melhor, quem se produz mais! As duas vivem brigando por causa de roupa! O Ailton nem conversa com a gente. Só sabe estudar e ficar com a turma dele. Agora que está fazendo Medicina, nem lembra de nós. Ainda mais estudando em outra cidade, ele nem vem mais aqui. Vou cuidar de mim! Não vou conseguir olhar para o Rodrigo e ficar numa boa, sabendo que ele mentiu para mim e que o pai dele atropelou minha mãe. Vou cuidar da minha vida. Vou focar no meu trabalho!

— Você está certa. Mas... Como vai ser isso, se trabalha com ele lá no banco? — Anita lembrou.

Isabelle ficou pensativa e explicou:

— A gente não trabalha no mesmo andar. Não nos vemos muito...

— Mas foi ele quem arrumou esse emprego para você!

— Acha que isso é importante? — Isabelle se preocupou. — Será que devo deixar esse emprego no banco porque vou terminar com ele?

— Você é sócia do salão! — Anita disse, fazendo-a lembrar. — Não se esqueça disso. — Uma nota de inveja ecoou nas palavras da amiga, que suspirou fundo e não falou mais nada.

— Mas o salário lá é garantido, além de ser muito bom.

Apesar dos fortes sentimentos, Isabelle terminou o namoro com Rodrigo, que ficou imensamente triste.

Ela chorou muito, às escondidas. Gostaria que os outros a vissem como uma mulher firme e decidida. Sem qualquer arrependimento de suas decisões. Mas, na realidade, não era isso o que se passava em seu íntimo. Um coração sem entusiasmo pode sofrer muito pelas más decisões.

Por generosidade e nobreza, Rodrigo a tratava com cortesia e educação, quando casualmente a encontrava, sem se deixar levar pelo ocorrido.

Ele decidiu não contar para o pai o que aconteceu. Sua mãe e seus tios concordaram com a decisão. Foi a atitude mais sábia e sensata para não fazer Nélio sofrer, ainda mais, por aquela fatalidade.

O tempo foi passando...

Os negócios no salão de beleza estavam dando tão certo que as três sócias decidiram expandir. Mesmo trabalhando no banco, Isabelle dedicava todo o resto do tempo livre para a sociedade. Quase não ficava em casa.

Da garagem, mudaram o salão para um espaço bem maior. Regularizaram os documentos e o novo estúdio de beleza ficou perfeito. Precisaram de mais funcionários, que logo foram contratados.

Algumas vezes, Anita se queixava pelo fato da amiga não estar tão presente. Na verdade, ela gostaria de que Isabelle deixasse o banco para cuidar mais do salão.

Luci, ao contrário, incentivava a amiga a continuar com o emprego. O salário, além de bom, era garantido. Ainda mais depois que Isabelle foi promovida.

Nesse período, Luci vivia muitas dificuldades em sua casa, principalmente, por conta das brigas entre seus pais, que aumentavam de frequência e intensidade. Ela vivia cabisbaixa.

— O que foi Lu? Por que está com essa carinha? — quis saber o cabeleireiro que foi contratado para trabalhar no estúdio.

— Nada não — respondeu Luci.

— Você não me engana, querida! — exaltou-se. — Guardar problema na alma enfarta o coração. É na sua casa o problema de novo, é? — perguntou com trejeitos próprios.

— Mais ou menos...

— Mais?... Ou menos?...

— É... É lá em casa sim. Nunca tivemos um clima muito bom. Mas, nos últimos tempos, estão conseguindo deixar pior.

— Amore... Presta atenção: se o problema é dos outros, isso não pode te afetar. Se for seu é você quem precisa resolver — aconselhou Betinho, assim gostava de ser chamado.

— Não e tão fácil assim. Estou cheia de lá.

— E o que te prende na sua casa? — ele indagou. — O imprevisto daquela pergunta desarmou Luci, que parou e ficou olhando-o firme. — Meu bem — tornou ele —, não gosto de me meter na vida dos outros, mas, quando vejo você e a queridíssima Belle dizendo que a casa onde moram é um inferno, eu me pergunto: o que as prende lá? — Não houve resposta.

— Masoquismo! Lógico! Só pode ser! — Aproximando-se da

amiga, sentou-se em uma cadeira ao lado e falou em tom ameno: — Sou o que sou e não tem jeito. Tenho um milhão, setecentos e noventa e cinco mil perguntas para fazer para Deus quando encontrá-Lo. Ele que me aguarde! — ressaltou de um jeito engraçado, mas respeitoso. — Uma coisa eu tenho certeza, nesta vida, eu não posso me mudar. Não consigo ser diferente[1].— Cochichando, revelou: — Se eu tentar falar grosso, agir e me vestir diferente, fico muito mal. Talvez eu faça isso por um dia ou dois. Depois me deprimo. Desde criança, me sentia assim. Daí contei para minha mãe. Ela chorou muito, às escondidas, claro. Mas eu percebia. Daí ela me aconselhou: Roberto, meu filho, não se revele agora. Você é muito jovem. Só tem quatorze anos. Espera um pouco mais. Segura a onda. Sabe por quê? Porque você não vai saber lidar e conviver com as pessoas amargas que não vão saber entender sua situação. Vão fazer piada. Deixar você magoado... E isso vai doer muito. Então aceitei o conselho da minha mãezinha. Consegui me segurar até dezenove anos. Foi bem difícil. Algumas pessoas percebiam e falavam mal nas minhas costas, mas não tinham certeza. Naquela época, era assim. Outras já tinham entendido ou percebido que eu era gay e não se importavam. Então, comecei a assumir. Andando do jeito que gosto. Aos poucos, fui mudando minhas roupas. Fiz curso na área da beleza. Daí meu pai, quando soube, ficou louco! Louco! Louco! Louco! — ressaltou. — Meu irmão mais velho me deu duas surras! Acredita?! Não esperei para levar a terceira. Eu trabalhava num salão lá na zona sul. Cheguei para a proprietária, um amor de pessoa, que Deus a tenha! Ela faleceu por causa de um câncer de mama, né! Uma pessoa boníssima! Mas ficou correndo atrás de dinheiro. Ela e o marido tinham três salões daqueles imeeeensos! — exacerbou. — Cerca de trinta profissionais em cada um. Ganhavam muito bem. Começaram do nada. Daí que ela deixou de fazer

---

[1] N.M. O livro *Mais Forte do que Nunca*, de Eliana Machado Coelho em parceria com Schellida, aborda temas sobre homossexualidade, orientação sexual, identidade sexual, gênero sexual, transgêneros, transexuais, mostrando, por meio de raciocínio lógico, que essas e outras condições sexuais são obras de Deus.

os exames de rotina por uns três anos seguidos. Quando foi fazer massagem com uma das meninas lá do salão, porque se achava muito estressada, a massoterapeuta percebeu um nódulo na mama dela. Ela correu para o médico. Procuraram os melhores nessa área, aqui no Brasil e no exterior, mas não teve jeito... — Betinho ficou realmente triste ao se lembrar do caso. — O câncer já havia se espalhado, tadinha... Eu gostava tanto dela... Ajudei no que pude. Fiquei tão presente que me tornei alguém da família. Não saía do lado dela. Ia todo dia lá. Cuidava dela. Ajudava até no banho. — Breve pausa e se lembrou de voltar ao assunto que havia começado. — Ah!... Então... Antes disso tudo acontecer, eu cheguei para ela e falei: Mia, meu amor, se você não me deixar dormir aqui no salão até eu arrumar um lugar para morar, vou virar indigente e morador de rua. Pior é que estive olhando as pontes e viadutos e estão todos lotados! — riu de si mesmo. — Aí ela me arrumou um colchão inflável e guarnições de cama. Quando meu pai e meu irmão não estavam, fui até lá e peguei minhas coisas. To-das! — salientou. — E levei pro fundo do salão. Também não abusei. Em uma semana arrumei lugar pra morar. Um quartinho na casa de uma senhora que alugava quarto para rapazes. O banheiro era comunitário. Um horror! Mas me serviu. Fiquei lá por oito meses até achar uma casinha de aluguel, bem baratinha, porque queria guardar dinheiro.

— E sua mãe? — Luci perguntou.

— Chorou quando eu saí de casa. Mas eu não abandono minha veinha por nada. Vou visitá-la duas vezes por semana, pelo menos, até hoje. Sempre vou em horário que sei que meu pai e meu irmão não estão. Coitado deles. Vou lá, almoço com ela... Corto os cabelos dela, faço os cabelos... Até as unhas dela sou eu quem faço. Deixo minha mãezinha linda! Pra ninguém botar defeito. E ela fica feliz, claro! — Breve pausa e continuou: — Hoje fico pensando... Com o pai e o irmão que tenho, se eu tivesse contado antes que eu era gay com quatorze anos, teria sido um horror. Não sou tão velho, mas, naquela época, não era como hoje. Acredito que hoje as pessoas, os pais, mesmo contrariados, toleram mais. Ainda bem que minha mãe me aconselhou. Até porque... Tão novo, eu não iria saber lidar com a situação mesmo, né? O *bullying*, as piadas de mal gosto, as agressões... Seria difícil... — Um toque de tristeza tomou conta do seu rosto angelical, quando admitiu: — Até hoje é difícil. Por isso digo, quando eu passar para o outro lado, vou ter uma longa conversa com Deus. Sei que há razões para eu ser assim. Não que eu não goste de mim. Eu gosto de mim! Mas por que não sou igual aos outros? Por que não sou homem, homem? Por que não sou mulher, mulher? Por que ser gay é algo que parece ofender algumas pessoas. Por que somente uma pequena parte da humanidade é *gay*? Por que essa diferença incomoda tanto? Sei que existe uma razão. Ah! Isso eu sei. Deus não é tolo. Mas o que é que eu preciso aprender, sendo como eu sou? — Longo silêncio. Betinho deu um suspiro demorado e falou: — Pelo menos acho que descobri minha missão no mundo: deixar as pessoas bonitas e maravilhosas. Isso me realiza muito! Mas... do que eu estava falando mesmo? — perguntou-se e olhou para cima.

— O que me... — Luci não conseguiu falar. Foi interrompida.

— Ah! O que te prende na sua casa. Pense nisso. Você é maior de idade. Sócia deste salão maravilhoso! O que está esperando, menina?! — Um momento e considerou: — Não sou a favor de destruir lares, separar pessoas. Sou a favor da família. Mas quando se tem sérios problemas dentro de casa, como você e a Belle estão tendo, o ideal é procurar coisa melhor.

— Às vezes, me dá medo de fazer isso, Betinho.

— Converse com Deus. Ele vai fazer você entender que o sofrimento vai passar, que a alegria vai chegar, que tudo acontece em função da nossa evolução e para sermos felizes.

— E o que eu faço com o medo?

— Se os seus medos te colocam limites, mostre a eles quem está no comando. Tome uma atitude. Nada, nem ninguém, pode deter uma pessoa determinada e confiante em Deus.

Luci ficou pensativa.

A aproximação de Anita inibiu a continuação do assunto.

— Oi!... E aí, amore? Resolveu o que precisava lá no banco? — Betinho perguntou.

— Depois de esperar um século, consegui falar com a incompetente da gerente — Anita respondeu. Jogou-se em uma poltrona reservada para clientes e nem os cumprimentou. Abriu sua bolsa, pegou um cigarro e acendeu: — A gerente... Mulher horrorosa, com batom nos dentes. Um mau hálito terrível! Credo! — criticou. Virando-se para Luci, ofereceu um cigarro: — Quer?

— Não. Parei mesmo de fumar. E... Acho bom você não fumar aqui, né, Anita? Sabe que não pode. É contra a lei. Tem placa para os clientes não fumarem. Vai ficar o cheiro...

— Cadê alguém aqui pra fiscalizar essa... — xingou. — Que se dane a lei. E não tem cliente agora pra me ver fumando — não deu importância. Sem demora, voltou a reclamar: — Tem gente que não se enxerga, né? É totalmente sem noção! A gerente tinha um cabelo horroroso. Ela passou algum gel ou sei lá o que e ficou ensebado. Vai ver até estava sem lavar — riu.

— Deveria tê-la chamado para vir aqui no salão. Podia até ter dado um cartãozinho com um brinde de corte e escova grátis. Divulgaria nosso trabalho e deixaria a mulher linda! — Betinho sugeriu.

— Eu não! — Anita falou, fazendo cara de nojo.

— Boba! Ganharia uma cliente, com a possibilidade de ela trazer as amigas! — tornou ele.

— Ai, Betinho! Como você é... — Anita o recriminou.

— Sou o quê? Isso é marketing, querida! Sou esperto! Se o salão fosse meu...

— Mas não é! Por isso mesmo, não traga ninguém aqui que não possa pagar pelos serviços — disse Anita em tom grosseiro. Voltando-se para Luci, perguntou: — O que você tem, hein?

— Nada importante. Estou pensando em umas coisas aí.

— Vai fazer mistério agora, é? — indagou a amiga em tom de deboche.

— É que lá em casa o clima está tão difícil. O Betinho me

deu uma ideia e... Estou pensando em sair de lá. Estou com a ideia de mudança. Alugar uma casa ou um apartamento. Apartamento é ruim porque, além do aluguel, tem o condomínio para pagar. Pesa muito no orçamento.

Anita a encarou sob o efeito de uma expressão diferente. Como se lhe surgisse uma ideia, comentou:

— A Belle também acha a casa dela um inferno... Minha mãe sempre me enche o saco exigindo de mim um comportamento de classe, humanizado, blá, blá, blá... — riu debochando. — Nós três poderíamos alugar uma casa e dividir o aluguel. O que você acha?

Betinho levantou-se da cadeira giratória onde estava sentado e olhou Anita com o canto dos olhos, examinando-a com ar de reprovação, sem que ela percebesse. Respirou fundo, pegou algumas coisas sobre o balcão e saiu de perto.

Luci, sem perder um tempo para refletir, animou-se com a proposta e murmurou:

— É mesmo, né? Podemos fazer isso. Estou querendo mudar. Não quero mais essa vida de balada, bebedeira, cigarro e noitadas por aí em botecos... Ah! Chega! Só me sinto mal e arrependida depois.

Anita deu uma gargalhada e disse:

— Eu ia te convidar para uma balada ou pra um boteco hoje à noite, tomar umas cervejas! — riu alto.

— Chega, Anita. Vou pôr um basta. Já deixei o cigarro. Parei de beber e...

— Deixou há quanto tempo? Uma semana? Duas?... Ah!... Deixe de ser boba, Luci. A vida é curta e tem que ser aproveitada ao máximo. Quando ficarmos velhas, teremos coisas para lembrar.

— Discordo. Bebendo, fumando e... Podemos não ficar velhas, mas sim doentes e até morrermos antes de envelhecermos. Além disso, que tipo de espíritos está com a gente quando estamos na balada, bebendo, fumando?...

— Não nasci para ser santa! Cada um nasce com um propósito. O propósito de santa não é comigo.

— Nascemos para ser melhores do que já somos. Nascemos

para nos aprimorarmos. E temos de nos esforçar para isso. Sem esforço, sem aprendizado, sem melhorias... Se nosso caminho é o da evolução e o da felicidade verdadeira, o quanto antes deixarmos os prazeres mundanos, melhor. Menos sofrimento. Levando uma vida de prazeres mundanos vamos só perder tempo. No futuro, podemos nos arrepender por não termos feito algo melhor para nós mesmos. Não acha? — Anita não respondeu. Acendeu outro cigarro e deu uma baforada em direção da amiga. — Quem você acha que está junto de você, incentivando e vampirizando quando está fumando, bebendo e fazendo outras coisas? Seu anjo da guarda que não é! Quem está junto de você quando fica revoltada com a vida e criticando os outros?

— Ai, para, Luci! Já basta minha mãe! Acho que esses livrinhos estão te fazendo muito mal! — Olhou sobre o balcão onde havia um livro espírita, um romance, que a amiga havia deixado.

Nesse instante, Isabelle chegou.

— Eu ia fechar as portas, querida! — disse Betinho, beijando-a ao recebê-la. As meninas das mãos já foram — referiu-se às manicures. — A Talita — podóloga — está lá nos fundos se arrumando pra ir embora. Mas acho que está fazendo um lanchinho antes. Sente só o aroma delicioso! — riu com gosto.

— Eu já falei pra não trazerem ou fazerem comida que tem cheiro aqui!!! — Anita gritou irritada.

—Mas não tem clientes — tornou o rapaz. — Só nós estamos aqui.

— Não importa, caramba!!! Sente só o cheiro de bife frito vindo da copa! Talita!!! — gritou novamente.

— Ela não vai ouvir. Para com isso, menina! — pediu Betinho de modo engraçado.

— Boa noite pra vocês também — cumprimentou Isabelle querendo ser notada pelas amigas. Aproximando-se, pegou o romance mediúnico sobre o balcão e deu uma olhada.

— De quem é esse livro? — Isabelle perguntou.

— É meu! — Luci respondeu. — É lindo. Além de um belo romance tem muitos ensinamentos. Mas... tenho uma dúvida, Belle. Vamos ver se você pode me ajudar.

— Diga!

— Na fala de alguns personagens encontro muitos erros. Sei que não sou boa em Língua Portuguesa, nunca fui. Mas sou capaz de notar errinhos no modo de falar de alguns personagens. Isso é normal?

— Se for a fala de personagem, sim. É normal e correto. Não é preciso colocar aspas nem itálico nem é preciso uma gramática perfeita na fala do personagem. Em livros muito antigos, isso era obrigatório. Em obras literárias de autores mais antigos, nós vemos uma pessoa sem cultura, sem estudo falando da mesma forma que um rico educado na Europa. Isso do personagem falar errado, como você diz, deve-se a um evento chamado Semana da Arte Moderna, realizado em fevereiro de 1922, no Teatro Municipal de São Paulo, em que se realizaram saraus, danças, leituras de poemas que tinham como objetivo o sentimento de liberdade de expressão, rompendo com o tradicional e aproximando a fala dos personagens com a fala coloquial. Com isso, eles poderiam transpor a fala do personagem, em suas obras literárias, de acordo com o nível e a cultura que ele teria. O personagem ficaria mais próximo da realidade vivida, expondo o seu grau de cultura, região de origem, nível de instrução, trejeitos etc. Tal liberdade de escrita foi aprovada, para os personagens, mas a regra não se aplica à narração, que deve obedecer às normas gramaticais da língua. Isso ampliou os horizontes de autores mais modernos cujas obras puderam deixar o personagem de um índio falando como índio, o de um escravo falando como um escravo, o de um homem culto falando como um homem culto, um jovem falando como jovem e usando gírias... E assim por diante. Estilos e pronúncias puderam preservar suas características, por isso, não é necessário colocar aspas ou escrever em itálico a fala, consideradas erradas, dos personagens em obras literárias a partir dessa

Semana. Logo, os personagens podem dizer: pegue ela, em vez de: pegue-a. Essa liberdade de expressão facilita-nos entender a simplicidade de um personagem, a cultura de um outro, os trejeitos de mais um... Eu, particularmente, acho muito bom. Às vezes, acho estranho quando pego um livro e vejo, um empregado humilde falando corretíssimo, igual a alguém de muita cultura. Ou quando pego livros cheio de palavras em itálico ou entre aspas para mostrar que a Língua Portuguesa foi, propositadamente, escrita de forma errada a fim de demonstrar a personalidade do personagem. Isso é desnecessário. Só se usa itálico, em uma obra literária, quando o termo é em outro idioma e não foi aportuguesado ou nomes de outros livros que aparecem no decorrer da obra. — Breve pausa e considerou: — Mas... No dia a dia, eu acho importante falarmos e escrevermos corretamente ou o mais correto possível. Isso mostra nosso grau de instrução, nosso esforço para nos aperfeiçoarmos... Não podemos descuidar. Embora muitas pessoas não gostem — sorriu e indicou para a Anita, sem que a amiga visse.

— Nada melhor do que uma amiga culta! Adorei saber, amore! — disse Betinho, rindo do gesto de Isabelle.

— Que bom saber. Eu não tinha ideia de que se tratasse de liberdade de expressão. De fato, adoro quando encontro um personagem simples se expressando da forma bem natural em livros sem aspas ou itálico.

— Que saco, viu?! — Anita esbravejou ainda. Virando-se, correspondeu: — Boa noite, Belle. Sua aula de Língua Por-tuguesa e Literatura têm que vir antes de qualquer cumpri-mento, né?! — reclamou. — É que vamos fechar e esse cheiro de bife vai ficar aqui impregnando tudo até amanhã! — Anita pareceu não gostar da explicação e misturou sua insatisfação com o acontecimento no salão.

— A Talita vai pra faculdade, Anita. Dá uma folga. Ela precisa comer alguma coisa. Liga os ventiladores que resolve — Luci pediu mais compreensiva.

— Hoje deixamos ela fritar bife, amanhã as outras vão querer fazer buchada aqui na cozinha!

— Não tiro a razão da Anita — opinou Isabelle —, mas tem de falar com jeito. Você é muito exagerada. Além do que, não é certo dizer: hoje deixamos ela. O correto é: Hoje a deixamos.

— Ah!... Vai se danar, Belle!

Levantou-se e quando foi para o corredor que a levaria até a cozinha, encontrou com Talita que, alegremente, chegava com uma bandeja nas mãos, dizendo:

— Pessoal, comprei e fiz uns bifinhos pra nós. Coloquei no pão. Vamos comer enquanto está quentinho?

Anita falou alguns palavrões e reclamou sem qualquer delicadeza:

— Sente só o cheiro aqui! Este salão é pra ter cheiro de es-maltes, químicas, acetona, não de bife frito! Tá cheirando a boteco!!! Só falta servir cerveja!!!

— Mas não tem ninguém agora, aqui, Anita — Talita tentou se defender.

— Anita, vai se ferrar você! Estou com muita fome! — disse Isabelle se antecipando em direção à outra que trazia a ban-deja. — Vou é pegar um lanche desses.

— Tem refri lá na geladeira, né? Vou pegar! — Betinho se voluntariou.

— Tem sim. Eu comprei — respondeu Luci.

— Eu não devia tomar refrigerante... — concluiu Isabelle.

Anita não disfarçou sua contrariedade. Mesmo assim, acabou pegando um dos lanches.

Após o lanche, Talita se despediu e foi embora em compa-nhia de Betinho.

As três sócias sentadas, frente a frente, começaram a con-versar sobre o salão, até Anita falar sobre morarem juntas.

— Será que vamos conseguir? — Isabelle questionou.

— Por que não? — indagou Anita.

— Posso começar a procurar uma casa, se vocês duas concordarem — propôs Luci.

— Eu topo! — decidiu Isabelle sorrindo.

# Capítulo 11

## Vida nova

Antônio pouco se importou ao saber que a filha mais velha sairia de casa. Não perguntou onde iria morar. Sequer pediu o endereço.

Aliás, o pai nem mesmo sabia o número do telefone celular de Isabelle.

Rafaelle não gostou. Chegou a cogitar o fato de ir morar com a irmã, mas ela argumentou que, por ela não ter emprego, não conseguiria arcar com os custos das despesas de ambas sozinha.

Ela ficou triste, mas não havia nada que pudesse fazer.

Os pais de Luci, assim como Antônio, não se importaram com o fato de a filha sair de casa.

Ao contrário dos demais, Beatriz, mãe de Anita, não ficou nada satisfeita com a situação.

— Por que isso, filha? Somos só nós duas — falou de modo afetuoso.

— Quero minha liberdade! Tenho esse direito, caramba! — respondeu de forma estúpida.

— Seus gastos serão maiores. Tudo será mais difícil. Quero ver você arranjar tempo para lavar, passar a ferro suas roupas, cozinhar, limpar a casa...

— Mas que saco, mãe! Eu já disse!!! Quero ser livre! Qual é o problema? Quer me controlar, é?!

— Não. Só acho que não é madura o suficiente para ir morar com outras duas amigas. Você reclama de tudo. Nunca está satisfeita com nada. Para você, todas as pessoas do mundo têm defeitos. Filha... Presta atenção. Você precisa ser mais amável com as pessoas e consigo mesma. Ser grata por tudo o que tem e...

— Como ser grata?! Como posso ser grata? O que tenho foi conseguido com muito, muito sacrifício! Olha para mim! Sequer sou bonita!! — foi agressiva ao falar.

— Sim! Você é bonita!

— Toda mãe é louca! Pelo amor de Deus! Onde é que sou bonita?! Fala! Olha pros meus cabelos! Já viu coisa tão horrorosa assim? Sou baixinha. Morro de fome para não ser gorda! Pois só faltava eu me deixar engordar! Coisa mais horrorosa!

— Pare com isso, Anita! Você tem saúde. Deve agradecer por isso. Agradecer por andar, falar, enxergar, ser inteligente!... Filha, por favor... Veja o quanto tem para agradecer.

— Ninguém nunca vai me entender! Nunca!

Com esse tipo de pensamento e comportamento, Anita atraía e criava em si energias inferiores que iam impregnando seu corpo espiritual. Não mudando sua forma de pensar, agir e falar, certamente, comprometeria também o corpo de carne.

— Filha, você precisa orar. Rezar para Deus agradecendo seu corpo perfeito e tudo a sua volta. Se você quiser prosperar, comece agradecendo o que tem. Comece pelo mais perto, pelo seu corpo.

— Que conversa fiada é essa, mãe?! Tem tanta gente bonita, rica, famosa e que nem acredita em Deus! — Um momento e falou em tom de deboche: — Agradecer o que tenho... O que tenho consegui com muito esforço, estudo e noites em claro. Devo agradecer a mim mesma! Não começa, tá?

— Será que essas pessoas bonitas, ricas, famosas são felizes de verdade? Será que são pessoas que vão continuar felizes e saudáveis até o final de suas vidas? Será que nas noites sombrias não são atormentadas por pensamentos tempestuosos?

— Mas as contas bancárias estão cheias! Isso traz sossego!

— Anita! Se dinheiro fosse tudo, não haveria atrizes e atores, cantoras e cantores envolvidos em drogas, vícios com o álcool e até suicídio. Muitos deles, com as contas bancárias transbordando, suicidaram-se por muita dor, solidão e tristeza... Por não ter com quem dividir o peso da alma.

— Olha aqui!... A minha vida inteira eu ouvi você falar isso. Olha pra você, mãe. Pensa positivamente, fala bem dos outros, é educada, gentil... O que tudo isso fez com você? O que tem na sua vida? Uma casa deixada por um homem que foi embora com outra!

— Eu mandei o seu pai embora, Anita. Você sabe que seu pai foi um homem fraco e...

— Não importa o que ele foi!!! — berrou. — Ele te traiu! Saiu com outras mulheres mais jovens, mais bonitas, mais alegres e espertas!... E você?!!!...

— O que tenho eu, minha filha? — perguntou Beatriz em tom suave.

— Você mandou ele embora quando descobriu e chorou alguns dias. E depois?!

—Depois o quê? — indagou do mesmo modo suave. Sem esperar por resposta, disse sem perder a classe: — Eu segui minha vida. Continuei trabalhando e cuidando das nossas coisas, da nossa evolução. Dei a você a melhor educação e estudo que estava ao meu alcance. Estudo que eu não tive e...

— Você só me deu uma porcaria de curso universitário que nem estou usando! Ficava regulando dinheiro! Eu não podia gastar com isso nem com aquilo! Não podia sair, passear, viajar!... Nunca saí do país!!! — lágrimas rolaram em seu rosto alvo.

— Não tínhamos dinheiro para isso, filha. Eu... — não pôde terminar a fala.

— Você levou uma vida miserável e me arrastou para ela. Nunca tive nada de bom!

— Não seja injusta nem ingrata, Anita! — foi firme. — Cuidado para não se arrepender de suas palavras!

— Me arrepender?! Arrepender?!... Estou saindo daqui para me sobrar mais dinheiro. Quero conhecer o mundo! Quero viajar! Quero roupas boas! Quero um homem rico! Aqui você só me critica!

Beatriz engoliu a seco. Lágrimas grossas correram em sua face pálida.

Com voz embargada, mas firme, disse pausadamente:

— Eu só faço você pensar no amanhã, pois tudo, exatamente tudo, o que fazemos hoje vai repercutir no nosso amanhã. Como toda mãe, não quero que sofra. Sabe... Assim como devemos nos prevenir de doenças, assim como devemos preservar a saúde do corpo físico, devemos preservar nossa saúde mental e nossa saúde espiritual. Prevenção é o melhor remédio para nosso bem-estar. Mas, se você não quer entender isso agora... Tenho certeza de que já fiz minha parte como mãe. A semente do bem, do amor, do que devemos fazer de certo está aí dentro de você, pois eu a plantei. Espero que ela germine logo. O quanto antes para que pense diferente e seja feliz o quanto antes. A verdadeira felicidade não são viagens, dinheiro... A verdadeira felicidade é a paz na consciência, é não ter dúvida de ter feito a coisa certa. Pode ir, filha... Vá. Tem a minha bênção. Talvez, o que não aprendeu, aqui, comigo, o mundo vai te ensinar.

— O que está querendo dizer com isso?! Quer me deixar com peso de consciência?! Sentimento de culpa?! Ah!... Mas não vai mesmo! Não quero ter uma vidinha amarga e sem graça como a sua!

— Não, Anita. Quero que fique ciente do que pode encontrar lá fora, pois a vida nos surpreende. Não sei por que razão vou ficar sozinha. Mas amarga e sem graça, nunca. Vou ficar triste, pois sempre quis que você aprendesse o mínimo de amor para evoluir. É pena...

Virando as costas, deixou-a só.

Anita pegou o que precisava e se foi. Nem mesmo se despediu de sua mãe.

Os primeiros dias na nova casa foram de muita alegria.

Festinhas para comemorar a mudança com amigos e clientes fiéis que se tornaram amigas e estavam sempre presentes foram inevitáveis.

As três amigas pareciam se dar muito bem.

O retorno financeiro do salão era algo evidente.

Com o tempo, cada uma das sócias já tinha seu próprio carro. Faziam viagens e passeios arrojados.

Por gostar de conhecimento, Isabelle fez curso de inglês e italiano. Aprendeu o suficiente para se virar em passeios no exterior. Fez as viagens de seus sonhos. Pagou pacotes turísticos e foi para vários lugares na Europa, incluindo a Grécia e, nesse passeio, conheceu Pedro, com quem simpatizou.

Ao retornar para São Paulo, ficou surpresa com um telefonema do rapaz convidando-a para sair. O moço perguntou se ela tinha uma colega, pois ele iria com um amigo que gostaria de conhecer alguém.

Anita não estava na Capital. Assim que Isabelle retornou, ela também fez uma viagem de passeio pela Europa.

Isabelle não pensou duas vezes e se lembrou de Luci. Afirmou a Pedro que levaria uma de suas melhores amigas.

Assim, combinaram que ele as pegaria no salão.

Era sábado.

Já não havia movimento de clientes quando Isabelle e Luci arrumaram os cabelos com a ajuda de Betinho e faziam uma maquiagem impecável para saírem logo mais.

— Vocês estão lindas! — exclamou Betinho dando os últimos retoques nos cabelos das amigas.

— Olha aqui, Isabelle, se esse Pedro tiver um amigo tribufu... Você me paga! — Luci riu alto.

Isabelle e Betinho gargalharam alto e ao mesmo tempo.

— Tribufu?! Mas o que é isso menina?! Que nome mais antiquado — o rapaz riu ao comentar.

— Não é não — tornou Luci. — Estou me produzindo toda pra, de repente, ter de sair com uma coisa horrorosa! Já imaginou isso!? — riu.

— O combinado foi você nos fazer companhia, Luci. Só isso — disse a amiga, achando graça.

— Ah, querida... Sempre há uma pontinha de esperança de se encontrar com alguém legal, não é mesmo?

— O Betinho tem razão. Sempre temos uma esperança... Vai quê... — disse Luci, não terminando a frase. Mudando o assunto, falou: — Belle, ele quis que você levasse uma amiga, não é mesmo?

— Sim. Foi.

— Não quero ser venenosa, mas... Quando a Anita souber...

— Ela está viajando. Não vai esquentar. Além do que, você é minha amiga.

— Não sei não... Ela é tão... — não completou. — Anita sempre se acha com direito de tudo. Ela se acha a primeira para tudo...

— Nossa, gente!... Estou com o maior dó da mãe dela, a dona Beatriz. A Anita contou o que ela disse para a mãe? — o rapaz perguntou.

— Não — respondeu Isabelle.

— Contou para mim. Aliás, para nós. Eu ouvi, sem querer, quando ela falou pro Betinho o que disse pra mãe antes de sair de casa — Luci falou e fechou o semblante.

— Foi muito cruel — tornou Betinho.

— Como assim? O que ela disse? — Isabelle quis saber.

Os dois contaram o que sabiam e pediram segredo.

— Gente!... Estou horrorizada! — Isabelle se manifestou.

— Pois eu não. É bom a gente se cuidar. Se alguém faz isso com a própria mãe, o que pode fazer conosco que nem parente somos? — Betinho perguntou. Ainda revelou: — Já que estamos falando disso, é bom que vocês duas saibam. A dona Beatriz ligava aqui pro salão uma ou duas vezes por semana para saber como a filha estava. Até dei o número do meu celular pra ela, porque, algumas vezes, a mulher ligou e a Anita atendeu e desligou. Então eu percebi que era ela. Aí, quando eu atendi, dei meu número.

— O que ela queria? — quis saber Isabelle.

— Notícias da filha. Se está bem, se está viajando... Aí eu conto. Não me custa nada. Coitada. Às vezes, ficamos conversando... Ela conta algum sonho. Fica preocupada... Coisas de mãe.

— Faz tempo que não vejo a dona Beatriz. Coitada mesmo. Nenhuma mãe merece ser tratada assim! Como a Anita foi cruel! Conheço a dona Beatriz desde pequena. Sempre se dedicou pra filha. Eu não sabia que a Anita estava fazendo isso. Ela sempre foi grossa, mas... — comentou Isabelle.

— É capaz disso e muito mais — observou Betinho.

— O que você quer dizer com isso? — questionou Isabelle.

— Nada... Foi...

Nesse momento, Pedro apareceu à porta do salão junto com seu amigo.

— Meu Deus!... Ela vai pra Grécia e volta de lá trazendo dois deuses! O Olimpo sabe disso? — Betinho falou baixinho e sorriu discretamente.

Luci riu, mas logo se recompôs, enquanto Isabelle foi até a porta recebê-los.

Após as apresentações, os quatro saíram.

Betinho, feliz por suas amigas, fechou o salão e se foi.

Outros convites e jantares foram feitos.

Pedro e Isabelle começaram a namorar e o mesmo aconteceu com Luci e Edvaldo.

Assim que Anita retornou de sua viagem, ficou sabendo da novidade.

— Então foi isso. Nós nos conhecemos na Grécia e nos encontramos duas vezes. Da primeira vez ficamos nos olhando... Trocando risinhos... Da segunda vez, nos deparamos lá no Partenon e começamos conversar... Aquelas conversas bobas, do tipo: Nossa! Você de novo?... Ele estava com um outro grupo de turistas brasileiros. Trocamos telefone... Eu não esperava que ele me ligasse.

— Bonitos? — perguntou Anita.

— Eu acho! — Isabelle caiu na risada. Depois contou detalhes sobre os encontros e de quando saíram.

— Ele não tem outro amigo não? — Anita indagou.

— Não sei. Posso perguntar — riu novamente.

Anita pareceu não dar importância, mas, em seu íntimo, a inveja corroía. Acreditava ser merecedora de alguma companhia com os mesmos atributos descritos pela amiga. Afinal, achava-se sem sorte no amor. Não saía com alguém por mais de duas vezes. Seu temperamento, suas reclamações, críticas e intolerância repeliam amizades e compromissos.

Certo dia, Betinho procurou por Isabelle e contou:

— A dona Beatriz não quer que conte para a Anita, mas ela não está bem.

— O que ela tem?

— Pegou dengue. Das bravas! — ele informou.

— Coitada!

— Coitada mesmo! Fui até a casa dela... Nossa! Tá o pó! Estou indo lá todo dia cuidar dela e do que posso. Ela não tem ninguém.

— A Anita não sabe? — insistiu.

— E ela liga pra mãe?! — indagou em tom exacerbado. — Lógico que não, né queridinha! Ela nunca ligou para a mãe desde que saiu de casa. Quando a dona Beatriz ligou no salão, Anita simplesmente desligou. Aliás, sua amiga se vangloria por ter opiniões e atitudes firmes.

— Vou falar com ela! — Isabelle decidiu.

— Se fizer isso, vai me comprometer, amore! Veja lá, hein! Não posso perder o meu queridíssimo emprego. Não agora!

— Então... Vou perguntar da mãe dela... Dizer que eu estou com saudade e propor uma visitinha. Que tal?

— Assim é melhor, amore! Não compromete a mim nem a mãe dela.

Betinho parou, olhou-a fixamente, suspirou fundo, mas não disse nada.

— O que foi, Betinho?

— Nada não.

— Você não me engana. Que cara é essa?

— Cara de quem está cansado e precisa de banho, sopa e cama. Com esse friozinho...

— Betinho?! — Isabelle o chamou.

— Fala, amore — respondeu de um jeito dengoso.

— Nunca fala de você mesmo. Está acontecendo alguma coisa?... Está com algum problema? Você namora?...

— Não. No momento estou só. E não tenho nenhum problema meu para resolver.

— Já namorou? — ela sorriu amigavelmente ao perguntar.

— Já.

— Posso ser indiscreta?

— Lógico. Mas isso me dá o mesmo direito! — riu com gosto.

— Namorou homem ou mulher?

— Homem. Sou gay querida. Não percebeu não? — sorriu ao brincar.

— Ah!... Sei lá... Mas é que tem gay que tenta namorar alguém do sexo oposto.

— Não foi o meu caso. — Riu novamente e disse: — Agora é a minha vez.

Isabelle riu e se preparou para o que viria.

— Você está namorando o Pedro, não é?

— Estou. Por quê?

— Você esqueceu o Rodrigo? — foi direto.

O sorriso da amiga se fechou. Respirou fundo e remexeu-se na cadeira antes de responder:

— Acho que a gente nunca esquece o primeiro namorado, não é?

— Só se esquece um amor quando se encontra outro maior.

Uma sombra de tristeza pairou no belo rosto de Isabelle que comentou:

— O Rodrigo marcou demais a minha vida. Gostei muito dele, mas não foi só isso. O fato do pai dele estar ligado à morte da minha mãe... É impossível esquecer tudo isso.

— Eu te entendo. Mas acho que faltou um pouquinho de maturidade da sua parte para ver a situação com outros olhos.

— Ah!... Betinho... Não vai começar com isso de novo, por favor.

— Tá bom! Tudo bem! Tudo bem!...

Por mais que Isabelle tentasse, aquele assunto nunca seria esquecido, pois não estava resolvido.

Isabelle procurou falar com Anita sobre Beatriz, mas o coração endurecido da amiga não cedeu aos convites para visitar a própria mãe.

— Então vou lá ver como ela está. Estou com saudade dela.

— Não contou que a mulher estava doente, pois se o fizesse precisaria revelar sua fonte.

— Faça o que quiser! Mas nem venha me contar!

Em visita à Beatriz, Isabelle ficou penalizada com o estado da mulher.

— Que doença difícil, Belle. Você nem imagina — percebia-se um abatimento profundo na fala e na aparência da senhora.

— Vejo as pessoas comentarem que é horrível mesmo.

— É... Mas não vamos falar de doença. É melhor conversar sobre coisas novas e alegres. Conte-me. Como está o salão?

— Está indo muito bem. É grande, bem bonito. Temos vários funcionários. O movimento está ótimo, graças a Deus!

— Que bom! Que Deus as abençoe. — Breve pausa e perguntou: — E a Anita?

— Está bem. Sempre do mesmo jeito — sorriu. — Viaja sempre, como ela gosta...

— Que bom. Tomara que Anita alcance tudo o que ela quer. Quem sabe viva mais feliz — sorriu forçosamente. A dor de cabeça a incomodava muito, mas não reclamou.

— Dona Beatriz, eu soube o que a Anita falou para a senhora antes de sair de casa. Não achei justo. Não mesmo. Sou testemunha de tudo o que a senhora fez por ela com tanto sacrifício. Não é direito ela abandonar a senhora assim. Parece que se esqueceu que tem mãe.

— Coitada da minha filha, né? — esforçou-se para dizer.

— A ingratidão causa sempre alguma forma de dor, hoje ou amanhã. Precisamos nos lembrar disso. Não podemos abandonar aqueles próximos mais próximos. — Induzida por seu mentor, Beatriz perguntou: — E você Belle? Tem visto seu pai e seus irmãos?

A pergunta tocou-lhe a alma de uma forma surpreendente.

Nesse momento, Isabelle se deu conta de que também estava afastada de sua família. Não tanto quanto a amiga. Porém, não tinha tantas notícias. Não os procurou desde que havia se mudado.

— Pelo fato de eu ter viajado, não os vi muito... Pretendo dar uma passadinha lá, depois que sair daqui.

— Sua irmã precisa de orientação, Belle. Desculpe-me por dar palpites, mas... gosto muito de vocês. Conheço todos desde bebês — sorriu meigamente.

— A Rafaelle? O que tem ela?

— Acho que precisa de uma boa ocupação. Um trabalho de verdade. Quem sabe um novo ambiente. Ela está desorientada, embora pareça muito bem.

— Não posso proporcionar para minha irmã um novo lugar para morar. Não posso levá-la para morar comigo. Tem as despesas e tudo mais... Tenho medo de deixá-la dependente também. A senhora sabe como é... Quando damos de tudo para algumas pessoas, elas se acomodam.

— Eu não diria morar, mas dar um emprego, talvez, no salão. Vocês precisam de recepcionistas, não é mesmo?

Isabelle sentiu o coração apertado. Não gostou de saber aquilo sobre Rafaelle. Também não encontrava, de imediato, um jeito de ajudar. Seria difícil. No salão, tinham como norma estabelecida, na sociedade, não admitir parentes ou conhecidos muito próximos. A ideia foi de Anita que, talvez, previsse algo desse tipo.

Após conversar um pouco mais com a senhora, escutou a voz de Betinho soar no corredor lateral da casa.

— Estou entrando! Estou entrando!...

O rapaz não pareceu muito surpreso ao encontrar a amiga e patroa ali, mas não disse nada.

Após se cumprimentarem, ele avisou:

— Vou fazer uma sopa e sei que vai ficar deliciosa! — riu de modo contagiante.

— Não tenho muitas coisas para uma sopa, menino — Beatriz comentou sem ânimo. Parecia exausta e fechou os olhos ao comentar: — Estou sem fome.

— Eu comprei umas coisas pra fazer a sopa, dona Bia. E vai estar com fome quando sentir o cheirinho delicioso. Dá licença! Vou pra cozinha — virou-se todo animado.

Após a saída de Betinho, a mulher contou:

— Esse menino é um amor. Fiquei uns dois dias sem comer porque não tinha disposição nenhuma para levantar. Ele chegou aqui, cozinhou, limpou a casa... Até minha roupa ele lavou.

— Realmente, o Betinho é uma ótima pessoa. — Percebendo que Beatriz ficava boa parte do tempo com olhos fechados e, quando preciso, esforçava-se muito para falar, Isabelle decidiu não incomodar mais a enferma. — Bom... Preciso ir.

— Desculpa por não te dar tanta atenção, filha. Nem fiz um café.

— Não tem de se desculpar. De forma alguma! Eu espero que a senhora melhore. Essa doença é horrível! — Aproximando-se, beijou e a abraçou com carinho e disse: — Se cuida, dona Beatriz. Antes do fim de semana, darei uma passadinha aqui de novo. Se não se importar, vou avisar a Anita que a senhora está doente.

— Como você quiser. Mas não se sinta triste se ela não vier. A Anita tem muito o que aprender, Belle. Obrigada por sua visita. Fiquei feliz em te ver.

— Foi bom demais ver a senhora. Estava com saudade.

Isabelle passou pela cozinha onde Betinho se empenhava em fazer uma sopa que parecia realmente deliciosa pelo cheiro.

— Não quer mesmo ficar e jantar com a gente?

— Não, Betinho. Obrigada. Preciso ir, pois quero falar com minha irmã ainda hoje. Ver como ela está... Saber do meu irmão, do meu pai... Ainda vou sair com o Pedro mais tarde.

— Então vá com Deus. Se mudar de ideia, sabe onde jantar — convidou alegremente.

— Obrigada — sorriu, beijou-o e se foi.

Deixando o seu carro estacionado em frente da casa da mãe de Anita, decidiu seguir a pé.

Enquanto caminhava até a casa onde seu pai e irmã moravam, sua história de vida passou, como se fosse um filme, por suas lembranças.

Caminhando pela rua, recordou o tempo de infância. As travessuras, as brincadeiras de rua...

Ainda foi possível jogar queimada e vôlei com os colegas da vizinhança, que era bem calma.

Lembrou-se das vezes que, ainda pequena, voltava da escola de mãos dadas com sua mãe. Do primeiro dia que retornou sozinha da escola. Quanto medo. Isabelle riu disso.

Aproximando-se da casa, percebeu-a mais degradada, feia e sem graça. Sem qualquer melhoria.

Ainda tinha as chaves.

Tocou a campainha, mas não esperou. Abriu o portão e entrou.

Recordou-se de Rodrigo. Quantas vezes ficaram ali, no portão, namorando... Ele queria ficar e ela não queria que ele fosse embora.

Sentiu uma ponta de dor por uma saudade distante e presente. Difícil explicar.

Após alguns passos, não se achava mais pertencente àquele lugar, àquele mundo. Tudo parecia estranho.

Logo reconheceu a voz de Rosa vindo recebê-la.

— Ah... É você — disse a mulher, que ficou olhando-a entrar na sala.

— Oi, Rosa — cumprimentou-a. Reconhecia-se como uma pessoa diferente agora. Mais independente e madura, talvez.

— Oi — a madrasta respondeu.

— Quem é vivo sempre aparece, né? — disse Vera com ar de deboche e logo se dirigiu para outro cômodo, sem dar importância a ela.

— Sua irmã tá lá no quarto — Rosa indicou de forma amarga.

Quando a viu se virar, a enteada perguntou:

— E o meu pai? Como ele está?

— Do mesmo jeito. Nesta casa, nada muda — falou e foi para a cozinha, sem dar qualquer atenção.

Isabelle respirou fundo e caminhou em direção ao quarto à procura de Rafaelle.

Capítulo 12

# Não nos conhecemos até que...

Os encarnados não poderiam perceber, mas aquela casa era repleta de energias inferiores, transformando-se em matéria espiritual que se plasmava de forma infeliz, impregnando a tudo, influenciando a todos.

Espíritos que se compraziam com brigas e intrigas, incentivadas também pelas músicas inadequadas à elevação moral e espiritual dos moradores, também se faziam presentes.

Isabelle reparou na casa. Tudo muito feio. A pintura estava gasta e suja. Os móveis quebrados. Muita coisa fora do lugar. Ela viu que o estuque da sala também havia caído e ninguém arrumou. Lembrou-se de quando o estuque do quarto, que dividia com a irmã, caiu. Seu pai disse que iria consertar, mas não o fez.

No pequeno corredor, assustou-se quando deparou com o filho de Rosa.

Lucas usava roupas escuras e cabelos bem estranhos.

Passou por ela como se ali não houvesse ninguém.

Ao entrar no quarto, dividido entre Rafaelle e Vera, Isabelle se surpreendeu.

O espírito Dulce, que as filhas não conseguiam ver, correu em sua direção e, em prantos, envolveu-a:

— Veja a sua irmã! Olha pra ela! Dá uns conselhos pra ela, Belle! — exigia como se pudesse ser ouvida. — Se ela encontrasse alguém que trouxesse mensagens espirituais, eu diria a verdade! Contaria que tudo o que está acontecendo é culpa do pai de vocês e da Rosa! Contaria como foi que eu morri!!!

Isabelle não pôde ouvir, mas sentiu-se apreensiva ao olhar para a irmã, ignorando que a maior parte dessa sensação fosse influência do espírito Dulce, que não parava de se expressar.

— Rafa! Oi! — cumprimentou, procurando vê-la melhor.

— Oi!!! — gritou a irmã, puxando os fios dos fones de ouvidos que usava em alto volume. — Nem te vi entrar. Estava tão distraída! — Levantou-se e foi à direção da outra.

— Como você está, Rafa? — perguntou, mas com vontade de indagar outra coisa.

— Estou legal! Nossa! Como você está chique! Deixa eu ver!... — acercou-se da irmã, contornando-a.

— O que é isso que você fez? — perguntou brandamente.

— Tá falando das tatus? Da minha roupa?...

— Da tatuagem, do seu cabelo... Estou falando de tudo!

— Tô de boa! — riu de maneira diferente. — Gostou?

— Veja só a sua irmã! Olhe bem para ela! Está longe de ser aquela menina linda e delicada que sempre foi. Fale com ela, Isabelle! — implorou Dulce em desespero.

Sem saber o que ocorria na espiritualidade, Isabelle respondeu à irmã:

— Não sei se gostei. Você está muito diferente.

— Ah... Não diga isso. Estou bonita. Sei disso. Todos falam. Além do que, a cretina da Vera está se roendo de inveja. Minhas roupas e eu todinha sou muito mais bonita do que ela. A Rosa morre de inveja.

— E esse *piercing* no nariz... Na orelha?...

— Já falei. Estou de boa — fugiu-lhe o olhar e se sentou.

— Estou surpresa — falou vagarosamente.

Rafaelle era bem bonita, mas estava exageradamente produzida.

Usava um vestido quase transparente, colado ao corpo e muito curto. A maquiagem era bem pesada e exagerada, chegando a mudar sua feição. Seus cabelos, que já eram um pouco claros, estavam com luzes, deixando-a loira. De fato, havia ficado mais bonito. Uma tatuagem cobria totalmente um dos braços. Não estava feio. Só diferente.

— Surpresa com a minha aparência? Você gostou? — Rafaelle perguntou.

— São unhas de gel? — Isabelle indagou.

— Sim. São.

— É um procedimento novo e caro, não é? — indagou a irmã.

— Um pouco.

— O pai deu dinheiro pra você fazer essas unhas?

— Gostou do meu cabelo? — Rafaelle mudou o assunto. — Achei que essa cor ficou muito bem em mim.

— De fato, ficou... — De modo mais firme, Isabelle quis saber: — Tudo isso é muito caro. Um braço desse coberto de tatuagem tão bem feita fica muito caro. Cabelos... Unhas... Roupas de marcas e... O que você está fazendo da vida? Pelo que vejo, trabalhando não está.

— Estou sim! Trabalho em eventos como garçonete. Dá um bom dinheiro, sabia? Mudei todo o meu guarda-roupa — riu.

— Isso dá um bom dinheiro? — duvidou. — Você está muito diferente. Está estranha... — tornou Isabelle.

Nesse momento, o celular sobre a cama tocou.

Rafaelle atendeu. Enquanto isso, Isabelle ficou observando-a. Ela estava quase irreconhecível. O que a deixou mais preocupada.

Percebeu que a irmã não estava sendo natural ao telefone. Muito provavelmente sua presença a inibia de falar com clareza.

Após encerrar a ligação, justificou:

— Estão me ligando porque apareceu um trabalho para mim.

— Trabalho de?...

— Garçonete. Já disse. São festas muito finas. Essa deve ser de algum ricaço. Temos de ir bem arrumadas, elegantes...

— Rafa, veja bem... O que você está fazendo?

— Estou trabalhando! O que você acha que estou fazendo? — perguntou, demonstrando-se incomodada.

— Não tenho a mínima ideia! Mas basta olhar para você e ver que coisa boa não é! — foi firme.

— Não pode falar isso de mim! Não sabe nada a meu respeito! Nunca me meti na sua vida!

— Até quando vai ser garçonete ou trabalhar em eventos desse nível?! Vai fazer isso pelo resto da vida?! — Isabelle falou duramente.

— Veio aqui pra me dar lição de moral, é?! Quem pensa que é pra falar assim comigo?!

— Sou sua irmã! Se eu estiver fazendo algo errado, você tem todo o direito de me avisar! — No momento seguinte, Isabelle respirou fundo e tentou se acalmar. Falando de modo mais ponderado, disse: — Rafa, preste atenção... Olha para você... Olha para as suas roupas. Você tem de se valorizar. Acredito que esteja fazendo isso para chamar a atenção.

— Chamar a atenção?! — Rafaelle riu alto. — Você está com inveja, por acaso? Não está suportando ver que eu me tornei uma mulher mais bonita do que você?

— Eu tenho orgulho de ter uma irmã tão bonita. Mas estou preocupada. Muito preocupada. Você está vestindo e usando coisas caras. Mas não só isso. Parece... Parece vulgar. O pai não tem dinheiro para pagar o que está usando nem o que fez para se produzir tanto. Maquiagem, cabelo, unhas, tatuagens... — Olhando para cima da cama, reparou: — Celular caro, bolsa... Olha essa bolsa! Tudo isso teve um custo caro e eu estou preocupada em saber como arrumou dinheiro para isso! Tenho medo que esteja se iludindo! Está passando um milhão de coisas na minha cabeça. Nem quero pensar nisso! Olha para você... Quando nos arrumamos e nos vestimos, passamos uma imagem. Que imagem você quer passar usando isso? Nem quero pensar!

— Então não pense! A vida é minha e eu faço dela o que quiser!

— Vai fazer o que quiser, mas quando der tudo errado, quando tiver sérios problemas, vai querer ajuda! Isso é o que toda pessoa irresponsável diz! Faço da minha vida o que quiser! Mas depois não arca com as consequências! Vai querer fazer o que está fazendo pelo resto da vida?! — Isabelle enervou-se novamente. Não conseguiu se conter. — A juventude acaba e a beleza também! Você não estudou! Não fez, sequer, um curso profissionalizante! Não tem um emprego fixo, honesto e decente! Do que está vivendo?! De festas?! Que tipo de festas são essas que pagam tão bem para uma garçonete?! Que tipo de festas exige que garçonetes estejam bem arrumadas e maquiadas?! Pensa que eu sou trouxa?! Com que tipo de pessoas você está se envolvendo, Rafaelle?!!! — gritou.

— Se veio aqui pra me encher, pode ir embora!!! — berrou. — A vida é minha! Eu sei muito bem me cuidar!!!

— Vou embora sim! Mas preste atenção ao que vou falar: não quis ouvir os meus conselhos, não peça a minha ajuda! Beleza e juventude acabam! Quando você estiver na sarjeta, arrependida de todas as bobagens que fez, lembre-se dos meus conselhos, mas nem pense em pedir ajuda!

— Você diz isso só porque é uma empresária de sucesso. Tem dinheiro sobrando! Tem inveja e é preconceituosa! Você também está andando bem arrumada! Olha a sua bolsa também!

— Inveja do quê?! Olha para você, Rafaelle! Eu tenho o direito de te julgar por tudo o que vejo, pois é o que está mostrando. É a mensagem que você passa com essas roupas.

— Vai embora!!! Suma daqui!!! Não estou te pedindo nada! Quando eu quis que me levasse junto para morar na sua casa, não me levou, não me ajudou! Agora não preciso de você. Se você tem suas amigas, eu tenho as minhas. E minhas amigas são melhores do que as suas! Pode ter certeza! Minhas amigas são minha família!

Inconformada, Isabelle virou as costas e saiu.

Enquanto caminhava pela calçada, seus pensamentos agitados se prendiam em tudo o que acabava de acontecer.

Havia deixado seu automóvel perto da casa de Beatriz e caminhou até lá.

No veículo, sentada frente ao volante, debruçou-se e chorou, inconformada.

Lamentou por não ter conseguido orientar melhor a irmã. Não conseguiu fazer com que visse o seu ponto de vista.

No momento seguinte, lembrou-se de sua tia Carminda. Talvez, ela soubesse como ajudar.

Recordando-se do encontro com Pedro, ligou o carro e se foi.

Havia combinado com o namorado para, no fim de semana, irem até a casa de sua tia Carminda. Precisava conversar com ela pessoalmente. Por telefone, não seria conveniente.

Durante a viagem, Isabelle se encontrava muito quieta. Quase não respondia às perguntas de Pedro. Falou que se achava incomodada com o fato da irmã não estudar e não arrumar um bom emprego. Não entrou em detalhes. Ficou com vergonha.

— Está tão calada. Ainda preocupada com sua irmã? — o namorado quis saber.

— Sim. Estou. A Rafaelle é uma moça bonita, esperta e inteligente. Fico preocupada com o futuro dela. Deveria fazer um curso profissionalizante ou uma faculdade... Eu deveria ter ficado de olho nela. Acabei me afastando muito.

— Você não pode controlar a vida dos outros. Tem gente que precisa errar e sofrer para dar valor ao que é certo e depois fazer o que é preciso. Tem gente que só aprende assim.

Isabelle não apreciou a opinião de Pedro. Acreditou que estivesse sendo insensível, mas ele não sabia de toda sua desconfiança, ou quase certeza.

Carminda mexia em algumas plantas na frente da casa, quando o carro de Pedro parou.

A mulher sorriu largamente. Deixou o que fazia e foi abrir os portões.

— Bom dia! Entrem! Estacione lá no fundo — recepcionou-os com alegria, falando ao ver o vidro do veículo descer. Em seguida, fechou os grandes e largos portões e caminhou para onde estavam.

Isabelle desceu do automóvel e foi à direção de Carminda, abraçando-a com carinho.

Logo, Pedro também se aproximou e ambos foram apresentados.

— Tia, este é o Pedro, de quem falei.

— Olá. Prazer conhecê-la — cumprimentou de modo simples e bem simpático.

— Olá, Pedro. O prazer é todo meu.

— Ouvi falar muito da senhora! — disse alegre.

— Por que será que sempre que a Belle me apresenta alguém, eu escuto algo sobre isso? — Eles riram e Carminda convidou: — Venham. Entrem. Já na cozinha, comentou: — Pensei que fossem chegar mais cedo.

— Hoje foi difícil levantar cedo, tia. O relógio tocou, mas...

— E como estão todos? — tornou a senhora.

— Ai, tia... A senhora sabe, né. Contei mais ou menos por telefone. A Rafaelle está sem trabalho, sem estudar... O que eu faço, tia?

— Não sei se você pode fazer alguma coisa. A Rafaelle é maior de idade.

— Mas, tia!... — inibiu-se de estender o assunto por causa da presença do namorado. — Sou a irmã mais velha!

— E isso significa o quê? — Breve pausa para fazê-la pensar. — Isso não significa nada, Isabelle. Você pode dar o exemplo. Foi isso o que fez e está fazendo quando se esforçou para estudar, para se candidatar a uma vaga de emprego que conseguiu... Conquistou o salão. Não estava bom onde morava, decidiu sair daquela casa. Observando tudo isso, Rafaelle poderia ter feito o mesmo. Mas não. Ela decidiu ficar, ali, parada.

Pedro ficava olhando para o quintal. Parecia apreciar alguma coisa lá fora.

Virando-se para ele, a namorada sugeriu:

— Quer ir lá fora conhecer o sítio?

— Que lugar lindo! Vou lá. Assim vocês ficam mais à vontade para conversarem — levantou-se e saiu.

Virando-se para a tia, perguntou:

— A senhora não acha que eu preciso fazer alguma coisa?

— Orientá-la sim. Falar, conversar e mostrar como a vida funciona. Que algum tipo de comportamento e atitude de pessoa que se desvaloriza não vai, de forma alguma, garantir a ela um futuro promissor, próspero e tranquilo. Mas querer obrigá-la não é um bom posicionamento. Gritar, brigar, como você me disse que fez, não vai resolver nada. Ao contrário.

— Não sei o que me deu, tia. Eu contei por telefone. Quando estava lá, senti uma coisa...

— Agora já sabe que brigar e gritar não vai resolver. Tente conversar com a Rafaelle de modo que a faça ver que a qualidade de vida que escolheu não é segura nem lhe pode garantir um futuro tranquilo. O resto é com ela. Não podemos obrigar. E mais, precisamos entender que as escolhas dos outros são dos outros. Não temos nada a ver com elas, nem hoje nem amanhã.

— É!... Mas quando acontecer algo errado... Quando a Rafaelle quebrar a cara, vai sobrar para mim, pois só vai restar a mim para ajudá-la! — falou irritada, como um desabafo.

— Se acontecer, aí você pensa se pode ajudar ou não, na medida do possível, dentro das suas possibilidades e sem se prejudicar. Dando um tempo para essa ajuda, claro. Não é obrigada a apoiar uma pessoa capacitada pelo resto da vida. — Breve pausa e comentou: — Você está sofrendo por antecedência. As coisas podem acontecer ou não. Viva o presente em sua vida. Deixe o futuro nas mãos de Deus. — Nova pausa e prosseguiu: — Sabe... Às vezes, só aprendemos depois que sofremos.

— O Pedro disse isso, mas ele não sabe de todas as minhas desconfianças.

— Ele tem razão. É lamentável, mas mesmo com as pessoas que mais amamos, precisamos ter uma postura de desapego. Deixá-las aprender com as tempestades da vida.

— A senhora não está entendendo... Se nós tivéssemos uma mãe viva, isso não estaria acontecendo. Nossa mãe saberia orientar a Rafaelle.

— Quem garante isso, Isabelle? — perguntou com firmeza, encarando-a.

— A Rafaelle ficou diferente desde quando nossa mãe morreu. O Ailton também. A verdade é essa.

— Não, meu bem. A Rafaelle, o Ailton e você são o que são. Cada um de nós somos o que somos. As circunstâncias e os acontecimentos da vida só nos fazem demonstrar o que não conhecemos de nós ainda. Muitos de nós não sabemos o quanto somos fortes até uma situação nos forçar a reagir. Outros, não sabem o quanto são covardes até se observarem na inércia das atitudes, palavras e ações. Há os que ignoram o quanto são cruéis e venenosos, destilando palavras, atitudes e até pensamentos que destroem a tranquilidade, a paz ou que provocam dor aos semelhantes.

— A senhora disse tudo. Não nos conhecemos até a vida nos colocar diante de situações bem difíceis. — disse Pedro que chegou sem ser percebido.

— Isso mesmo, filho. Não nos conhecemos até que... Quando passamos por situações bem difíceis, agimos de forma corajosa, covarde ou agressiva, não nos enxergamos, não nos vemos... Se somos fortes diante de algo, normalmente, não nos valorizamos ou, então, nós nos supervalorizamos e deixamos a vaidade tomar conta. Somos capazes de não ajudar um semelhante, não nos compadecermos com a dor do outro e ainda falamos: "que se dane, bem feito, porque não pensou antes..." E não percebemos o quanto de veneno destilamos no mundo em forma de vibrações. Depois reclamamos de outras coisas que nos acontecem como lei do retorno. Queremos um país melhor. Nós nos achamos merecedores de um mundo melhor, mas nossas atitudes, palavras e ações ainda não são melhores. Não há coisa pior para nós do que as vibrações que criamos a nossa volta com o que fazemos e são elas que determinam onde precisamos viver. Ainda jogamos lixo na rua, colocamos o som em volume alto para incomodar o vizinho, andamos de salto ou fazemos barulho no apartamento, varremos o lixo para a calçada do outro, não oferecemos um lugar no ônibus ou metrô para quem precisa, não devolvemos o troco a mais que recebemos, nós nos apropriamos de coisas alheias, baixamos coisas da internet que deveríamos pagar... Queremos ter vantagens em tudo. Temos atitudes inferiores que incomodam os semelhantes... Depois, queremos que Deus nos ajude, socorra-nos, supra nossas necessidades, faça algum milagre... Por que eu seria mais valiosa para Deus do que aquele vizinho que eu perturbei com meu som alto? Por que eu seria, para Deus, melhor do que o que teve que limpar meu lixo jogado no lugar errado? Do que aquele que tratei com palavras ofensivas ou o que desejei mal? Por que eu seria mais querido por Deus do que aquele a quem eu pronunciei ou escrevi com o intuito de agredir, de alguma forma? Quando faço isso é com o desejo de ferir, magoar... Deus ficará feliz e satisfeito com isso? Ele vai me recompensar por isso? Por que, em minhas preces, Ele iria me atender se nada de bom eu fiz aos meus semelhantes? Se eu espalhei dor, com os meus incômodos... Sim, pois se coloquei o som alto, se xinguei, andei de salto no teto do vizinho, causei incômodo e incômodo é uma espécie de dor. Então, por que eu deveria receber uma graça e ser atendido em minhas preces? Se não proporciono alívio, não preciso recebê-lo como bênção do Criador. Se eu incomodo os outros com minhas atitudes, palavras, ações, pensamentos e sentimentos, vou entrar em um círculo de vibrações inferiores. Certamente, terei problemas, dificuldades e desafios que me provoquem dores até que aprenda a ter respeito pelo semelhante, respeito pelo próximo e não pensar somente em mim.

— Nossa... Que profundo — Pedro arriscou falar. — Agora entendo o que falam sobre a senhora.

— São coisas simples, meu filho. Coisas muito simples que fazemos e depois sofremos com as consequências, sem entendermos o porquê. E é tão simples nós nos corrigirmos. É só pensarmos no outro e nos colocarmos no lugar dele. Eu disse tudo isso para lembrar que quando focamos em nós, nos dedicamos ao que é próspero, bom, útil e saudável para nós, não temos tempo de perturbar o outro. Não criamos vibrações ruins e, assim, vamos nos corrigindo. — O silêncio durou algum tempo até que perguntou animada: — E como vão as coisas no salão?

Isabelle demorou um pouco para responder:

— Está tudo bem, tia. Contratamos mais dois profissionais de cabelo e mais uma manicura. O movimento está muito bom.

— E a Anita, como está?

— Se não está do mesmo jeito, está pior! — Pedro disse e riu. — A Anita não muda. Só reclama. Não gosto dela. — Percebendo que a namorada não apreciou, tentou justificar: — É uma pessoa muito amarga. Muito crítica. Reprova a todos e acha defeito em tudo. Não sei como a Isabelle e a Luci vivem com ela e ainda são amigas.

Carminda achou graça no jeito do rapaz e riu junto.

— Ela é do jeito que é, oras! A mim não incomoda.

— Tome cuidado para não se contaminar com tanta amargura — ele disse e riu novamente.

— O Ailton esteve aqui semana passada — disse Carminda, mudando o assunto.

— Esteve? Faz tanto tempo que não vejo meu irmão. Como ele está, tia?

Carminda pensou um pouco. Pareceu concatenar as ideias para saber o que dizer.

— Preocupado com os estudos, com os estágios... Muito ocupado com tudo isso.

— Ele deu sorte, tia!

— Não, Isabelle. Seu irmão não teve sorte. Ele se empenhou para estar onde está. Enfrentou e enfrenta dificuldades inúmeras, cansaço, desafio com desânimo e muito mais. Enquanto muitos dormem, ele estuda ou trabalha. Isso não é sorte.

— Verdade. Concordo com a senhora.

— É mesmo, tia. Foi jeito torto de falar. Mas... Conta como o Tobias está!

— O Tobias está bem. Desmanchou o namoro.

— Por quê?

— Ele disse que não dava mais. Uma pena. Achava uma boa moça. Mas penso que a pessoa certa, para ele, ainda não apareceu, ou apareceu e ele não se deu conta — riu com gosto.

Conversaram muito.

O fim de semana em companhia de Carminda foi muito agradável.

Isabelle pareceu renovada ao retornar para São Paulo.

Capítulo 13

# Desconfiança é um veneno

O tempo seguia seu curso...

O namoro entre Pedro e Isabelle ficou firme. O mesmo acontecia entre Luci e Edvaldo.

A novidade era que Anita também começou a namorar firme.

Certo dia, ao chegar a sua casa, Isabelle parecia diferente. Mal cumprimentou as amigas.

Expressou seu cansaço ao respirar fundo e se jogar no sofá sem dizer nada.

— Já jantou? — Luci perguntou.

— Não. Mas não quero. Estou sem fome.

— Eu gostaria de dizer o mesmo — comentou Anita.

— O que foi, Belle? Você está com uma cara... — observou Luci.

— Só estou cansada.

— Hoje fiz a encomenda de alguns produtos novos. Vamos ver o resultado — Anita comentou sem dar importância à amiga.

— Só achei a remessa muito grande, Anita. Deveria ter sido menor — Luci opinou.

— Xampu antirresíduo é coisa que acaba rapidinho! Você não entende nada de estoque! — falou de modo agressivo.

— Certo, Anita! Mas não precisa responder assim — Luci reclamou. — Você fala como se sempre estivesse brigando. Veja lá se o Fábio vai aguentar isso, hein.

— Ele que se acostume. Não vou mudar para agradar a ninguém.

Nesse momento, no plano espiritual, Nívia, mentora de Anita, aproximou-se de sua pupila e orientou:

— Não mude seu jeito de ser para agradar aos outros. Mude, ou não, em benefício da sua própria elevação, da sua paz, da sua saúde e da sua tranquilidade. Falando dessa forma agressiva, está criando energias inferiores que serão muito prejudiciais.

As encarnadas não podiam ouvi-la, mas os mentores sabem que suas orientações são sentidas e que, em determinado momento, captadas.

— Hoje eu vi o Rodrigo — Isabelle comentou sem que ninguém esperasse. — Fazia tempo que não o via, desde que foi transferido.

— Ele foi transferido?! Você nem contou pra gente! — Anita pareceu protestar.

— Acho que esqueci — mentiu. — Hoje ele precisou ir até a central e nos encontramos — tornou Isabelle.

— Vocês conversaram? — Luci quis saber.

— Um pouco. Ele perguntou como eu estava... Perguntou de vocês também — riu.

— Por que está rindo, Belle? — Luci indagou desconfiada, com ar de riso.

— Porque ele quis saber se vocês estavam do mesmo jeito.

— Ainda não entendi. O que o Rodrigo quis dizer com isso? — Anita perguntou.

— Não sei. Mas achei graça. Ele achava vocês meio... doidas — riu novamente. — Acho que quis saber se continuavam do mesmo jeito. Eu disse que a Luci mudou muito, mas você... — não completou. Breve instante e contou: — Ele está noivo.

— Bons partidos não ficam dando sopa por muito tempo — Anita comentou de um jeito amargo. — Você foi uma boba.

— Por que boba? — No mesmo instante, Isabelle se lembrou da amiga ter lhe dado força para terminar com o namorado. — Você foi a primeira a dizer que ele mentiu para mim, que me enganou...

— E você não teve opinião própria, né? Agora tá aí! Tá na cara que ainda gosta dele! Olha pra você!

— Ah! Anita! Por favor, né?! — zangou-se e se levantou. — Vou tomar um banho. Ganho muito mais do que perder tempo com conversa mole.

Na ausência da amiga, Luci perguntou:

— Você acha que ela ainda gosta dele?

— Eu não tenho a menor dúvida.

— Mas e o Pedro?

— Ela pode gostar do Pedro, mas sente algo muito mais forte pelo Rodrigo — Anita acreditou. — Mas não tem opinião própria. Nunca teve. A Belle faz as coisas pelo lado mais fácil: pela opinião dos outros...

— O Rodrigo ainda deve gostar dela também.

— É bem provável.

Mais tarde, quando Isabelle se arrumava para dormir, Luci se aproximou da amiga para conversar.

— Belle... — Ao vê-la olhar, perguntou: — Vou ser bem direta. Você ainda gosta do Rodrigo?

— Mas que pergunta é essa, Luci? Hoje estou com o Pedro. Nem me lembro do Rodrigo. O Pedro é um cara legal. Muito bom para mim.

— É que quando o assunto é sobre o Rodrigo você fica diferente.

— Por acaso, quando está com o Edvaldo, fica lembrando dos seus ex?

— Não. Mas é diferente. Parece que você e o Rodrigo viveram uma história que não acabou.

Olhando em seus olhos, Isabelle disse em tom sério:

— O pai dele tirou a vida de minha mãe. Se a vida te levasse a se apaixonar pelo filho do homem que matou sua mãe, o que você faria?

— Acho que iria analisar a história. Tentar separar as coisas. Primeiro que é o filho do homem e não o próprio. Segundo, foi uma fatalidade e não algo proposital.

— Isso é você. Eu sou diferente. Não consigo pensar assim. O pai dele estava dirigindo. Deveria ser mais cuidadoso. Ele é responsável por tudo. Hoje eu dirijo e sei como é. Presto muita atenção. Dou lugar ao pedestre. Fico atenta... Não cometo uma infração de trânsito, sequer! Nunca fui multada. O motorista daquele ônibus poderia ter feito o mesmo. Dessa forma minha mãe estaria viva. Odeio esse homem, sem nem mesmo conhecê-lo! Como poderia estar ao lado do Rodrigo, lembrando disso?

Todo ódio, mágoa, rancor e falta de perdão se transformam em forças de atração negativa. O natural são sentimentos equilibrados, de perdão, que vibram na sintonia do bem e da evolução.

As semanas se tornaram meses e os meses anos...

Isabelle e Pedro se casaram um mês antes de Luci e Edvaldo.

Ambas fizeram cerimônias simples. Uma restrita recepção comemorativa.

Luci e Edvaldo alugaram uma casa térrea, muito boa. Enquanto Isabelle e Pedro decidiram alugar um sobrado, também muito bom. Pedro e Edvaldo, trabalhavam em uma construtora. Estavam à espera da finalização de suas casas próprias em condomínio fechado, por isso optaram pelo aluguel temporário.

Sozinha, na casa que foi alugada, anteriormente, com as amigas, Anita convenceu Fábio a ir morar com ela.

Ele era um representante de produtos para salão de beleza. Fornecedor principal do salão das três amigas.

De onde Luci morava, era possível ver a casa em que Anita continuou residindo e também o sobrado em que Isabelle passou a morar.

Todas residiam perto do salão. Dava para irem a pé.

Dessa forma, a amizade entre elas continuou. Assim como a sociedade.

Era uma manhã de domingo quando Luci chegou à casa de Isabelle.

Elas se cumprimentaram e Luci disse:

— De lá de casa, vi que estava lavando o quintal.

— Tirei esses tapetes para lavar. Vou aproveitar o sol.

— Não para não. Vou te ajudar.

— Não precisa...

A amiga não deu importância e começou a ajudar. Dessa forma, o serviço terminou mais rápido.

Entraram e Isabelle foi fazer um café para ambas.

— Não! Não faça café. Eu fiz clareamento nos dentes. Não posso tomar café nem nada de cor forte — disse Luci.

— O que você toma, então?

— Água — riu.

— Chá de rosas brancas? Pode ser?

— Se não tiver cor... Pode.

— Seus dentes estão muito bonitos. Estou gostando de ver... Aliás... Você toda está muito bonita. Bem cuidada...

— Eu sempre quis ter dentes assim. Fiz um tratamento que demorou mais de três anos com aqueles aparelhos.

— Eu lembro. Ainda bem que deu pra tirar antes do casamento.

— Verdade — Luci riu. — Ainda bem. Só não deu para clarear. Mas não tem problema.

Alguns instantes e Isabelle serviu-lhe chá. Serviu-se com o café e acomodou-se para conversarem.

— Desculpe eu vir aqui logo cedo. Eu olhei lá de casa e vi o carro do Pedro saindo. Logo em seguida, água saindo pelo portão...

— Não gosto de lavar os tapetes lá nos fundos. A garagem é em baixo da casa e não bate muito sol. Meu carro fica lá no fundo, encostado na parede para o carro do Pedro poder sair... Então levo lá pra frente. Aliás... Estou pensando em acabar com esse monte de tapetes. Só dá trabalho. Eu aproveito a água da máquina de lavar pra não ter desperdício. Carregar baldes, ninguém merece. Sua casa não tem tapetes, né?

— Não. Só um capacho na porta. Fica mais fácil para limpar. — Breve pausa e Luci disse: — Eu queria conversar com você sem o Pedro em casa.

— Algum problema? — Isabelle ficou alerta.

— Estou intrigada.

— Com o quê?

— Você não está no salão todos os dias e... Sei lá... Estou desconfiada de algo que, para mim, é sério. Não sei como provar.

— Fala logo! — preocupou-se, ansiosa.

— Nós sempre confiamos na Anita. No começo, quando ela nos prestava contas nem queríamos ver, lembra? Ela sempre foi muito honesta. Mas... Há mais de um ano venho percebendo compras de materiais que... Acho que é demais, entende? E, nos últimos tempos, essas compras têm aumentado e os produtos desaparecidos. Verifiquei e o número de clientes se manteve.

— Nós temos um grande salão, Luci. Temos hoje vinte funcionários, sem contar você e a Anita. Não estou duvidando de você, mas... Tem certeza do que está me dizendo? — perguntou bem séria.

— Lamento. Mas tenho certeza sim. Não fiz nenhum balanço, muito menos pedi prestação de contas. Andei verificando os materiais que estão lá num dia e somem no outro. Acho que isso vem acontecendo desde que Anita começou a ter um envolvimento com o Fábio que é, justamente, o representante e fornecedor da principal marca que usamos.

Isabelle se levantou. Foi até a pia onde espalmou as mãos no mármore e ficou olhando através da janela.

Respirou fundo, voltou-se para a amiga e afirmou:

— Isso é muito sério, Luci.

— Eu sei. Você não está acompanhando como antes e... Verifique. Não estamos fazendo retiradas de valores como antes. Aliás, nossos vencimentos caíram, se observar. Fala-se em crise, mas o número de clientes é basicamente o mesmo. A compra de material aumentou, assim como os gastos com eles, pois os preços se elevaram. Não vejo a Anita, que sempre cuidou de tudo isso, fazer uma pesquisa de mercado, procurar outros fornecedores e produtos diferentes.

— E o nosso contador? O que ele pode dizer?

— O contador? Pense comigo, Isabelle: se eu faço compras de produtos e é o meu marido quem fornece as notas fiscais e eu as entrego para o contador, a contabilidade vai bater. Agora, se esses produtos são retirados do salão, que não na forma de uso nos clientes, é outra coisa ainda.

— Você acha quê?...

— Que além de superfaturados, os produtos estão sendo retirados de lá e não são usados nos clientes. — Pequena pausa e argumentou: — Belle, são produtos caríssimos! Hoje em dia, contamos com mais de cem tratamentos diferentes e os produtos são bem caros. É a Anita quem controla tudo isso.

— Não seria algum funcionário?

— Não sei. Mas se fosse... A Anita é esperta. Ela já teria percebido isso.

— Você confia no Betinho? — Isabelle perguntou.

— Confio. É o funcionário que está há mais tempo com a gente. Você está desconfiando dele?

— Não. Estou pensando que ele, talvez, possa nos ajudar. Ele dá conta de muita coisa que acontece naquele salão. Não só de produtos. — Isabelle pensou um pouco e perguntou: — Você acha que ela faz isso sozinha?

— Não creio que envolva funcionário. Mas que o Fábio está envolvido... Ah!... Isso está. À noite, de madrugada... Sei lá! A Anita é quem fecha e abre o salão. Nunca confiou isso a ninguém. Lembra que, quando ela viajava, ficava louca da vida quando deixávamos o Betinho fechar o salão? Fazia questão que uma de nós fechássemos as portas, verificasse tudo... — Um instante e reforçou: — É estranho ela não dar falta dos produtos.

— Alguns desses produtos são pequenos como os cremes das esteticistas, de massagem, os da podologia... Não são só os frascos grandes como os de xampus e cremes de cabelo... Será que não pode ser um funcionário que põe no bolso?

— E a Anita não vê isso? Duvido!

— O que você quer fazer, Luci? — Isabelle estava insegura, como em diversas decisões em sua vida.

— Não é o que eu quero fazer. Trata-se do que tem de ser feito. Nós vamos ter de falar com ela. Mas você já sabe o que vamos enfrentar, né?

— Quando?

— Hoje à tarde. Isso não pode continuar. Essa dúvida não pode existir.

— Tudo bem, Luci. Vou chamá-la pra irmos ao salão. Assim os maridos ficam fora disso — Isabelle sugeriu.

— Por mim, ótimo! Estou ansiosa por causa dessa situação.

— Tudo bem. Vou ligar para ela e te aviso — Isabelle decidiu.

— Então, tá. Eu vou indo. Ainda tenho de fazer almoço — Luci disse ao se levantar.

— Que tal sairmos nós quatro para almoçarmos juntos? Deixa o Pedro chegar do jogo de futebol.

— Pode ser! Boa ideia, porque aí escapamos da cozinha! — Luci riu e concordou. — Quando voltarmos, vamos conversar com a Anita.

Assim foi feito.

Era final de tarde de domingo quando as três sócias se reuniram no salão.

A princípio, conversaram sobre assuntos sem importância. Anita reclamou de não ter sido convidada para o almoço naquele dia. As amigas disseram que não foi planejado e por isso não a chamaram. Na verdade, esqueceram.

Podia-se notar Anita apreensiva, desconfiada e inquieta. Estranhou aquela reunião de última hora.

Em determinado momento, Luci revelou sua desconfiança e Anita perguntou, como se não tivesse entendido:

— E o que você quer dizer com tudo isso, Luci?! — perguntou enquanto acendia outro cigarro.

— Eu não quero dizer nada, Anita. É só pelo fato de ser você quem efetua as compras e controla o estoque... Nós queremos saber o que está acontecendo. Os produtos são comprados por preços bem mais caros. Nos últimos tempos, em maior quantidade e... Já te falei. Precisamos de uma explicação.

— Os produtos foram usados! Posso controlar as compras e o estoque, mas não consigo controlar o uso deles pelos funcionários do salão. Você fica enfiada na sua salinha de depilação e não vê nada do que está acontecendo fora de lá. E você, Belle, nem pode falar nada porque nem está vindo aqui! — Levantou-se irritada, sacudindo a cabeça negativamente, parecendo inconformada e esbravejou: — Eu sabia que qualquer hora dessas vocês iriam achar alguma coisa pra me acusar, só porque sou casada com o Fábio, que fornece os produtos!

— Casada você não está, né? Vocês vivem juntos — Luci comentou sem pensar.

— O que dá no mesmo! — respondeu agressivamente.

— Sim, eu sei. Me desculpa... — pediu Luci.

— Por estarmos juntos, vocês não têm o direito de desconfiarem de mim sobre as compras que faço! — Anita defendeu-se.

— Por que não mudamos de marcas e de fornecedores de vez em quando? — Luci indagou.

— Porque o Fábio faz o melhor preço para nós! — tornou a outra de forma rude.

— Você tem feito pesquisas de mercado? — inquiriu Luci.

— Lógico! Vocês querem me acusar de quê?! — Anita indagou nervosa, acendendo outro cigarro.

— Só queremos entender o que está acontecendo, Anita. Não precisa reagir assim — Isabelle falou mais branda.

— Tudo bem. Mas podemos arranjar um funcionário para cuidar disso, certo? Alguém que entenda e saiba o que está fazendo. O que você me diz? — Luci foi firme.

— Você sabe o que está fazendo, Luci?! Sabe que está colocando a nossa amizade e a nossa sociedade em risco, não sabe?! — Anita perguntou em tom duro e não deixou a sócia responder. — Se teve alguém que se dedicou, dia e noite, por este salão fui eu! Vocês só participam dos lucros, praticamente! Eu que dei um duro danado em tudo e para tudo. E o que recebo agora?! Desconfiança! Isso é ingratidão. Mas tudo bem! Vocês vão se arrepender disso! Além do que... — e continuou falando e descrevendo seus feitos.

— Anita, se fez tudo certo não tem pelo que se preocupar. Só vou te pedir desculpas. Muitas desculpas, se estiver tudo certo — disse Luci. — Eu quero tirar essas dúvidas da minha cabeça. Só isso. Eu vi vários produtos em um dia que não estavam mais nos mesmos lugares no outro. Procurei e sumiram. Ninguém sabe. Ninguém viu... Vamos ficar mais de olho. Você não tem nada a temer, se tudo estiver certo.

— Anita — Isabelle interrompeu —, pelo que vejo, a Luci está ocupada e você sobrecarregada. Se dermos o encargo do estoque para outra pessoa, você ficará mais folgada. Podemos colocar um funcionário de confiança para cuidar disso. Podemos delegar essa função ao Betinho. Ele conhece produtos, sabe lidar com fornecedor e terá tempo para pesquisas.

— O Betinho?! Ele é o primeiro da lista de quem desconfio! Pode, muito bem, ter levando produtos para casa! Vai saber se não está cuidando da mamãe dele e de outras amiguinhas! — praticamente gritou.

— Eu confio nele — Luci afirmou, encarando-a.

— Também gosto dele. Não acho que seria capaz disso — Isabelle admitiu.

— É porque não estão atentas ao que se passa ali no dia a dia — Anita disse insatisfeita. Falou muitas outras coisas, mas no final aceitou: — Tudo bem. Primeiramente vamos ver se ele tem condições de fazer isso. Porque eu não... — foi interrompida.

— Primeiramente não existe. Não sei por que tem pessoas que insistem em usar isso! Primeiramente não existe. Segundamente não existe. Terceiramente não existe... Você não fala: primeiramente, vamos ao cinema. Segundamente, vamos tomar um lanche. O correto é: em primeiro lugar, vamos ao cinema... Em segundo lugar, vamos tomar um lanche. Em terceiro lugar, vamos...

— Vai pro inferno, Isabelle!!! — berrou. — Estamos com um assunto tão importante e você vem com essas besteiras! Eu falo como quiser. Não vou me vigiar por sua causa! Tô aqui falando que não concordo com aquele idiota tomar conta do estoque! Já estou com ele por aqui! — e fez um gesto passando a mão por cima da cabeça.

— O Betinho trabalha muito bem, Anita! Talvez, esteja achando ruim porque algumas das suas clientes deixaram de fazer o cabelo com você e passaram a fazer com ele — Luci comentou.

— Elas foram pra ele porque minha agenda estava cheia. Não me fizeram falta — defendeu-se.

— Talvez, você não esteja percebendo o mal uso dos produtos por parte dos outros funcionários, justamente por estar sobrecarregada — Luci tentou ser mais branda. — Vai ser bem melhor o Betinho ter essa função.

— Tá! Tudo bem! — Anita concordou a contragosto. — Mas lembrem-se muito bem do que estão fazendo.

Aquela conversa deixou um clima bem desagradável entre as amigas.

A desconfiança é um veneno corrosivo. Eis a importância da fidelidade.

Conversaram mais um pouco e depois se foram.

Quando Isabelle chegou a sua casa, percebeu que havia mais alguém lá, além de Pedro. Ela parou, por um instante, no corredor e ficou ouvindo a conversa para saber de quem se tratava.

Não demorou e reconheceu a voz de Ailton, seu irmão que há muito não via.

Isabelle acelerou os passos e adentrou satisfeita ao vê-lo.

— Nossa! Que milagre é esse?! — caminhou até ele, abraçou-o com carinho e foi correspondida.

— Quase não o deixo entrar! — Pedro brincou. — Não o reconheci. Também... Eu o vi só uma vez. No dia do nosso casamento e nunca mais. Agora aparece aqui barbudo e me chamando de cunhado! Eu ia deixá-lo lá fora!

Acharam graça e a irmã falou:

— E essa barba aí?

— É... Achei que ficou bem em mim — respondeu, parecendo forçar um sorriso.

— Que bom te ver! O que conta de novo, Ailton? — tornou ela feliz de verdade.

— Não muita coisa — disse ao se sentar. — Muito trabalho...

— Onde está morando? O que está fazendo? — quis saber animada.

Pedro notou que Ailton pareceu constranger-se, talvez, pela sua presença, pois falava pouco. Por isso, pediu licença e foi para outro cômodo, dizendo ter assunto importante a tratar por telefone.

— Mal me sustento. Não tenho muitas novidades.

— Como assim? Mal se sustenta? Você é um médico!

— Um médico que faz residência não ganha quase nada. Não sabe disso? Mal pago as despesas de uma casa que divido com colegas. Além de tudo, não é fácil ter de enfrentar a convivência difícil, a inconveniência de alguns... — abaixou o olhar.

— Ailton... — esperou que a olhasse. — Estou percebendo algo diferente em você — falou baixinho, sentando-se ao seu lado. — Está acontecendo alguma coisa?

— Não... — dissimulou e sorriu levemente. — E você? Fala de você, dos seus planos... E o salão?

Isabelle sentiu algo estranho, mas decidiu não insistir e conversou sobre o que ele queria. Por fim, desfechou:

— Então é isso. O salão está desse jeito — sorriu. — Sempre aparece uma coisinha aqui... Outra ali... Exigências, normas. Mas, no final das contas, é tudo muito bom. Gosto de quando estou lá. As conversas me distraem muito. Cada um tem um caso, uma história para contar. Damos muitas risadas.

— Estou feliz por saber que você está bem. Ao contrário da Rafa.

— Você viu como ela está?

— Vi. Se já não estiver envolvida... Parece uma garota de programa.

— Não quero julgar. Nada contra roupas... ousadas, vamos dizer assim — ela comentou.

— Eu entendo o que você quer dizer. Eu também não tenho nada contra. Nós percebemos porque somos irmãos. Sabemos das condições dela. A Rafaelle não ganha para isso. O pai não tem condições de bancar. Você não viu as amigas que ela arrumou repentinamente?! E o carro?! Um carro daquele custa uma fortuna!

— Carro?! Amigas? — Isabelle não sabia. Ficou surpresa.

— Mulheres bonitas, muito bem arrumadas. Carros caros... Mas... — o irmão suspirou fundo e contou: — Fiquei três dias lá na casa do pai e foi o suficiente para ver muita coisa. Aliás, a Vera está no mesmo caminho. Toda bem arrumada, com coisas caras... Mas não tenho nada com isso. Veio até dando em cima de mim.

— A Vera?!

— Deixa pra lá... Estou preocupado com a nossa irmã — ele admitiu. — Eu estava em Campinas ainda quando dei uma olhada nas redes sociais. Só vi fotos da Rafaelle em viagens distantes, passeios arrojados. Sabia que ela foi para a Europa? Foi para o Canadá e Estados Unidos?

— Não! — a irmã se admirou novamente.

— Com que dinheiro? Que tipo de serviço é esse que se ganha tão bem?

— Faz um século que não olho a internet.

— Vá ver, Belle. Vá ver pra saber do que estou falando. Sei que não temos nada com isso, que ela é maior de idade, mas não está certo. O futuro não demora a chegar. Como vai ser?

— Eu disse isso para ela! — enervou-se. — Não sei o que está fazendo, mas vai fazer isso para o resto da vida? Perguntei isso para ela! Isso é resultado da falta de mãe!

— Não concordo, Belle. Por que eu e você tomamos outros caminhos? Por que fizemos escolhas diferentes, se também ficamos sem mãe?

— Quando eu saí de casa, por não suportar mais viver ali, a Rafaelle quis ir junto. Naquela época, eu não poderia custear as despesas dela. Afinal, eu, a Luci e a Anita dividíamos exatamente tudo. A Rafa não trabalhava e...

— Espere um pouco! — ressaltou o irmão. — A Rafa não se qualificou para nada. Parou com os estudos, após o ensino médio, e ficou na boa vida. Você conseguiu se sustentar porque estudou. Foi esforçada e abraçou todas as chances que apareceram. Lembro quando trabalhava no banco e ainda ficava até tarde fazendo unha naquele antigo salão, onde começaram. Sábado ficava o dia todo! Ainda dava uma graninha para a Rafaelle comprar as coisinhas dela. Ela não quis fazer faculdade. Se tivesse tentado, o pai pagaria. Mas não. Se você a tivesse levado junto, quando foi morar com suas amigas, ela estaria dependente de você, até hoje, e também estaria aprontando. Uma vez, eu vi a tia Carminda dizer: "Todas as vezes que você se propuser a ajudar alguém ou a dar alguma chance para alguém se recuperar ou se melhorar, antecipadamente, estipule um tempo para isso ou fará um dependente".

Alguns minutos de silêncio e ela perguntou, ainda preocupada com ele:

— E você?

— Eu o quê?

— Está tudo bem com você, Ailton? Estou te achando tão diferente...

— Você já se sentiu diferente?

— Diferente como? — ela quis entender.

— Sentiu um vazio, uma saudade de não sei o quê...

— Está sentindo isso?

— Estou me sentindo diferente com o passar dos anos.

— Talvez, esteja amadurecendo — ela sorriu ao brincar. — Há algum tempo, você era tão alegre e extrovertido...

— Às vezes, chego a pensar se estou ou não fazendo as coisas certas. Trabalho tanto... Estudo tanto... Mas... — ele titubeou. Parecia inseguro.

— Mas, o quê?

— Não sei bem para que tudo isso.

— Você tem saído e se divertido? — a irmã quis saber.

— Saio, às vezes, com alguns amigos, mas não acho mais graça nas coisas nem na vida — ele confessou.

Isabelle ficou atenta. Achou estranho o irmão dizer que não achava mais graça na vida. Aquilo deveria ser, no mínimo, preocupante.

Seria um grito silencioso de socorro?

— Desde quando começou a se matar de estudar para entrar em Medicina, e a Rosa despencou para morar lá em casa com os filhos, você ficou assim... Eu notei isso.

— Assim como?

— Fechado. Sem conversar mais com a gente. Por isso, eu estranhei muito você ter vindo aqui hoje.

Ailton fez um gesto evasivo ao sacudir os ombros e envergou a boca para baixo rapidamente.

— Sei lá... As coisas estão sem graça... É isso. — Sem perder tempo, o rapaz levantou-se e avisou: — Estou indo. Não quero pegar a estrada muito tarde.

— Daqui até Campinas é perto. Não vai não. Vou pedir uma pizza. Nossa conversa não terminou.

— Terminou sim. Não estou disposto hoje. Outra hora a gente conversa.

— Outra hora quando? Daqui a dois anos?

— Ah... Você sabe que não é assim.

— Ailton, estou te achando muito pra baixo. Saia, passeie, arrume uma namorada... Faça psicoterapia!

— Psicoterapia!... É algo que eu gostaria, mas não tenho tempo. Agora... Preciso ir.

Ailton se levantou, beijou-a na testa e saiu procurando Pedro para se despedir.

Capítulo 14

## *Planos para um filho*

A semana que seguiu não foi tão agradável no salão.

Anita exibia suas contrariedades com gestos e palavras grosseiras e insatisfeitas, longe das clientes, é claro.

Os funcionários nem a encaravam direito, temendo suas reações abruptas.

Certo dia, no período da tarde em que quase não havia movimento, Betinho procurou por Luci que estava em sua sala.

— Oi amore!... — disse espiando.

— Oi! Entra.

— Vai atender agora?

— Só mais tarde — Luci afirmou ao sorrir.

O rapaz entrou e logo se acomodou em uma das cadeiras.

— Estou achando você tão... murchinha. Está acontecendo alguma coisa?

— Mais ou menos. É que... Quando vamos fazer alguma arrumação ou limpeza, fazemos antes a maior bagunça e deixamos tudo fora do lugar. Depois, jogamos coisas fora, lembramos de outras que estavam lá no fundo do armário, escondidas... Por fim, tudo fica limpo, organizado e renovado. Na vida pessoal, na vida íntima é a mesma coisa. Então... Vamos limpar tudo. Mas, no meio da limpeza, pode acontecer algum desânimo ou insegurança de jogar alguma coisa fora ou não.

— Estou achando você diferente, amore. Esta semana, vi você mexendo muito na agenda, examinando o estoque. Até a sessão de esmalteria você foi conferir. Ao mesmo tempo, estou achando a Anita muito estressada. Xingando, falando de modo mais agressivo do que o normal. Criticando muito mais do que antes. Então pensei... Alguma coisa séria está acontecendo.

— Daqui a pouco, você vai saber mesmo, então vou te contar. Aconteceu o seguinte... — Luci contou para ele sobre toda a conversa que tiveram com Anita.

— Menina! Que é isso?! E a Anita?

— Falou muito. Nossa! Como falou! Quis se defender. Ficou se justificando e ainda dizendo que trabalha mais do que nós. Falou isso daquele jeito arrogante que só ela tem, sabe?

— Sei.

— O que foi? Que olhar é esse? — ela indagou ao vê-lo perplexo.

— Estou achando interessante o seu jeito, amore. Quando te conheci, era uma pessoa tão submissa. Aceitava tudo o que falavam, principalmente o que a Anita determinava. Agora, você me parece mais ativa, mais positiva. Ocupando o seu lugar.

— Chega uma hora, na vida, que é preciso crescer. Eu fui criada em um ambiente bem difícil. Não gosto nem de falar muito disso — perdeu o olhar ao longe. Depois, prosseguiu: — Meus pais não tinham uma conduta legal. Brigavam muito. Eles se ofendiam... Rolou muita traição... Era tão horrível assistir a tudo aquilo. Saber que, no mundo, tem gente sem moral, sem princípios é uma coisa, mas quando se sabe ou assiste a seus pais com uma vida podre... É amargo demais. Eu ficava imaginando e fazendo historinhas na minha cabeça sobre as leviandades deles. Na minha casa, ninguém conversava direito. Não tínhamos diálogos saudáveis, tampouco aquelas conversas bobas que nos unem em assuntos sem importância, do tipo... Foi construído o maior avião do mundo e ele vai vir pro Brasil. É um Boeing com capacidade para oitocentos passageiros! — enfatizou e riu. — Ou então... Vamos comprar e consumir mais ovos porque foi comprovado que, desde que não seja frito no óleo, ele não faz mal. Não é o vilão que pensávamos. Ele faz bem pra saúde — riu novamente. — Conversas que, às vezes, não servem pra nada, mas que nos unem. Dão margem à aproximação tranquila, abrem portas para assuntos pessoais e... Na casa dos meus pais, isso nunca acontecia. Quando um falava com o outro, era sempre gritando e xingando. Sempre procurávamos ofensas e palavreados que nos magoassem. — Com semblante sério, relatou: — Com isso, sem perceber ou sequer saber, eu procurava chamar a atenção. Bebia, fumava, passava a noite nas baladas ou em barzinhos e botecos... No dia seguinte, eu me sentia muito mal em todos os sentidos. Então, um dia, nós fomos até a casa da tia da Belle, a dona Carminda.

— Ainda quero ter o prazer de conhecer essa mulher. Ouço falar dela de um modo tão... carinhoso!

— Tomara que você a conheça. Quando eu fui ao sítio dela, experimentei uma paz... Não sei explicar. Foi uma coisa muito boa. Não havia gritos nem xingamentos... Só tranquilidade. Tudo muito simples. Achei que estava no céu! — contou. — A dona Carminda falou coisas sobre prece, gratidão, ligar-se a Deus... Falou sobre nossos pensamentos e desejos serem responsáveis por tudo o que temos e o que nos rodeia. Para dizer a verdade, no começo, aquilo me incomodou. Mas, depois, fiquei pensando muito e começou a fazer sentido quando aconteceu o seguinte: houve uma briga entre mim e o meu irmão. A gente se pegou a tapas, socos e chutes. Fiquei com alguns roxos e com o olho inchado. Não bastou isso acontecer eu enchi a cara — fez uma fisionomia enojada. — Bebi muito! Tudo o que encontrei em casa. Passei muito, muito mal. Nunca tinha me embriagado tanto. Minha mãe me socorreu e acordei no hospital. A sensação era péssima. A pior do mundo! — enfatizou. — Achei que fosse morrer. Comecei a rezar para deixar de sentir aquilo. Fui melhorando aos poucos e, depois de um ou dois dias, não sentia mais nada. Daí, lembrei da dona Carminda ter falado sobre gratidão. Sentei na cama e agradeci, de coração, por me sentir bem. Fiquei algum tempo sentada e quieta, pensando em como era boa aquela sensação agradável. Gostaria de experimentar sempre aquilo. Agradeci a Deus, ao meu anjo da guarda por estar ali, pelo mal-estar ter passado... Gratidão é algo leve... Nós nos ligamos a energias muito superiores e boas quando somos gratos.

— Eu sei como é. Também aprendi assim: sofrendo e me arrependendo — revelou e envergou a boca para baixo.

— Desse dia em diante, decidi ser diferente. Algumas coisas não dão para mudar de uma vez, tive de fazer aos poucos. Outras, no entanto, modifiquei logo de cara. Como eu bebia, na maioria das vezes, só nos finais de semana, parei de vez. Não consumi mais nada de bebida alcoólica. Percebi que não conseguia beber só socialmente, só um pouco. Eu exagerava todas as vezes, por isso parei de vez. Foi mais fácil do que imaginei.

— Eu ainda bebo socialmente. Consigo me controlar. Mas só depois que aprontei das minhas, passei vergonha... Então aprendi a me controlar — ele admitiu.

— Eu entendo. Mas não foi o meu caso. Não me controlava, então parei de vez, pois entendi que não tenho limite. Falar palavrões foi mais difícil de parar. Descobri que a religiosidade me ajudou muito nesse aspecto. Achei um centro espírita pequenininho lá perto de casa e comecei a frequentar. Um dia, um palestrante disse que os palavrões carregam o peso energético daquilo que eles representam. Nós ficamos rodeados, em nível espiritual, o qual não podemos ver, de energias pesarosas das representações espirituais ou energéticas dos palavrões.

— Não sei se entendi direito, mas, se for o que estou pensando... Fiquei interessado. Como assim, amore? — riu de um jeito engraçado. Querendo aprender, ficou atento.

— O palestrante deu o seguinte exemplo: aqueles que ficam falando em coisas boas, têm esperanças, são criaturas positivas, elevam-se com facilidade, creem em luz, energias boas e bênçãos, essas são coisas que emanam do seu coração. Seu campo energético, o campo chamado psicosfera, isto é, a esfera psíquica que os rodeiam, é repleto de energias suaves, luzes que parecem cristais e alguns até espargem aromas agradáveis. Médiuns videntes são capazes de enxergar esse campo de vibrações positivas ou formações energéticas como luzes em forma de flores ou algo bem delicado. Os mais sensíveis são capazes de sentir esse campo espiritual elevado. Eles se sentem bem, perto de gente assim. Pessoas elevadas, assim, são capazes de emanar e doar essas energias automaticamente sem que lhes faça falta. Por isso nos sentimos bem, perto delas. Espíritos de luz, espíritos elevados têm afinidades com elas e as favorecem. O palestrante disse que qualquer um pode ser assim. É só escolher. E falou que o contrário também é verdadeiro. Se uma pessoa fala um monte de besteiras, ela vai condensar, em torno de si, matéria espiritual similar ao que ela pronuncia e pensa. Daí, eu fiquei pensando em como deveria ser podre o nível espiritual da casa dos meus pais e em torno de nós que falávamos e desejávamos tudo aquilo de ruim. Esse palestrante também lembrou que espíritos elevados não falam palavrões, não interagem com argumentações de baixo nível moral, pois sabem que não precisam disso. Os palavrões e xingamentos são sempre inspirados por espíritos inferiores, principalmente os de baixíssima moral que vivem atolados naquele tipo de matéria espiritual. Aí, em uma oportunidade, eu perguntei à dona Carminda sobre isso e ela confirmou que é verdade. E me disse algo muito interessante, que me fez refletir. Ela falou: "eu não falo palavrões porque existem infinitos vocabulários na língua portuguesa para eu me expressar muito bem. Não preciso deles." Aí eu contestei sobre o fato de só espíritos inferiores falarem palavrões e ela perguntou: "você consegue imaginar o Mestre Jesus falando palavrões? Então, se

Ele é o modelo, devemos nos esforçar para segui-Lo". Mas devo confessar... Palavrões, foi difícil para eu parar, mas consegui o domínio sobre mim. O cigarro foi bem complicado também. Tive uma recaída. Experimentei um sentimento de culpa muito ruim quando voltei a fumar, mas depois larguei de vez. Abençoada é a lei que não permite fumar em ambientes fechados. Agradeci muito por isso. Alguns segundos de prazer, não valem a dor que podemos passar no futuro. O que me ajudou foi quando eu soube que muitos espíritos inferiores que, quando encarnados, eram viciados em cigarros, nos vampirizam enquanto fumamos e, mesmo quando apagamos um cigarro, eles nos perseguem, influenciando e inspirando para que fumemos mais, para que acendamos outro. Saber disso me deixou preocupada. Então parei de vez. Lógico que entrei em vibrações, preces, meditação e muito sentimento de gratidão nesse período. Tudo isso me ajudou. Alguns dias não foram fáceis. — Parou por um momento e recordou: — De manhã eu levantava, sentava na cama e orava, calmamente, pedindo forças para ficar saudável e feliz. Nunca mencionava o cigarro ou a bebida. Após o almoço, quando estava no serviço, ia pro banheiro. Ficava fechada no box e agradecia por ter recebido bênçãos, ter sido forte e me conservado saudável. A cada dia que fazia isso, percebia que a oração me dava forças. Eu entendia que, talvez, pudesse ser influenciada por espíritos ainda viciados que vampirizam encarnados que fumam. Igualzinho ao que acontece com pessoas que usam drogas mais pesadas.[1] Fui visitar a dona Carminda algumas vezes. Depois que você a conhece, quer visitá-la sempre — sorriu de modo saudoso. — Ela me incentivou a conhecer, mais profundamente, a Doutrina Espírita. Só frequentar a casa espírita, ouvindo palestras e recebendo passes, não estava sendo suficiente para mim. Eu queria mesmo era prosperar espiritualmente. Sabia que, talvez, não fosse algo

---

[1] N.M. O livro *Não Estamos Abandonados* e o livro *Movida Pela Ambição*, de Eliana Machado Coelho em parceria com Schellida, falam sobre a influência espiritual sobre encarnados que fazem uso de drogas. O mesmo processo espiritual é usado para todos os tipos de vícios.

rápido ou fácil, mas eu queria olhar para mim mesma e ter orgulho de ter vencido as bebedeiras que fazia de vez em quando, o cigarro, baladas das quais, muitas vezes, eu saía sem saber direito o que tinha feito... Conversei com a dona Carminda e ela me indicou a leitura das obras da Codificação Espírita. Eu me determinei a ler. Comecei com *O Livro dos Espíritos*. Peguei gosto pela leitura. Descobri e entendi muitas coisas, como... laços de família existem para nos ajudar a vencer a nós mesmos. Entendi que nasci em um lar complicado para vencer vícios, parar de falar e pensar mal do outro, desejar que o outro morra... Parar de ofender, xingar até em pensamento. Que o correto sou eu colocar um basta em tudo o que não quero mais na minha vida. Deixar de ser preguiçosa e fazer algo por mim mesma, porque ninguém tem obrigação de me carregar e sustentar se eu tenho inteligência, braços e pernas. — Olhando para o amigo, disse: — É fácil não ingerir bebidas alcoólicas onde não tem, mas quando fica à vontade, você acha que isso é normal, que todo mundo faz e você deve fazer também. É fácil não fumar onde não existem cigarros. Difícil é recusar o cigarro em lugar onde todos fumam e te oferecem. É fácil não falar palavrões, não xingar, não ofender, não criar energias inferiores quando se está em um ambiente saudável, onde todos são educados. Mas, se a gente tem pai e mãe que são os primeiros a falarem palavrões dos mais horrorosos e ofensivos, você acha normal. Essa história de dizer que palavrão é coisa que todo o mundo fala, isso não é correto. Não é normal. É normose.

— Normose? O que é isso? — Betinho se interessou.

— Normose é quando começamos a aceitar que tudo o que a grande parte das pessoas fazem, acreditam, sentem e pensam é normal, é correto e que deveria ser feito por todos ou que deveria ser o comportamento de todos. Na verdade, aquilo não é normal, não é correto. É algo errado, que desequilibra ou adoece, de alguma forma, mental, física ou espiritual. O termo normose foi criado pelo filósofo Pierre Weill, unindo a palavra "normal" com o sufixo "ose", que significa doentio.

Assim, foi escolhido para indicar a forma de comportamento visto como normal, mas que na, verdade, é anormal, está fora da forma ou do padrão correto, contrário ao que é bom e correto.

— Entendi. Pensando aqui com meus botões... Se fosse correto e bonito, nos principais jornais das grandes emissoras, os jornalistas usariam palavrões. Como sabem que é algo contra os bons princípios, não usam, né? — Betinho concordou.

— Exatamente! — tornou Luci. — Por isso deixam os lixos das novelas, filmes porcarias e outros programas usarem. Se não fossem os palavrões, os filmes porcarias não teriam nada para apresentar. Filmes e programas bons mesmos que têm conteúdo e prendem a atenção, não precisam de imagens ou cenas vulgares. Esses filmes baratos, principalmente os nacionais, estimulam a falta de respeito, além de serem algo que proporcionam energias degradantes, energias que putrefazem a nossa casa, a nossa volta, coisa que muitos não sabem ou não acreditam. Palavras de baixa moral são agressivas, induzem às brigas, assassinatos, agressividades de todos os tipos a curto, médio ou longo prazo. A emissora fica rica à custa da nossa desgraça. Começamos achar que é normal deixar esse lixo entrar em casa e nas nossas vidas. Aprendemos ou entendemos que, se na TV, nas novelas e nos filmes têm determinadas cenas e palavreados também podemos falar ou usar na nossa vida. Achamos que é normal, o que, na verdade, é normose, mas de tanto ver e ouvir passamos a acreditar ser correto. Não são só esses tipos de programas. Outras emissoras de TV ganham horrores de dinheiro para divulgarem os crimes, as brigas, as contendas...

— Sabe que já pensei nisso? — manifestou-se o rapaz impressionado. — Eu não gosto de falar palavrões, não sei se já percebeu. Acho vulgar e também sinto uma energia pesada depois. Mas já tinha pensado que esses filmes e novelas, que não fazem mais do que prestarem um desserviço à sociedade, estimulando tudo o que não presta. Eles incentivam o crime que vai alimentar os jornais. Agressividades verbais, nesses programas, não geram nada. Não dão cadeia e a briga é uma farsa. É tudo uma farsa! Mas vai você, no mundo real, ofender alguém, de alguma forma, acaba em morte. Quantas vidas já foram perdidas em brigas de trânsito por causa de um palavrão. Você tem razão. A TV brasileira quer que vejamos e escutemos o que não presta, o que é podre até aceitarmos como normal.

— Estive refletindo muito sobre tudo isso. A gente faz tanta porcaria... Xinga, ofende, pensa mal dos outros, critica, fala palavrão e depois, antes de dormir, reza um Pai Nosso correndo, uma Ave Maria sem prestar atenção e acha que está abençoado e livre de pecados. Assiste a programas que não prestam, fala coisa negativa, vê com toda atenção programação inadequada à boa moral, ouve música lixo... Imagine o número de espíritos infelizes e inferiores que nos acompanham. Depois, quando acontece algum problema, atraído por todos esses espíritos que cultivamos amizade, vamos orar para Deus nos ajudar. Não vemos que acendemos mais velas pro diabo do que pra Deus.

— Você tem razão!... Acendemos mil velas para o diabo por todas as vezes que xingamos e uma para Deus quando oramos — ele afirmou.

— Depois queremos que Deus nos ajude rapidinho. Que nos socorra em caráter de urgência. — Luci ofereceu uma pausa, depois perguntou: — Você já reparou que, nos últimos tempos, a mídia vem querendo desfazer as famílias?

— Não. Não reparei.

— Já vi algumas reportagens dizendo que, quando o filho completa dezoito anos, ele tem que sair de casa. Não achei isso legal. Não sou contra um filho sair de casa, mas ele deve estar bem estruturado para isso. E digo estruturado financeira e moralmente. Quando se mora com os pais, você se coloca limites. Quando sozinho, não. Faz um monte de burrada e depois não tem como voltar atrás. Mas, na TV, eles mostram tudo muito fácil, bonito, prático... Eu sei disso por experiência própria. Por mais que meus pais fossem terríveis, moralmente falando, eu tinha mais prudência quando morava lá com eles. Depois que fui morar sozinha, fiz muitas burradas que não faria se estivesse morando com eles... Embora tenha tomado jeito depois. Mas nem todo o mundo é assim, ou encontra uma dona Carminda na vida para orientar. — Breve pausa e Luci comentou: — Os jovens brasileiros estão com a educação, com a moral, com a escolarização prejudicada e deturpada por conta da sensualidade, da sexualidade exagerada. O governo, sem moral, não pode oferecer nada. Políticos infelizes que têm suas vidas podres incentivam e querem implantar leis que desequilibram e confundem crianças e jovens. Outro dia, eu li que um infeliz de um político diz querer aprovar o casamento de homem com meninas de dez anos! Onde nós estamos?! Que absurdo! Ele diz que é para preservar a cultura de outros países que aceitam isso. Quem disse que o costume desses países está certo? Tem muita coisa lá fora que não serve para ninguém, muito menos para nós. Querem fazer cartilhas de sexo para crianças de seis anos! Crianças dessa idade não têm capacidade de entender. Não sabem opinar. Não podemos, de forma alguma, forçar a compreensão de uma criança e tirar sua inocência. Isso é uma violência!

— Concordo. Eu vi isso.

— Quando eu acordei para entender sobre essas coisas, que muito do que fazia era o que me prejudicava física, moral e espiritualmente, fiquei com raiva. Gostaria que meus pais tivessem me ensinado corretamente. Tivessem me dado uma religião, orientação, princípios! Era agressiva. Eu me odiava pelo que era. Acho que a criança deveria ser mais protegida e resguardada. Na minha casa, cresci vendo minha mãe encher a cara com bebida alcoólica. Meu pai pelos bares e chegando tarde... Eu não gostava daquilo e, por não saber me expressar, era agressiva, xingava, brigava com meu irmão. Com onze anos, experimentei cigarro e bebida. Aprendi muita coisa negativa com meus pais, inclusive a não me valorizar, pois eles não se valorizavam. Eu saía um dia com um, outro dia com outro... Não me importava. Afinal, eu pensava: não tenho nada a perder. Mas... Sabe, ficava um sentimento ruim. Um mal-estar. Uma vez, sai da balada bêbada e fiquei com um cara... Quando acordei, não sabia onde estava nem mesmo o nome do sujeito.

— Sei como é, amore... Já me deparei com isso também. Dá uma raiva!...

— Sim, dá raiva. Fiquei com nojo. Eu me vesti e fui embora. Ele olhou e só falou: Tchau aí! Foi legal! Depois percebi que eu não estava com raiva dele. Estava com raiva de mim. Que não tinha nojo dele, tinha nojo de mim. Minhas amigas não sabiam essas coisas que eu fazia quando estava longe delas e quando ia sozinha para as baladas. Daí eu fumava, bebia... Enchia a cara para esquecer as besteiras que fazia e para não me preocupar tanto, a ponto de ficar louca, caso eu tivesse engravidado ou pego alguma doença. Dessa vez, em especial, fiquei tão abalada, tão... que... Sei lá. Fui ao Posto de Saúde e fiz exames para saber se não tinha alguma DST — Doença Sexualmente Transmissível. — Repeti os exames por seis meses. Rezei... Fiz promessas... Aí, a mulher, lá do Posto de Saúde, que fez uma entrevista comigo, disse mais ou menos assim: "Você é tão bonita... Coloque um objetivo na vida, menina. Assim você vai se valorizar e ter orgulho de você mesma".

Essa fala ficou rolando na minha cabeça... A mulher quis dizer que eu não me valorizava e não tinha orgulho de mim — Luci se emocionou. — Era verdade. Se eu saía com um, com outro... Se acordava ao lado de um cara que nem sabia o nome... Um cara que me usou de forma que eu nem me lembrava, só porque eu estava bêbada... Foi porque eu não me valorizei, porque não tinha orgulho de quem eu era. Porque me achava um lixo. Aí, depois ficava me sentindo muito mal, um lixo, muito pra baixo...

— Eu sei exatamente o que é isso, querida. Sei mesmo. Demorou, mas eu tomei jeito. Não me maltrato mais. Eu me respeito.

— Eu fiz o mesmo. Resolvi ir à igreja e depois passei a ir à Casa Espírita. Uma vez vi um palestrante que comentou que, após a relação sexual, uma pessoa fica com a energia da outra por cerca de um mês. Existem artigos científicos que confirmam isso. E muitos médiuns confirmavam isso também. Então se, nesse período, a pessoa se relacionou novamente com outra diferente, as energias vão ficando mais pesarosas, mais densas. Por isso que, quando se fazem trocas de parceiros ou se se relaciona com alguém que troca de parceiro, a pessoa se sente mal, sente-se pra baixo, sem ânimo, péssima e não sabe por quê. Foi aí que decidi dar um basta na vida torta que tinha. Parei de ir a qualquer balada, já que não conseguia me controlar e ir lá para me divertir. Parei de fumar e de beber. Entrei em um tratamento de assistência espiritual e senti muita coisa mudando na minha vida. Passei a ficar bem focada nos meus propósitos.

Quando comecei a entender e a sair dessa normose, foi difícil. Muito difícil. Descobri que não preciso fumar para controlar os meus sentimentos e acalmar as emoções, muito menos para ter prazeres momentâneos e partilhar o vício com um bando de espíritos inferiores e sofredores que ainda são dependentes das vibrações e energias do cigarro. Não preciso beber pelos mesmos motivos. Descobri que consigo me divertir sem nada disso. Troquei os palavrões e toda minha agressividade por palavras melhores e por preces e meditação, quando estou sozinha. O sentimento de gratidão a Deus e as forças do Universo passaram a ser algo constante e normal na minha vida. Os pensamentos de raiva, inveja, rancor, mágoa, críticas medíocres foram sumindo como que por encanto. Não fiquei rica, materialmente, mas ganhei uma paz de espírito imensurável. Em contrapartida, passei a ser uma pessoa mais pontual, aprendi a me expressar de maneira mais correta e respeitável. Sempre penso da seguinte forma: que tipo de espírito estará ao meu lado quando eu fizer determinada coisa? Se eu fumar, espíritos bons estarão ao meu lado? Se eu beber, espíritos bons estarão ao meu lado? Jesus estará ao meu lado? Espíritos elevados não apreciam vícios de nenhum tipo. Quando a gente muda, tudo em nós muda.

— Estou percebendo essa mudança a cada dia em você, amore. Até mesmo nas suas atitudes com a Anita. Antes você era dois extremos: ou ficava zangada e revidava ou, então, era submissa e aceitava o que ela determinava.

— É verdade. Eu detestava quando revidava na mesma altura, com agressividade ou, então, xingando. Também não era feliz quando me coagia e não respondia nada para não arrumar briga. Fui encontrando um jeito equilibrado pra responder de modo sério, firme e educado. Percebi que até a Anita começou a me tratar diferente. Tem uma frase que aprendi no livro *O Evangelho Segundo o Espiritismo*: "O mal vence porque os bons são tímidos". Não posso me acovardar, mas também não é correto descer meu nível.

— Eu percebi que a Anita está diferente. Mais acuada. Mas...

— Mas, o quê? — ela quis saber.

— Cuidado, amore. Ela é muito má. É vingativa. Cuidado com o que ela pode fazer para tirar seu equilíbrio e sua felicidade.

— Ela não pode fazer nada contra mim. E se fizer... Será um teste para ver se estou aprovada no meu equilíbrio — achou graça do que disse.

— Cuidado, amore. Senti uma coisa... Não sei explicar.

— Relaxa, Betinho. Não tem como ela me prejudicar. Além do que, você vai ficar de olho em tudo aqui no salão. Será pago para isso também! — ressaltou.

— Não sei se isso será bom para mim. Ela já pega no meu pé!...

— Não temos outra pessoa para cuidar disso.

— E você, Luci?

— Não posso e não quero controlar estoque. Além do que, seria interessante que nenhuma de nós, sócias, fizesse esse serviço.

Naquele instante ouviram, algumas batidas à porta, Luci permitiu:

— Entra!

Isabelle entrou suavemente e cumprimentou:

— Oi... Vocês estão aí?

— Não. Acabamos de sair — a amiga respondeu e riu.

— Boba! — beijou-a no rosto, cumprimentou e fez o mesmo com o rapaz.

— Saiu mais cedo do serviço, querida?! — Betinho perguntou.

— Sim. Tirei o dia para levar ao médico uns exames de rotina. Ganhei a tarde — Isabelle respondeu. — E a Anita, não está?

— Não sei — Luci respondeu.

— Ela saiu para resolver uns assuntos dela. Só disse isso. Não falou aonde iria — ele respondeu.

— Eu já contei pro Betinho sobre aquele assunto — revelou Luci.

— Não sei se gostei da decisão de vocês. Acho que vai complicar pro meu lado.

Não demorou muito e Anita chegou.

Percebendo, os três saíram da sala. Luci se aproximou da sócia e contou que já havia falado para o rapaz sobre sua nova tarefa.

Para surpresa de todos, Anita não disse absolutamente nada. Embora pudessem notar seu desagrado.

Naquela noite, Isabelle chegou a sua casa bem animada.

Pedro assistia à televisão e não lhe dava muita atenção, enquanto contava sobre a consulta médica. Talvez, nem tivesse percebido o que ela falou sobre engravidar.

Saindo da sala, Isabelle foi para a cozinha preparar o jantar. Depois tomou banho e chamou o marido para a refeição.

— Estou animada com o que o médico disse.

— E o que foi mesmo que ele disse? — ele perguntou.

— Pedro! — encarou-o.

— Ah!... Desculpa. Não prestei atenção.

— Faz quase um mês que estou falando sobre termos um filho! Marquei consulta. Foram pedidos exames. Fiz os benditos exames. Hoje fui levar os resultados. Você não ouviu nada do que eu disse?!

— Eu ouvi, mas esqueci.

— É por isso que eu odeio essa maldita TV ligada quando estamos conversando. Você pega essa porcaria dessa cerveja, senta na frente da televisão e não vê nem ouve mais nada!

— Ah!... Que é isso?! Também não é assim. É que estava passando um negócio interessante. — Percebendo-a chateada, perguntou: — O que você disse? Vai... Conta.

— Nada. — O marido não comentou nada. Depois de longos minutos, ela decidiu falar: — O médico disse que meus exames estão excelentes. Que é um bom momento para termos um filho. Eu não gostaria de esperar mais.

— Tudo bem. Como você quiser. Apesar do que... Eu esperaria a nossa casa ficar pronta.

— Eu acho que é um bom momento. Não vai atrapalhar em nada. Temos um dinheiro guardado, mas acredito que nem vamos precisar.

— É... se precisarmos para os bebês, podemos usar.

— Que bebês?! — riu. — Será um bebê!

Ele também achou graça. Não tinha prestado atenção no que havia dito.

Capítulo 15

## A chegada dos gêmeos

Isabelle seguiu sua vida. Estava muito empenhada com o plano de ter um filho, apesar de seu trabalho no banco e da sociedade no salão. Mesmo com tudo isso acontecendo, sempre se lembrava da irmã. Não a via com frequência. Elas se distanciaram muito. Por isso decidiu procurá-la.

Novamente, de surpresa, chegou até a casa de seu pai e foi recebida por Rosa, da mesma forma fria.

— Sua irmã está lá no quarto. Agora só chega de madrugada ou no dia seguinte, sempre bêbada — disse a madrasta sem que ela perguntasse.

— E o meu pai?

— Pra variar, está no bar — respondeu e voltou para fazer o que precisava.

Isabelle olhou por toda a sala. Nada mudou.

A cor das paredes era a mesma desde que ela era pequena e tinha dez anos de idade. Lembrou-se de quando sua mãe pintou a sala e os quartos e seu pai o lado de fora da residência.

Agora, tudo se achava desbotado. Em alguns lugares, as paredes estavam descascadas e até sem parte do reboco. Em outros, havia tons muito sujos.

Ela ignorava que, na espiritualidade, era bem pior. Por isso, a sensação de repulsa por se encontrar ali.

Vários espíritos que apreciavam esse tipo de ambiente, vícios, costumes e práticas dos encarnados, permaneciam ali.

O espírito Dulce, extremamente sofrido, também continuava ao lado de Rafaelle, que ainda mantinha um altar para a mãe, acendendo velas, colocando flores, fazendo pedidos.

Ao perceber que Isabelle estava na casa, o espírito Dulce se aproximou lamentosa, implorando ajuda para a filha caçula.

— Veja como está sua irmã! Faça alguma coisa por ela, Isabelle! Leve a Rafaelle daqui! Isso é por causa das más companhias! Você precisa ajudar sua irmã! Eu preciso achar um meio de enviar uma mensagem para vocês! A única que se importa em procurar notícias minhas é ela! — chorou.

Isabelle entrou no quarto e viu a jovem jogada sobre a cama, sobre um amontoado de roupas.

Olhou o relógio: 15h30min.

Rafaelle usava um vestido bem curto e colado ao corpo. Os cabelos, bem despenteados, caíam sobre seu rosto todo borrado pela maquiagem que se desfazia.

Largada, com a boca entreaberta e olhos mal fechados, talvez, nem soubesse dizer como chegou ali.

No plano espiritual, entidades vampirizadoras se aproveitavam de seu estado de embriaguez, sugando-lhe as energias que a bebida alcoólica produzia no corpo para que pudessem experimentar o mesmo efeito, pois, quando encarnados, também apreciavam a ingestão de álcool.

Junto com a energia alcoólica vampirizada, também era absorvida a energia vital do corpo físico, provocando mal-estar, deficiência de atenção, azedume e lesionando órgãos importantes para o bom funcionamento do corpo.

— Ei... Rafaelle? Acorda — a irmã chamou.

— Huuummmm...

— São três e meia da tarde. Acorda, vai — insistiu.

Ela se remexeu e esfregou o rosto, borrando-o mais ainda. Com voz mole, resmungou:

— O que cê quer?

— Conversar com você. — Vendo-a quieta, novamente, chamou: — Rafa! Levanta!

Alguns espíritos riam e caçoavam do seu estado, deixando a pobre Dulce ainda mais desesperada.

Isabelle correu o olhar pelo quarto e reparou o altar que a irmã fez para sua mãe, com velas de sete dias acesas, flores murchas e fotos. Os encarnados não podiam perceber, mas entidades sofridas se aproximavam desse altar para aproveitarem-se das energias cultuadas ali.

Voltando-se para a irmã, chamou-a novamente:

— Vamos, Rafa! Senta aí!

— Que é?! Que saco! — resmungou irritada e se sentou tentando ajeitar os cabelos e esfregando o rosto para tentar ficar mais desperta.

Mesmo sentada e com olhos abertos, Rafaelle sentia como se o quarto estivesse rodando.

Isabelle puxou uma cadeira, após tirar algumas roupas do assento, e acomodou-se frente à irmã, que não a encarava.

— Sabe que horas são?

— Você falou. Três e meia.

— O Ailton e eu estamos preocupados com você, Rafa. Essa vida que está levando não é boa coisa para se fazer.

— Vai começar? Se vai... Pode ir embora. Não tô a fim de ouvir nada.

— Eu quero pagar seus estudos. Vim aqui para conversarmos sobre isso.

— Estudos? E quem disse pra você que eu quero estudar?

— Você falou pra mim que está trabalhando de... Garçonete em festas, certo? — Não houve resposta. — Só está trabalhando nisso porque não tem qualificação e profissão. Se estudar, fizer um curso profissionalizante, vai poder trabalhar em alguma coisa melhor.

— Isso, filha! Ajuda a sua irmã!... — Dulce implorava. — Você está bem de vida. Pode fazer algo por ela.

— Não! Ela não vai fazer porcaria de curso nenhum!!! — outro espírito vociferava. — E quem vai nos dar tudo o que temos com ela? Festas, bebidas, baladas e outras coisinhas bem excitantes! — gargalhou. — É só tá junto dela e temos tudo isso. Rola muita coisa! Muita coisa! — gargalhou novamente.

As encarnadas não podiam percebê-los e Isabelle insistiu:

— Você pode fazer um curso para trabalhar no salão. Eu vou te manter durante esse tempo em que estiver estudando. Por ter o dia inteiro, você até pode fazer dois cursos, dependendo do horário.

— Você é nossa! — um espírito reforçou. — Não vai fazer nada do que ela está falando!

— Idiota! Vai querer ganhar pouco e ter uma vida medíocre?! — disse outro ainda.

— Não é medíocre! É uma vida honesta e de bons princípios! Algo que não a faça sofrer no futuro! — interferiu Dulce, que acabou sendo agredida por eles. — Larguem a minha filha! Deixem ela em paz!

— Belle, o que te faz pensar que eu quero estudar? — Rafaelle perguntou mal-humorada. — Você está em outro mundo... Está tão distante que nem sabe o que acontece comigo. Agora vivo em outro nível. Tenho amigos ricos, conheço pessoas influentes... Tô ficando com um cara legal, sabia?

— Ficando? Um cara legal?

— É sim. É um cara legal. Em breve, vou sair da porcaria dessa casa sem que você ou Ailton ou o pai me ajudem. Minhas preces foram ouvidas. Tudo o que rezei pra mãe me ajudar, ela tá ajudando.

— Como é que é?!

— Isso mesmo que ouviu. Tudo o que pedi pra mãe está acontecendo. Tô nesse trabalho, por enquanto. Logo largo e saio dele. Conheci muita gente legal, um cara legal e daqui a pouco minha vida vai melhorar ainda mais. — Um momento e pediu: — Olha pra mim, Belle. Não sou mais a menina boba e sem graça que conheceu. Hoje sou mais esperta. Descolada. Não quero essa vida medíocre que todo mundo tem. Olha pra mim! Tenho um belo carro! Roupas importadas, maquiagens de grife, tenho estilo... Tenho tudo!

Isabelle decidiu não discutir. Sabia que seria em vão, por isso disse tão somente:

— Tudo bem. Só pensei que eu pudesse ajudar.

— Valeu. Obrigada. Mas, hoje, estou em outra.

A irmã se levantou, respirou fundo e disse:

— Se mudar de ideia sobre estudar, sabe onde me procurar — e se foi.

O espírito Dulce ficou em desespero, implorando à filha caçula que aceitasse o pedido da irmã. Mas foi em vão.

Com o passar dos dias, Luci chegou ao salão e se deparou com um momento de fúria de Anita gritando com Betinho.

— O que está acontecendo aqui? — quis saber.

Anita, ergueu as mãos que seguravam dois frascos de produtos pequenos, bem caros, e falou:

— Veja o que eu encontrei na mochila desse sujeito!!!

— Isso é mentira! — Betinho afirmou sério.

— Acabei de descobrir quem é o rato aqui neste salão!

— Isso é mentira, Anita! É impossível você ter encontrado isso nas minhas coisas! Além do que, o que você fazia aí mexendo no que é meu para, supostamente, encontrar esses frascos?

— A mochila estava aberta! Eu olhei e reconheci os produtos! Por isso te chamei e perguntei o que era isso!

— Isso é calúnia! Jamais peguei qualquer coisa em qualquer lugar que tenha trabalhado!

Anita falou alguns palavrões para expressar a sua ira até Betinho, indignado, decidir:

— Chega! Se quiser ir até a delegacia, vamos! Ou, então, prepare minhas contas porque aqui não trabalho mais!

A fúria de Anita durou mais algum tempo, apesar de ter conseguido o seu objetivo.

— Eu deveria sujar a sua carteira de trabalho! Deveria ir até a delegacia mesmo!

— Você não vai fazer isso, Anita! — Luci decidiu. — Não estou convencida de que o Betinho tenha pegado esses produtos!

— Você está duvidando de mim?!

Luci ficou olhando-a por longo tempo e não respondeu.

— Vou embora! — ele decidiu. — Quero minhas contas! — o rapaz virou as costas e saiu.

Anita falou muito, mostrando-se indignada com a postura da sócia.

Naquela mesma tarde, muito abatido, Betinho foi visitar Beatriz, mãe de Anita, e contou-lhe sobre o ocorrido.

Chegou a chorar ao afirmar:

— Nunca mexi ou me apropriei do que não é meu! Nunca! Minha mãe me deu educação e princípios! Eu não preciso disso! Foi horrível. Ela ficou falando e os outros funcionários olhando!...

Apiedada, Beatriz decidiu:

— Eu tenho uma proposta para te fazer. Não é nada tão grande, mas... — Ao vê-lo encará-la, falou: — As meninas reformaram a garagem daqui de casa e transformaram num salão, antes de ter esse outro. Ainda tem móveis, lavatório e os espelhos... Você não quer abrir o seu salão aqui?

— Aqui?! — ficou surpreso, paralisado por alguns segundos. Não sabia que o salão antigo existia ali.

— Sim. Aqui. Você me paga um aluguel assim que começar a fazer clientela e me dá desconto nos cortes — ela riu.

— A senhora está falando sério?

— Estou. Lógico. Eu não sei o que fazer com aquele lugar. Ia alugar como garagem para ter um dinheirinho extra, mas teria de mexer nas portas novamente. Uma pequena reforma para tirar a paredinha que fizeram na entrada... Não estava com ânimo de mexer nisso agora. Precisa trocar uns vidros que quebraram na janela do banheiro. Precisa limpar...

— No começo vai ser difícil eu pagar.

— Você me paga quando tiver clientela, Betinho.

— Não. Não. Não. Dona Beatriz, a senhora tem que aprender uma coisa: quando a gente vai ajudar alguém, precisa determinar um prazo ou cria eternos dependentes. Além, é lógico, de um clima muito ruim, insatisfação e tudo mais. Estou aqui pensando... — Fez breve pausa e decidiu: — Vamos ver o salão e o que precisa ser arrumado. Eu mando arrumar e... Pago pelas despesas e fico dois meses sem pagar aluguel. Creio que, nesse prazo, eu consigo... — Ele começou a planejar, esquecendo-se do que houve entre ele e Anita. — Vou comprar coisas boas... Produtos, secador novo. Ah! Quero um novo jogo de tesouras que eu vi! Ma-ra-vi-lho-so! — Olhando para a senhora, pensou rápido: — Se o negócio crescer, a senhora pode até ser minha recepcionista! Está aposentada mesmo! Já pensou?!

Beatriz achava graça da situação.

Betinho era o tipo de pessoa que não vivia de assuntos passados, de críticas ou queixas. Ele sempre tinha uma visão próspera e animada das situações.

Assim que Isabelle engravidou, ela e o marido se viram tomados por uma onda de felicidade.

A maior surpresa aconteceu quando descobriram que seriam gêmeos.

— Dois?! São gêmeos?! — Anita admirou-se quando soube. — Vocês estão ferrados!

— Credo, Anita! É uma bênção ter um filho e, quando Deus manda dois de uma vez, é sinal de que confia na gente — Isabelle comentou.

— Parabéns, Belle! Estou muito feliz por você — Luci disse e a abraçou.

— É!... Parabéns! — Anita também a cumprimentou, abraçando-a. Sem demora, perguntou: — Você vai dar conta da sociedade aqui, do serviço no banco e com os dois filhos?

— Eu e o Pedro estamos conversando sobre isso. Achamos que vai ser muita coisa para mim e... Não sei como vou fazer.

— E se o Fábio comprar a sua parte no salão? — Anita sugeriu de imediato sem que as sócias esperassem.

O rosto de Luci se transformou. Não gostou da ideia.

— Confesso que não pensei nisso ainda — Isabelle titubeou. — Vou falar com o Pedro e ver valores...

— Espere aí — pediu Luci. — Eu tenho direito de ter a vantagem de comprar a sua parte. Já sou sócia. O Fábio é de fora. Não se esqueçam disso.

— Você vai ter dinheiro para comprar a parte da Belle?! — Anita perguntou de modo arrogante.

— Talvez. Não sei. Vou falar com o meu marido.

O assunto sobre a venda da parte da sociedade que cabia à Isabelle se arrastou por algum tempo.

Luci não conseguiu comprar a parte da amiga e Fábio, companheiro de Anita, acabou entrando na sociedade. Ele adquiriu o que pertencia a Isabelle e deixou Anita administrar.

O casal de gêmeos nasceu, trazendo alegria a todos.

A mãe de Pedro, dona Lindaura, veio do interior do Rio de Janeiro para passar alguns dias ajudando a nora.

Isabelle ficou bem atrapalhada. Era tudo em dobro e uma situação completamente nova.

A menina recebeu o nome de Aline e o menino de César.

O nascimento das crianças também aproximou Rafaelle. Até Ailton foi visitar a irmã algumas vezes. Enquanto Antônio foi ver a filha e conhecer os netos no hospital, não mais.

Rafaelle trazia presentes para os sobrinhos com frequência, mimando-os de todas as formas.

As fraldas, e muitas das roupas para os pequenos, ficaram por conta da tia que fazia questão de comprar.

Isabelle não gostava, pelo fato de entender que a origem do dinheiro da irmã não era honesta. Apesar disso, não dizia nada. Temia contar para o marido o que suspeitava, pois Pedro poderia não querer a cunhada em sua casa.

Rafaelle tornou-se uma mulher bem decidida, aparentemente. Parecia ter uma nova personalidade. Ria, conversava alegremente e brincava com muita naturalidade.

Havia deixado a casa de seu pai. Morava em um pequeno apartamento. Vestia-se muito bem. Sempre produzida com roupas de grife. Vestimentas, sapatos, cabelos e acessórios impecáveis.

Transbordava humor onde quer que estivesse.

Apesar disso, seus irmãos, Isabelle e Ailton, sabiam ou sentiam que alguma coisa não estava correta. A irmã não tinha formação nem sequer profissão. Trabalhar em festas, como ela dizia, não poderia proporcionar dinheiro suficiente para todo aquele luxo.

A sogra já havia retornado para o Rio de Janeiro, por isso Isabelle estava aflita para levar os filhos gêmeos ao médico pediatra para consulta de rotina.

Seria difícil ir sozinha e precisava de ajuda, uma vez que Pedro teria uma reunião importante na construtora e não poderia faltar para ajudá-la com os filhos.

Por essa razão, decidiu ligar para a irmã, pedindo que a acompanhasse.

Após saírem da consulta, voltaram para casa.

A empregada, contratada recentemente, havia preparado o almoço e Isabelle convidou a irmã.

Assim que cuidou das crianças e as colocou para dormir, foram para a cozinha para almoçarem juntas.

— Nem acredito que os dois dormiram ao mesmo tempo — cochichou e riu.

— Deve ser uma maratona cuidar de duas crianças.

— Você nem imagina, Rafa.

— E quando voltar a trabalhar? Como vai ser?

— Estou muito aflita por causa disso. Não posso parar de trabalhar. Estou procurando escolinha com berçário de boa qualidade e compatível com meu horário.

— Tem algumas que estão bastante modernizadas. Elas têm câmeras e, de onde você estiver, pode assistir, pelo celular, ao que está acontecendo com as crianças.

— Verdade. Já ouvi falar. Mas são tão caras!

— Por isso não! Eu posso te ajudar. Afinal, são meus sobrinhos! — sorriu.

Isabelle fechou o sorriso. Parou por um momento, respirou fundo e disse:

— Já que tocou no assunto sobre grana... Rafa, estou muito preocupada com você.

— Ah, não... Já vai começar?

— Rafa, você pode me dizer, francamente, sem enrolação, de onde vem todo esse dinheiro? Você saiu da casa do pai, usa roupas de grife, anda bem arrumada, tem carro que custa muito caro... Não trabalha em algo fixo, registrada... Sabemos que não tem uma profissão. O que está fazendo da sua vida?

Rafaelle a encarou ao responder:

— Já que quer saber... Eu comecei a trabalhar como garçonete em festas de gente muito rica. Algumas dessas festas eram frequentadas, geralmente, pelos mesmos convidados. Não são feitas em salão. São realizadas em mansões ou apartamentos muito chiques. A gente sempre precisa ir muito bem vestida, estar bonita e maquiada. É só pegar uma bandeja e sair distribuindo bebidas e recolhendo copos vazios. Alguns convidados dão até gorjeta pra gente.

— Gorjeta? Pelo quê? — a irmã quis saber.

— Por darmos predileção a eles, darmos uma risadinha... — pareceu constrangida. — Por... Sei lá. Por sermos bonitas. Nada demais. Daí que... Alguns caras pedem o telefone... Te convidam para sair.

— Sair? Para onde?

— Sair... Sair... A gente almoça... Vira uma acompanhante para ir a convenções ou exposições que, pra eles, são bem chatas e... Eles querem aparecer com uma mulher bonita. E pagam muito bem por isso.

— Pelo amor de Deus, Rafaelle! — ressaltou sussurrando. — Isso é prostituição! — Falou baixinho para a empregada não ouvir.

— Ah, não! Não vá pensar isso de mim, né?

— O que quer que eu pense?

— Só sou acompanhante. Nem sempre rola alguma coisa. E se rolar, é porque eu quis. Não é por dinheiro.

Isabelle sentiu-se esquentar, mas decidiu não falar nada para não brigarem.

— Nem sempre rolou alguma coisa? Como assim? — Não esperou resposta e, indignada, perguntou com um tom de súplica no olhar: — Você vai fazer isso por quanto tempo mais? A vida toda? Vai acabar tendo uma vida podre. Doente. Velha, feia e acabada. Sem contar que a sua consciência vai te acusar de tudo o que fez e de todas as oportunidades que perdeu.

— Não. Deixa eu terminar, né? Isso eu fiz só no começo. Não faço mais.

— E está fazendo o que para se manter?

— Eu conheci alguém. O nome dele é Roni. Ele gosta muito de mim e está me ajudando demais.

— Como assim?

— Ele é muito rico. Começamos a sair e, um dia, ele perguntou sobre a minha vida. Contei que morava num inferno. Ele ficou com pena. Então alugou um apartamento para mim. Me sustenta em tudo. Já estamos juntos há mais de um ano.

— Ele mora com você?

— Não. Quer dizer... Ele vai muito lá em casa. Não me deixa faltar nada. Eu acompanho ele a lugares e até a viagens internacionais. Ele me apresenta como sendo sua assistente! — riu. — Já viajei para a Europa. Andei de helicóptero para vários lugares!

— O que ele é seu?

— Ah... A gente namora.

— Namora? Há um ano? E ele te apresenta como assistente? — tornou Isabelle sempre insatisfeita.

— Você não está entendendo.

— Não. Não estou entendendo, Rafa.

— O Roni é muito ocupado. É um grande empresário. E... Está se divorciando e isso está sendo meio complicado.

— Ele é casado?!

— Está se divorciando! — ressaltou, tentando se justificar.

— Rafaelle!... Onde você está com a cabeça?!

— Ele gosta de mim!

— E a esposa dele sabe disso?!

— Se ela sabe, eu não sei. Mas tem um filho dele que me conhece.

— Filhos?!

— É. Ele tem três filhos.

— Pequenos? — Isabelle quis saber, mas demonstrava-se sempre indignada.

— Não! Os filhos dele têm mais de trinta anos.

— Você está sendo amante de um homem velho, casado e que tem filhos mais velhos do que você?!

— Ele não é tão velho assim.

— Rafaelle, esse homem está te usando! Aproveitando de você, da sua juventude, da sua beleza e porque não dizer... da sua burrice!

— Você está me ofendendo!

— Pense, minha irmã! Pelo amor de Deus, pense! Você foi trabalhar em festas para servir bebidas, dar risinhos... Ganhou gorjetas! Lógico que precisou se dispor a deixar alguém te passar a mão, te alisar... Aceitou convites para sair, ganhando dinheiro para isso... Dormiu com um e com outro... Isso é prostituição! Agora aceitou ser acompanhante de um velho! Você não pensa?!

— Em quê?! Ele gosta de mim. Ele me sustenta e vai arrumar a vida dele pra gente ficar junto. Simples assim! Nós vamos nos casar. É uma questão de tempo. Ele me dá o quanto eu quiser de dinheiro. É só eu pedir.

— Eu vou te pedir uma coisa — Isabelle falou firme. — Você pode vir a minha casa quando quiser, mas não quero que traga mais nada para os meus filhos.

— Não seja ignorante, Belle! — olhou-a de modo duro.

— Estou sendo sincera. Você é minha irmã, porém eu não posso e não vou aceitar que compre e traga para os meus filhos coisas adquiridas com dinheiro de... dinheiro que você não consegue com trabalho justo e honesto.

Rafaelle ficou olhando-a por longo tempo.

Seus olhos se empoçaram em lágrimas, mas ela respirou fundo e disfarçou, ao mesmo tempo em que se levantou, pegou sua bolsa, que estava na sala, e foi embora sem dizer nada.

O espírito Dulce, em desespero, jogava-se sobre Isabelle e implorava:

— Vá atrás da sua irmã! Orienta essa menina! Faça alguma coisa por ela, pelo amor de Deus, minha filha! Eu falo!... Imploro!... Mas ela não me atende. Não sei mais o que fazer para ajudar a Rafaelle!... — chorava.

Dulce, na espiritualidade, apesar de toda privilegiada orientação recebida após o desencarne, prendia-se na crosta terrena e, principalmente, junto à filha caçula, desejando interferir, orientar e ajudar.

O pobre espírito não queria entender que sua missão aqui já havia terminado. Era o momento de pensar na própria evolução. Buscar aprender. Criar resistência para vencer os chamados dos encarnados e pedidos de auxílio por questões que eles mesmos têm de resolver.

Por essa razão, experimentava dificuldades, dores das mais diversas e não tinha paz.

Foram anos assim. Seu estado mental perturbado não a deixava tomar consciência de quanto tempo havia se passado, de quanto tempo havia perdido.

Envolvia-se em preocupações tão dramáticas que se esquecia de si mesma.

Todo aquele que não cuida de si, não consegue ajudar alguém.

Todo aquele que não se ama, não consegue ver as pessoas que o amam.

Todo aquele que tem fé e confiança em Deus, sabe seguir um bom caminho.

Tudo isso faltava à pobre Dulce, que recusou os primeiros socorros espirituais e a busca de aprendizado.

Devemos ser cautelosos e eternos buscadores de valores. Isso auxilia imensamente nossa evolução.

Capítulo 16

*O reencontro*

Conforme os meses foram passando, mesmo dolorida e contrariada por ter de deixar os dois filhos pequenos em um berçário, Isabelle voltou a trabalhar.

A sociedade do salão não fazia mais parte de sua vida, embora sempre estivesse em contato com Anita e Luci, que a mantinha atualizada de diversas coisas.

Quase não tinha mais notícia dos seus irmãos.

Rafaelle mal respondia a uma ou outra mensagem. Não ligou nem foi visitá-la.

Sabia que Ailton havia aceitado trabalhar em um novo hospital em Campinas, mas não o viu mais. Ele respondia a pouquíssimas mensagens que ela mandava.

No trabalho, sempre que podia, pelo celular, Isabelle acessava as câmeras do berçário para ver como os filhos estavam e matar um pouquinho a saudade.

Havia acabado de sair do elevador. Pegou o celular e diminuiu a velocidade de seus passos para mexer no aparelho.

Olhando para a tela, sorria ao observar os filhos, apesar da distância, aquilo acalentava seu coração.

Muito distraída, ao virar um corredor, topou-se de frente no meio de duas pessoas.

O celular de Isabelle caiu no chão junto com alguns papéis que os outros seguravam.

— Ah... Desculpe-me... — e se abaixou para pegar o que havia caído, junto com os dois homens com quem bateu involuntariamente.

— Nós que pedimos desculpas! — disse um deles sem olhar, concentrando-se em pegar o aparelho e os documentos no chão.

Aquela voz foi reconhecida imediatamente por Isabelle.

— Rodrigo?... — falou baixinho.

Os três se levantaram.

— Oi... — ele sussurrou.

Isabelle pareceu ver um fantasma. Quanto tempo não o via.

— Oi, Isabelle — Leandro cumprimentou. — Conhece meu irmão, não é mesmo? Agora ele está trabalhando em Campinas e eu vim pra cá.

— Seu irmão?! — surpreendeu-se ela. — Eu não sabia que o Rodrigo era seu irmão. — Olhando para ele, falou parecendo reclamar: — Você nunca me disse que ele trabalhava aqui.

— Oi, Isabelle. Como tem passado? — Rodrigo a cumprimentou.

— Bem. Ai... Desculpa... Estou bem. E você?

— Estou bem também. Vim fazer um *workshop* aqui na capital e vou ficar por uma semana. Nada melhor do que se hospedar na casa do irmão — expressou-se Rodrigo, sorrindo e repousando a mão no ombro de Leandro, por alguns segundos. No momento seguinte, pegou o celular e entregou à Isabelle, lembrando: — Há muito tempo eu te disse que meu irmão se chamava Leandro e trabalhava em Campinas. Mas acho que não se lembra. Agora trocamos. Ele veio para São Paulo e eu fui para lá.

Naquele momento, por mais que ela quisesse, não conseguia se recordar do fato. Por isso, não sabia o que dizer.

— Vamos aproveitar e tomar um café — Leandro convidou. —Estou precisando de uma pausa. A reunião com as gerências foi bem tensa.

— Sim. Vamos — Rodrigo concordou.

Por um instante, não entendeu se havia sido convidada. Afinal, o diretor Leandro não chamava ninguém para tomar café. Não que ela tenha visto.

— Tenho de voltar à seção e... — ela falou de modo evasivo, querendo ter certeza do convite.

— É só um café, Isabelle. Vamos! — chamou Leandro de modo convicto.

Ela os acompanhou instintivamente e de forma mecânica.

Em seus pensamentos, passou a se questionar sobre o que dizer ou como puxar algum assunto. Mas não teve resposta.

Chegaram à copa e Leandro, após perguntar a preferência de cada um, solicitou à copeira, uma senhora bem educada:

— Dois cafés e um *cappuccino*, por favor.

Foram servidos em minutos e Rodrigo, um pouco sem jeito, indagou:

— Quais as novidades, Isabelle?

Ela pareceu tímida ao responder:

— Muitas — sorriu. — Noites em claro ou com sono entre-cortado. Tenho um casal de gêmeos.

— Parabéns! — cumprimentou-a. — O Leandro me contou. Ter gêmeos não deve ser fácil.

— Não mesmo — tornou ela sorrindo. — Mas é uma alegria tão grande...

— Eu até pensei que perderíamos nossa gerente de projetos quando soube que ela estava grávida de gêmeos — contou Leandro. — Mas Isabelle foi guerreira e aceitou triplicar a jornada: trabalho, casa, filhos...

— Precisei abrir mão da sociedade que tinha em um salão com minhas amigas.

— É mesmo? Você deixou o salão? — Rodrigo quis ter certeza.

— Sim. Era o banco ou o salão.

— E suas amigas, a Luci e a Anita? Como estão? — tornou ele.

— A Luci tornou-se uma pessoa bem bacana. Criou juízo — riu. — Diferente da que conheci na adolescência. A Anita... Bem... Anita aperfeiçoou-se nas queixas, críticas e reclamações.

Riram junto.

— Elas também se casaram? — tornou ele.

— Sim. Quer dizer... A Luci se casou com um amigo do meu marido. A Anita vive maritalmente com quem comprou minha parte do salão.

O celular de Leandro tocou. Ele atendeu, após pedir licença. Em seguida, desculpou-se:

— Vocês vão ter de me perdoar, mas preciso subir agora lá pra diretoria. Depois você vai a minha sala, Rodrigo.

— Certo. Daqui a pouco eu subo — respondeu o irmão. Após a partida de Leandro, o outro quis saber: — Qual o nome dos seus filhos?

— Aline e César — sorriu lindamente ao lembrar dos pequenos. — E você? O que fez da vida? — perguntou e bebericou o *cappuccino*.

— Não tenho muitas novidades. — Pensou um pouco e contou: — Fui transferido para Campinas e isso você já sabe faz tempo... Foi muito bom porque fico de olho nos meus pais. Vou todos os finais de semana lá para a chácara, em Vinhedo. Fico lá... De resto... Sem novidades.

— Você se casou? Tem filho?

— Não. Fiquei noivo, isso você já sabe também... Mas não deu certo.

— Ela era muito exigente? — indagou por querer brincar.

— Era sim. Pedia satisfações dia e noite. Era bem difícil. Terminei o noivado três meses antes do casamento. Ela me processou. Tive de deixar para ela a casa que havíamos comprado e tudo o que tinha dentro.

— Você está brincando?! — surpreendeu-se Isabelle.

— Não — esboçou um sorriso.

— Meu Deus! E o que investiu, você perdeu?

— Tudo! — Breve pausa e explicou: — Pois é! No começo fiquei muito, muito irritado. Depois, com o tempo, a raiva foi se dissolvendo. Fiz psicoterapia. Busquei religiosidade... Meu pai me disse que, talvez, isso tenha ocorrido para eu saldar algum débito do passado. Foi o que me fez aceitar melhor a situação. Achei a decisão do juiz muito injusta em dar para ela aquela casa. Talvez, eu tenha tirado isso dela, ou deixado sem provisões, não sei. Nem quero saber! — sorriu ao dizer: — Por isso, hoje em dia, quando o namoro começa a ficar mais firme, é importante se fazer um Contrato de Namoro. Isso já está se tornando bem comum entre casais. Serve para um não tirar proveito do outro em caso de término, como foi o meu caso.

— Existe isso? — quis saber curiosa.

— Existe sim. Procure na internet e vai ver. Contrato de Namoro é algo bem importante. Você não imagina como pode ser lesado em caso de término. Pois é!... Mas, se não for ajuste do passado, o que é meu vai voltar.

— Essa forma de pensar parece da tia Carminda.

— E ela? Como está? — perguntou.

— Bem. Sempre do mesmo jeito.

— Um dia desses, quase fui visitá-la. Estava passando lá perto e me lembrei dela.

— Deveria ter ido. Ela iria gostar. — Isabelle consultou o celular para ver que horas eram. Depois disse: — Bem... Preciso voltar à seção.

— Também preciso ir. — Olhando-a nos olhos de modo a tocar sua alma, disse em tom gentil: — Foi muito bom ver você.

— Também achei. Te desejo sucesso.

— Obrigado. A você também. Saúde aos seus filhos!

— Obrigada! — ficou satisfeita por ele ter falado das crianças.

Rodrigo se curvou, beijou-a no rosto. Isabelle sorriu e se foi.

Saíram da copa. Ele a olhou, longamente, até que sumisse no fim do corredor.

Rodrigo deu um suspiro, sorriu e ficou pensativo.

No tempo que se seguiu...

Isabelle ficou sabendo, por Luci, que algumas coisas não iam bem no salão.

Naquele dia, Pedro sairia mais cedo e disse à esposa que pegaria as crianças na escolinha, pois ela havia dito que precisaria ficar até mais tarde.

Ao sair do banco, Isabelle consultou o relógio. Verificou que saiu antes do esperado.

Certa de que Pedro já estava em casa com as crianças, ficou tranquila.

Acreditou que poderia ir até a casa de Luci para conversar com ela a respeito de Anita. Não deveria ir ao salão para fazer isso, pois não teriam liberdade.

Sem avisar, estacionou o veículo frente à casa de Luci e tocou o interfone.

Percebeu que havia luzes acesas e a TV ligada, mas ninguém a atendeu.

Talvez a amiga se encontrasse no banho. O melhor seria esperar um pouco.

Não demorou e se lembrou de telefonar para Luci.

— Luci?

— Oi.

— Estou em frente a sua casa.

— Ah!... Sei. Já estou saindo.

— Estou te esperando — Isabelle confirmou.

— Não vou demorar.

Longos minutos e Luci chegou caminhando vagarosamente. Cumprimentou a amiga com um beijo no rosto e a outra comentou:

— Pensei que você estivesse na sua casa! Tudo está aceso e TV ligada... Dá pra ver daqui.

— Não! Estava no salão. Deve ser o Edvaldo que chegou e está no banho. Hoje tive aquelas três irmãs para atender. Elas me tomam a tarde e a noite toda! Quando estão marcadas, não saio cedo de jeito nenhum. Hoje uma não veio e a outra fez metade do que costuma fazer. Por isso saí agora.

— Pensei até em ir lá, mas não ia dar para ficar à vontade e conversar com a Anita por perto.

— Poderia ter ido. Ela nem está lá — tornou Luci, abrindo o portão. — Nossa... estou tão cansada hoje.

— Nem me fale de cansaço... Os gêmeos não me deixam dormir — riu.

Ao entrarem na casa, encontraram Edvaldo quase na porta da sala.

— Oi, bem. Boa noite — Luci o cumprimentou.

— Oi, Olha!... Luci!...

O homem gaguejava e parecia apavorado.

— O que foi Edvaldo?! Viu algum fantasma? — Luci perguntou.

— Eu posso explicar — ele disse em seguida.

— Explicar o quê? — falou a esposa, sem entender o que acontecia.

Nesse instante, Anita surgiu na sala dizendo:

— Explicar a minha presença aqui.

Luci sentiu-se gelar.

Imediatamente, entendeu a razão de o marido não ter atendido Isabelle. A espera da amiga no portão, impediu que Anita saísse antes de ela chegar.

— Amor... não é nada do que você está pensando! — ele tentou se justificar.

— Eu estou aqui porque decidi conversar com o Edvaldo sobre os problemas que estamos tendo no salão. Pensei que, talvez, ele pudesse conversar com você e as coisas ficarem melhores entre a gente... — Anita tentou explicar.

Luci sentiu-se atordoada. Não acreditava no que estava acontecendo.

Deu alguns passos, segurou no braço do sofá e fechou os olhos.

Anita não parava de falar e, num impulso, Luci gritou:

— Fora daqui!!! Suma!!! — ofendeu-a com alguns palavrões.

Isabelle não sabia o que fazer. Mas teve a iniciativa de pegar o molho de chaves e pedir em tom moderado:

— Vai embora, Anita. Vai ser melhor — e foi abrir o portão para que a outra saísse. Depois voltou.

Não sabia o que dizer, muito menos o que fazer.

Pensou em ir embora e deixar o casal se entender sozinho, mas ficou com receio. Queria ter certeza de Luci estar equilibrada naquele momento difícil.

— Você tem de acreditar em mim! — pedia Edvaldo à esposa.

— Eu acreditaria em você, se não tivesse deixado essa sem-vergonha entrar aqui!!! — gritou revoltada.

— Luci, calma — Isabelle pediu.

— Como posso ter calma?!!! Chegue em casa e encontre seu marido trancado com outra mulher e quero ver você ter calma!!! Foi por isso que ele não atendeu você!!! Ele deve ter visto pelas câmeras você no portão e por isso ela não foi embora! Mas daí eu cheguei!!! — Enfurecida, olhou para o marido e quis saber:— Desde quando isso está acontecendo aqui?!!!

— Não é nada disso. Ela queria falar do salão!

Luci respirou fundo. Em seguida, de modo parecendo calmo, falou pausadamente:

— Vá embora, Edvaldo. Pegue algumas coisas e vá embora!

— Mas eu...

— Não tem mas!!! Vai embora agora!!!

Isabelle só testemunhou. Não sabia o que falar.

Edvaldo percebeu que não tinha o que argumentar.

Virando-se, foi para o quarto.

— Tem certeza do que você está pedindo, Luci? — perguntou para a amiga.

— Tenho! Convivi com traição dos meus pais a vida inteira. Não quero isso para mim! Ele sabia disso quando se casou comigo. Deixei bem claro. Nunca me traia! Nem sequer me deixe na dúvida de sua fidelidade! Sou capaz de suportar tudo ao seu lado, menos isso! — falou inconformada e não disse mais nada.

Isabelle foi para a cozinha, seguida de Luci, e preparou um chá para a amiga.

Algum tempo depois, Edvaldo chegou com uma mala e disse:

— Você está muito nervosa agora. Se quiser conversar, estarei na casa da minha mãe — e saiu.

A esposa só o encarou. Parecia hipnotizada.

Luci sentou-se à mesa e aceitou a caneca de chá oferecida.

— Amiga, tente ficar calma e pensar bastante. Precisa ver se vale a pena mandá-lo embora por causa disso. A Anita... Você sabe... Talvez, ela tenha ficado com raiva e... Estou aqui pensando. Ela pode ter armado isso para se vingar. Já pensou nisso?

— Já. Também penso que ela pode ser o que quiser. Qualquer mulher pode ser e fazer o que quiser. Mas quem precisa se colocar no devido lugar é o homem comprometido. Se ele foi tão ingênuo assim, o que eu não acredito, vai sofrer as consequências. Bem que o Betinho avisou... Ela se vingou do que eu fiz.

Isabelle tentou falar, mas, depois disso, Luci pareceu não ouvi-la.

O celular da amiga tocou. Era Pedro querendo saber sobre a esposa.

— Já estou chegando. Estou aqui na Luci e...

— O Edvaldo me ligou. O que está acontecendo?

— Depois conversamos. Estou indo — desligou.

— Belle, não se preocupe comigo. Vá pra casa cuidar dos seus filhos e do seu marido.

Talvez, a amiga precisasse dela, porém Isabelle não poderia ficar.

Fez várias recomendações e deu conselhos, entretanto Luci pareceu não ouvi-la.

Ao chegar a sua casa, Isabelle ainda tremia nervosa.

Contou ao marido o que aconteceu, mas percebeu que Pedro não parecia surpreso.

Subitamente perguntou:

— Você sabia disso?!

— Não exatamente... — ele titubeou.

— Como assim?! O que quer dizer com isso?!

— O Edvaldo me contou que a Anita estava dando mole pra ele e... Ela foi procurá-lo algumas vezes com a desculpa de falar da sociedade... Sabe como é...

— Não!!! Não sei como é!!! — gritou. — Alguma vez a Anita te procurou para conversar sobre isso enquanto eu era sócia do salão?!

— Não! Nunca! Foi só por isso que ele veio falar comigo. Quis saber se acontecia o mesmo.

— Eu nunca poderia imaginar!!! — Isabelle estava inconformada. — Como alguém pode ser capaz de um ato tão... tão... Cafajeste! A Anita nunca foi grande coisa, mas eu não poderia, jamais, imaginar que se prestasse a trair uma amiga!!! — ela falou e protestou muito. Olhando nos olhos do marido, afirmou: — Eu aprendi com essa lição acontecida na vida dos outros. Não confio em mais ninguém! E se você pensar em me trair, termine comigo antes! Entendeu?! Se você me trair, eu te coloco para fora desta casa e ainda te processo!!! Processo por danos morais, pela angústia, pelo sofrimento, pela humilhação, constrangimento, pelos prejuízos econômicos que advêm de uma traição!!! E ainda por colocar minha saúde em risco!!! Apesar de não haver dinheiro que pague tanta dor! Eu te processo!!!

— Calma, Belle! Eu não fiz nada! — zangou-se.

— Nem pense em fazer! Nem pense!

Um dos filhos chorou e ela foi ver.

Capítulo 17

## O Universo conspira...

Isabelle não conseguiu se conciliar com o sono.

Ficou em claro boa parte da noite. Sua inquietação acordou Pedro algumas vezes.

Ele se incomodou com seu estado, mas não disse nada. Soube compreender.

Ela se levantou. Olhou as crianças, que dormiam no outro quarto. Depois, foi para a cozinha com o celular na mão.

Olhou as horas: 2h15min.

Não conseguia deixar de recordar tudo o que tinha presenciado na casa de Luci. Não acreditava no que Anita havia feito.

Eram amigas de tantos anos. Como aquilo aconteceu?

Edvaldo mostrava-se um homem tão consciente e equilibrado. Demonstrava sempre seu carinho e atenção por Luci. Como pôde trair a esposa?

Isabelle não resistiu e telefonou para a amiga, que não demorou atender.

— Oi. Como você está, Luci?

— Oi — respondeu com voz de choro e silenciou.

— Imaginei que estivesse acordada.

— Belle... — calou-se e chorou.

— Fala.

Silêncio.

— Fala, Luci.

— Está doendo tanto... Você não imagina...

— Imagino, sim, minha amiga...

— Não estou acreditando... Tem horas que até achava que estava enganada, mas...

— Até eu pensei assim, Luci. Mas... — calou-se.

— Mas o quê? — indagou com voz de choro. A outra não respondeu e ela insistiu: — Mas o quê? Você soube de mais alguma coisa? Estou perguntando isso porque o Pedro é amigo dele e... Certamente, seu marido te disse... Sei lá... O Pedro sabia?

— Não tinha certeza, mas... O Pedro me contou que o Edvaldo falou sobre a Anita ter ido falar com ele sobre o salão. E parecia que ela estava dando mole pra ele.

A outra chorou em silêncio e murmurou:

— Eu devia ter desconfiado... Percebi o Edvaldo diferente... Distante nos últimos tempos e... O jeito da Anita... Tinha algo no ar.

— Eu não sei o que te dizer, minha amiga. Jamais esperava isso da Anita.

— A culpa não é só dela. É dos dois. — Um momento e falou: — Depois que você foi embora, fiquei desconfiada. Tinha de haver alguma prova dos dois juntos aqui em casa e... Fui até o banheiro do meu quarto e encontrei, embrulhado no papel higiênico, dentro do cestinho de lixo do banheiro, preservativo usado e a embalagem...

— Meu Deus!... — Isabelle sussurrou.

— Foi isso... Minha casa, talvez até minha cama era usada por esses dois...

— Como vai ser agora? Você vai de manhã para o salão?

— Não pensei nisso ainda, mas... Estou sem forças... Fico imaginando coisas... Criando cenas dos dois juntos... É impossível não pensar, não imaginar... Isso dói tanto... — chorou mais ainda. Depois, decidiu: — Vai dormir, Belle. Você tem de ir trabalhar de manhã...

— Vamos conversar. Você precisa de companhia.

— Não. Não... Tchau — desligou tão somente.

Na manhã seguinte, Isabelle, que havia dormido tão pouco, sentia-se atrapalhada com tudo o que tinha de fazer e se irritava cada vez que algo saía errado.

— Droga! — exclamou zangada ao derrubar uma caneca com café no chão.

As crianças estavam sentadas em duas cadeirinhas apropriadas.

O pequeno César chorava incomodado com algo que ela não conseguia descobrir o que era.

Pedro chegou devagar e viu quando a esposa secava o chão com várias folhas de papel-toalha.

— Que desperdício, hein! Poderia usar um pano de chão e lavar.

— Por que você não levantou mais cedo para me ajudar?! Não acha que é muita coisa para eu fazer sozinha? Ainda fica criticando! Para eu pegar a droga do pano teria de sair daqui e deixar as crianças sozinhas! E a segurança delas?!

— Bom dia para você também — falou o marido em tom de deboche.

A mulher não o cumprimentou, mas disse:

— Até agora a Nilma não chegou! Não ligou nem deu sinal de vida!

— Vai ver é problema com a condução.

— Por que ela não levanta mais cedo? Lógico que não! Chegaria aqui no horário que combinamos e teria de me ajudar com as crianças! Então é mais fácil dar desculpas, dizer que o lotação não passou... — pegando o filho no colo, recomendou: — Olha a Aline. Vou trocar o César. Depois, leve-a lá para o quarto.

— Sim senhora — ele respondeu descontente.

Após vê-la sair, Pedro virou-se para a filha e comentou:

— Sua mãe está mal-humorada. Muito mal-humorada. Ela é assim toda manhã. Promete pro papai que você não vai ficar desse jeito quando crescer? É muito chato ter que aturar alguém assim. — A garotinha fez uma graça, como se tivesse entendido. Ele riu, curvou-se e a beijou no rosto.

Um pouco depois, no quarto das crianças, Pedro segurava uma das bolsas dos filhos e Isabelle a outra, quando o marido quis saber:

— Você não dormiu essa noite, não foi?

— Bem pouco. Levantei e liguei pra Luci. Não consigo parar de pensar no que aconteceu. Ela me contou que encontrou preservativo usado no lixinho do banheiro. — O marido nada disse e ela protestou: — Você também, hein! Poderia ter me contado!

— Para quê? Melhor você não saber de coisas assim. O que iria fazer com essa informação?

— Talvez eu tentasse... Sei lá!

— O Edvaldo só me disse algo sobre isso uma vez. Nunca mais tocou no assunto. Nem eu achei que fosse possível.

— Eu nunca poderia imaginar... Certamente, isso foi vingança da Anita. Ela ficou com muita raiva da Luci quando ela decidiu colocar o Betinho encarregado de cuidar do estoque e da compra de materiais. Agora, tenho certeza de que foi ela quem armou para o Betinho pedir demissão.

— Depois de tudo o que aconteceu ontem, acho que você não tem muita coisa para conversar com a Anita. Não é mesmo?

— Eu não sei o que pensar, Pedro. Não sei o que fazer... Estou chocada até agora.

— Como a Luci está?

— Péssima. Coitada... — Alguns segundos e protestou: — A Anita também! O que deu na cabeça dela?! Ficou louca?!

— Como vai ser agora? — ele quis saber.

— Você está falando sobre o salão?

— Sim. Como vai ficar a sociedade?

— Não sei. Não tenho ideia.

— E o Fábio? — tornou o marido.

— Nossa! Tinha até me esquecido dele.

— Será que a Luci vai contar pra ele? — Pedro perguntou.

— Não sei. Sabe... Pensei que eu conhecesse as pessoas, mas não. Sempre soube que a Anita era meio... meio desregulada, implicante demais... Mas nunca pensei que pudesse... E o Edvaldo, então! Um marido tão exemplar, aparentemente. — Virando-se para Pedro, avisou: — Eu não quero mais o Edvaldo aqui em casa!

— Tenho o direito de querer o mesmo. Acho bom a Anita não vir mais aqui.

— Nem eu quero que venha! — disse, mas sentiu o coração apertado.

— Você vai procurar a Anita?

— Não — respondeu sem pensar.

— Acho melhor mesmo.

Nesse instante Nilma, a empregada, chegou e a conversa foi interrompida.

Um pouco mais tarde, Luci chegou ao salão, que já estava aberto.

Alguns funcionários a cumprimentaram normalmente. Não sabiam o que havia acontecido.

Talvez, estranhassem os óculos escuros usados em ambiente interno por longo tempo. Mas nada disseram.

Não demorou e Anita apareceu. Estava na copa quando percebeu que a sócia havia chegado. Demonstrava-se apreensiva. Nervosa e insegura.

Luci a chamou com voz firme:

— Anita! Preciso conversar com você!

— Sim. Claro — concordou com um tom submisso na voz.

Foram para a sala onde Luci trabalhava e fecharam a porta.

Sem demora, Anita começou a se defender:

— Luci, preciso que você me ouça e acredite em mim.

— Pode parar, Anita! — pediu firme. — Eu só quero saber uma coisa: você vai comprar minha parte na sociedade deste salão?

— Como?

— Foi isso o que ouviu. Se não quiser, vou oferecer a outra pessoa. Um funcionário, talvez. Não será difícil encontrar quem queira. Investi muito aqui e não quero ter prejuízo.

— Mas... É só isso o que tem pra me dizer?

— E já é demais pra mim.

Novamente um tom arrogante dominou Anita.

— Sim. Sua parte na sociedade me interessa. Só vou precisar de um tempo. Talvez, não tenha todo o valor e... Talvez, precise de um empréstimo bancário.

— Eu te dou três dias para me dar um retorno. Já enviei mensagem para as minhas clientes cancelando a agenda toda. Não precisa se preocupar.

— O que vai fazer?

— Isso não te diz respeito. Aguardo você entrar em contato. — Virou as costas e saiu sem se despedir.

Luci sentia-se destruída, ultrajada, humilhada, angustiada e triste. Todos esses sentimentos a deprimiam muito, deixando seus pensamentos confusos.

Atordoada, voltou para casa.

Foi tomada por uma intensa crise de choro.

Dominada pela raiva, foi até o armário do quarto onde ainda havia a maioria das roupas do marido. Pegou uma tesoura e cortou peça por peça de um modo que nada poderia ser aproveitado.

Algumas, ela rasgou com as próprias mãos enquanto gritava por força da dor que sentia.

Buscou duas malas, ajuntou todas as peças emboladas e jogou dentro.

Não bastasse, foi ao banheiro, apanhou creme de barbear e espremeu o tubo sobre as roupas. Fez o mesmo com a colônia e o desodorante.

Não se incomodou por se tratarem de peças caras como ternos, gravatas, camisas de marcas. Muitas que ela o presenteou ou ajudou a escolher. Roupas que ela mesma cuidava com todo carinho.

Nada mais tinha valor.

Pegou os sapatos caros e outros calçados do marido e também estragou o quanto pôde.

O que não coube nas malas, Luci providenciou sacolas e empacotou tudo.

Levou para um canto da sala e depois para a garagem, colocando dentro do seu carro.

Lágrimas compridas molhavam seu rosto abatido.

Logo em seguida, pegou as chaves, entrou no veículo e saiu.

Passado algum tempo, estacionou o automóvel em frente da casa dos pais de Edvaldo, colocou tudo no portão e tocou a campainha.

Quando a empregada veio atender, ela somente disse:

— Entrega para o Edvaldo, por favor.

— Mas... — A mulher a conhecia e tentou argumentar. Luci não deu atenção. Virou-se e se foi.

No caminho, passou em um chaveiro. Chamou o profissional até sua residência pedindo para trocar o segredo das fechaduras principais: portão e porta da sala. Também mudou o segredo do controle remoto da garagem.

Após pagar pelo serviço, entrou e se trancou em casa.

Desligou o telefone celular, único meio de contato com o mundo exterior.

Isabelle não se concentrou no serviço naquele dia.

Não parava de pensar em tudo o que tinha acontecido entre as amigas.

No término do expediente, verificou que todas as mensagens enviadas para Luci não foram, sequer, visualizadas.

Preocupou-se.

Telefonou.

Não foi atendida. O celular só dava caixa postal.

Deixou recado para que a amiga entrasse em contato com ela, mas sabia que não seria atendida. Ficou mais apreensiva ainda.

Ligou para Pedro.

— Oi. Tudo bem?

— Tudo.

— Olha... Eu preciso ir até a casa da Luci. Estou preocupada com ela. Não viu minhas mensagens nem atendeu o celular. Tem como você pegar as crianças hoje?

— Pego — respondeu tão somente. Ficou insatisfeito com a situação.

— Vai ser rápido. — Breve pausa e perguntou: — Você teve notícias do Edvaldo?

— Ele veio conversar comigo. Disse que ela foi até à casa dos pais dele e deixou malas e sacolas na calçada. Virou as costas e foi embora. A empregada levou tudo para dentro. A mãe dele abriu e disse que todas as roupas estavam cortadas, molhadas com perfume e empastada com creme de barbear. Não dava pra aproveitar nada.

— Ele não tem um pingo de vergonha. Cafajeste! Mereceu!

— Ai... Peraí! Ela pegou pesado, pelo que ele me contou.

— Pegou pesado?!!! Presta atenção no que você está falando! O que ele aprontou merece isso e muito mais! A Luci encontrou preservativo usado no lixo do banheiro!!!

— Ih!... Tá, tá, tá!... Tudo bem. Não vamos discutir sobre problemas dos outros, né? Eu estou terminando um projeto por aqui e não quero deixar para amanhã. Em casa, conversamos.

— Tudo bem. Não esquece as crianças!

— Lógico que não! E vê se não demora na casa da Luci.

— Não. Será rapidinho. Beijos!

— Beijão.

Saindo do serviço, Isabelle foi direto para a casa da amiga, que era perto da sua.

Estacionou o carro e tocou o interfone.

Ninguém atendeu.

Ao poucos, ela percebeu a aproximação de um homem que, ao chegar mais perto, certificou-se tratar de Edvaldo.

— Ela não atende. Não é? — perguntou o marido da amiga sem nem mesmo cumprimentá-la.

— Estou preocupada com a Luci — falou, encarando-o com raiva no olhar.

— Eu cheguei mais cedo. Tentei abrir o portão, mas não consegui. Ela trocou a fechadura ou o segredo. Voltei com o controle da garagem e nada. Ela mandou mexer em tudo.

Isabelle olhava em volta, tentando disfarçar seus sentimentos e não dizia nada.

— Cansei de ligar pra ela hoje. Mas não atendeu. Você nem imagina o que a Luci fez com as minhas roupas! — contou tudo.

Não suportando a indignação que sentia, ela perguntou de modo rude:

— E o que você queria que ela fizesse?! Se fosse eu, teria posto fogo e te mandava só as cinzas!!!

— Não foi nada disso que vocês estão pensando. Eu e a Anita só estávamos conversando. Não atendi você porque achei que ia pensar essas coisas mesmo. Não deu outra.

— Você quer que eu acredite nisso, Edvaldo?! Por favor! É melhor nem dizer mais nada! — Insistia em tocar o interfone um pouco mais. Num segundo momento, sabendo que não seria atendida, desistiu. Sem dizer nada, virou-se, entrou no carro e se foi.

Ao chegar a sua casa, viu que Pedro estava na sala.

Os filhos sobre o tapete com vários brinquedos e o marido no sofá, tomando cerveja e assistindo à televisão.

Ele não havia dado banho nas crianças nem feito nada.

— Oi — ela cumprimentou e lhe deu um beijo rápido.

— Oi. E aí? Falou com ela?

A esposa contou o que tinha acontecido, sempre se mostrando irritada com a situação.

— Agora estou preocupada com ela. E se a Luci fizer alguma loucura?

— Ela só quer ficar sozinha. Vai ver é isso.

— Canalha! O cafajeste do Edvaldo estava lá com a maior cara de pau. Ai que ódio!!! — exclamou enfurecida, enquanto cuidava do jantar e ele das crianças, mas dando atenção para ela.

Isabelle começou a falar sobre o assunto e não parava mais. Contou, várias vezes, detalhadamente, a cena que presenciou e sua última conversa com Luci, na madrugada.

Enquanto davam banho nas crianças e até durante o jantar dos pequenos, só falava no mesmo assunto. E o marido ouvia.

Colocou os gêmeos no berço. Ficou um tempo com eles até que dormissem. O que demorou. Depois disse:

— Nossa... Estou exausta hoje.

— Vamos tomar um banho e jantar logo. Também estou cansado. Hoje foi um dia bem complicado.

Durante o jantar, Isabelle reclamou:

— A comida da Nilma está horrível hoje, hein!

— Não achei.

— Está sem gosto.

— Você está muito reclamona. Até parece a Anita.

— Ai, Pedro! Pelo amor de Deus!

— E a Anita? — ele quis saber.

— Não sei. Eu te disse. Não a procurei nem ela a mim. A Anita sempre foi minha amiga. Ela me deu a maior força quando minha mãe morreu... Mas agora... O que ela fez... A falta de amizade que teve... A Luci também é minha amiga.

— A Anita era amiga, mas não respeitou a confiança da amizade de vocês.

— Sim. Mais ou menos isso.

— Mais ou menos, não! Ela foi muito sem-vergonha!

— Ela e o Edvaldo foram sem-vergonhas! Anita não ia fazer essa burrada sozinha! — a esposa lembrou.

— Mas foi quem começou! Pelo que ele me disse...

— Até agora não consegui entender por que você não me contou isso! Fiquei contrariada, Pedro! Se eu fosse a Luci, teria feito algo muito pior. Essa história despertou o pior em mim.

— Fica fria.

— Não. Não vou ficar fria! E você fica esperto. Não quero celular com senha que eu não saiba, não quero nada escondido de mim.

— Quem aqui tem celular com senha? Você sabe a senha do meu celular!

— E tem que ser assim! A privacidade de uma pessoa acaba quando ela casa. Não pode ser diferente!

O marido suspirou fundo e fez uma fisionomia aborrecida ao responder:

— Já falamos sobre tudo isso. O que eu disse acho que foi suficiente até agora, né? Agora... Dá pra mudar de assunto? Estou cansado, com a cabeça cheia e você não muda a conversa.

Isabelle olhou-o firme e não disse mais nada.

Luci ficou três dias sem manter contato com ninguém, gerando preocupação excessiva em Isabelle, que já estava querendo ligar para a polícia. Só não o fez porque começou a perceber que suas mensagens tinham sido lidas, embora não respondidas.

Até que, ao consultar o celular, leu o que Luci enviou:

"Amiga, passa aqui em casa hoje?"

"Sim. Passo" — respondeu, antes mesmo de ligar para o marido e pedir que pegasse as crianças.

Bem mais tarde, Isabelle chegou à casa de Luci.

Entrou após o portão ser aberto.

Na sala, viu-a se encolher sentada em um sofá e se cobrindo com uma mantinha.

Luci estava bem abatida. Cabelos desalinhados. Olheiras fundas.

— Como você está? — Isabelle perguntou após beijá-la.

— Péssima.

— Eu soube o que fez com as roupas dele.

— Você não viu o que fiz com o resto.

— Como assim?! — a amiga quis saber.

— Tudo o que restou do Edvaldo, aqui, eu quebrei ou estraguei de alguma forma.

— Luci... O que você pensa em fazer agora?

— Aquela... — mencionou um palavrão. — Vai comprar minha parte no salão. Vou pegar o dinheiro e... Não sei direito o que vou fazer. Não consigo pensar.

— O Betinho montou um salão na casa da dona Beatriz. A Anita não visita a mãe e... Quem sabe?... Vocês dois se dão tão bem...

— É... — disse desanimada. — Talvez, eu fale com ele. Tenho outras coisas mais importantes. Preciso sair desta casa o quanto antes.

— E as coisas? Seus móveis...

— Não quero nada que lembre aquele infeliz — chorou. — Ainda bem que não temos filhos.

— A raiva pelo marido não muda, em nada, o amor pelos filhos.

— Eu sei. Só não quero aturar visitas dele. Estou me sentindo tão mal... — chorou. — Na minha cabeça fica passando ideias do que aconteceu ou do que deve ter acontecido entre os dois... Devem ter rido muito nas minhas costas. Fui uma idiota mesmo!

— Você não foi idiota. Você sempre foi digna, honesta, trabalhadora. Honrou seu casamento. Se teve alguém sem caráter e sem escrúpulos, foi ele.

— Ele e aquela... Como ela pôde?! Éramos amigas desde a infância! — falava de modo manso, mantendo a sombra de uma tranquilidade inconformada.

— Você vai contar pro Fábio?

— Até que ela me pague pela minha parte no salão, não vou contar nada. Depois eu não sei. Agora, vou pensar no divórcio. Quero que saia o quanto antes.

— A Anita vai ficar com sua parte? Ela confirmou o pagamento?

— Sim. Eu pedi que me pagasse o quanto antes. Ela pediu um desconto e eu fiz. Quero receber tudo de uma vez e me livrar disso o quanto antes. Hoje ela me mandou uma mensagem, confirmando tudo. — Após um momento, disse: — Estou pensando muito na sua tia. Gostaria tanto de ir vê-la...

— Vai. A tia Carminda vai gostar de te ver. Ela vai saber o que dizer nesse momento.

— Você já viu a Anita depois do que aconteceu? — Luci quis saber.

— Não. O Pedro disse que não a quer lá em casa. Eu disse o mesmo do Edvaldo.

— Você vai procurá-la? — tornou curiosa.

— Não. Quando penso em tudo... Meu coração fica apertado. Sempre fomos tão amigas, nós três.

— Sinta-se livre pra continuar com a sua amizade com ela. Não se prenda por mim.

— Se ela vier conversar comigo, vou ouvir. Mas nada será como antes. Fiquei muito decepcionada. Perdi a confiança. Não tem coisa pior do que isso. — Observando-a, Isabelle comentou: — Estou achando sua atitude muito estranha. Você está tão calma.

— É algo estranho o que estou sentindo. É um sentimento de angústia, uma sensação horrível de desânimo diante da vida, das coisas pra fazer... Não paro de pensar no que aconteceu. Um misto de decepção, mágoa... — Lágrimas compridas correram em seu rosto e Luci as secou com as mãos.

O celular de Isabelle tocou. Ao atender, ela disse:

— Já estou indo. Beijos. — Voltando-se para a amiga, avisou: — Preciso ir. O Pedro está enrolado com as crianças.

— Obrigada por ter vindo.

— Desculpa por não poder ajudar.

Abraçaram-se com carinho e Luci a segurou por algum tempo apertada a si.

— Como é bom um abraço amigo... Só por ter vindo aqui, você já ajudou muito. Obrigada, amiga.

Após beijar-lhe o rosto, Isabelle aconselhou:

— Reza, minha amiga. Faça preces.

— Pode deixar... — disse e acompanhou a outra até o portão.

Ao retornar para dentro de casa, Luci jogou-se no sofá. Ficou sob o efeito de um choro compulsivo por longos minutos.

Sem que ela pudesse perceber, seu mentor Cássio, ao seu lado, estendendo as mãos, direcionou-lhe energias revigorantes através de passes. Logo, inspirou-a com pensamentos mais edificantes.

— Minha querida Luci, tudo o que experimentamos na vida serve para testarmos nossa resistência. Quando nos sentimos injustiçados, o melhor é saber que Deus olha por nós. Mais cedo ou mais tarde, Ele vai nos recompensar pelo que experimentamos, desde que criemos força e coragem para prosseguirmos insistindo no bem, no amor, na prosperidade. O choro de hoje é a semente do sorriso amanhã. Erga-se, minha pupila. Não se deixe derrotar. A dor e o sofrimento são inevitáveis. Mas é possível determinar o tempo desses sentimentos tomando novas e benéficas atitudes. A partir do momento que você se erguer, procurar algo novo, bom e útil, tudo vai começar a mudar e a prosperar. Acredite.

Ainda emocionada, Luci parou de chorar. Sentou-se. Procurou se recompor.

Foi até o banheiro e tomou um banho demorado.

Arrumou uma pequena mala com algumas roupas e ajeitou o quarto.

Foi para a cozinha e preparou um lanche. Depois se deitou, mas ficou insone.

Quando o dia clareou, pegou as chaves do carro, a mala, sua bolsa e saiu.

Carminda jogava milho para algumas galinhas quando reconheceu o carro de Luci se aproximando.

Ela sorriu esperando o automóvel estacionar.

A jovem desceu e, a distância, foi logo comentando:

— O moço abriu o portão e me deixou entrar. Ele me reconheceu.

— Olá, Luci! Como você está, filha?

Alguns passos e se deixou envolver pela senhora.

Não resistiu. Caiu em choro compulsivo durante o abraço.

— Calma... O que aconteceu? — Percebendo que a jovem não conseguia falar, conduziu-a para dentro da casa.

A senhora ofereceu-lhe um copo de água e foi preparar um chá.

Luci aceitou e, mais calma, contou tudo o que havia acontecido.

— Meu marido e minha melhor amiga... Nunca imaginei uma coisa assim! Como puderam?... Eu não posso entender isso!... — chorou. — Como fui me casar com alguém assim e não percebi? Como minha amiga...

Com a paciência que lhe era própria, Carminda sentou-se em frente à Luci e, após longo período de silêncio, disse em tom benevolente:

— Tudo o que foge a nossa compreensão, não é aceito por nós. Existem pessoas que não acreditam em Deus, porque a grandeza do Pai é tão intensa, que lhes foge a compreensão.

Luci ficou olhando para a senhora. Apesar de compreender a reflexão, não entendeu onde aquilo se encaixava na sua vida ou na experiência sofrida. Por isso, respondeu com humildade:

— Eu acredito em Deus...

— Eu sei. Mas não consegue compreender outras coisas ou pessoas, pois elas fogem a sua compreensão. Deixe-me dar um exemplo. Cada um de nós se encontra em uma fase evolutiva. Nunca somos iguais. O Edvaldo e a Anita se encontram em uma fase evolutiva onde não adquiriram, ainda, respeito a si e aos outros. Motivados por egoísmo, vaidade, orgulho... Dotados de insensibilidade e descaso, fizeram o que fizeram. Se vai haver arrependimento ou não, não sabemos dizer. Mas eles terão de corrigir, em seus corações, o orgulho, a vaidade, o egoísmo, a insensibilidade e o descaso com as outras pessoas, a dor que provocaram... De que forma? Só cabe a Deus decidir, de acordo com o desejo sincero de reparo de cada um.

— Quero que eles sofram tudo o que me fizeram sofrer! — chorou.

— Isso não é você quem vai decidir. Por mais que queira. Não perca tempo com isso, minha filha. Essa reparação é entre eles e Deus. Se houver arrependimento sincero por parte do Edvaldo, por exemplo, se ele quiser reverter isso porque se arrependeu, poderá ser instrumento de luz no caminho de outras pessoas para que elas não errem, não façam outras sofrerem... Ele será mais útil do que se estagnar no sofrimento. Não há nada melhor, para Deus, do que alguém como instrumento de luz e amor. Quem sabe ele abrace uma causa e se proponha a ajudar o próximo. Isso será mais útil, não acha? — Longo silêncio e Carminda disse: — Não importa, para você, o que eles vão fazer com essa experiência. O importante é o que você vai fazer com a sua experiência!

— Não consigo entender... Por que eles fizeram isso? — indagou magoada.

— Será que você precisa entender, Luci? — Ao vê-la pensativa, explicou: — Deixe-me te dar um exemplo, filha... Eu vou lá no meu quintal, todo dia, lá nos fundos, perto do ribeirão, onde as galinhas não vão, e vejo escorpião, aranha, cobra, rato e outros bichos. A pessoa que não sabe ou não conhece, se vir um escorpião e for mexer com ele ou se vir uma cobra ou uma aranha e for mexer com elas, é bem provável que esses animais a agridam de alguma forma. Eles agridem para sobreviver, por instinto e por ignorância. Mas, acima de tudo, agridem porque estão naquela fase evolutiva própria da natureza deles. Quem é evoluído, instruído e conhece a natureza desses bichos, muito provavelmente, não vai mexer com eles. Não vai se envolver com eles. Assim são algumas pessoas. Elas se encontram em uma fase evolutiva de ainda ferir as outras. Elas, certamente, vão passar por várias experiências até que evoluam e deixem de fazer isso. A partir do momento que você se envolve ou se aproxima de alguém assim e é ferida, você fica triste e se afasta, procurando entender que aquela é a natureza daquela pessoa. Você deve buscar entender que, se a sua natureza é mais evoluída, precisa compreender e perdoar, sem ter que, necessariamente, envolver-se para não se ferir mais. Ninguém é obrigado a se deixar ferir por seguidas vezes. Mas, obrigatoriamente, deve buscar entender a lição deixada com a experiência vivida.

Por exemplo... — Pensou e exemplificou: — Fui picada por uma aranha. Tive problemas. Precisei ser socorrida. Depois disso, comecei, sem necessidade, a matar todas as aranhas do caminho com tortura e crueldade. Isso mostra a minha inferioridade. A aranha pica alguém por instinto de sobrevivência, medo... Ela também foi criada por Deus. Também é filha de Deus, como todos os animais. É a natureza dela nessa fase evolutiva. Isso é normal. Mas, na minha fase evolutiva, Deus espera de mim que, com a experiência vivida, eu passe a evitar aranhas, não me envolvendo com elas, limpando melhor a minha casa, protegendo tudo... A experiência de ter sido picada deve me dar a lição de ficar esperta, ficar de olho em detalhes... Mas, não de eu descontar meu sofrimento, maltratando outro animal.

Assim é com as pessoas que nos rodeiam e que nos ferem. Se alguém fez isso, é porque não aprendeu, não sabe que suas atitudes iriam provocar dor, ou pouco pensou nisso. Se essa pessoa reconhece o erro cometido e se arrepende, ela já começou um caminho de refazimento. Já está se aprimorando. Se você conseguir perdoar, compreendendo que ela se encontra em uma fase evolutiva de aprendizado, portanto, assim como você, tem muito o que aprender, você também está se aprimorando. Ficar com raiva, desejar o mal, querer vingar... Isso vai fazer bem para você por quanto tempo? Também não sei se é isso que Deus espera de você... — Breve pausa e Carminda deixou uma nova reflexão: — Não sabemos a razão de você estar envolvida nessa situação. Deus não erra. Não mesmo.

— Mas dói — murmurou tão somente.

— Toda dor passa. Toda alegria também. O que fica é o registro das lições que tiramos. Por isso, o mais importante é você não se importar mais com eles. O quanto antes fizer isso, melhor. Só estou dizendo isso porque sei que optou pela separação. Então... O que importa é saber o que vai fazer com a sua experiência. Quais são as lições que isso tudo deixou?

— Ainda não sei... — sussurrou entre lágrimas. — Talvez... Não confiar tanto em alguém? Não sei...

— Confiar? Podemos confiar em alguém, mas precisamos entender que a pessoa tem o livre-arbítrio, o poder de escolha, que pode cometer falhas e nos deixar magoados. Creio que o primordial é aprender que devemos estar preparados para tudo e procurar nos decepcionar menos. Nós nos decepcionamos quando colocamos muitas expectativas, muitas esperanças, total confiança em alguém. Devemos lembrar que essa pessoa pode corresponder ou não, de acordo com a evolução dela. Por mais que você se sinta injustiçada, por pior que o outro tenha feito, Deus o ama tanto quanto a você. O Pai da Vida quer que essa pessoa evolua e seja feliz tanto quanto você. E Ele acredita tanto nessa possibilidade de refazimento, evolução e vitória que nos oferece tantas oportunidades quantas sejam necessárias para nós nos aprimorarmos, prosperarmos e vencermos. Sabe por quê? — diante da negativa com o pender da cabeça, Carminda respondeu: — Nascemos para vencer! A nossa alma guarda a certeza da vitória! Lembre-se disso. Você vai encontrar, aí dentro de você, aquela luz, aquela esperança que vai transformar sua vida em algo melhor, apesar de tudo. Basta que comece a procurar por alternativas, por situações melhores. É necessário que se movimente. Busque tudo o que for bom, útil e saudável para que novos movimentos ocorram na sua vida. Eu sei que você, talvez, esteja pensando no seu passado, na sua infância difícil, na adolescência desafiadora... Mas as grandes provas da vida só acontecem para almas capazes de vencer. Pense nisso. Tem um velho ditado que diz: "O Universo sempre conspira... Se vai ser a nosso favor, somos nós que decidimos".

Luci ficou reflexiva com as palavras de Carminda que, certamente, iriam lhe fazer muito bem.

# Capítulo 18

# Momento de fúria

Alguns dias na casa de Carminda fizeram bem à Luci. Não era fácil se recuperar de uma situação como aquela. A dor, os pensamentos confusos, a mágoa, a insegurança para uma nova vida pesavam imensamente.

Ela precisaria de muita força para se recompor e reconstruir-se em todos os sentidos.

Ao retornar do sítio, procurou seus pais e contou o que aconteceu. Necessitava de apoio, mas não podia contar com a ajuda deles por muito tempo.

Aceitou ficar na casa deles até se estabilizar profissionalmente e encontrar um novo lugar que pudesse pagar um preço razoável para morar.

Luci foi surpreendida ao consultar a conta corrente e a poupança que tinha com o marido.

— Ele o quê?! — Isabelle indagou surpresa.

— Isso mesmo. O Edvaldo encerrou a conta que tínhamos. Limpou as aplicações. Fechou tudo!!! A maior parte dos valores que tínhamos era dele, isso é certo. Mas eu também depositei muita coisa! Ele não podia ter feito isso comigo! — protestou.

— E agora? O que você vai fazer?

— Estou morando na casa dos meus pais. Você sabe... O clima é horrível. Brigas, discussões... Peguei o que recebi do salão e... Só tenho isso. Ainda estou sem emprego, sem um lugar para trabalhar. Como autônoma, não tenho qualquer direito trabalhista. Todos os lugares que fui não estão precisando.

— Já falou com o Betinho?

— Já. Fui ao salão que ele arrumou. A única vaga que ele tem é para manicure. Acho que vou ter de aceitar. Ele já tem podóloga e depiladora. Manicure foi o que restou. Apesar de que ele fez promessas de que, quando uma delas sair, a vaga é minha...

— Concordo. Trabalhando com ele, você pode pegar outras vagas quando surgirem.

— É... Eu sei. Mas não quero gastar o que recebi do salão. Minha parte na sociedade já era menor e com o desconto que dei para tudo se resolver mais rápido, não tenho muito. Está difícil, amiga. Acabou meu casamento, meu lar foi destruído, fiquei sem casa, sem emprego... Não tenho nada! Estou pensando em vender meu carro. Manutenção, gasolina, só vou ter despesas.

— Espere um pouco mais. Hoje em dia, carro não é luxo, é necessidade.

Luci estava sem ânimo. Percebia-se um abatimento profundo em suas expressões e no jeito de falar.

Às vezes, lágrimas escapavam de seus olhos e ela as secava com constrangimento.

— Bem... Vou indo.

— Fica mais um pouco.

— Não. Quero deitar. Estou cansada.

Mesmo com a insistência da amiga, ela se foi.

No dia seguinte, Isabelle aproveitou o lindo dia de sol em pleno inverno, em que a temperatura estava gostosamente quente, e saiu com as crianças para passear no parquinho perto de sua casa.

Usando o carrinho próprio para gêmeos, parou perto de um banco de madeira, pegou os filhos e os ajeitou na areia com alguns brinquedos.

Acomodando-se ao lado, interagia com os pequenos e ria pelas brincadeiras. Achava-se bem distraída quando a sombra de alguém que se aproximou, cobriu o sol que a aquecia.

Ao olhar para o lado, surpreendeu-se com Anita em pé, olhando-a.

— Oi — Anita cumprimentou.

— Oi.

— Podemos conversar? — propôs.

Isabelle se levantou, olhou para os filhos e se afastou, dois passos, até o banco de madeira perto dos carrinhos.

Anita a acompanhou.

Sem se dar ao luxo de sentar, Isabelle perguntou em tom simples:

— O que você quer?

— Belle... Eu... Queria conversar. A gente sempre foi tão amiga e... Por causa de uma bobagem...

— Bobagem?! Anita! Você chama o que aconteceu de bobagem?! — não deixou que a outra respondesse e disse: — Nós três éramos amigas! Você não tinha o direito de acabar com a vida da Luci como fez! Destruiu o casamento, o lar!... O único lar que ela teve na vida! Acabou com ela! Ela está sem casa! Sem trabalho! Sem nada! E por culpa de quem?!

— A culpa não foi só minha! — defendeu-se.

— Sem dúvida que não foi. Mas você era amiga dela! Se o cachorro do Edvaldo não tinha moral, se era um cafajeste, que aprontasse com outra e nunca com você! Você era amiga dela! Você tirou tudo da Luci! Que espécie de criatura é você?!

Anita abaixou o olhar e murmurou:

— Fiquei com muita raiva por causa das acusações e insinuações que ela fez sobre o material que sumiu do salão. Não sei o que me deu.

— Como não sabe o que te deu?!

— Pensei que você fosse capaz de me compreender, Belle.

— Como é que vou compreender uma pessoa que... Somos amigas desde a infância! Nós três! Brincamos juntas, estudamos juntas, aprontamos juntas... Temos memórias, muitas coisas para rirmos, muitas histórias para contarmos... Eu sempre achei que envelhecer e ter uma amiga com a qual tenhamos lembranças boas e várias vivências seria uma bênção! Achei que nós três fôssemos abençoadas porque dividimos tantas coisas. De amigas na infância, na adolescência, nós nos tornamos sócias... Pensei em ser nós três até a velhice... Poxa vida, Anita! Você não pensou nisso? Não achou que estava estragando tudo?!

— Desculpa...

— Desculpar?!

— Só agora estou me dando conta e... Estou com medo de que o Fábio fique sabendo. Eu não gostaria de estragar o que existe entre nós.

— Quer dizer que na vida da outra... Que na vida da sua amiga você não pensou, né? Acabou com tudo da vida da Luci e agora quer preservar a sua? Ela ficou sem nada, por sua causa!

— Foi ela quem quis vender a parte dela no salão. E diga-se, de passagem, que ficou com uma boa grana.

— Você acha que haveria clima para ela encarar todo dia, sem mágoa ou vergonha, a pessoa com quem ela pegou o marido? A melhor amiga dela?! Pensa, criatura!

— Se eu pudesse falar com ela...

— Quer dizer que você veio me procurar só para eu ir conversar com a Luci e pedir que não conte ao Fábio o que aconteceu? Não quer que seu companheiro saiba da traição e do que você é capaz?! Ora, Anita! Por favor! Que tipo de gente você pensa que eu sou? A Luci está arrasada! Ela saiu da casa alugada em que moravam. Precisou voltar para a casa dos pais que, todos sabemos, é um inferno! Está sem trabalho. Não teve direito a qualquer auxílio trabalhista. Foi traída pelo marido com a melhor amiga! E você quer que eu faça alguma coisa para que vocês se encontrem?! Ela foi humilhada da pior forma! Está acabada! Destruída! Magoada! Se a Luci achar que haverá uma gota de justiça nessa história toda se ela contar para o Fábio, não serei eu a impedir que se sinta melhor, depois de toda essa podridão que você fez com ela. Agora... Me dá licença que o sol já está quente demais para os meus filhos!

Isabelle não esperou qualquer argumentação de Anita e foi pegar as crianças. Estava indignada. Nunca pensou em reagir assim com sua melhor amiga, que foi sempre arrogante.

Enquanto ajeitava os filhos nos carrinhos, Anita se aproximou. Brincou com as bochecha de César e perguntou:

— Eles estão bem?

— Estão ótimos — respondeu mal-humorada.

— Somos amigas ainda, não somos, Belle?

Ao acabar de colocar o cinto de segurança na pequena Aline, ergueu-se, encarou-a e respondeu:

— Acho que você não se deu conta do quanto isso está doendo em mim também. Depois de tudo, será que ainda restará espaço para uma amizade verdadeira, fiel, honesta e sincera entre nós?

Em silêncio, entreolharam-se por alguns segundos.

Isabelle recolheu os brinquedos, apanhou a sacola, ofereceu água aos filhos e se foi sem dizer mais nada.

Luci começou a trabalhar como manicure no salão de Betinho.

Passou a se demonstrar muito magoada. Nitidamente, esse comportamento refletia em sua aparência. Emagreceu visivelmente e não se cuidava tanto como antes.

Aproveitando um horário em que o salão estava vazio, Betinho procurou-a.

— Amore, como você está?

— Estou estranha. Com muita raiva. Não paro de pensar...

— Não acha melhor procurar um médico?... Estou te achando muito abatida.

— Foi por causa de tudo o que aconteceu. Não dá pra me sentir diferente. Depois do dia em que assinamos o divórcio... Vi minha vida ir pro ralo.

— Pro ralo não! — exclamou com trejeitos. — Você não é mulher de viver na sarjeta. Nunca foi!

— Estou dependendo dos meus pais para ter onde morar. Não estou suportando. Foi você quem me incentivou a sair de lá. Lembra?

— Lembro. Mas eu dei esse conselho para você ir morar sozinha. Não com amigas. Nem sempre isso dá certo. Olha... Tô aqui pensando... Já precisei de ajuda e fui ajudado. Isso foi tão bom... Mas não abusei. Entende? Então... O que você acha de morar comigo e com a dona Beatriz? Pago aluguel do quarto pra ela, sabe disso. Eu posso falar com ela pra dar uma força para você. Eu contribuo um pouquinho mais, assim não fica pesado. Porque todo mundo dá despesa. Água, luz, gás, alimentação... Tudo, tudo dá gasto.

— Eu não sei. E se as coisas não melhorarem pra mim? Tenho medo de ficar sem o dinheiro que recebi com a venda do salão. Se ele se esgotar... Não sei o que fazer... Não estou conseguindo pensar.

— Vai se esforçar para que as coisas melhorem, não é amore? Posso pedir pra dona Beatriz um período de... três meses. Se não der certo, aí você volta de novo para casa dos seus pais. Desculpa, mas... Não podemos abusar de nada que nos é dado nem de qualquer auxílio. Sabe, eu acho que se você sair de lá, vai ser bem melhor. Não pode ficar assim com esse baixo astral.

Betinho conversou com Beatriz, mãe de Anita, detalhando tudo o que aconteceu. A mulher sabia que Luci havia se divorciado, mas ignorava o fato de sua filha estar envolvida.

— Como Anita foi capaz disso? — indagou inconformada. — Não foi essa a educação que dei pra ela.

— O importante foi a senhora ter cumprido a sua parte. Educou a Anita muito bem. Se ela não soube aproveitar, é outra coisa. Mas, o que eu gostaria mesmo é de dar uma força pra Luci. Tadinha. Estou sentindo que ela está muito deprimida. Acho que até deveria ir a um médico.

— Achei que ela está muito aflita. Com raiva, magoada... Não me falou nada, mas dá pra perceber uma revolta.

— Também... Voltou a morar na casa dos pais, depois de tudo. — Envergou a boca, torcendo o nariz. — A mãe briga todo dia. Está jogando na cara dela que ela não teve capacidade de se manter casada. Dão risada porque a sociedade no salão terminou. O pessoal é terrível. Parece que bebem muito. São sem noção.

— Mas a Luci recebeu alguma coisa na venda da parte dela na sociedade, não recebeu?

— Recebeu. Não foi um valor tão significativo. A parte da Anita e da Isabelle era de maior porcentagem. E o que recebeu ela disse que quer guardar por mais um tempo, porque não sabe o que fazer. Não quer gastar com coisa errada pra não se arrepender. Ela não está com cabeça para mexer nisso.

— O marido não vai pagar pensão?

— Não. O juiz a qualificou como pessoa capaz. O que de verdade é. Mas precisa se erguer, se levantar. O que a senhora acha de ela ficar aqui por uns três meses de experiência? Eu ajudo com as despesas dela. Caso não dê certo...

— Claro que ela pode vir. Por mim pode vir amanhã. Conheço essa menina desde pequena. Eu mesma vou falar com ela.

— Ótimo! Não gosto de ver a Luci com aquela carinha.

Alguns dias se passaram, desde a conversa com Isabelle. Anita sentia-se triste. Dificilmente, algo a incomodava emocionalmente a ponto de entristecê-la.

Talvez, as palavras da amiga tenham tocado seu coração. Também estava com medo de que Fábio descobrisse tudo o que tinha acontecido.

Vivia quieta e reflexiva. Todos repararam sua mudança de comportamento.

Certa manhã, Anita estranhou a porta do salão aberta. Era uma porta de aço, daquelas que enrolam para, só então, abrir as portas de vidro.

Ela estava acompanhada de duas outras funcionárias e uma delas suspeitou:

— Será que foi ladrão?!

— Vamos ter que entrar pra ver — respondeu temerosa. — As portas de vidro também estão destrancadas — reparou.

Ao entrarem no salão, viram tudo destruído, quebrado. Os principais equipamentos danificados.

Nada inteiro. Até as cadeiras foram cortadas. Espelhos estilhaçados, vasos espatifados no chão.

Uma verdadeira cena de destruição.

Anita e as funcionárias foram a todos os espaços e, em cada um deles, parecia que um furacão havia passado por lá.

Uma onda de ódio correu pelo corpo de Anita que deu um grito imenso.

— Melhor chamar a polícia — disse uma.

— Isso mesmo! — concordou a outra.

— Não!!! — Anita berrou. — Ninguém vai chamar polícia nenhuma! O que eles vão fazer aqui?! Nada! Só vão especular!!! Quem fez isso está longe!

— E você não vai fazer nada?! — uma moça estranhou.

— Fazer o quê?! O que você acha que pode ser feito?!! O quê?!! — Anita esbravejou. — Ir na polícia só vai me fazer perder tempo! Mais nada!

— Parece vingança — a outra comentou. — Não levaram absolutamente nada. Mas destruíram tudo! Até o estoque de toalhas... Derramaram todos os esmaltes em cima das toalhas! Olha só!

Anita pegou o celular e ligou para Fábio, agora seu único sócio. Precisava de orientação para saber o que fazer.

Sem demora, ele chegou ao salão.

Enquanto outros funcionários chegavam e ligavam para os clientes desmarcando todo e qualquer agendamento, Fábio verificou que não houve arrombamento em nenhuma das portas.

— Abriram com chave. Só pode ser — ele concluiu. — Alguém mais tem as chaves daqui?

— Eu, você e o Wellington... Só — Anita mentiu.

— E a Luci e a Isabelle?

— Não — mentiu novamente. — Elas me entregaram as chaves. Nem sei onde coloquei... Acho que deixei em uma gaveta por aqui... Qualquer um poderia ter pegado.

— Você deveria ser mais cuidadosa, Anita! E agora?! — ele esbravejou.

— Não vai adiantar fazer queixa na polícia — tornou ela.

— Você tem que ir! — Fábio insistiu.

Anita estava com medo de que a investigação chegasse até Luci e que ela revelasse a traição e, por isso, sua vingança.

— Vou lá pra quê? Perder meu tempo? Esperar três ou quatro horas para fazer um boletim de ocorrência que não vai me servir de nada! Ainda vai comprometer o nome do salão.

— E os prejuízos?! — ele indagou.

— Não sei... Vamos ter que recomeçar. O salão não tem seguro. Os materiais dos funcionários também foram danificados ou quebrados. Cada qual fica com seu prejuízo.

— De onde vamos tirar dinheiro para repor tudo?

— Eu vendo meu carro — ela decidiu.

Ela começou a acreditar que, por vingança, Luci poderia ter feito aquilo. Talvez, até com a ajuda de Isabelle, pois ambas estavam contra ela. Nenhuma das sócias devolveu suas chaves quando a sociedade terminou. Ela até se esqueceu desse detalhe.

O medo de que Fábio descobrisse a razão daquilo a deixou coagida.

Naquela mesma manhã, ao ir trabalhar, Edvaldo encontrou riscos em toda pintura do seu carro.

Por falta de espaço na garagem da casa de sua mãe, ele precisava deixar o veículo estacionado na rua durante a noite.

Quem fez aquilo usou um instrumento metálico forte. Tinha danos na pintura de todo automóvel e também na lataria, amassada em alguns pontos como se alguém batesse com o mesmo instrumento metálico. O prejuízo foi grande.

Edvaldo ficou furioso, mas não havia alternativa senão a de acionar o seguro e deixar o carro alguns dias em uma oficina para ser todo pintado.

Não poderia acusar ninguém. Não houve testemunhas, embora ele suspeitasse da ex-mulher.

Nesse mesmo dia, Luci parecia inquieta. Bastante silenciosa. Exibia algo nervoso em suas ações.

Já era noite quando mandou mensagem para Isabelle perguntando se poderiam conversar.

Não demorou e estava na sala da casa da amiga.

— Oi — cumprimentou.

— Entra Luci. Não repara. Estou dando janta para as crianças. Mas podemos conversar.

— Fica tranquila. Desculpa te atrapalhar.

— Você não atrapalha. Mas diga, o que aconteceu? Está tudo bem?

— Não sei. Eu fiz uma coisa e... Estou arrependida.

— O que você fez? — preocupou-se. Percebia que a amiga não estava bem.

Luci contou tudo.

— E agora, Belle? O que eu faço?

Parecendo incrédula, ela considerou de forma branda para não piorar o estado emocional da outra:

— Será que tem algo para você fazer?

— Fiquei insana! Não sei explicar o que me deu. Senti muita raiva! Nesses dias, comecei pensar e só então reparei que a Anita pediu menos pela minha parte no salão. Depois de tudo o que ela me fez... Ainda tive que ceder. Não poderia continuar ali. Estava abalada e não pensei direito no que estava negociando. Ela foi muito injusta comigo. O Edvaldo também. Disse que o dinheiro da aplicação era todo dele. Que ele tinha depositado tudo. Estava no nome dele. Não tinha como eu provar. Fiquei com raiva! Com muito ódio. Você entende? — pareceu suplicar compreensão.

— Entendo. Ai, amiga... Como te entendo! Mas isso não foi correto. E se eles descobrirem? Afinal... Não houve roubo no arrombamento do salão, só danos. No carro a mesma coisa. Podem pensar que foi vingança.

— Eles estão desconfiados de mim. Lógico.

— É bem possível, Luci. Alguém te ligou?

— Não. Ninguém. Agora estou arrependida.

— Sempre ouvi dizer que a raiva não é boa conselheira — Isabelle lembrou.

— Não consegui me controlar. Tive um momento de fúria — abaixou a cabeça.

— E se alguém te ligar? E se derem queixa à polícia?

— Não sei... Só me resta ir presa! Aí minha vida acabou mesmo!

— Não. Acho que não vão dar queixa.

— Não sei não, Belle.

— Vamos ter de esperar.

— Estou me sentindo tão mal com isso... Eu deveria ter pensado mais... Ter falado com você... Quando a gente conversa, a raiva passa.

— Calma. Agora não adianta ficar assim. Está feito. Você tem direito à emoção e...

— Não. Não esse tipo de emoção. Errei...

— Estou imaginando o que estava sentindo... Mas... Passou. Os sentimentos que te levaram a fazer isso já passaram.

— Mas agora estou com medo.

— Calma, Luci. Não fica assim.

Elas conversaram muito até a amiga decidir ir embora.

Nos dias que se seguiram, a expectativa de notícias a respeito do ocorrido torturava Luci.

Ela sofreu crises de choro e se amargurou muito.

Trabalhava mecanicamente. Quase não conversava. Nem mesmo com Betinho, que insistia em saber a razão daquele estado.

Os dias e as noites se tornaram tristes, escuros e angustiantes.

Luci acreditava que não conseguiria se estabilizar novamente. Estava vivendo de favor e não conseguia ganhar o suficiente com aquele serviço para se manter.

Ao perceber sua quietude, Beatriz decidiu falar com ela.

Chegando ao quarto que Luci ocupava, a mulher bateu à porta entreaberta e perguntou:

— Posso entrar?

— Claro... — Luci respondeu simplesmente.

Beatriz acomodou-se na cama onde a outra estava deitada sobre as cobertas e perguntou:

— Você está bem?

— Eu vou levantar para ajudar a senhora e...

— Não! Não vim aqui para isso. Estou te achando muito quieta. Tão pra baixo...

— Não sei o que está acontecendo comigo, dona Beatriz. Estou sem ânimo. Sei que preciso reagir, encarar melhor a vida, mas... Não tenho forças. É uma coisa estranha...

— Eu sei o que é uma separação. Sei o quanto dói. O quanto é difícil, humilhante, desumano... É inevitável não sofrer.

— Minha cabeça está confusa... Não consigo me concentrar, não estou pensando direito. Estou preocupada e com medo. Sinto um medo... — chorou.

A mulher a abraçou com carinho a afagou-lhe os cabelos até vê-la se acalmar. Depois, disse:

— Eu sei o que é isso. Sei exatamente como é se sentir trocada, traída, enganada... Principalmente pela pessoa que você mais amou. Pior ainda, quando a outra criatura é sua melhor amiga. Dia e noite sem ânimo e sem paz, só pensando nas duas criaturas que me traíram... E a cada dia eu ficava pior. Abatida, com medo da vida...

— Mas, pelo menos, a senhora tinha uma casa onde morar. Nem isso eu tenho — chorou.

— Você não está na rua nem ao relento. Você conquistou amigos. Isso não é fácil hoje em dia. Mas... voltando ao que eu estava falando... Quando o corpo está assim, desanimado, é a cabeça que precisa forçá-lo a fazer algo.

— Minha vida não tem mais sentido... — murmurou. — Nem sei o que estou fazendo aqui.

— Hei, menina! Pare com isso! Não deixe pensamentos decaídos dominarem você. Mostre a eles que você tem o domínio de si, simplesmente, porque Deus te ama! Ele te ama tanto que é capaz de lhe dar inúmeras chances e oportunidades.

— Onde estão essas chances e oportunidades?

— Trancada, aqui, neste quarto, você não vai achá-las nunca! Você precisa se ocupar com algo que goste para se renovar, principalmente, neste momento.

— Eu só tenho ódio no meu coração. Uma dor e uma mágoa muito grande.

— O tempo em que esses sentimentos destruidores vão ficar em seu coração é você quem decide. Por isso, é importante perdoar. O perdão acontece de modo natural, quando você entende que o outro é inferior ainda. Não é capaz de entender, de oferecer amor ao próximo, não é capaz de ter compaixão, fidelidade, gratidão e tantas outras práticas elevadas. Porém, ele vai evoluir. Vamos lembrar que temos nossas inferioridades e que, no momento, não conseguimos mudar. — Longo período de silêncio e aconselhou: — Procure reagir. Quando reagimos positivamente para a vida, Deus age abençoando o que fazemos e o que pensamos.

— A senhora falou a mesma coisa que a dona Carminda...

— Então é o que você precisa ouvir.

As palavras de Beatriz ecoariam nos pensamentos de Luci para que meditasse a respeito e ganhasse ânimo.

Para conquistarmos o que não imaginamos, às vezes, é preciso deixar de ter o que tanto queríamos. Deus sabe o que é melhor para nós.

Capítulo 19

# Doença inesperada

O tempo foi passando...

O aniversário de quatro anos dos gêmeos foi comemorado com muita alegria.

As crianças estavam lindas, saudáveis e bem crescidas para a idade. Eram espertas, inteligentes e muito alegres.

Além de uma pequena festinha para comemorar, Isabelle e Pedro prometeram levá-los para a praia, pois os filhos adoravam.

Ao parar para pensar em tudo o que tinha ocorrido em sua vida, Isabelle sentiu uma imensa saudade do pai, da irmã Rafaelle e do irmão Ailton. Quase não tinha mais notícias deles.

Às vezes, enviava mensagem para o irmão que mal respondia dias depois. Fazia o mesmo com Rafaelle que só visualizava.

Arrependia-se por ter brigado com ela, mas não poderia aceitar o que estava acontecendo. Há quatro anos não a via, desde que os filhos tinham alguns meses de vida.

Decidiu procurar seu pai para saber como estava. Ele nunca a visitou nem para saber dos netos. Nenhum telefonema.

Não levou as crianças junto quando foi visitá-lo. Nem mesmo avisou que o faria. Não sabia o que a esperava.

Estacionou o carro na frente da casa onde viveu sua infância e adolescência.

Tudo se encontrava do mesmo jeito, só que mais feio, sem qualquer cuidado ou manutenção.

Desceu do veículo e entrou.

A campainha não funcionava mais e começou a chamar:

— Rosa! Pai!

Depois de muito tempo, Rosa surgiu abrindo a porta.

A mulher estava quase irreconhecível. Muito envelhecida para a sua idade. Maltratada, malvestida. Sem alguns dentes, feia...

— Oi... — disse secando as mãos em um pano de copa.

— Oi, Rosa. Sou eu.

— Ah... Quanto tempo, Belle. Entra.

Isabelle assim o fez. Entrou e reparou em cada móvel e cada detalhe.

Tudo continuava do mesmo jeito que viu da última vez. Muito feio, opaco.

— Como estão as coisas, Rosa? E o meu pai?

— Você não soube? Seu irmão não te contou?

— Contou o quê? — sentiu-se gelar. Pensou no pior.

— Seu pai está lá no quarto. Começou sentir uma dor na perna, no braço... Falava que tinha cãibras e tava ficando travado. Ficou sem andar direito de repente. Daí levamos ele no médico. Mas não adiantou nada. Ele deu relaxante muscular. Ele foi ficando pior a cada dia. A gente só tinha um cartão do Ailton. Então eu liguei pra ele. Quase um mês depois, o Ailton veio aqui. Levou ele em um hospital bom, porque ninguém descobria o que seu pai tinha.

— E o que ele tem?

— É uma doença com nome complicado, por isso chamam de ELA. Tá aqui no papel... — Foi até a estante onde havia vários envelopes de exames clínicos, revirou alguns e pegou um em especial e leu: — ELA é Esclerose Lateral Amiotrófica.

— Meu Deus!... Você nem para me avisar?! — zangou-se.

— A gente não achou o seu telefone! Eu mandei seu irmão avisar você.

Isabelle deu-lhe as costas e foi para o quarto à procura do pai.

Antônio movimentou, com dificuldade, a mão esquerda e os olhos em direção à filha.

— Pai! O que aconteceu com o senhor?... — perguntou em tom de lamento, sentando-se na cama e dando-lhe um abraço.

— Antônio não fala mais. Essa doença vai paralisando o corpo pouco a pouco. Ele mal mexe um braço e olha pra gente. Nem sei se entende o que a gente fala.

Isabelle se ergueu do abraço, olhou para ele e disse:

— Pai, se o senhor estiver me entendendo, pisque duas vezes seguidas. Se puder, aperte bem os olhos para eu saber que o senhor entendeu.

O homem piscou duas vezes conforme ela pediu e apertou os olhos.

— Ah... Eu não pensei nisso — Rosa ficou admirada. — Que coisa!

— Ele está fazendo tratamento? Algum acompanhamento?

— Está tomando remédio. Mas o seu irmão disse que isso e água é a mesma coisa.

— Que droga! Por que não me falaram? A Rafaelle está sabendo?

— Se você não sabia... Ela muito menos. A última vez que vi a Rafa foi quando ela saiu daqui.

Isabelle se sentiu amargurada. Não sabia o que fazer.

Virando-se para Rosa, perguntou:

— Do que vocês estão precisando?

— Ele aposentou, né. Temos muitos gastos com fraldas... As que ganhamos do pessoal do Posto de Saúde que vem aqui fazer as visitas domiciliares nunca dão pra todo o mês. Sempre falta. Seu irmão deixa um dinheirinho toda vez que vem aqui. E... A verdade é que tá difícil, Belle. Só eu e ele... Tá difícil — lágrimas correram de seus olhos. Rosa secou o rosto com o avental e contou: — A Vera e o Lucas saíram de casa. Fiz de tudo... Tudo, tudo... Não sei por onde andam. Mas sei que não estão fazendo coisa boa — chorou mais ainda. — A Vera deve tá na vida fácil... O Lucas não tá em boa companhia também. Um dia desse, eu larguei o Antônio aqui e corri na feira... Eu ajudo os feirantes na hora da xepa — referiu-se ao período de final de feira, horário em que os produtos são mais baratos e tem muito mais gente comprando. — E uma vizinha me disse que o filho dela passou lá na cidade, lá na região onde tá cheio de drogado e... Ela disse que ele viu o Lucas lá... — chorou. — Não sei o que aconteceu com meus filhos...

— Vocês estão pagando o que fizeram comigo! — esbravejava o espírito Dulce, impressionantemente perturbada. — Ele tá aí travado porque ficou sem fazer nada para me ajudar!... Não fez nada e só ficou olhando o que você dizia pra mim! Agora está aí só olhando!... Só olhando!... Nem falar ele fala!!! Esse é só o começo! Você, Rosa, vai sofrer muito mais!

Os encarnados não podiam ver o que se passava na espiritualidade.

Por falta de religiosidade, orações e fé, espíritos doentes e infelizes se ligavam a Antônio, deixando-o deprimido e com a consciência extremamente infeliz.

Enquanto Rosa era assediada por espíritos sofredores, que torturavam seus pensamentos com ideias tristes e desesperadoras pela situação que vivia e por ver os filhos sem um futuro bom e saudável.

— Você não quis ficar com meu marido? Agora aproveite bem!! — dizia Dulce impiedosamente.

Outras entidades malfazejas envolveram Rosa. Nesse momento, sentimentos de culpa, mais fortes, e uma angustiosa tristeza apertaram-lhe o peito. Essas vibrações inferiores a torturavam, sem que entendesse a razão.

Rosa caiu em choro compulsivo. Deu alguns passos para trás e apoiou as costas na parede. Pegou a ponta do avental que usava e cobriu o rosto choroso.

O espírito Enoque, mentor de Isabelle, aproximou-se de sua protegida e a intuiu para que confortasse a madrasta.

— Muitas vezes, é no sofrimento que começa a redenção. Conforte-a.

Isabelle levantou-se, foi até Rosa e a envolveu com um abraço, murmurando:

— Calma... Não fica assim...

— Desculpa... Desculpa, Belle... — sussurrou.

— Desculpar o quê? Você não tem que me pedir desculpas.

— Tenho sim... Tenho... Tenho culpa de muita coisa... — falou baixinho com voz rouca.

— O que aconteceu com o meu pai foi uma fatalidade... Não foi culpa sua... Você fez tudo o que estava ao seu alcance.

Rosa chorou ainda mais. Era incapaz de revelar o motivo de tamanha dor.

Passados alguns minutos, ela se recompôs, mesmo assim, escondia o rosto para não encarar a enteada.

— Vou dar mais assistência a vocês e... Vamos procurar cuidar melhor do meu pai. Hoje mesmo irei telefonar para o Ailton e para a Rafaelle. Faremos o melhor. Vai dar tudo certo.

Isabelle conversou um pouco mais, quis saber sobre as visitas médicas. Depois, deixou algum dinheiro com Rosa para suprir necessidades e se foi.

Já em sua casa, telefonou para o irmão. Achava-se muito zangada pelo fato de ele não avisá-la.

O celular tocou muitas vezes, mesmo assim, ela não desistiu.

Na terceira tentativa, foi atendida.

— Ailton?!

— Oi, Belle. Tudo bem?

— Não! Lógico que não! Você nem para me avisar que o pai estava doente! Em que tipo de pessoa você se transformou?!

— Eu não quis te incomodar, eu... Ia te contar, mas estava dando um tempo.

— Dando um tempo?! Ailton! É o nosso pai! Eu tenho o direito de saber! Eu me importo com ele!

— Olha aqui, Belle!... Pare de me dar sermão! Se você se importasse mesmo com ele, já o teria visitado antes e descoberto que o pai não estava bem! Teria ido lá e visto que ele estava perdendo gradualmente a força e a coordenação muscular! Teria percebido que ele sentia falta de ar e dificuldade de engolir, porque esses grupos musculares são os primeiros a serem afetados com essa doença. Teria sabido que ele estava com excesso de cãibras. Se você se importasse mesmo, teria vindo me procurar bem antes, não só agora, depois de tudo constatado! Não venha me dar lição de moral não! Problemas e urgências todo o mundo tem! Eu não sou uma exceção! Estou sobrecarregado e...

Ailton só percebeu a irmã chorando quando parou de falar.

— Desculpa... — ela murmurou. — Não tinha me dado conta disso.

— A verdade, Belle, é que o pai também nunca fez questão de angariar o nosso amor, nosso afeto. Apesar de vivermos na mesma casa, ele sempre foi ausente! Nunca se importou verdadeiramente com a gente. E se passou por tudo isso... Se está sozinho é por tudo o que cultivou a sua volta.

— Não podemos pensar assim.

— Quando foi que o pai te procurou? Foi saber dos netos? Garanto que nunca! E o mesmo ocorreu na nossa infância. Ele era muito bom. Não deixou faltar nada... Mas éramos nós que o procurávamos. Ele nunca vinha conversar com a gente. Dialogar, perguntar se precisávamos de alguma coisa... Só dava o dinheiro que tinha quando precisávamos ou explicava que não tinha.

— Tá bom... Tudo bem. Mas... Agora vamos nos concentrar no momento. O que podemos fazer por ele?

— Não muito. Em termos de melhorar sua saúde não podemos fazer quase nada. A não ser dar conforto. Essa é a cruel verdade. A Esclerose Lateral Amiotrófica, também conhecida como ELA, é uma doença degenerativa progressiva. Não se conhece uma causa específica para esse mal, porém, entre outros fatores, as principais pesquisas apontam que está ligada ao consumo de glutamato.

— Glutamato? O que é isso? — a irmã quis saber.

— É um sal sódico do ácido glutâmico. Existe uma verdadeira guerra industrial por trás dessa droga. Droga é a minha opinião. Artigos muito bem pagos pelas indústrias alimentícias são evidenciados para dizer que é mito todo o mal que o glutamato causa.

— Mas o que é isso?

— Ele é um sal... Vamos dizer assim, é uma substância que realça o sabor dos alimentos, da comida de uma forma geral. Ele pode ser encontrado nos temperos prontos, aqueles tabletes ou mesmos nos saquinhos para realçar sabores. Também é encontrado nas sopas de pacotes, pacotinhos, latas... Redes de *Fast Food* usam glutamato em seus pratos, hambúrgueres, em todos os alimentos... Salsichas, empanados de frango ou qualquer outra coisa... Até em rações para cães e gatos! É uma droga! Por que eu digo isso? Porque ela age no cérebro. Vicia! Imediatamente, você não quer parar de comer porque está gostoso. O glutamato leva à Síndrome do Restaurante Chinês. Sudorese, palpitação, aceleração dos batimentos cardíacos, dores de cabeça, formigamento, náuseas... Muitas pessoas que consomem glutamato em comidas orientais apresentam esses sintomas. O uso do glutamato monosódico, que é o nome completo, estimula as células a ponto de danificá-las ou matá-las. Porque ele é composto de quase oitenta por cento de ácido glutâmico livre, mais de vinte por cento de sódio e até um por cento de contaminantes. Pode estimular células a ponto de destruí-las. Imagine a ação dessa droga no cérebro? Ele contribui para o desencadeamento ou piora disfunções orgânicas já existentes como, por exemplo, Alzheimer, Doença de Parkinson, dificuldade de aprendizado e outras, muitas outras que até ignoramos. A longo prazo, é responsável por enxaquecas crônicas, obesidade, lesões oculares, arritmia cardíaca e muito mais está relacionado ao consumo do realçador de sabores. Pesquisas apontam um excesso de atividade do glutamato no sistema nervoso central em quem tem Esclerose Lateral Amiotrófica.

Quando passamos a ingerir glutamato, nosso cérebro fica viciado. Passamos a não gostar de alimentos de verdade e desejamos alimentos com realçadores de sabores. Parece que tudo fica ruim. É o vício. Hoje em dia, temos muitas drogas sendo consideradas alimentos. Adoçantes também são outros venenos que contribuem para isso tudo. Alguns foram inventados para serem veneno de formigas, mas, por serem considerados doces, passaram a ser usados para adoçarmos as coisas. Na verdade, são piores do que o açúcar. Faça uma pesquisa para você ver!

— Eu não sabia disso! — alarmou-se Isabelle. — Você pode repetir quais são os alimentos que contêm isso?

— O glutamato é vendido puro, como realçador ou ressaltador do sabor dos alimentos. São encontrados em temperos prontos industrializados para arroz, feijão, carnes... Caldos para carnes, aves, peixes e legumes. Tempero do macarrão instantâneo, salgadinhos industrializados... Sopas em pacotes ou enlatadas em conservas, *ketchup*, comida congelada, hambúrgueres, almôndegas, *nuggets*, empanados e todas essas coisas congeladas que você compra pra fritar em casa. Molhos, condimentos prontos, enlatados ou instantâneos, carnes e linguiças curadas ou defumadas, salsichas... Olha... em quase tudo o que se diz comida industrializada. Tem muita coisa. Pesquise.

— Meu Deus! Eu sirvo macarrão instantâneo para os meus filhos! Eles adoram! E salgadinhos também!

— Saiba que você está matando seus filhos a longo prazo. O futuro de quem consome isso fica comprometido. Embora encontro pessoas, que não têm conhecimento, dizendo: "Eu como e não me faz mal!". Mas, quando estiver com Alzheimer, não vai lembrar que consumia adoçante, realçadores de sabor de alimento e mais um monte de lixo industrializado que chamam de comida. Desculpa, mas... Não dá pra falar diferente. Eu não sabia disso. Não se aprende isso na faculdade de Medicina. Aprendi por pesquisas em Protocolos Acadêmicos, pesquisas resultantes de estudos sérios. Não de *sites* de curiosos e palpiteiros. Descobri que, na maioria dos países, é obrigatório aparecer na lista de ingredientes dos alimentos industrializados o nome glutamato monossódico. Porém, aqui no Brasil, você vai encontrá-lo como ressaltador ou realçador de sabores. Lógico. Não temos Ministério da Saúde, mas sim Ministério da Doença. Não é bom para os políticos ladrões terem um povo saudável. Quanto mais doentes, mais verbas são solicitadas para a área da saúde e mais desvios eles podem fazer. Simples assim! — explicou. — Quanto menos saúde, mais ignorância, mais violência, roubos, bagunça e tudo de ruim, mais os políticos conseguem roubar. Por isso, permitem tanta distração com festas e datas comemorativas que a maior parte da população se degenere e... Quanto mais estudo, mais descubro o quanto não aprendi sobre medicina e alimentação. Aprendemos, na faculdade, a trabalhar com doenças e não com a saúde, em preservar a saúde, e não em não ficar doente.

— Você se lembra que a Rosa só cozinhava usando aqueles cubinhos de caldo de galinha, sopas de pacotão e muita coisa enlatada?

— Lembro. Comemos veneno sem saber e ainda achamos bom.

— Vou jogar fora todos os salgadinhos que tenho aqui em casa.

— Joga sim. Na minha opinião, o comportamento de Deficiência de Atenção, Hiperatividade e Ansiedade que muitas crianças apresentam, hoje em dia, vem de uma alimentação regada a glúten, produtos integrais, açúcares, glutamato monossódico e um monte de químicas contidas nos sucos de caixinhas, salgadinhos, refrigerantes em geral. Tire os açúcares e o glúten de uma criança e veja a transformação! Pesquise a respeito. Mas busque por pesquisas sérias. Algumas redes de televisão não são boas referências. Acompanho mães que retiraram esses produtos de suas vidas e das vidas de seus filhos, e as crianças mudaram completamente o comportamento desequilibrado e elas também. Pais são exemplos para os filhos, em todos os sentidos. Algumas crianças tomavam medicação psiquiátrica e deixaram as drogas.

— E o que não tem esse glutamato monossódico?

— Frutas, legumes, verduras, arroz, feijão, proteínas como ovos, carnes, use temperos frescos e desidratados e sal de verdade, ou seja, o sal grosso para churrasco. Nunca use o cloreto de sódio, conhecido popularmente como sal ou sal de cozinha que, na sua fórmula, contém cloro, aquele produto que se faz a água sanitária. Nunca use temperos prontos industrializados, além de cloro e do glutamato você não usa amor, você usa ódio para sua família. Indústrias alimentícias e de remédios ficam ricas às custas das doenças. Não colabore com elas. Procure alimentos naturais. Faça você mesma. Melhor pouco feito por você do que industrializados que vão fazer muito mal a sua saúde e a dos seus filhos. Faça como nossas avós faziam. Use temperos de verdade em comida de verdade. Pesquise a respeito.

O silêncio reinou por algum tempo até Isabelle dizer:

— Vou fazer isso. Pode deixar.

— Você vai perceber que vai perder peso. Mas vai ter muito mais disposição e saúde.

— Mas... E o pai? O que é possível fazer?

— A ELA é uma doença degenerativa progressiva como eu te falei. É irreversível. Não temos como fazer um prognóstico. Diz-se que ela não afeta a fala, somente em raríssimos casos. Mas o pai deixou de falar. Ela se manifesta, principalmente, na faixa etária dos cinquenta anos de idade. O pai tem sessenta e quatro... Como eu disse, não temos nada exato. O que devemos é fazer um acompanhamento.

— A Rosa disse que o pessoal do Posto de Saúde está indo lá para acompanhamento. Vai médico, fisioterapeuta, enfermeiro...

— Sim. Eu fui até o Posto e o inscrevi nesse sistema e ele entrou no quadro de visitas domiciliares, uma vez que não tem meio de locomoção para avaliações constantes e necessárias. Eles não têm plano de saúde... Não têm nada. Deixei um dinheiro lá com ela e... Não estou conseguindo acompanhar tudo. Não posso ir lá com frequência. Minha vida também está complicada.

— Como assim, complicada?

— Não posso ir a São Paulo agora. Vamos fazer o seguinte... Vou depositar um dinheiro na sua conta e você repassa pra Rosa ou compra o que eles precisam. Vê o que dá pra fazer pra ajudar o pai. Qualquer coisa que gastar a mais eu te reembolso.

— Está certo. Eu vou procurar a Rafaelle. Ela precisa saber o que está acontecendo.

— Como quiser, Belle. Desculpa se eu não te avisei antes, é que...

— Tudo bem. Não precisa se desculpar. Mas não faça isso de novo.

— Tá certo. Qualquer coisa, me manda mensagem — ele disse.

— Não. Qualquer coisa, eu vou ligar para você! — a irmã salientou.

— Tá certo. É que, às vezes, não consigo atender.

— Eu vou mandar mensagem e, se você não me ligar, eu te ligo.

— Combinado. E... Como estão os gêmeos?

— Fizeram quatro anos. Estão lindos! Levados!... Precisa ver.

— Lembrei do aniversário, mas não deu pra te ligar... Estou com saudade deles. Manda umas fotos deles pra mim.

— Mando sim. Pode deixar.

— Tá bom. Tchau, Belle. Preciso desligar.

— Tchau. Fica com Deus, Ailton.

— Obrigado. Fica com Ele você também.

Assim que terminou a ligação, Isabelle telefonou para Rafaelle.

A irmã demorou para atender, mas ela insistiu.

— Alô?

— Rafa?

— Eu.

— Tudo bem com você?

— Tudo, Belle. E você?

— Tudo bem. Rafa... Precisamos conversar.

— O que aconteceu?

— O pai está muito doente.

— O pai?

Isabelle contou tudo, deixando a irmã inteirada da situação. No final, disse:

— Precisamos dar assistência para o pai e para a Rosa.

— Pra Rosa? Você acha que temos de ajudar a Rosa?

— Temos sim, Rafaelle! — foi firme. — Se a Rosa não cuidar do pai, quem o fará? Você? Eu? Na verdade, não temos condições, no momento, de assumir uma supervisão do tratamento do pai. Eu teria que trazê-lo para minha casa e não tenho condições disso. Não agora! O Ailton também não. Restou você! Se não dermos assistência para a Rosa e ela abandonar o pai, é você quem vai cuidar dele. — Silêncio. — O que você me diz?

Rafaelle suspirou tão fundo que a irmã pôde ouvir.

— Você está certa. Embora o pai nunca nos deu assistência desde quando colocou aquela... — falou um palavrão. — pra dentro de casa.

— Ele pagou minha faculdade e também ajudou o Ailton. Você não fez faculdade porque não quis.

— Ah... Tá bom!

— Tudo bem — tornou Isabelle. — O momento é outro.

— O que você sugere?

— Amanhã nos encontramos lá na casa do pai. Vamos ver em que podemos ajudar. Roupas de cama, roupas para eles, produtos de higiene, alimentação... Os dois estão precisando de tudo um pouco.

— Eu não vou lá! Não quero ver a cara daquela Vera!

— A Vera não mora mais lá. Nem ela nem o Lucas.

— Tá bom... — Rafaelle pensou e quis saber: — Pode ser na parte da tarde?

— Claro. Para mim é melhor.

— Combinado — a irmã concordou.

— Até amanhã.

— Até...

— Fica com Deus.

— Você também, Belle. Fica com Deus... E... Como estão as crianças? — havia um tom de leveza na voz de Rafaelle nesse momento. Gostava dos sobrinhos. A distância não diminuiu seus sentimentos.

— Estão ótimos! Levados...

— Eles fizeram quatro anos! Eu me lembrei no dia do aniversário deles! Rezei por eles e por você.

— Obrigada... Depois você vem aqui ver como eles estão. Vão adorar te ver.

— Vou sim... — gostou da ideia e deu para perceber em sua voz. — Então até amanhã.

— Até... Beijos!

— Beijos!

Após desligar, Isabelle procurou o marido e contou todo o ocorrido.

— Então foi isso — ela desfechou.

— E você vai lá amanhã de novo? — É domingo! — pareceu insatisfeito.

— Preciso resolver isso, Pedro. É meu pai!

— E quem vai me ajudar aqui com as crianças?

— Deus! Pois é Ele quem me ajuda quando você sai pra jogar bola! Fico sozinha! Esqueceu? Além do que, eu não vou jogar nada. É uma necessidade. Se fosse a sua mãe, eu iria compreender.

Pedro ficou calado e irritado, mas não havia o que pudesse fazer.

No dia seguinte, conforme combinado, as irmãs se encontraram na casa onde Antônio e Rosa moravam.

A madrasta as recebeu com humildade, tratando-as bem diferente de tempos atrás.

Assim que Rafaelle pôde observar o pai e a situação, Isabelle a chamou na sala e conversaram.

— Acredito que você tenha mais tempo do que eu. Daria para você comprar as coisas de que precisam como: roupas de cama, banho, pijamas... E se puder... Até umas roupas para a Rosa — falou baixinho. — Você viu como ela está?

— Vi. Também fiquei com dó. Tudo bem. Amanhã vejo isso.

— Também é preciso fazer uma boa compra no mercado. Isso eu faço amanhã após sair do serviço e trago à noite mesmo.

— Tudo bem — Rafaelle concordou.

Quando menos esperavam, Rosa apareceu na sala trazendo uma bandeja e três copos com café.

As irmãs aceitaram.

Rosa pegou um dos copos, sentou-se em uma poltrona e, timidamente, fez-lhes companhia para tomar a bebida fumegante.

Nesse momento, Isabelle contou:

— Amanhã nós duas vamos providenciar algumas coisas para trazer. Acredito que vai ajudar de alguma forma.

— Obrigada... Muito obrigada... — abaixou o olhar. — Vai ser bom se eu não precisar ir lá pra feira trabalhar. Tenho medo de deixar ele aqui sozinho e acontecer alguma coisa.

— Amanhã você pode vir comigo para comprar umas roupas, não pode? — Rafaelle quis saber.

— É mesmo! Seria bom se a Rosa fosse junto para saber o que precisa e ajudar a escolher — a irmã concordou.

— Não tem quem fique com o pai de vocês. Num vai dar pra ir — lembrou a madrasta.

Isabelle pegou o celular e ligou. Conversou um pouco e contou:

— Amanhã é segunda-feira e o salão não abre. Eu pedi para a Luci ficar aqui e ela aceitou. Assim, vocês duas podem ir e comprar o que precisam.

— Melhor assim — disse Rafaelle. — Eu não tenho muita ideia sobre tamanho de roupas e a Rosa vai ajudar.

Assim foi feito.

Na segunda-feira à noite, Isabelle chegou à casa de seu pai com várias sacolas contendo mantimentos, frutas, verduras e legumes que comprou no mercado.

Luci ainda estava lá e ajudou a levar tudo para dentro.

— Você ainda está aqui? — a amiga se admirou.

— Não. Fui embora. É meu perfume — sorriu um sorriso triste, por força de querer brincar.

— Boba — brincou Isabelle.

— Fiquei para ajudar a Rosa com algumas coisas. A casa estava precisando de uma boa faxina. Comecei a limpar, ela chegou com as roupas e foi lavar tudo.

— Oh... Luci, era só para ficar com meu pai para ele não ficar sozinho.

— Mas eu fiquei com ele. Porém, precisava me mexer. Isso ajuda a não ficar pensando em coisas... Nossa! Eu nem sabia que ele estava doente.

— A Rosa não pensa direito... Deveria ter te procurado, procurado a dona Beatriz, mas...

Nesse momento, Rosa chegou e ficou surpresa com as compras trazidas pela enteada.

Isabelle logo explicou:

— Rosa, não comprei nada industrializado. Meu irmão explicou que é melhor termos uma alimentação a mais natural possível. Nada de usar tabletinhos para dar sabor.

— Tá certo.

— Usa só os temperos que eu trouxe.

— Os outros fazem mal é? — Luci perguntou.

— Fazem muito mal! — Isabelle respondeu e contou o que seu irmão disse.

— Eu não sabia. Pode deixar. De hoje em diante vou fazer coisas naturais — Rosa concordou.

— Ótimo. Agora preciso ir. Já está bem tarde. Qualquer coisa, você me liga ou manda mensagem. Agora tem meu telefone — disse Isabelle.

— Pode deixar que aviso sim — confirmou a madrasta.

Despediram-se.

Luci decidiu aproveitar que a amiga ia embora e foi também.

Ao chegar perto do carro, Isabelle perguntou:

— E você, Luci? Como está?

— Ainda é difícil... Tem dia que o desânimo é bem intenso. Não tenho esperança... Nem perspectiva...

— Vamos lá pra casa conversar um pouco.

— Não dá. Amanhã tenho de levantar cedo. Tenho uma cliente que precisa ser atendida às 7h.

— É que... Depois de tanto tempo, ver você assim... Não gosto. Precisamos conversar.

— Estou bem, Belle. É assim mesmo.

— Não. Não é!

— Então, outra hora conversamos.

— Está certo.

As amigas se despediram.

Isabelle entrou em seu carro e se foi.

Enquanto Luci seguiu caminhando pela calçada, pois a casa de Beatriz não ficava muito longe.

# Capítulo 20

# O socorro de Dulce

Ao chegar a sua residência, Isabelle guardou seu carro na garagem que ficava embaixo da casa. Encostou bem no fundo para que o marido, que estacionava seu carro em um cantinho ao lado, pudesse ter acesso livre à saída sem precisar tirar o carro dela.

Fechou o portão automático e subiu pelas escadas internas que davam no corredor perto da cozinha.

Ficou zangada ao ver o portãozinho, que deveria impedir que os filhos descessem para a garagem, aberto.

— Caramba, Pedro! Esse portão deve ficar sempre trancado! Eu entro de ré!... Já imaginou as crianças descerem, eu dando ré no carro e não enxergá-los?! Que droga! — reclamou, muito insatisfeita.

— Caramba digo eu! Olha a hora que você chega em casa! — demonstrou-se muito insatisfeito.

— Você sabia que eu ia passar no mercado e depois na casa do meu pai — ela justificou no mesmo tom.

— Mas não sabia que iria morar lá! Precisava demorar tanto?!

— Se eu não contar com a sua compreensão e ajuda, quem vai me ajudar?

— Acontece que tem duas crianças aqui em casa que precisam de mãe!

— E você não pode suprir as necessidades delas quando estou fora?! Quem você acha que cuida dos nossos filhos quando você sai para jogar bola? Vai ao encontro da turma da faculdade? Fica até mais tarde pro causa do horário de um cliente?... Ou sei lá mais o quê?! Quem cuida deles quando você não está aqui?! E eu nunca reclamei! — Sem trégua, Isabelle atacou: — Além do que!... O senhor nunca faz compras no mercado! Sobra tudo pra mim! — Pegou algumas sacolas e colocou sobre a mesa da cozinha. Quando Pedro ia para outro cômodo, ela pediu, praticamente exigindo: — E pode ajudar a guardar essas compras! Essa casa não é só minha! Os filhos não são só meus! Você não faz qualquer favor quando olha as crianças, dá banho e dá comida! Isso não é favor! Eles são os seus filhos também! Se você trabalha, eu também trabalho! Garanto que nem colocou a roupa na máquina pra bater!

— Ah!!! Tá bom! Chega! — pediu irritado.

As crianças chegaram correndo e se abraçaram à mãe.

— Oh!... Meus amores!... — disse, abaixando-se para abraçá-los. Mudando, completamente, aquele jeito zangado de antes. — A mamãe está morrendo de saudade... Mas deixa a mamãe tomar banho e ficar limpinha para abraçar melhor vocês.

— Mamãe, a tia da escola disse que o limão é verde. Mas tem amarelo também, não tem?

— Sim, César. Você é muito esperto! Tem limão amarelo, que é o limão siciliano, e tem também o limão cravo que é de cor alaranjada.

— Eu disse pra ela, mas ela não me ouviu.

— Deixa pra lá, filho. Vai ver ela estava bem ocupada e não prestou atenção.

— Mamãaaae... — Aline chamou com voz meiga. — Pinta minha unha.

— Deixa a mamãe tomar banho e depois eu esmalto sim.

— O que é esmal...? — não completou.

— Esmaltar. Vem de esmalte. Passar esmalte na unha. Eu vou esmaltar as suas unhas. Entendeu?

— Esmaltar... Esmaltar... — Aline achou graça na nova palavra que aprendeu. — Vai esmaltar... Tá bom. Toma banho logo!

— Está bem. A mamãe vai tomar.

Quando Isabelle viu Pedro indo para o quarto, seguiu-o e, mais calma, aproximou-se do marido e disse:

— Oi... — beijou-o de leve nos lábios e comentou: — Nem nos cumprimentamos.

— Oi. E lá com o seu pai? Como foi? — ele se interessou.

— A Rafaelle saiu de manhã com a Rosa. Compraram roupas de cama, banho, pijamas... Algumas coisas para a Rosa também. Coitada... Agora à noite passei no mercado e levei as coisas lá para eles. Meu pai estava do mesmo jeito. Parado... — emocionou-se.

Ele compreendeu sua tristeza. Afagou-a com carinho e contou:

— Andei pesquisando sobre essa doença do seu pai. Ela é irreversível.

— Foi o que o Ailton falou.

O choro de uma das crianças chamou a atenção do casal e o marido decidiu:

— Deixa que eu vou ver. Vai tomar seu banho.

Isabelle tomou banho e retornou à sala.

— O que aconteceu aquela hora?

— O César prendeu o dedinho na gaveta do móvel de canto. Já falei para ele não mexer lá.

— Mamãe... Olha! — Quando Isabelle se virou, Aline demonstrava-se feliz ao exibir: — Esmaltei a minha boneca!

— Aline!... — murmurou surpresa. — Minha filha... Isso não vai sair da cara da sua boneca! Esmaltes são para passar só nas unhas.

— Sai sim... Vamos lavar!

— Não. Não vai adiantar — Isabelle afirmou.

— Olha o que você fez, Aline! — o pai foi mais firme. Não gostou. — Isso não vai sair e você não vai ganhar outra boneca.

A menina saiu correndo com a boneca nas mãos.

Isabelle foi procurar algo para comer. Não demorou e Aline voltou chorando porque não conseguia tirar o esmalte da boneca.

A mãe pegou um produto apropriado e tirou o excesso, mesmo assim, a coloração vermelha impregnou o material de que era feito a boneca, que ficou manchada.

Aline começou a chorar.

— Filha... Não fica assim.

— Já vai começar! — Pedro reclamou e foi para a sala.

Isabelle se abaixou perto da garotinha e explicou:

— Aline, olha para a mamãe. — Ao vê-la encarar, continuou: — Tem coisas que a gente não consegue resolver. Outras, nós damos um jeito. Outras, ainda, não se resolvem bem fácil. Não vai dar para resolver essas manchas na carinha da sua boneca. Não importa se chorar, berrar ou espernear. Fazendo isso, você só vai ficar cansada e deixar o papai e a mamãe chateados. O que a mamãe fez, que foi passar acetona, deu um jeito. Então, se conforme com isso. Pode ficar triste, sim. É sua boneca e gosta dela. Mas não vai adiantar berrar e espernear, pois isso não vai se resolver.

— Eu quero outra boneca, igualzinha!...

— Aline... Não vou te dar outra boneca igual. Não agora. Você tem de aprender que não podemos substituir tudo na vida.

— O que é substituir?

— É algo que não está bom e nós jogamos fora e compramos outro igual para pôr no lugar. Não dá para trocar tudo o que quebra ou o que não está bom. Senão... Quando a mamãe e o papai ficarem doentes, você não vai querer mais, não vai cuidar de nós e vai querer jogar fora — quase riu sobre o que falava. — Você tem de aprender a perguntar o que pode fazer ou não, quando não souber, quando não tiver conhecimento. Deveria ter perguntado para a mamãe se poderia passar esmalte no rosto da boneca. Eu iria dizer que não, porque não sai nunca mais e iria estragar. Você teria aprendido comigo. Mas não. Fez isso sem perguntar. Então vai ter de aprender com essa lição. Não vamos comprar outra boneca.

A menina fez cara de choro e saiu da cozinha com a boneca nas mãos.

Pedro retornou e perguntou:

— Você acha que uma criança de quatro anos tem condições de aprender tudo o que falou?

— Se eu falar quantas vezes forem necessárias, diante de algo que ela tenha feito errado, sim. Ela vai aprender. Será um adulto melhor. Tem pais que não dão importância quando o filho chora e perdem uma excelente oportunidade de ensinar. Perdem a chance de ficarem a altura deles e conversarem de modo que entendam a situação. É assim que se formam aquelas crianças birrentas que se jogam no chão dentro do mercado ou no shopping. Os pais dão broncas, dão castigos e perdem excelentes oportunidades de ensinar. Ou vão lá e suprem as necessidades do filho e, novamente, perdem a chance. Em vez disso, temos de parar tudo e ensinar como a vida funciona. Se eu jogar fora a boneca porque estragou ou jogar na rua um cachorrinho adotado que está dando trabalho, tudo o que a criança tiver na vida e não for bom, quebrar ou estiver dando trabalho, ela vai desistir, abandonar ou jogar fora. Se o casamento não estiver bom, é melhor desistir e se divorciar. Se os filhos dão trabalho, contrate uma babá. Coloque em várias escolas com atividades diferentes, deixa a televisão ligada ou dê o melhor videogame e estará se livrando dos filhos, abandonando-os. Quando os pais estiverem velhos, abandone! Coloque em um asilo! E assim por diante. Seria muito fácil deixá-la chorando hoje, sair do serviço amanhã, passar no shopping e comprar outra boneca. Fazer uma surpresa e ver minha filha feliz! — ressaltou. — Ela iria me admirar. Mas eu estaria perdendo a chance de ensiná-la como ser uma pessoa responsável. Ela tem que aprender a perguntar, trazer para os pais, professores, avós ou pessoas com mais experiências de vida, questionamentos que podem fazer sua vida melhor. Ela também tem de aprender a conviver com problemas, dificuldades e não entrar em desespero. Precisa saber que tudo passa. Que essa dor, por causa da boneca, vai passar mesmo com a boneca feia e toda pintada. Simples assim.

Pedro ficou pensativo e nada disse.

Isabelle procurou a filha com o olhar. Viu-a sentada no sofá da sala com a bonequinha nos braços. Olhou-a com piedade, mas sabia que não poderia ceder, se quisesse que Aline aprendesse que nem tudo na vida podemos trocar e que é bom aprender com a experiência alheia.

Após suspirar fundo, virou-se e foi comer alguma coisa.

A doença de Antônio progredia rapidamente.

Os filhos lhe prestavam toda assistência possível e estavam mais presentes, principalmente as filhas.

Ele não podia se comunicar, embora entendesse tudo o que estava acontecendo. Lembrou-se de quando pagou a faculdade dos dois filhos mais velhos, mesmo sob a contrariedade de Rosa. Só não custeou um curso para a filha caçula por ela não se interessar. Nunca imaginaria que os filhos iriam ajudá-los, financeiramente, como estavam fazendo agora.

Em uma das vezes que se encontraram, Isabelle falava dos filhos e Rafaelle confessou:

— Estou com saudade deles. Adorei as fotos que me mandou. Eles estão tão lindos!

— Será bom eles verem você. Quer ir lá para casa?

— Acho que não se lembram de mim.

Cautelosa, Isabelle perguntou:

— Como estão as coisas?

— Bem — disse, mas seu rosto ganhou um tom sério.

— Você está estudando, Rafa?

— Estou pensando em fazer um curso.

— Seria muito bom.

— Mas o Roni não quer. Ele me dá de tudo — falou de um jeito quase arrogante.

Isabelle decidiu não dizer nada. Se o fizesse, certamente, brigariam.

— Belle, o que vai ser da Rosa quando o papai se for?

— Não sei!... — surpreendeu-se. — Ela... Ela vai ter a pensão dele. São casados. Fora isso não sei dizer.

— A casa é nossa, você sabe. Se vendermos, onde ela vai morar? — Rafaelle questionou.

— Aquela casa não vale muito. Terá de ser demolida. Está sem estuque, tem goteiras e é horrível... Está longe da casa bonita que tivemos um dia.

— Ela não tem direito à casa.

— Não tem. Eu sei. Mas não pensei nisso. Tenho dó de pedir que ela saia da casa, você não?

— Eu não tenho dó. Nenhuma. Ela deve ter parente. Os filhos têm obrigação com ela. Não nós — opinou Rafaelle.

— Podíamos levar em consideração o fato de ela ter tomado conta do pai. Afinal, nós teríamos de arrumar tempo e lugar apropriado para cuidar dele, se não fosse a Rosa — ponderou Isabelle.

— E quando ela estiver mais velha e doente?

— O que você quer fazer, Rafaelle? Colocar a Rosa na rua?

— Ela não é minha mãe!

— Ela é um ser humano. Além disso, está nos ajudando muito. Lembre-se disso — falou de modo mais firme.

Não demorou muito tempo e Antônio faleceu.

Rosa foi quem se desesperou com sua partida.

Apesar da tristeza intensa, os filhos se contiveram.

Nada foi mencionado sobre a madrasta permanecer na mesma casa, embora esse assunto incomodasse Rafaelle.

— Por mim, a Rosa continua lá na casa — manifestou-se Isabelle.

— Não tenho tempo para pensar nisso agora. Aquela casa não tem valor. Ali só o terreno vale alguma coisa. Por mim, ela fica lá — concordou Ailton.

— E se os filhos dela voltarem? Vão usar o que é nosso? — reclamou a irmã caçula.

— Vai você morar lá! Já que está exigindo tanto! — disse o irmão. — Tenho outros interesses mais importantes na minha vida e muita coisa para cuidar.

— Não precisa ser tão grosseiro! — tornou Rafaelle.

— O que você quer que eu diga, Rafa?! — Não esperou que a irmã respondesse e prosseguiu: — Se você fosse uma pessoa útil e ocupada, não estaria reclamando disso! E quer saber? Pra mim, essa história está resolvida. Deixa a Rosa lá e... Agora tenho de ir.

— Espera! Vamos tomar um café — disse Isabelle. Estavam em sua casa.

— Não. Não posso esperar. Tenho de pegar a estrada.

— Nossa, Ailton! Você nunca tem tempo. Estamos de licença pela morte do pai. Vamos conversar.

— Sinto muito, Belle. Hoje não posso — beijou as irmãs e se foi.

Logo após o café servido, Rafaelle também se foi.

Quando Isabelle pensou que ficaria sozinha, Luci chegou a sua casa.

— Oi, amiga. Como você está?

— Oi, Luci. Estou... Sabe como é. — Breve pausa e quis saber: — E você como está?

— Estou indo... Conta aí, como você está de verdade?

— Triste. Lógico. Mas lembrar do meu pai do jeito que ele estava, não é nada animador. Estou chateada com a Rafaelle. Ela quer tirar a Rosa da casa e vender o imóvel.

— E a Rosa? Vai pra onde?

— Foi o que perguntei. O que vai ser da Rosa? Temos de levar em conta que ela não tem para onde ir. Nem sabe onde estão os filhos.

— Melhor esperar, né? Vocês não se deram bem há alguns anos, mas nos últimos meses foi ela quem cuidou do seu pai.

— Foi isso o que falei para a minha irmã. Mas a Rafa não entende. Acho que, com os dias, isso passa. Ela deve cair na real. — Ofereceu uma trégua e perguntou: — E você, Luci?

— Estou indo. Desde que peguei parte do que recebi da venda do salão e investi na sociedade com o salão do Betinho, as coisas melhoraram.

— Sei. Você me contou. Já está tendo retorno. Isso é bom.

— É bom sim. Ao menos consigo pagar minhas despesas com a dona Beatriz.

— Ela é muito boa, né?

— É sim. Não sei como a Anita pode desprezar a mãe. Ainda mais uma mulher como aquela — Luci comentou.

— Ingratidão. Não tem coisa pior do que pessoa ingrata. Ah! Falando em ingratidão... O Pedro me contou que o Edvaldo saiu da construtora.

— Quero que ele morra! — Luci exclamou com raiva.

— Eu entendo você. Posso imaginar sua dor.

— Traição é algo muito cruel... Desestrutura a gente. Faz você se sentir menos que zero... Machuca muito, muito... É algo que a gente fica revivendo nos pensamentos. Nunca esquece.

— Dê um jeito de dissolver essa mágoa, minha amiga. Por favor. Isso pode fazer mal pra você. Já ouvi médicos dizerem que mulheres que passam por traição, divórcio estressante podem apresentar com mais facilidade câncer e outras doenças.

— Já li sobre isso também. Posso entender que o estresse, a mágoa criem feridas na alma e essas feridas se manifestem no corpo. Em casos como o meu, de traição, podem desenvolver câncer de mama ou ginecológico.

— Já pensou em fazer psicoterapia para dissolver isso?

— Já. Estou procurando um bom psicólogo. Agora que minha situação melhorou. Sei que devemos cuidar da mente, do corpo e do espírito. Ainda me sinto deprimida. Tem dia que é difícil... — abaixou o olhar. — Dá um medo. Medo do presente, do futuro... Junta com a tristeza do passado, com as lembranças ruins. Então acho que nada vai dar certo. Sinto tremores, vontade de chorar... É difícil até levantar da cama. É uma coisa tão ruim... O que não me conformo é que já faz anos!

— Para a mente, um trauma, um assunto doloroso é sempre recente. Para a mente, isso foi ontem. Por essa razão, você lembra dele com tanta energia, com tanta dor. Procure um psicólogo bom. Mantenha a mente positiva mudando os pensamentos. As coisas já estão dando certo.

— Sim. É verdade. Só não sei o que faço com a insegurança. É algo muito horrível. Já sinto isso há tempos...

— Procure ajuda, Luci. Isso tem jeito.

— Vou procurar — sorriu levemente.

Alguns dias se passaram...

Era madrugada quando o telefone de Isabelle tocou.

Ela atendeu rápido para não acordar o marido.

— Alô...

— Belle, é a Rosa!

— Oi... — disse e se levantou. Foi para a sala. Sentia-se atordoada de sono.

— Belle, desculpa ligar essa hora... É que a Rafaelle está aqui em casa. Ela não tá bem.

— O que ela tem, Rosa?

— Não sei. Ela não fala. Só chora e xinga algumas coisas. Foi pro quarto que era de vocês e quebrou tudo. Aconteceu um negócio e eu tô preocupada.

— O que aconteceu?

— Melhor você vir aqui pra falar com ela. Eu tô preocupada.

— Tudo bem. Estou indo.

Após desligar, Isabelle respirou fundo, tentando ficar mais desperta.

Foi para o banheiro, lavou o rosto com água fria e se trocou.

Pegou as chaves do carro e saiu.

Rosa a esperava na porta. Parecia bem nervosa.

— Oi, Rosa.

— Oi, Belle.

— O que aconteceu? Onde está a Rafa?

Enquanto entravam a mulher contou:

— Chorando no quarto.

— Por quê? O que houve?

— O que aconteceu pra ela tá assim eu não sei. Só sei que escutei um monte de barulho e coisa quebrando lá no quarto que era de vocês. Então fui lá... Sabe... O quarto não tem estuque, né?

— Sei.

— Então... A Rafaelle passou o lençol pelas madeiras lá no alto e tentou se enforcar.

— O quê?! — assombrou-se.

— Foi isso. Eu não quis te contar por telefone pra você não dirigir nervosa até aqui. Eu cheguei lá e vi ela na cadeira. Ela ia pular. Aí, eu voltei pra cozinha, peguei uma faca grande e voltei pro quarto. Pus a cadeira em pé de novo, porque ela já tava esperneando no alto. Subi na cadeira e aí cortei o lençol.

Isabelle não esperou para ouvir mais. Correu para o quarto e ficou aliviada ao ver a irmã, em soluços, jogada sobre a cama.

— Rafa... — chamou baixinho.

Rafaelle teve uma crise de choro e escondeu o rosto no travesseiro.

— Não tirei o olho dela, até escutar você chegar.

Isabelle olhou para o alto e viu parte do lençol ainda amarrada em uma viga.

Aproximando-se, sentou-se na cama e afagou os cabelos da irmã, falando baixinho:

— O que aconteceu, Rafa? Conversa comigo.

Rafaelle se virou. Abraçou-se fortemente à irmã e chorou muito. Um choro desesperado.

— Agora está tudo bem... Você está aqui e está segura. Fala comigo.

Nesse momento, Rosa decidiu:

— Vou fazer um chá pra ela — virou-se e se foi.

Novamente, querendo descobrir a razão de tudo aquilo, Isabelle perguntou:

— Você brigou com o Roni? Foi isso?

— Não só isso! — gaguejou. — Minha vida acabou! Quero morrer! Não tenho mais nada pra fazer aqui!

— O que aconteceu, Rafa?

— Ele me usou! — gritou e chorou desesperada. — Me usou de todas as formas... Me humilhou...

— Calma. Não fica assim.

— Você não sabe... Minha vida acabou!...

Rosa serviu-lhes chá e as deixou sozinhas. Achou melhor para que conversassem. Mas elas não beberam. Talvez, não tivessem visto os copos sobre uma cômoda.

Na primeira trégua do choro compulsivo, a irmã quis saber:

— Ele bateu em você?

Rafaelle acenou positivamente com a cabeça, depois entrou em pranto e contou:

— Faz um tempo que ele não vem me tratando bem. Não era mais como no início... Começou a ficar rude. Ainda quando o papai ficou doente, ele ajudou. Deu dinheiro, mas depois que o papai morreu... — chorou. — Ele foi ficando diferente de novo. Começou falar que as coisas estavam difíceis. Mandou-me arrumar um emprego e... Ele pediu o apartamento. Mandou-me sair de lá. Fiquei muito zangada. Falei que ele me usou. Joguei um monte de coisa na cara dele. Aí... Ele me bateu algumas vezes. Eu disse que ia à polícia. Disse que ia exigir uma pensão, porque ele não me deixou fazer nada na vida e, de repente, queria me pôr na rua... A gente tinha muitos amigos e conhecidos que sabiam que a gente tava junto. Sabiam que ele não levava a mulher pra todos os lados e... Sempre estava comigo. Até os filhos dele sabiam... Quer dizer que eu tinha testemunhas — chorou. — Uma amiga me ligou ontem e falou para eu ver minha página nas redes sociais... — chorou muito. — Ele foi capaz de postar na minha página fotos minhas... — entrou em desespero.

— Como assim? Fotos?

— Ele criou um perfil falso. Um *Fake*... Me pediu amizade... eu dei. Foi uns dias atrás. Eu vi que também era amigo de outros amigos e aceitei a amizade e... Dois dias depois, ele postou, na minha página, coisas que eu só fui ver ontem...

— Que coisas? — tornou a irmã, apesar de já imaginar o que tinha sido.

— Fotos... Filminhos... Coisas nossas, sabe? Mas ele não aparece em nada. Ninguém aparece. Só eu...

— Fotos comprometedoras? É isso?

— É... É isso sim! Fotos de *nude*... Filmes curtinhos que me expõem... — chorou. — Ele acabou comigo!!!

— Você tem certeza de que foi ele?

— Quem mais teria aquelas fotos?! Quem mais teria aqueles filminhos?! Mais ninguém!!! Eram filmes de nós dois, mas ele cortou as cenas em que ele aparece!!! Ele não apareceu em nada!!! Em nada!!!

Rafaelle começou a gritar descontroladamente.

Na espiritualidade, espíritos que sempre a acompanhavam, naquele estilo de vida, riam e caçoavam daquele desespero e de toda a situação que ela vivia.

Mesmo sem saber o que se passava no plano espiritual, Rafaelle era capaz de sentir as vibrações inferiores e intensas de espíritos vinculados aos prazeres apaixonantes e escravizantes com os quais se compraziam no sexo em desalinho.

As identificações vibratórias dominavam-lhe as forças mentais, saturando seus pensamentos de fluidos venenosos e desordenados.

Rafaelle gritava insanamente angustiada, insegura e temerosa de enfrentar as consequências de sua conduta.

Revivia, na memória, cenas fortes que ficaram gravadas em seu mundo íntimo. A imantação psíquica que a ligava, incrivelmente, a espíritos zombadores, de baixo nível moral, faziam-na temer que toda sua realidade, de moral rebaixada, viesse a público também.

O pobre espírito Dulce, aflito com o sofrimento da filha, abraçava-se a ela, multiplicando a angústia e o desespero avassalador.

Isabelle não conseguia conter a irmã, que se levantou e passou a quebrar e bater em tudo. Debatendo-se para se ferir no que pudesse.

Sem saber o que fazer, Rosa telefonou para o Corpo de Bombeiros, relatando o ocorrido e pedindo ajuda.

Rafaelle foi levada a um hospital onde ficaria internada por algumas horas e recebendo alta dose de calmante.

O dia já havia amanhecido quando Isabelle telefonou para o marido contando, parcialmente, o que havia acontecido. Disse que a irmã teve problemas e teve uma crise nervosa.

Pedro ficou muito insatisfeito e reagiu duramente:

— Quando sua irmã está numa boa, está feliz e satisfeita, ela não precisa de você nem te procura! Ficou anos longe! Agora, quando tem problemas, é você quem tem de arrumar soluções!

— Ela precisa de mim, Pedro! Não tem mais ninguém!

— E você tem dois filhos pequenos que precisam da mãe! Eles têm de ser arrumados para irem pra escolinha! Sabe que pra mim, sozinho, é complicado arrumar os dois! Caramba, Isabelle!

— Não posso deixá-la, aqui, sozinha.

— E o que você vai fazer?! Faltar no serviço hoje também?! Trazer a Rafaelle aqui para casa e virar babá dela?! O que mais vai fazer para melhorar a sua vida, que já não é fácil com duas crianças?!

— O que você sugere que eu faça?!

— Pense na sua família, que sou eu e nossos dois filhos! Agora vou desligar, alguém tem de cuidar do César e da Aline!

Desligou.

Isabelle não sabia o que fazer. Pedro estava repleto de razão, mas ela não sabia como controlar a situação. Não poderia abandonar a irmã ali.

Enquanto isso, na espiritualidade, Dulce estava em prantos, contribuindo ainda mais para prejuízo psíquico das filhas.

Observando espíritos cruéis, envolvendo com intensidade o campo magnético de Rafaelle, impondo-lhe a ideia de praticar contra a própria vida, o espírito Dulce se desesperou, quase insano.

Mesmo sob o efeito de fortes medicamentos, a encarnada também era assediada por espíritos propagandistas de promiscuidade sexual primitiva, que a arrebanhavam como vítima de práticas libidinosas e extravagantes.

A falta de opinião própria, escolhas erradas, a ideia de receber benefícios de forma fácil, a ausência de vislumbrar um futuro promissor e saudável alcançado pelos próprios méritos, irmanaram Rafaelle com diversos espíritos que apreciavam espetáculos chocantes e que ignoravam as sagradas funções morais e sexuais. Funções essas que, se usadas de forma desequilibrada, transformam-se em energias geradoras de tormentos psíquicos e desequilíbrio de diversos níveis a curto, médio ou longo prazo, inclusive no plano espiritual[1]. Essas vítimas, entorpecidas pelas ilusões, desejos e sensações na área do sexo vulgar, ignoram que, passado o auge das ilusões, tornam-se carregadas de sensações culposas que, inconscientemente, manifestam-se em tristeza extrema, ansiedade atroz, arrependimento, comportamento doentio, agressividade de toda sorte com palavras e/ou ações. Como se não bastasse, também podem ser arrastadas a outros vícios como álcool, drogas, fumo, traições, mentiras e demais atitudes decadentes ao ser humano. Uma grande maioria ainda, não suportando os tormentos desequilibrados, é envolvidas por ideias de suicídio, acreditando que, ao exterminar a própria vida, aniquilará todo sofrimento íntimo.

Grande engano.

Nada se acaba com a morte do corpo físico.

As tarefas cumpridas, as lições aprendidas, as alegrias das vitórias conquistadas e até mesmo as misérias morais que entorpecem a razão, continuam a existir no espírito.

A existência humana tem uma finalidade nobre, que é de levar o espírito à evolução. E evolução, nada mais é do que o progresso intelectual e moral. A utilização do corpo físico para os prazeres sexuais levianos e toda sorte de ostentação e luxúria não passam de exibição da insensatez prazerosa do egoísmo e do orgulho.

---

[1] N.M. O livro *No Silêncio das Paixões* de Eliana Machado Coelho em parceria com Schellida, fala, com riquezas de detalhes, sobre a influência espiritual na área sexual, convivência com HIV e Aids no plano físico e espiritual.

De frente com o desencarne, todos hão de enxergar a verdadeira realidade, dando-se conta do que era necessário se desvencilhar, abster-se, equilibrar-se. Deparam-se, então, com a decepção das faltas cometidas, das oportunidades perdidas e do quanto ainda terão de refazer.

As funções sexuais servem para o desenvolvimento e o progresso da vida, amparado por sentimentos nobres com troca de energias revigorantes que elevam os parceiros e enobrecem suas almas.

Haverá o dia em que o ser humano entenderá isso. Saberá a origem de dores e desequilíbrios existentes, em sua maioria, por desregramento nessa área, o motivo das grandes obsessões.

Por essa razão, sempre é necessário lançar a luz sobre as trevas, mesmo que seja um débil feixe de claridade. Também não devemos criticar, pois, desconhecendo o passado pela bênção do esquecimento, não sabemos o que fizemos e o que fomos.

Diante de toda aquela perturbação espiritual, em torno de Rafaelle, ao lado do leito hospitalar, o espírito Dulce, inconformado e sem forças, caiu de joelhos.

Apesar dos pensamentos devastadores e frenéticos, Dulce passou a rogar por ajuda e orou ao Pai Criador.

Enquanto não se ligou verdadeiramente ao Alto, elevando-se, não pôde perceber uma luz diferente que havia próxima a ela.

Banhada de um pranto compulsivo, Dulce pôde perceber vultos que lhe pareceram angelicais em meio àquele lugar espiritualmente deprimente.

Erguendo o olhar, reconheceu:

— Mãe...

O espírito Florina, tomada de profunda emoção, abaixou-se e a envolveu em doce abraço, precisando de todo o seu controle para dissolver sua própria dor e não se irmanar ao desespero de Dulce.

Passado um momento, afastou-a de si e perguntou com emanação de bondade:

— O que podemos fazer por você, minha filha?

— Mãe... Mãe... A Rafaelle, mãe... Ela quer tirar a própria vida! Eu preciso ajudar minha filha!

— Dulce, minha querida, neste estado, nestas condições você não vai poder fazer nada.

— Mas eu preciso!

Herculana, que havia sido sua sogra quando encarnada, estava junto à pequena comitiva espiritual. Sem demora, interferiu:

— Minha querida Dulce, entendo perfeitamente que você não ficou tempo suficiente em colônia espiritual apropriada para receber todo o conhecimento necessário. No entanto, as instruções recebidas, assim que despertou após o desencarne, foram suficientes para entender que, desencarnada, sem amparo, sem o devido socorro, sem grande preparo de elevação... Você não pode fazer muita coisa, principalmente, no plano junto aos encarnados. Já faz anos que se encontra na crosta terrena, junto a sua filha e nada pôde fazer, beneficamente, por ela. Ao contrário. Talvez, só a tenha prejudicado.

— Não! Isso não é verdade! Eu não prejudiquei Rafaelle! Ela sim ficava rezando e chamando por mim! Ela queria uma carta minha... Queria notícias! — Dulce se defendeu.

— Filha... — Florina se manifestou — O que mais a motivou a voltar à crosta terrena foi a revolta de quando lembrou como se procedeu seu desencarne. A revolta tomou conta do seu coração. Ao mesmo tempo, Rafaelle começou a chorar e reclamar sua presença. Assim que você chegou à crosta terrena, abandonando a segurança da colônia espiritual onde foi socorrida, não deu paz à pobre Rafaelle que, por sua vez, insistia em lamentar sua ausência. Você desejava imensamente que sua filha encontrasse um médium que revelasse sua presença, mas, em primeiro lugar, sua revolta a fazia querer que esse médium contasse como você desencarnou, pela sua visão.

— Isso não pode acontecer, minha filha — tornou Herculana. — Os médiuns sérios e equilibrados têm mentores mais equilibrados ainda. Um bom mentor não deixaria seu protegido repassar uma mensagem com o teor que você desejava, um teor que dilatasse ódio, desconfiança, rancor. Tudo aconteceu dentro da Lei do equilíbrio e do amor.

— Você desejava destruir Antônio e Rosa pelo ocorrido com você. Mas não é assim que as coisas funcionam, Dulce — disse Florina com seu jeito paciente. — Além disso, existe uma história que ocorreu em outra vida, para que, nesta, as coisas acontecessem do jeito que foi. Mas você não se deu conta disso. Permaneceu entre os encarnados, tentando influenciá-los. Ficou influenciando Rafaelle e não percebeu o quanto de tempo sua filha perdeu atrás de informações desnecessárias, percorrendo lugares com espiritualidade desequilibrada. Rafaelle deixou de focar em si, em suas necessidades e projetos, atraindo espíritos inferiores, por falta de buscar religiosidade e conhecimento. Passou a ter uma vida fútil. Criou muitos anseios sem nada a fazer de saudável e beneficamente por si. Com práticas extravagantes nas questões morais. Com exibições das formas físicas, ela se endereçou aos caminhos do escândalo. Agora, deve assumir seus feitos e enfrentar as consequências de sua conduta.

— Ela quer se matar! Ela quer morrer! — expressou-se Dulce em desespero. — A Rafaelle está impregnada com as vibrações desses espíritos inferiores e horrendos com os quais se ligou! Eles zombam dela! Outros querem que ela se suicide! Ela está em desespero! Desequilibrada!

— Minha querida, não seria você, mais um espírito, com suas vibrações e energias, a levar mais desespero a Rafaelle, por estar tão ligada a ela? — Herculana cogitou.

— Eu não! Não... — mostrou-se frágil e reflexiva, num segundo momento.

— Dulce, minha filha — Florina tentou fazê-la pensar. — A Rafaelle sempre apresentou-se fraca, manhosa... Sempre se recorria a você. Nunca criou força de vontade própria. Por outro lado, temos você aqui, na espiritualidade, sofrendo e chorando ao lado dela, querendo ajudar sem poder. Sem dúvida que a Rafaelle sente suas vibrações, mas não sabe interpretar. Por isso fica mais confusa.

— E se ela se suicidar?

— Neste estado, não há nada que você, Dulce, possa fazer. Se melhorar suas vibrações, elevar seu nível espiritual e endereçar a sua filha os mais nobres desejos, muito prova-velmente, irá tocar seu íntimo — Florina orientou.

Fazendo-se perceber mais ainda, Agostinho, instrutor espiritual presente, manifestou-se:

— Dulce, após esses anos aqui, como lembrou Herculana, você não conseguiu fazer nada por sua filha. Quem sabe, de outra forma, após se elevar, cuidar-se, tirar do seu coração a mágoa do que lhe aconteceu, conseguirá ajudar muito mais?

— Quem vai cuidar da minha filha? — chorou em desespero.

— O mentor dela já está fazendo isso, entre outros com-panheiros que o auxiliam.

— Não vejo ninguém junto dela.

Agostinho se aproximou, estendeu a mão e a levou à testa de Dulce. As energias salutares que saíram de sua mão cla-rearam e acalmaram a mente do espírito aflito, facilitando-lhe a visão de socorristas espirituais mais elevados que se en-contravam naquele mesmo plano, porém em outra sintonia.

— Eles, Dulce. São eles que envolvem Rafaelle, que se en-contra em estado de desdobramento por reação das fortes medicações. Confiemos, minha filha. — Após vê-la observar bem o que ocorria, Agostinho convidou: — Venha conosco. Liberte-se.

Exausta, sofrida e esvaída de forças, Dulce se entregou sob forte efeito de choro e deixou-se socorrer.

## Capítulo 21

# *Impossível se perdoar*

Assim que Rafaelle recebeu alta, Isabelle levou-a para sua casa.

Era hora do almoço e ficou satisfeita ao saber que a empregada estava com tudo pronto.

Havia ligado do hospital e avisado Nilma que iria almoçar em casa com sua irmã, mas pensou que não haveria tempo para preparar o almoço.

A irmã, sob efeito de sedativos, parecia alheia a tudo a sua volta. Mal se alimentou e Isabelle a colocou para deitar no sofá da sala.

Antes de comer um pouco, ligou para Rosa avisando que já se achava em casa e com a Rafaelle.

Bem depois, quando já era final de tarde, ficou preocupada com o que fazer.

Rafaelle não poderia ficar ali. Não por muito tempo. Precisava de cuidados e bastante atenção. O médico do hospital a orientou a procurar um médico psiquiatra e também um psicólogo.

Sabia que a irmã não tinha plano de saúde, não tinha renda própria nem condições de pagar psicoterapia.

A verdade era que Rafaelle não tinha nem mesmo onde morar.

Preocupada com a opinião de Pedro que, certamente, iria reclamar, Isabelle telefonou para sua tia.

Atenta, Carminda ouviu o que a sobrinha-neta contou.

— Então foi isso, tia. Não sei o que fazer. Já faltei ao serviço hoje. Daqui a pouco o Pedro vai chegar com as crianças... Não sei o que fazer com a Rafa.

— Ela pode ficar aqui comigo por algum tempo, Belle. Mas vai ter de trazê-la.

— Pode mesmo, tia? Vai ser um alívio. Não tenho confiança em deixá-la na casa da Rosa. Não que não confie na Rosa. Ela foi muito boa até agora, mas creio que não terá controle sobre a Rafa. Principalmente nos primeiros dias.

— Dê um jeito de trazê-la para cá o quanto antes.

— Tá bom, tia. Vou ver como faço e aviso a senhora.

Após conversarem um pouco mais, despediram-se e desligaram.

Não demorou e Isabelle mandou mensagem para Luci, contando o que tinha acontecido.

Sem pensar, Luci se ofereceu para ir até a casa da amiga e tentar ajudar.

Ao ver o estado de Rafaelle, Luci ficou comovida.

— Nossa... Como ela está...

— Está totalmente abobada. Além de darem remédios bem fortes direto na veia, lá no hospital, receitaram esses comprimidos aqui. Eu comprei. As receitas ficaram presas. Eu já dei um dos comprimidos que o médico passou. Estou com medo de que tenha outra crise e a coisa fique fora de controle.

— Fez bem. Foi certo seguir as orientações. Você falou com o seu irmão?

— Não. Não consigo entrar em contado com o Ailton já faz alguns dias. Ele não atende ao telefone nem visualiza minhas mensagens. Estou achando estranho. — Disse isso e se lembrou de sua maior preocupação: — Meu problema agora é com o Pedro. Ele vai falar um monte quando chegar.

— Vamos fazer o seguinte... — Luci pensou. — Vou falar com o Betinho e desmarcar duas clientes que tenho amanhã. Então eu levo a Rafaelle até o sítio da sua tia.

— Não. De jeito nenhum! Não posso deixar que faça isso!

— Vai ser bom para mim, Belle! Não esquente.

— Como assim?

— Não estou muito bem. As coisas pra mim estão muito paradas... Sem rumo... Preciso me movimentar. Sair e levá-la até o sítio vai me fazer bem.

— Eu já disse para você ir ao médico ou a um psicólogo. É nítido que está passando por um estado depressivo, Luci. Ficar assim não vai te fazer bem.

— Eu sei amiga, mas... Tudo é tão difícil. Não tenho motivação nem para fazer isso. Por essa razão quero sair um pouco. Ir até a casa da dona Carminda vai me fazer bem.

— Ainda não esqueceu tudo, não é?

— Não. Não esqueci. Parece que foi ontem. A mágoa que sinto... Relembro todo o ocorrido como se tivesse sido ontem. Sinto uma dor...

— Imagino. Desculpa por não saber como ajudar.

— Não tem por que me pedir desculpas. Que é isso?

— Você quase não fala no assunto. Às vezes, não sei se pergunto. Tenho medo de te magoar ou fazê-la reviver algo que estava esquecendo. — Breve pausa e considerou: — Mas... Se tudo é tão vivo assim na memória, você precisa dar um jeito de perdoar, para tirar essa mágoa de dentro de si mesma — No mesmo instante, Isabelle lembrou-se de que não soube trabalhar o perdão por não ter perdoado o motorista que atropelou e matou sua mãe. Sabia o quanto é difícil perdoar a alguém.

Luci pensou o mesmo, mas não disse nada. Forçou o sorriso, tão somente. Passou as mãos pelos cabelos e os torceu, jogando-os nas costas. Em seguida, decidiu:

— Bem... Preciso ir. Vou conversar com o Betinho e depois te digo a que horas passo aqui amanhã cedo para pegar a Rafa. Arrume uma mala com as roupas dela.

Nesse momento, Isabelle se alertou:

— Não tenho nenhuma roupa dela! Ai meu Deus!

— Faz assim... Pega algumas coisas suas e manda junto com ela. Depois damos um jeito de ir pegar lá onde ela mora ou morou... Ou a gente compra alguma coisa. Vamos lá no bairro do Brás que as coisas são mais baratas. Preciso dar uma passadinha lá mesmo.

— Verdade. É o que dá pra fazer agora. Vou pegar umas roupas minhas e mandar. Ah! Amanhã te dou o dinheiro para a gasolina.

— Tudo bem. Em outras condições você sabe que não precisaria, mas... — ofereceu sorriso generoso.

Assim que Luci se foi, Pedro chegou trazendo os filhos.

Estacionou o carro na garagem, que ficava embaixo da casa, tirou as crianças das cadeirinhas e as deixou subir pela escada interna.

Assim que ele chegou à sala à procura da esposa, viu que a cunhada estava ali e isso não lhe agradou.

Ao encontrar Isabelle, ouviu o que tinha para contar e depois perguntou:

— E até quando ela vai ficar aqui em casa?

— Amanhã vai para a casa da tia Carminda.

— Quem vai levá-la? Você?! — perguntou sem trégua e irritado. — Vai faltar novamente ao serviço?! E o seu irmão?!

— Não vou faltar ao serviço. A Luci vai levá-la até o sítio. Não consigo falar com o Ailton há várias semanas.

O marido virou-se e não disse mais nada.

Apesar de toda a angústia, Isabelle silenciou. Não tinha o que comentar.

Já era hora do almoço quando Luci chegou à casa de Carminda, acompanhada de Rafaelle.

A senhora recebeu-as com a alegria de sempre.

Percebendo a sobrinha muito diferente do normal, decidiu levá-la direto para o quarto de hóspede que já havia preparado.

— Ela está assim desde ontem, dona Carminda. Com olhar baixo e perdido. Alheia a tudo e só se deixa conduzir. Não está nem conversando.

Carminda observou a sobrinha por alguns minutos, respirou fundo e decidiu:

— Vamos deixar a Rafaelle aí deitada para descansar um pouco. Vou trazer almoço para ela e depois almoçamos. Certo, Rafa?

A sobrinha não respondeu e permaneceu no mesmo estado apático.

Já, na cozinha, Carminda quis saber como Luci estava. Fazia tempo que não se viam.

Após o almoço, depois de contar as poucas novidades, Luci disse:

— Então é isso. Acho até que, por questões de amizade, o Betinho me atura.

— Não creio que seja isso. Acho que você está se desvalorizando. Não está enxergando o mundo nem a realidade como verdadeiramente é.

— Estou sem ânimo, dona Carminda. Não vejo perspectivas de a minha vida melhorar. É bem difícil levantar toda manhã sem vontade. Eu me arrumo. Vou para o salão. Espero clientes que não vêm, a outra que reclama do horário, da demora... Outra que quer milagre. Todo dia a mesma coisa. Chego em casa e cuido das minhas coisas. Limpo a casa ou ajudo a dona Beatriz ao máximo. Não quero incomodá-la em nada. Afinal, além de dever a ela o favor de me acolher, não terei outro lugar para ir, caso tenha de sair dali. Sei que pago um aluguel por morar lá, mas isso não me dá o direito de ter toda a liberdade do mundo. Então... Se não gosto do que tem na TV, vou para o meu quarto, pego um livro para ler ou escuto música com fone para não incomodar. Depois, vou dormir. No outro dia, tudo de novo. Tudo igual. Ao contrário do que era antes. Eu tinha a minha vida, a minha casa. Trabalhava. Chegava e cuidava de tudo. Colocava minhas músicas, meus programas de TV favoritos... Pedia comida chinesa ou pizza. Nos finais de semana, saía, ia ao parque, ao cinema, ao teatro... Passeávamos em cidades próximas. Íamos às feiras de artesanatos que eu adoro. Tudo isso mudou. Mudou drasticamente. Para a dona Beatriz nem posso falar nada, pois foi a filha dela quem acabou com a minha vida. Sem sombra de dúvida, o meu ex-marido contribuiu. Foi canalha suficiente para me trair com a minha melhor amiga... — chorou timidamente. Secou as lágrimas que correram e escondeu o rosto para que não a visse chorar. Logo em seguida, contou: — Antes disso, eu tinha ideias, planos, projetos... Depois de tudo o que aconteceu, a minha vida perdeu a cor, perdeu o brilho. A vontade foi embora. O ânimo não existe mais. Restou uma dor. Uma profunda e intensa dor no peito. Uma mágoa que não acaba. Sei que isso faz mal, mas não sei como mudar essa situação. Cada coisa que acontece, cada episódio que a vida apresenta para mim, faz com que me lembre de tudo o que aconteceu. Faz com que a dor fique mais viva. — Breve pausa e contou: — Eu fui ao médico. Não comentei nada com ninguém. Ele me disse que o que sinto são sintomas clássicos de depressão. Acabou me passando um remédio, mas eu nem comprei. Tive medo de começar a tomar e me viciar. Tive medo de um monte de coisas. Aliás, a minha vida é só de medo agora. — Chorou. — Talvez, por tudo o que tenha passado, conseguido e depois perdido... Porque... Foi assim. Eu vim de uma família bem desestruturada. Meus pais bebiam, fumavam, brigavam, se traíam, batiam na gente... Chegavam a se agredir. Não tinha objetivo, não me valorizava. Conheci a senhora e a primeira vez que estive aqui me senti bem com o que nos falou. Depois disso, procurei ir à igreja. Depois a uma casa espírita e gostei. Fui mudando... Conforme passava por essa transição, eu podia enxergar como era triste a vida que tinha antes e a vida com meus pais e meu irmão. Mudei. Conheci meu marido... Isto é, meu ex-marido. Lembro bem quando a Anita o conheceu. Senti que ela ficou com inveja, mas não liguei. Era minha melhor amiga e aquilo deveria ser coisa da minha cabeça. O tempo passou. Eu tinha uma vida boa ao lado do Edvaldo. Eu era feliz. Alguns meses antes de pegar os dois juntos na minha casa, eu sentia algo estranho com meu marido, mas não dei importância. Não liguei. Depois... Veio um arrependimento. Eu deveria ter colocado o Edvaldo na parede. Deveria ter perguntado. Deveria...

— Mas será que iria adiantar?

— Não sei... Tudo aquilo me destruiu. Fiquei no chão. Perdi a confiança nas pessoas, nas coisas, no mundo... Agora vivo um dia de cada vez, sem sonhos, sem objetivos... Estou me sentindo perdida, sem rumo... — Luci parou de falar por um instante. Depois disse: — Fiquei sabendo que a Anita está muito bem de vida. Clientes que foram ao salão dela, que era meu também, vieram contando. Hoje, ela tem tudo o que sempre quis.

Carminda se levantou, pegou a chaleira com água fervendo que havia no fogão a lenha, escaldou o chá e serviu em uma caneca para a visitante.

Sentando-se novamente a sua frente, a senhora comentou:

— Você está com medo de que a situação se repita. Seu medo, Luci, é de batalhar novamente para uma vida melhor e que venha uma pessoa destruir suas realizações e seus sonhos. É isso que está gerando dor e sofrimento no seu coração. A vida sempre tem um propósito. Antes de nascermos, tudo é muito bem planejado. Nossos pais, nosso sexo, nossas aptidões, nossos defeitos, vícios... Planejamos várias coisas. Deus não erra. E para a vida ter propósito, a felicidade e a infelicidade têm razões de existirem. O sofrimento é uma lei da Natureza. Uma árvore só dá flores e frutos após enfrentar o inverno. Para toda plantação, o inverno é sofrimento. Existem aqueles que, nesta vida, só desejam ser felizes e mais nada. Cuidado. Quando só se quer ser feliz, passamos por cima de muita coisa e, certamente, magoamos, decepcionamos, traímos... E a nossa felicidade não passa de puro egoísmo. Sem dúvida, teremos de harmonizar tudo o que desarmonizamos.

— Breve pausa para a jovem refletir e continuou: — Só somos

felizes quando fazemos os outros felizes. A felicidade só pode vir de coisas boas, úteis e agradáveis para você e para os outros. Os bons pensamentos nos fazem felizes. As boas palavras nos fazem felizes. Quando sofremos, devemos fazer do nosso sofrimento uma fonte de grandeza, não um pote de reclamações. Quando sofremos e buscamos atitudes, palavras e ações positivas, saudáveis e que ajudem outras pessoas, esses nossos feitos dissolvem todo sofrimento. Vai restar somente uma vaga lembrança.

— Eu não sei por onde começar nem como me refazer.

— Esse recomeço é algo que você mesma tem que descobrir e desenvolver. Ore. Converse com Deus. É através da prece que Deus está em nós.

— Eu oro, mas... Não escuto Deus. Sei que é uma coisa idiota de se falar, mas...

— Quer ouvir Deus? Silencie os pensamentos. Quando falamos, não escutamos ninguém. Muito menos Deus. — Um momento e disse: — Não crie expectativas, Luci. Simplesmente deixe o pensamento ser leve. Faça a sua parte. Crie objetivos. Esteja no domínio da sua mente. Quando pensamentos de desânimo aparecerem, substitua-os por ideias boas, por planos produtivos. Tenha sonhos bons. Nada na vida acontece de um dia para o outro ou em um passe de mágica. Você já foi capaz de enfrentar tantas coisas e superar tudo! Vai superar isso também. O mais importante agora é perdoar àqueles que te feriram. Isso vai te libertar, vai fazer você criar asas.

— Não é fácil, dona Carminda.

— Mas é possível. Lembre-se de que antes de reencarnar você escolheu essas provas, certamente. Deus não coloca fardos pesados em ombros fracos. Se essa é a Lei, então você é capaz de vencer.

— Uma vez, eu disse ao Betinho que as preces, o sentimento de gratidão, a mudança de comportamento e tudo mais mudaram a minha vida. Pensamentos de raiva, rancor, crítica e mágoa tinham sumido como por encanto. Disse que era outra pessoa. Mais positiva, mais posicionada. Isso foi na época que o indiquei para tomar conta do estoque no salão. Ele disse para eu tomar cuidado com a Anita, pois ela era má e vingativa. Falei que ela não poderia fazer nada contra mim. E, se tentasse, seria um teste para ver se eu estava aprovada no meu equilíbrio. Acho que me enganei. Não estava tão preparada quanto me julgava. Fui reprovada.

— Não. Quem disse que o teste acabou? As provas só terminam quando a encarnação acaba. De fato você tem razão. Anita, nem ninguém, pode fazer nada contra você. Luci, preste atenção. Ninguém consegue levantar ninguém. Ninguém consegue derrubar ninguém. Somos nós quem nos levantamos. Quando você deixar esse fato leve, na sua lembrança, vai conseguir prosperar e ser feliz. Quando perdoar, lembrando que perdoar não é esquecer, mas sim entender que o outro é fraco, vai se sentir mais leve e focar no que for mais importante na sua vida.

Essa conversa com Carminda deixou Luci bem reflexiva e mais esperançosa.

Ainda não sabia o que fazer, mas iria se empenhar.

Isabelle não pôde visitar a irmã no final de semana. Pedro ainda não apreciava a esposa cuidar da irmã.

Preocupada e querendo dividir o encargo, mandou várias mensagens para Ailton que nem foram lidas. Ligou e ele não atendeu.

Ficou insatisfeita. O celular só dava caixa postal.

Deixou recado, mas não teve retorno.

Alguns problemas no serviço prendiam Isabelle para que trabalhasse até mais tarde, naquela semana.

Pedro ficou encarregado de buscar os filhos conforme combinaram. Contratar transporte escolar não era viável, pois não teria ninguém em casa para receber as crianças, porque a empregada ia embora bem cedo.

Já era noite quando Isabelle chegou.

Pedro tomava uma cerveja enquanto assistia a um jogo de futebol pela televisão e olhava os filhos.

Pelo barulho que escutou, ele percebeu que a esposa havia chegado. Foi à direção da escada, que descia para a garagem, para trancar o portão.

Nesse momento, o telefone tocou e a pequena Aline, que corria para atender, bateu fortemente a testa na mesa da sala de jantar.

Pedro largou a lata de cerveja, pegou Aline no colo e foi ver onde ela havia machucado.

A menina chorava muito. Dava para ver o vermelhidão e o inchaço, que se formaram imediatamente.

Ele estava grogue pelo efeito da cerveja.

O telefone começou a incomodar. Pedro atendeu ao verificar, no identificador de chamadas, que se tratava de sua mãe.

— Alô, mãe!

— Oi, filho!

— Oi.

— O que aconteceu? A Aline está chorando?

— Ela bateu com a cabeça na mesa e...

Ouviram um grito de pavor e outros que se seguiram após esse.

— Pedro! O que foi isso? — Lindaura perguntou.

O homem largou o telefone. Colocou Aline no chão e correu para as escadas perto do portão, que estava aberto.

Os gritos de Isabelle vinham da garagem e o marido foi ver o que havia acontecido. Temendo o pior, desceu as escadas às pressas, deparando-se com uma cena de horror.

Isabelle, gritando em desespero, estava ajoelhada com o filho no colo.

Sem conseguir pensar, o pai pegou o garotinho nos braços, colocou-o no carro, tomou as chaves das mãos de Isabelle e gritou:

— Fica com a Aline! — e seguiu para um hospital.

Isabelle ficou em choque. Obedeceu automaticamente e subiu para dentro de casa.

Em pranto, ligou para Rosa e depois para Luci. Foi de quem se lembrou.

Sem demora, a amiga e a madrasta chegaram a sua casa.

Aline não parava de chorar. Ficava aflita pelo estado da mãe.

Rosa pegou-a nos braços e acalentou a garotinha.

Transtornada, Isabelle contou, repetidas vezes, que entrou na garagem de marcha ré com o carro. Sempre ficava tensa quando chegava tarde a sua casa, pois tinha medo de ser assaltada. Tinha de prestar atenção ao abrir e fechar o primeiro portão automático, pois havia outro portão e não poderia acionar o botão do controle remoto de modo errado ou fecharia esse segundo portão sobre o seu carro. Tudo isso ao mesmo tempo em que dava ré para colocar o carro bem no fundo da garagem para que Pedro tivesse como sair com seu veículo sem ter de tirar o dela. E só percebeu que aconteceu alguma coisa errada quando o veículo não se encostava à parede como de costume.

Culpou Pedro por não ter trancado o portão da escada como era necessário. Ao ver a lata de cerveja sobre a mesa da sala e outras duas sobre a pia da cozinha, gritou ainda mais. Culpou o marido por ter bebido e estar entorpecido e não fazer o que era preciso. Culpou a televisão ligada e a atenção que ele dava mais ao jogo de futebol do que aos cuidados com os filhos.

Gritou e chorou muito enquanto aguardava.

Desesperou-se ainda mais pela falta de notícias. O marido não havia levado o celular.

Horas depois, o telefone tocou. Luci atendeu. Era Pedro.

Isabelle, muito aflita, ficou atenta até que Luci desligou e disse:

— Ele falou onde estão e pediu para te levar ao hospital.

— E o César?! Como está o meu filho?!

— Está sob cuidados médicos e ainda não tem muitas notícias. Vamos lá. Eu te levo. A Rosa pode ficar aqui com a Aline.

Não demorou muito, Isabelle e Luci chegaram ao hospital e encontraram Pedro conversando com dois policiais sobre o ocorrido.

Ao olhar para a esposa, o marido a abraçou e começou a chorar um pranto de dor.

— E o meu filho?!!! Como está o meu filho?!!! — perguntou desesperada.

Demorou para Pedro conseguir murmurar:

— Não puderam fazer nada...

Isabelle não suportou a notícia. Perdeu o chão. Um torpor a dominou. Um lapso tomou conta dos seus sentidos.

Cambaleou e foi amparada pelos policiais e pelo esposo.

Não acreditava nas palavras de Pedro.

Não existe, no mundo, dor maior.

Isabelle pôs-se a suplicar a misericórdia de Deus para que aquilo não fosse verdade.

Estampava-se, no seu rosto, o horror do desespero num momento. No outro seguinte, o não entendimento da realidade.

Não havia quem lhe pudesse acalmar com palavras.

Quis ver o filho com uma sombra de esperança de vê-lo reagir.

Reconhecendo-o sem vida, atirou-se sobre o corpo inerte do pequeno César desejando trocar sua vida pela dele.

Em vão.

Foi afastada.

Deixou-se ficar nos braços bondosos de uma enfermeira, que a agasalhou com generoso envolvimento, buscando apoio e conforto para a dor e a angústia que lhe explodiam no peito.

Não sabia que a mulher, profissional da saúde, era a única, ali, capaz de entender perfeitamente sua dor.

Apesar de enxergar, não conseguia ver.

Apesar de ouvir, não conseguia entender.

Apesar de poder falar, emudeceu.

Foi tomada por um torpor temeroso em que pareceu perder os sentidos, ainda que desperta.

Somente as lágrimas ininterruptas se manifestavam incessantemente.

Pedro não se sentia menos infeliz.

Não há como descrever, em palavras, tamanha dor e desespero.

Em pensamento, refaziam todos os detalhes do acontecimento fatídico e queriam voltar o tempo para corrigir alguma ação.

Culpavam-se continuamente. Culpavam-se um ao outro.

Pedro lembrou-se de ligar para seus pais e seu irmão pedindo ajuda.

Até mesmo Edvaldo e outros amigos foram auxiliá-los.

Isabelle pareceu ter perdido a capacidade de raciocínio. Agia mecanicamente e era conduzida por qualquer um, após alguns calmantes.

Em alguns momentos, sofria com grande arroubo de choro. Mas logo retornava a um estado entorpecido.

Às vezes, encarava o marido com olhar vidrado, como se não enxergasse. Ninguém saberia dizer sobre seus pensamentos.

Amigos e familiares auxiliavam o casal no que podiam.

No dia seguinte, após o enterro do corpo do pequeno César, Pedro foi abraçar a esposa, porém ela o rejeitou.

Isabelle, completamente insana, precisou ser hospitalizada. Não suportava a dor, a culpa, o desespero das lembranças, que não desapareciam. Não aceitava e gritava, chorando muito.

Semanas se passaram e retornou para seu lar. Estava despedaçada ainda e sob o efeito de medicações fortes.

Na casa onde moravam, uma aura densa podia ser sentida.

Luci, sempre prestativa, estava ao lado da amiga, tentando ampará-la em tudo, desde que recebeu alta hospitalar.

Calada, Isabelle sentou-se no sofá e permaneceu, ali, inerte.

Pedro se aproximou. Uma reação inesperada e explosiva aconteceu: a esposa passou a acusá-lo pela tragédia ocorrida.

Quando ele fez o mesmo, culpando-a por não ter tomado cuidado, ela perdeu o controle.

Chorando, socou e bateu no marido que, em pranto, dobrou-se de joelhos frente aos seus pés, recostando a testa em suas pernas.

— Você é um monstro!!! Um monstro!!!Não foi capaz de fechar um portão e me deixou matar meu filho!!! Você é um monstro, por ainda me acusar!!! Desgraçou nossas vidas!!! A cerveja foi mais importante!!! O seu maldito jogo foi mais importante do que nossos filhos!!! Se tivesse fechado o maldito portão!!!... O que eu faço agora?!!! O que vai ser da minha vida!!! — berrava em desespero. — Deus!!!... Deus!!!... Me ajuda!!! Eu prefiro morrer no lugar do meu filho!!! Traz ele de volta, Deus!!!

— Você tem razão... Você tem razão... me perdoa, Belle... Me perdoa... — ele pedia abraçado às suas pernas.

— Como é que eu vou te perdoar se não perdoo nem a mim!!! Como vou me perdoar?!!! Como?!... Depois do que eu fiz, como posso me perdoar?!!! Eu matei o meu filho!!!

Edvaldo, que havia acabado de chegar, teve a iniciativa de tirar o amigo dali para que a dor de ambos não ficasse ainda mais longa e intensa.

Levou-o para outro cômodo.

Rosa se aproximou de Isabelle e ofereceu-lhe chá, que foi recusado. Mas a mulher insistiu:

— Toma, Belle. Você precisa ficar mais calma. Eu preciso trazer a Aline para perto de você. Ela está assustada, com muito medo... Não vai ser bom ela te ver desse jeito. Se acalma... Você tem outra filha...

Isabelle pareceu ganhar um pouco de consciência após essas palavras. Bebeu poucos goles do chá como se nem soubesse o que estava fazendo direito.

Vendo-a mais calma, Rosa trouxe a pequena Aline que correu até a mãe, que não via há dias.

Abraçaram-se. Isabelle apertou a filha ao peito e chorou. Mais contidamente, chorou em silêncio.

Edvaldo procurou por Luci e perguntou:

— Você acha que seria bom eu levar o Pedro lá pra casa da minha mãe? Talvez, não seja bom deixar esses dois sozinhos.

— É verdade. Seria bom sim — respondeu a ex-mulher. — Eu e a Rosa vamos ficar aqui com ela e a Aline.

— Cadê os irmãos da Belle? — tornou ele.

— A Rafaelle não está bem de saúde e está com a tia Carminda. Por isso, não vieram. O Ailton... Ninguém conseguiu entrar em contato com ele.

Edvaldo pegou o amigo e o levou para a casa de sua mãe, onde ele estava morando.

Luci o admirou pela iniciativa. Não sentiu tanto rancor como imaginava que sentiria. Era a primeira vez que conversavam após o divórcio.

Arrependeu-se de ter danificado o carro do ex-marido. Nenhuma vingança é saudável para quem a pratica.

Quando chegou à sala, Luci encontrou Aline contando a sua mãe:

— Mamãe, eu brinquei com o César esses dias todos que você ficou doente no hospital.

— Como, filha?!...

— Toda noite, vinha ele, uns tios e duas outras crianças pra gente brincar aqui em casa. A tia Luci e a tia Rosa disseram que ele foi morar com o Papai do Céu, mas acho que deixam ele sair e vir brincar comigo. E eu gosto.

Isabelle abraçou-se à filha e chorou em silêncio. Não sabia o que dizer.

Com o passar dos dias, a garotinha confirmava receber a visita do irmão algumas vezes.

Isabelle, inconformada, ficou à espreita esperando que aquilo acontecesse. Talvez, ela pudesse ver também, como a filha dizia.

Uma noite, colocou a filha para dormir sob a luz fraca de um abajur. Verificou que Aline dormia e se retirou. Mais tarde, Isabelle escutou risos e conversas vindas do quarto.

Bem devagar e silenciosamente, aproximou-se da porta entreaberta do quarto da filha e espiou. Viu Aline ajoelhada sobre a cama conversando e rindo.

— Onde você está é legal? — perguntou a menininha.

Não ouviu resposta, mas percebeu que a filha olhava fixamente para uma direção como se estivesse falando com alguém ou com o próprio irmão.

— A mamãe tá com saudade. Ela chora... Ficou triste porque você não tá mais aqui. — Longa pausa. — Mas por que você não pode? — Nova pausa. — Ah... entendi. — Breve momento e Aline perguntou: — Como elas chamam? Ah... Dulce, Herlana e Flor... — riu e tentou falar novamente: — Herlana... Não? Ah... Herculana e Flor o quê? Ah... Floriana? — riu. — Florina! Agora acertei. Credo! Nossas vós têm uns nomes muito estranho... — Um instante e perguntou: — Ah... Você vai vir me ver sempre? — escutou e respondeu: — Que bom! Eu gosto de você. Também sinto falta de você na escola e aqui em casa.

A mãe não resistiu. Vagarosamente, entrou no quarto e, quando foi vista pela filha, perguntou com tranquilidade:

— Com quem você está falando, Aline?

— Com o César, mamãe! Ele está... Ah... Ele foi embora.

— Filha, eu não vi ninguém. Você está falando sozinha?

— Não, mamãe. O César estava aqui. Ele disse que ele conheceu as três vovós nossa. Elas chamam vovó Dulce, a vovó Herlana e vovó... peraí... Florina.

Isabelle nunca havia falado o nome de sua mãe e de suas avós para os filhos. Aline não poderia ter adivinhado. Escutou-a errar e repetir os nomes até acertar.

Ficou emocionada. Sentou-se na cama e abraçou a filha.

— Ele disse que vai vir sempre te ver mamãe. E eu também ele vai vir ver.

— O seu irmão está bem, filha? — perguntou chorando.

— Tá! Ele disse que tá bem sim. Que está com as vovós e umas tias. Que tem muita criança pra brincar. Mas disse que eu não posso ir lá e por isso ele vai vir aqui.

A mãe não sabia o que dizer. Ouviu-a um pouco mais e a colocou para dormir novamente.

Foi para o seu quarto. Fez preces e chorou até dormir.

# Capítulo 22

# Força e coragem

Era um sábado de manhã quando Carminda chegou à casa de Isabelle.

Rosa a recebeu com satisfação. Já a esperava. Não se conheciam.

Carminda, discretamente, olhou-a por longos minutos e depois se cumprimentaram.

— Que bom que a senhora veio — disse Rosa. — A Belle não está nada bem. Só fica deitada. Não come...

— Só pude vir hoje. A Rafaelle também não esteve muito bem. Ontem, o Tobias, meu filho, chegou lá no sítio pra passar o final de semana. Então, ele ficou lá tomando conta da Rafa para eu vir aqui.

Entraram.

Ao chegar ao quarto onde Isabelle se encontrava em crise de choro, Carminda ficou apiedada. Parou e observou.

A sobrinha, sobre a cama, estava visivelmente abatida e derrotada.

No corpo encolhido em posição fetal, podia-se perceber uma rigidez nervosa.

Embora sob o efeito de fortes medicamentos calmantes, não relaxava, tampouco sentia paz.

Remexendo-se um pouco, percebeu a presença da tia--avó. Foi quando seu rosto se contorceu em intensa angústia e com a voz, rouca pelo choro, murmurou:

— Tia...

— Oi, Belle... — disse aproximando-se e sentando ao seu lado.

— Olha o que aconteceu, tia...

Cuidadosa, Carminda afagou-lhe com ternura e puxou-a para um abraço.

Isabelle deixou-se envolver. Chorou muito.

Quando se acalmou, Carminda afastou-a de si e disse:

— Por mais que eu fale, sei que não existirão palavras que confortem o seu coração.

— Eu quero morrer, tia... Quero morrer... Tirei a vida do meu filho... Meu lindo filho... Indefeso e pequeno... Por que eu não morri no lugar dele, tia? Por que eu não bati o carro e morri antes de chegar em casa?! — chorou em desespero.

— Não sabemos qual a razão de certas coisas. Mas sabemos que, se você está aqui, é porque tem uma jornada a seguir, tem um caminho a percorrer, tem algo mais para fazer na sua vida.

— Minha vida acabou! Acabou... A morte seria pouco para mim. Não mereço nem misericórdia, muito menos perdão... Eu quero morrer, tia! Quero morrer!...

— Essa decisão é Deus quem toma. A dor cruel desse momento vai se dissolver com o tempo. Ainda vai doer com os anos? Sim. Claro. Mas desde que você siga servindo e trabalhando para o propósito de Deus e de Jesus, essa dor vai se acalmar.

— Eu não tenho propósito... não tenho mais nada... — falava aflita, entre o pranto incessante.

— Você tem uma vida e a sua filha, Isabelle.

— O que eu vou dizer para a minha filha quando ela puder entender? Que eu matei o irmão gêmeo dela?

— Quando crescer, a Aline vai conseguir entender esse acidente e essa fatalidade. Mas, se abandoná-la, se não cuidar dela amando, educando e oferecendo todas as orientações que ela merece e precisa... Se não cuidar da sua vida e da vida dela, enquanto ela precisar de você, isso ela não vai conseguir entender. Pense nisso, Isabelle.

— Não vou conseguir, tia... Não vou... Minha vida acabou... — chorava.

— A vida não acaba, minha filha. Somos eternos. Quando tentamos acabar com a vida, só complicamos o resto da nossa existência. O ideal é descomplicar a existência para que a vida flua como Deus quer.

— Não consigo me perdoar... Nunca vou me perdoar por isso... Eu queria voltar o tempo. Queria mudar alguma coisa. Ter feito diferente... Quero meu filho de volta!...

— Se voltar a encarar a vida, o seu filho estará ao seu lado. Principalmente, se tiver propósitos voltados ao Cristo.

— Eu quero meu filho aqui! Do meu lado!

— Quem sabe ele estará do seu lado, não é filha? Para Deus nada é impossível. Nem tudo vem do jeito que a gente quer. Ele pode voltar de várias formas.

As energias fluídicas da senhora começaram a acalmar Isabelle que se interessou:

— Como? Como ele pode voltar?

— Você é jovem. Ele pode voltar como seu filho, seu neto ou quem sabe de outro jeito. Mas isso cabe a Deus decidir, de acordo com o merecimento e a necessidade de ambos.

— A Aline disse que viu o irmão no quarto. Disse que ele vem visitá-la. Falou que César contou para ela que está com as avós. Falou o nome da minha mãe e das minhas avós. Ela não sabia. Eu nunca falei o nome da avó nem das bisavós.

— É mediunidade. Crianças são mais puras, mais sensíveis.

— Eu também quero ver, tia. Quero ver o meu filho.

— Minha querida... Aceite o que Deus te deu. Confie Nele. Todo esse desespero vai passar. Tudo passa.

Isabelle carregava um enorme peso, uma imensa dor e angústia que dilaceravam seu coração. Nada aliviava sua culpa e sua consciência que, em momentos de solidão, revivia todo o ocorrido ou, ainda, ficava imaginando o que poderia ter feito para que aquela tragédia não acontecesse.

Um forte sentimento de contrariedade também fazia com que acusasse o marido, pois acreditava que Pedro poderia ter evitado tudo aquilo.

Alguns dia se passaram e Pedro retornou para casa.

O casal não conseguia se encarar nem sequer conversar.

Somente Aline interagia com os dois, embora o pai não lhe desse a atenção merecida.

Ele não suportou. A casa lembrava-o do filho. Parecia ouvir sua risada, suas brincadeiras sua voz...

Pedro não procurou vencer tudo aquilo. Não conversou com a esposa como deveria.

Um dia, pegou suas coisas e foi para a casa de sua mãe, no interior do Rio de Janeiro e não voltou mais.

Rosa passou a morar na casa com a enteada. Cuidava da pequena Aline, que tinha dificuldade de entender o que estava acontecendo com sua mãe.

O pedido de férias que Isabelle fez no serviço foi atendido e, os dias que se seguiram, ela passou jogada sobre a cama.

Era uma tarde de muito calor quando Rosa entrou no quarto e a chamou.

Estonteada, Isabelle sentou-se. Havia tomado muito remédio calmante e não concatenava as ideias.

Teve dificuldade para entender o que Rosa dizia e pediu para repetir:

— Quem é que tá aí?

— A Anita. Ela quer te ver. Não sei se mando entrar... Eu fiquei sabendo que vocês tiveram problema.

Atordoada, Isabelle disse:

— Deixa. Deixa entrar.

Não demorou muito e Anita surgiu no quarto. Apesar de passar pouco mais das 15h, o ambiente estava na penumbra.

Janelas fechadas e cortinas densas cobrindo-as não deixavam nenhum feixe de luz passar.

Havia somente uma débil claridade que vinha da porta.

Ao ver Isabelle sentando-se na cama, Anita se aproximou e disse, timidamente:

— Oi...

A outra teve um arroubo de choro.

Anita sentou-se ao seu lado e a abraçou forte como há muito não fazia.

Isabelle chorou por longos minutos, depois balbuciou:

— Eu matei meu filho... Não mereço viver...

— Não diga isso. Você tem uma filha linda.

— É difícil... Tem momentos que acho que vou enlouquecer...

— Eu te entendo, Belle. — Anita foi capaz de ouvir e compreender a amiga que precisava desabafar. Pacientemente a escutou.

Quando percebeu Isabelle um pouco mais calma, comentou:

— Eu não tenho filhos, mas sou capaz de entender ou, pelo menos, imaginar a sua dor. Não gostaria que estivesse sofrendo assim, Belle... Quando eu soube, pois uma das moças lá do salão contou, fiquei em choque num primeiro momento. Incrédula. Justo você... Depois não sabia se deveria vir aqui ou não... Você nunca mais me procurou e eu te dou razão. Depois de tudo o que aprontei...

— Anita, tem momentos na vida em que passamos por situações tão difíceis, tão cruéis que acontecimentos que antes incomodavam, tornam-se irrelevantes. Esquece o que passou.

— Você tem razão. Em certos momentos, paramos e observamos o quanto de tempo ou o quanto de nós jogamos fora fazendo e falando coisas que não prestam para absolutamente nada. — Silenciou por algum tempo e depois disse: — Desculpa se eu apareci assim sem avisar e sem saber se gostaria de me receber.

— Pare de falar isso... Para mim, nada mais importa.

— Isabelle, você é nova. Tem marido, uma filha linda...

— Marido?! Marido que colaborou para que essa desgraça acontecesse?! Quantas vezes falamos que aquele portão tinha de ficar fechado sempre?! Quantas vezes nos alertamos? Mas ele não se importou! Não se importou com nossos filhos! Não se importou com nada! Certamente, estava mais preocupado com a droga da cerveja e com o maldito jogo de futebol na televisão! Foi por isso que tudo aconteceu! — chorou em desespero. — Hoje nada mais importa, Anita! Nada!

— Você tem uma filha. Precisa cuidar dela.

— Como minha filha vai confiar em mim quando entender que eu matei o irmão gêmeo dela? Como?

— Se essa é a verdade, você e ela terão que conviver com isso. Talvez, ela seja mais capaz de compreender do que você imagina.

— Ela nunca vai me perdoar...

— Como pode saber disso? Deixa o tempo cuidar disso, Belle. Deixa Deus cuidar disso também.

Isabelle chorou longamente. Depois comentou:

— É estranho você falar de Deus.

Anita remexeu-se e respirou fundo. Quando pôde, murmurou:

— Quando a única resposta, alternativa, socorro, conforto e explicação para o que nos acontece não existe, recorremos a Deus.

— Para o que aconteceu comigo não existe explicação nem conforto... Nem Deus explica...

— Talvez não, no momento... Quem sabe, um dia...

Anita estava muito diferente do que sempre foi e Isabelle, apesar da dor, percebeu isso.

As amigas conversaram e aquilo fez bem a ambas.

Longe dali, Carminda buscava ajudar a outra sobrinha.

— Rafaelle, você não pode ficar trancafiada em casa o dia todo.

— Vou sair daqui para quê?

— Para viver! Precisa encarar a vida.

— Sem ânimo? Sem felicidade? Com vergonha? Não dá para encarar a vida assim, tia... Ninguém se importa comigo

— falou chorosa. — Desde que minha mãe morreu... Ela era a única que se importava comigo. A Belle só pensou nela, na vida dela... O Ailton também fez o mesmo. Meus irmãos não querem saber de mim...

Carminda foi tomada de uma energia que poucas vezes se viu.

Puxou uma cadeira, sentou-se frente à sobrinha e pediu:

— Rafaelle, olhe para mim e preste muita atenção. Todos nós estamos, aqui, reencarnados para experimentarmos uma experiência terrena e evoluirmos com tudo o que vivemos. Tudo! — ressaltou. — Devemos evoluir com o que aconteceu de bom, mas, de verdade, são as experiências dolorosas que mais nos ensinam. Se você e seus irmãos, em certa época da vida, não tiveram mais mãe e precisaram seguir em frente, foi porque a Dulce necessitou partir e não mais ter os encargos com vocês. Foi por vocês necessitarem se desenvolver, crescer e evoluir sem uma mãe, ali, provendo a todos de tudo. A experiência foi necessária para os três. Agora, você reclamar que os seus irmãos não se importam com você!... Ora!... Isso é injusto! Por que seus irmãos se empenharam na vida e você não?

— Eles eram mais velhos! — respondeu agressiva.

— Mais velhos quanto? O Ailton é dois anos mais velho do que você! A Isabelle é dois anos mais velha do que o Ailton! Você, por acaso, acha que Deus errou?! Deus não erra, Rafaelle. Deus permite aquilo que é necessário para nós, porque merecemos! Essa é a verdade! — foi firme. — Todos nós merecemos as condições em que vivemos hoje, pois tudo o que temos foi o resultado do que fizemos por nós mesmos. Deus não erra. Ele só permite que recebamos da vida o que precisamos para desenvolvermos, em nós mesmos, a capacidade, o aprendizado, a elevação. — Ofereceu breve pausa. Depois continuou: — Você reclama que não é feliz! Que está sem felicidade! Saiba que a felicidade vem do bem e das coisas boas que praticamos. Quer ser feliz? Faça coisas certas e prósperas! Vivemos hoje o resultado do que praticamos. É injusto reclamar que seus irmãos só pensam neles. Filha...

Presta atenção — falou mais branda. — A vida já é tão difícil, tão pesada, tão tensa quando nós encaramos os nossos desafios. Imagine termos que arrastar conosco as dificuldades e o peso dos desafios de outra pessoa. Assim como seus irmãos investiram na própria vida, na própria prosperidade, você deveria ter feito o mesmo. Quando o Ailton e a Isabelle ficavam debruçados sobre livros, estudando por horas, onde você estava? Divertindo-se ao certo! Quando eles estavam trabalhando, pensando em um futuro mais tranquilo, o que você estava fazendo? Divertindo-se ao certo! Percebe que hoje eles têm exatamente o que se esforçaram para ter?

— Eu não tinha ânimo para estudar. O que podia fazer?

— Ninguém tem. Por isso o estudo é resultado de esforço. Você tinha de se esforçar para estudar, trabalhar... O trabalho é um dos maiores modificadores de ânimo que existe. E quando não está bom, podemos mudar. Mudar até nos encontrarmos com algo que gostemos de fazer. Mas para isso é preciso buscar. Reclamações não resolvem problemas. Pare de culpar os outros por suas falhas, por sua falta de esforço, por sua dedicação ao que não é bom nem para você nem para ninguém. Pare de culpar a Deus, achando que Ele errou. Você é a única criatura responsável pela sua felicidade ou infelicidade. Então pense e faça a coisa certa a partir de agora. Saiba, a infelicidade tem um propósito tão importante, ou mais, em nossas vidas do que a própria felicidade. Porque é quando estamos infelizes que podemos ver tudo o que não fizemos por nós mesmos. É quando estamos infelizes que percebemos o quanto de coisas imprestáveis que deixamos entrar em nossas vidas. É quando estamos infelizes que observamos as pessoas inadequadas que permitimos invadirem nosso espaço físico, moral, mental e psíquico. É quando estamos infelizes que percebemos o que devemos e o que precisamos mudar para termos uma vida boa, próspera, útil e saudável!

Rafaelle olhou-a firme e não se manifestou.

Paciente, Carminda ainda disse:

— Pergunte-se agora: o que eu fiz para minha prosperidade? O que eu fiz para ter uma vida mais estável? O que eu fiz para não sofrer? As respostas são tudo o que deve e precisa fazer para não estar mais nesse estado daqui a algum tempo. — Um momento e reforçou: — O que você enfrenta, agora, como crise existencial, o que sente agora como medo, angústia, tristeza e outras coisas, são resultados do que você fez ou deixou de fazer por si. Mas, o mais maravilhoso, é saber que são as respostas perfeitas, as indicações mais certeiras que precisa saber para ter uma vida melhor.

Sabe, filha... — prosseguiu Carminda. — A nossa vida não melhora até nós mesmos não tomarmos uma atitude. Quando temos uma nova atitude, um novo posicionamento, que seja equilibrado e saudável, deixamos de sofrer.

— Como assim, tia?

— Pergunte-se: o que mais me machucou em tudo o que aconteceu comigo? Foi ter confiado em uma pessoa sem caráter e sem escrúpulos?

— Sim. Foi — a sobrinha respondeu.

— Mas por que você se deixou iludir? Por querer se acomodar? Ter tudo de bom e do melhor sem muito esforço?

— É... foi... — admitiu e baixou o olhar.

— Então a culpa não é só do outro. Deve admitir que a culpa foi sua também. Porque queria que as coisas caíssem do céu, sem merecer, sem esforço.

— Entendi...

— A culpa por sua falta de estabilidade, neste momento, não é dos seus irmãos. Eles serviram de exemplo do que era certo e importante a fazer. Ele te mandavam estudar, trabalhar... Onde erraram?

— Entendi. A culpa é minha.

— Assumir a responsabilidade por tudo o que te aconteceu é a primeira vitória para um recomeço. Se esforçar para uma nova vida, ter planos de trabalho e estudo é a segunda. Estabilizar-se com o que conseguiu, a terceira.

— Mas, tia... As coisas que eu fiz estão na internet... Todo o mundo viu! — chorou.

— Todo o mundo que faz parte daquele mundinho idiota que você vivia. Mude de mundo! Envolva-se com coisas e pessoas novas, diferente daquele mundo imbecil em que você vivia! E outra... Até quando aquilo vai estar na internet? Não será eternamente, pois sempre aparecem coisas mais evidentes, mais importantes, mais escandalosas e o foco muda.

— E se, um dia, encontrar alguém que tenha visto aquilo?

— Problema da pessoa. Se você mudou de vida, não deve mais satisfação a ninguém. Não brigue nem ofenda. Mantenha a classe. Que aquele passado seja um problema da pessoa que viu e quer estragar seu equilíbrio.

— Não entendi...

— Ai, Rafaelle... É assim... Suponhamos que encontrou alguém que diz: "vi fotos suas antigas." Se a pessoa viu, foi porque se envolveu com aquilo que hoje não é mais o seu nível ou o seu mundo. Então, deixe-a com aquilo. O problema é dela. Não é mais seu, se não faz mais aquilo.

— Tenho vergonha...

— Filha, com ou sem vergonha você vai ter de continuar vivendo, vai ter de recomeçar, fazer coisas novas e equilibradas. E o quanto antes! Não vai poder depender de mim a vida toda. Posso te dar apoio no começo, não pelo resto da vida. Não pode depender dos seus irmãos também. Eles podem te dar força no começo, mas depois... Vai ter de viver por conta própria. Recomeçar pode parecer assustador, mas é possível. Milhares de pessoas no mundo inteiro fazem isso.

— Nem fui ver minha irmã...

— Verdade. Isabelle precisa do seu apoio. Mas lembre-se, ela precisa do seu apoio, não dos seus problemas. No caso dela, o silêncio, muitas vezes, é o melhor conforto.

— E o meu irmão, tia? Ele não deu mais notícias.

Carminda ficou reflexiva por alguns segundos, depois disse:

— O Ailton também está se resolvendo.

Nos dias que se seguiram, Carminda não deu folga à Rafaelle.

Começou a passar algumas tarefas para a sobrinha e conferia para saber se haviam sido feitas de forma correta.

Certo final de semana, Carminda e Rafaelle foram visitar Isabelle.

Ao chegarem, Rosa as recebeu e avisou:

— A Belle não está. Saiu logo cedo com a Aline. Venham! Entrem! — convidou.

Acomodadas à mesa da cozinha, Rafaelle bebia um copo com água enquanto a madrasta preparava um café.

Carminda, tranquila como sempre, quis saber:

— Como a Belle está?

— Hoje é primeiro dia que ela saiu de casa sem precisar — Rosa disse.

— Como assim? Sem precisar? — a enteada quis entender.

— Antes ela saía só porque era obrigada. Tinha que ir no médico ou na polícia. Até o delegado esteve aqui pra falar com ela. Mas, hoje, a Belle acordou, arrumou a Aline e disse que ia passear. As duas. A menina ficou toda feliz. Tinha que ver! Coitadinha. Tinha dia que via a mãe chorando tanto que começava a chorar também. Aí eu pegava ela e distraía... Quando a Belle dormia, eu levava ela pra dar uma voltinha na praça aqui perto.

— Ela pergunta do irmão? — Rafaelle quis saber.

— Não exatamente. A Aline diz que brinca com o irmão. Falou que, de vez em quando, ele vem visitar ela e a mãe. Aí eu falei que ele foi morar com o Papai do Céu, que é o que se fala pras crianças. Mas ela disse que já sabia. Que o irmão falou que agora vai morar em outro lugar que o Mestre Jesus preparou. Disse que está com as avós... — Rosa se emocionou. — Como pode, né?... — Secou o rosto e contou: — A Aline fala isso de um jeito muito natural. Contou que o irmão disse que lá tem outras crianças para brincar com ele e que ele está crescendo mais rápido do que se estivesse aqui. A Aline falou para a mãe tudo isso. Disse que o César pediu pra mãe não chorar. A Belle abraça a filha e não diz nada. Mas quando está longe da menina, chora. Um dia desses, essa menina, desse tamaninho, disse pra mim: "Tia Rosa, vamos parar de falar no César pra minha mãe parar de chorar. Ela fica muito triste quando falamos dele".

— Será que pode ser, tia? — Rafaelle perguntou. — Ele era tão criança quando morreu. Será que a Aline está vendo o irmão mesmo ou está inventando?

— Ela está vendo sim. Vendo e falando com ele. Isso é mediunidade. Se vai continuar assim, não sabemos dizer. Crianças, por terem seus corações mais puros e serem mais sensíveis, podem ter a mediunidade bem aguçada. Mas nem todas continuam com esse dom.

— Mas o César já pode aparecer assim? Ele morreu tão jovem! — tornou a sobrinha-neta.

— Por que ele não poderia? — respondeu Carminda. — César, apesar de ter desencarnado ainda criança, é um espírito. Não sabemos a sua bagagem, o seu entendimento ou seu grau de elevação. Independente dos anos que esteve encarnado, o espírito pode ter entendimento e, rapidamente, despertar, na espiritualidade, muito lúcido.

— A senhora acha que ele aparece assim, como uma criança ainda, para a irmã, mas, na verdade, pode ter outra consciência, mais elevada?

— Sim. Isso pode acontecer. Eram gêmeos. Tinham grande afinidade. Talvez, queira vê-la bem, tranquila. Aos poucos, essas visitas vão se distanciando sem que a Aline perceba. Pode ser para que ela não sofra agora e também traga conforto para a mãe. Isabelle precisa ter confiança de que o filho não morreu. A vida de César continua em outro plano.

— Diz uma coisa, Rosa — a enteada perguntou —, e quanto ao Pedro? A Aline pergunta do pai?

— Ah... Sim. Do pai, ela pergunta sim. A mãe dele esteve aqui. Conversou com a Aline. Falou que o pai está doente e que precisa ficar um tempo lá na casa dela para se recuperar. Disse que ele precisa ficar no campo. Mesmo assim, a Aline pergunta dele sempre. Quer saber quando ele vai voltar.

— O que a Isabelle diz? — tornou Rafaelle.

— Fica dando sempre a mesma desculpa. Diz que ele ainda não se recuperou. Tentou colocar ele pra falar com a filha, mas ele não quis. Isso deixou a Aline decepcionada e a Belle não fez mais isso.

Naquele instante, ouviu-se um barulho na porta principal. Mãe e filha haviam chegado.

A garotinha correu para a cozinha à procura de Rosa, com quem tinha se apegado muito.

A mulher a abraçou com carinho, depois, disse:

— Olha suas tias. Você não vai cumprimentar suas tias?

— Oi... — Aline falou, timidamente, e se encolheu no colo de Rosa.

— Oi, querida — cumprimentou Rafaelle que se levantou, foi até ela e a pegou no colo dizendo: — Não vai dar um beijo na tia Rafa?

Isabelle apareceu na cozinha e esboçou leve sorriso, mostrando-se feliz com a surpresa.

Abraçou-se primeiro à tia e, depois, mais longamente, à irmã.

Uma crise de choro tomou conta das emoções de ambas.

Carminda e Rosa levaram Aline para o quintal e permaneceram lá, olhando a pequena no balanço.

Rosa, com jeito simples, disse:

— Hoje fiquei contente quando vi a Belle levantando e arrumando a filha pra sair. Pensei que nada mais iria tirar ela daquela cama nem daquele quarto.

— Não importa quais os problemas na vida. Força e coragem é do que necessitamos para enfrentarmos as dificuldades da vida. Uma dificuldade imensa para mim pode ser coisa simples para o outro e vice-versa. Seja como for, precisamos dar o primeiro passo, usando toda a força e toda a coragem para prosseguir.

— O golpe que ela sofreu foi muito difícil.

— Sem a menor dúvida! Pior do que ter um filho morto, é ser responsável, direta ou indiretamente, por sua morte —

Carminda disse. — Nesse momento, grave da existência de Isabelle e Pedro, não existe o que possamos dizer para aliviar a dor. Aliás, devemos tomar cuidado para não aumentarmos o sofrimento já existente. A tragédia ocorrida é de dimensões inimagináveis, mas o amor do Pai Criador é infinito e pode abraçar os dois e, de alguma forma, confortar seus corações despedaçados até que, um dia, muito provavelmente em outro plano, descubram o porquê de precisarem viver e sofrer esse acontecimento.

— Você acha que a Belle e o Pedro passaram por isso porque mereciam?

— Eu não usaria essa palavra: mereciam. Pode parecer castigo. Creio que passaram por isso porque foi preciso. É diferente. Se preciso ajudar alguém, mesmo que haja sofrimento para mim, eu não mereço sofrer, mas necessito experimentar essa dor para que o bem ocorra. Precisamos acabar com a mentalidade de que tudo é um castigo. Digamos que eu conheço alguém que quer inventar uma perna mecânica para pessoas com necessidades desse mecanismo. Na espiritualidade, nós planejamos e eu concordo em vir como mãe dessa mesma pessoa que vai querer vir com deficiência para poder colocar em prática, aqui encarnado, o seu invento na espiritualidade. Encarnada, vou me empenhar para dar apoio, estudo e tudo mais o que essa pessoa precisa para conseguir ter êxito em seu objetivo. As dificuldades virão, os desafios serão imensos! É lógico que vamos sofrer. Mas isso não importa. O que importa é o resultado final, que é a invenção dar certo. Então, o sofrimento que eu e essa pessoa experimentamos para alcançarmos o objetivo, não são sofrimentos que merecemos, mas sim sofrimentos que foram precisos.

— Ah... Acho que entendi. Mas será que dá pra planejar essas coisas antes da gente nascer?

— Sim. Essas e muitas outras. Nada é por acaso, Rosa. A não ser quando alteramos alguns acontecimentos por causa do egoísmo, da vaidade, da preguiça, da desistência pela acomodação ou suicídio...

— Eu tô tentando ajudar a Belle. Até fiquei aqui sem que ninguém me pedisse e... Não sabia o que dizer e por isso ficava quieta. Até comecei a me sentir muito idiota por não saber o que falar pra ela.

— Você fez o melhor, Rosa. Não se culpe.

— Tem dia que ela chora muito. Grita... Grita muito. Já quebrou algumas coisas. Quando a Aline não está na escolinha, eu pego ela e saio ou vou até a Belle e falo: "calma, senão vai deixar sua filha assustada".

— Você faz o correto, que é chamar a Isabelle para a realidade. A dor que ela sente é imensurável, inominável... Ainda bem que ela tem você para ajudar.

— Acho que a empregada, a Nilma, vai embora. Ela tá reclamando muito. Na semana que vem, a Belle volta a trabalhar. Acho que vou ficar por aqui mesmo. Não tenho nada nem ninguém... — Seus olhos se encheram de lágrimas.

— Converse com a Isabelle sobre isso. Vai ser bom para vocês duas.

— Mas... Sabe o que é?... — Quase chorando, contou: — Sou madrasta dela e nem sempre fui muito boa pra elas... Me arrependo de muita coisa... Tenho uma coisa engasgada na garganta e... Sinto culpa pelo que aconteceu há muito tempo... É uma coisa que me dói muito. Sabe... Quando a gente é nova, a gente não pensa... Faz as coisas de qualquer jeito... Acha que vai sair sempre ganhando, vai sair no lucro... Às vezes, penso em conversar com ela sobre isso. A Belle sempre culpou a pessoa errada pela morte da mãe. Mas... eu não esperava. Foi um acidente mesmo — chorou.

— Melhor não dizer nada para ela. Não seria um bom momento. De que isso adiantaria agora? — Breve pausa e aconselhou: — Sabe, Rosa, você pode pensar em fazer o bem dizendo toda a verdade, que será inútil e vai deixar vocês duas distantes. Ou... pode silenciar e ajudar como nunca fez antes. É uma opção. Pense: o que Deus iria querer de você? Empenho no bem? Ou a distância inútil? — Depois de nova pausa, considerou: — Um dia, quando Deus quiser, aqui ou em outro plano, a verdade vai aparecer. Mas isso só vai acontecer quando os envolvidos estiverem preparados para saber. E, é muito provável que, quando isso ocorrer, a Isabelle nem dê importância, pois as experiências vividas farão dela uma criatura mais elevada e sábia.

Rosa chorou timidamente e escondeu o rosto.

A força e a coragem são os mecanismos que precisamos arrancar da alma para prosseguirmos em certos momentos da vida.

Deus nos conduz e abençoa quando decidimos ir em frente.

# Capítulo 23

# Lágrimas no Paraíso

Rafaelle e Isabelle conversaram muito nos dois dias que se seguiram.

Antes de ir embora, a irmã disse novamente:

— Preciso que me perdoe por não ter vindo aqui antes. Eu fiquei muito mal. Ainda tem momentos que entro em crise, em pânico... Me dá um negócio ruim... O emocional mexe com tudo. Fico abalada. Os pensamentos ficam confusos. Não consigo pensar e, quando consigo, é só coisa ruim. Dá um medo, uma tontura, um tremor... É horrível. Sei que o que você passou é muito mais sério e mais grave, mas é que eu não consigo dominar isso o que sinto. Não ainda. Por isso, vou ficar um pouco mais na casa da tia. Entro em pânico quando penso em vir pra cidade e...

— Rafaelle, a Belle entendeu. Ela não precisa de mais coisas preocupantes nos pensamentos — alertou a tia, que já havia advertido sobre levar problemas para quem já tem o suficiente.

Parecendo anestesiada, Isabelle disse:

— Não se preocupe. Eu entendo.

Na sua vez, Carminda propôs:

— Vai lá em casa, Belle. Vamos ter um feriado mês que vem e eu gostaria muito que você fosse lá pra casa. Seria muito bom.

— Vamos ver, tia. Talvez, eu vá sim.

Despediram-se e as duas se foram.

Ao entrar, Isabelle teve uma crise de choro que só cessou com a aproximação da filha, que lhe pediu:

— Para mamãe. Para de chorar. Eu fico muito, muito, muito triste com você chorando.

— Tá bem, minha querida... A mamãe vai parar. É que a saudade do César está doendo muito.

— É... Mas de onde meu irmão tá, ele também fica triste, né? Se você soubesse que ele tá chorando, você ia fica triste. É a mesma coisa com ele.

Isabelle abraçou a filha, apertando-a ao peito e sentiu sua mãozinha afagar seus cabelos.

Afastando-se, beijou-lhe o rosto e prometeu:

— A mamãe vai parar de chorar, tá bem?

— Tá. Tá bom. Assim eu volto a ficar feliz — e a beijou docemente.

Amanheceu e Isabelle acordou experimentando vontade de dormir um pouco mais. Na verdade, desejou não ter acordado.

Ficou algum tempo na cama.

Virou-se.

Desligou o rádio relógio só após o término da música que tocava. Música que mexeu com suas emoções mais profundas, pois sabia que, por detrás daquela canção tão singela, a letra contava uma história semelhante a que vivia: a perda de um filho.

Secou as lágrimas que correram em seu rosto pálido e respirou fundo. Não gostaria de chorar mais.

Esfregou o rosto e respirou fundo novamente.

Sentada na cama, escutou o choro e o resmungo do filho do vizinho, o que lhe provocou um misto de desespero e raiva. Mas não tinha o que fazer. Ficou imaginando o quanto aquilo iria durar, pois lhe trouxe lembranças com nuanças de dor.

Isabelle precisou de uma força extraordinária para sair da cama e fazer o que precisava para aquele dia de trabalho.

Antes de chegar à cozinha, escutou a movimentação da madrasta, que colocava Aline no transporte escolar.

Ela nem mesmo se despediu da filha.

Tomou uma xícara de chá e comeu um biscoito.

— Estava preocupada. Não sabia se devia te acordar ou não — disse Rosa ao vê-la. — Bom dia.

— Bom dia, Rosa — cumprimentou sem ânimo. Foi até a pia e deixou a xícara na cuba.

— Não vai comer mais nada?

— Não. Estou sem fome. Vou tomar um banho rápido e escovar os dentes para não me atrasar.

— Vai lá. Vai lá...

Isabelle se virou e não disse mais nada.

Estava tensa.

Sabia que aquele primeiro dia de serviço, após ficar afastada por mais de um mês, não seria fácil. Talvez, embaraçoso, se alguém lhe perguntasse alguma coisa.

Foi bem penoso pegar seu carro novamente e dirigi-lo.

No primeiro instante, lágrimas correram em seu rosto. Mesmo assim, enfrentou a direção.

No serviço, acreditou que muitos colegas fariam perguntas, talvez, indelicadas, indiscretas e não se achava preparada para lidar com aquilo.

Depois do enterro de César, ela não quis falar nem receber ninguém do serviço em sua casa.

Isolou-se totalmente.

Aos trinta e dois anos, era uma mulher muito bonita. Sempre se arrumava de forma elegante, chamando ainda mais a atenção para sua beleza natural.

Cabelos castanhos com luzes claras, bem cortados abaixo dos ombros, davam-lhe um ar bem jovial.

Rosto comprido e bem delineado. Lábios torneados e grossos cujo coração, formado no centro, destacava-se ainda mais quando usava batom.

Seus olhos tinham um toque de mistério. Sua feição sempre tinha sido a de uma imagem agradável. Mesmo quando séria, parecia oferecer suave sorriso. Mas, nos últimos tempos, tornou-se triste, imensamente carregada. Trazendo o peso de uma dor infindável a custa de muitas lágrimas.

Ao entrar no elegante edifício onde trabalhava, era capaz de sentir o olhar de todos por onde passava.

Na portaria, os seguranças, que a conheciam, cumprimentaram de modo solene, fazendo-a corresponder com um aceno de cabeça e um vago olhar.

Muito séria, como nunca se viu, ficou frente às portas do elevador, olhando para os indicadores numéricos.

Percebeu a aproximação de algumas pessoas. Talvez, fossem conhecidas, entretanto não teve vontade de olhar para saber quem eram.

Um momento e escutou seu nome na voz forte e grave de um diretor.

— Bom dia, Isabelle.

Ela circunvagou o olhar, teve certeza de quem se tratava e respondeu em tom sério:

— Bom dia, Leandro.

— É bom vê-la de volta — comentou de modo respeitoso. Desejava recepcioná-la de forma agradável, mas sem afetação.

Ela o encarou por alguns instantes e abaixou o olhar. Não disse nada.

Um dos elevadores chegou e todos entraram. Antes das portas se fecharem, um gritinho pedindo que segurassem as portas e mais alguém entrou.

— Ai!... Obrigada! Obrigada! — agradeceu a moça que entrou às pressas. Ao olhar para o canto, admirou-se: — Isabelle?! Já está de volta?!

— Bom dia, Serena — cumprimentou quase sussurrando.

— Não sabia que voltaria hoje! — tornou Serena ressaltando, quase como um escândalo. — Eu soube que pegou férias, né? Também pudera!... Nossa, menina! Quando fiquei sabendo, nem acreditei! Seu marido também, né! Ele deu uma bobeada! — Falava alto e era extremamente indelicada, até que perguntou: — Quantos anos o seu filho tinha mesmo?

Isabelle experimentou um nó na garganta e vontade de chorar. Ao mesmo tempo, sentiu raiva de Serena que, sem a menor delicadeza, educação e sensibilidade, ressaltava particularidades que não interessavam naquele momento.

Novamente, Isabelle sentiu que todos a olhavam.

A maioria a conhecia. Talvez, igualmente, quisessem vê-la responder e detalhar a história trágica.

O elevador parou no terceiro andar e, inesperadamente, Leandro segurou no braço de Isabelle, pedindo:

— Vamos conversar com o Wanderlei antes de irmos para a seção. Venha. Vamos descer aqui.

Isso a deixou surpresa e confusa. Pensava no que responder para Serena e não sabia como agir.

Alguns abriram passagem e eles desceram, deixando a outra sem resposta.

— Depois conversamos, Isabelle! — exclamou Serena antes que as portas se fechassem.

Após alguns passos, Leandro parou frente a ela e disse:

— Desculpe-me por tê-la tirado do elevador dessa forma. Foi a única maneira que encontrei para... — Não completou. Depois, reclamou: — A Serena é uma pessoa muito desagradável. Lembre-se de uma coisa, Isabelle: você não é obrigada a responder a qualquer pergunta sobre sua vida.

— Obrigada. Eu não sabia o que dizer a ela e... Não estou preparada para interrogatórios desse tipo.

— Entendo. Se der, mais tarde falo com Serena.

— Não. Não precisa. Afinal... vou ter de aprender a enfrentar situações como essa. Não é mesmo? — indagou séria e deixou de encará-lo, voltando sua atenção para o indicador dos andares acima das portas dos elevadores.

Um outro elevador chegou e eles entraram, descendo alguns andares acima.

Chegando a sua seção, Isabelle percebeu que todos a olhavam e seguiram-na com os olhos.

Ela ofereceu um cumprimento de bom dia coletivo para os que estavam mais perto e, sem encarar ninguém, foi para sua sala.

Alguns minutos e Nelci, uma assistente que servia a vários gerentes, deu poucas batidas à porta e entrou, dizendo:

— Bom dia, Isabelle.

— Bom dia, Nelci — cumprimentou sem encará-la.

A funcionária não sabia o que dizer. Era uma situação muito delicada. Por isso, decidiu perguntar baixinho em tom suave:

— Como tem passado?

— Muito mal. Estou péssima — sua voz ficou fraca e baixa. Quase inaudível.

— Se eu puder ajudar de alguma forma, é só me dizer.

— Ninguém pode. Não é mesmo? — respondeu com brandura ao olhá-la por um instante. No momento seguinte, mudou de assunto e quis saber: — Como estão as coisas por aqui?

— Eu sabia que voltaria hoje, por isso preparei um relatório geral deste mês. Pode ver no seu computador.

— Vou dar uma lida... — disse, ligando o aparelho. — Estou um pouco deslocada ainda. Preciso ver meus e-mails...

— Qualquer coisa, é só me chamar.

— Certo. Obrigada.

Nelci se retirou.

Assim que começou a mexer em suas coisas, Isabelle viu o porta-retrato virado sobre a mesa.

Inclinou-se e o pegou.

Era uma daquelas fotos tiradas repentinamente, sem fazer pose e que havia ficado tão linda que mereceu revelação e um lugar de destaque em sua sala.

Nela, os filhos pareciam estar em movimento e com expressões alegres, um ao lado do outro.

Os cabelos dourados, herança do pai, ficaram lindos com a luz do sol que os clareava ainda mais.

Bochechas rosadas, olhos vívidos e brilhantes transmitiam a felicidade daquele momento.

Lembrou-se do dia em que ela mesma tirou aquela foto. Foi quando os gêmeos completaram quatro anos.

Tanta coisa havia acontecido.

Com a doença do seu pai, não conseguiu levá-los para uma viagem na praia como havia prometido no aniversário de ambos.

Nenhum dos dois reclamou.

Era horário de verão no dia da foto e os filhos chegaram da escola enquanto o sol ainda brilhava. Estavam felizes e repletos de novidades que queriam contar ao mesmo tempo.

Foi quando Pedro apareceu trazendo os presentes que havia comprado e os pegou no jardim com ela querendo tirar a foto dos filhos juntos, para registrar o dia daquele aniversário.

Não sabia que seria o último.

Quando os filhos olharam para o pai e o viram com as caixas, sorriram com aquela linda expressão de felicidade, misto à curiosidade e se movimentaram para ir junto a ele.

Então ela registrou o momento.

Isabelle não resistiu.

Apertou o porta-retrato junto ao peito e chorou muito.

Apesar de a porta estar fechada, Nelci, que passava próximo, ouviu sua dor.

Não poderia fazer nada. Não, naquele momento.

Bem depois, a assistente levou um copo com água e um café para a gerente.

— Com licença... Trouxe um café. Está fraco e com pouco açúcar. Do jeito que você gosta — sorriu.

— Obrigada. — Um instante depois, perguntou: — Eu dei uma olhada nos projetos financeiros. É só aquilo mesmo?

— Sim. É só.

— Pensei que as cotas tivessem fechado.

— Não este mês. O doutor Aristides não ficou nada satisfeito. Fez uma reunião com todos os diretores e alguns gerentes.

— Tudo bem — Isabelle disse tão somente.

Nelci esperava algo mais.

A gerente deveria fazer uma análise melhor e também ter planos para situações como aquela.

Percebendo-a com olhar perdido, parecendo ter os pensamentos distantes, Nelci quis saber:

— Isabelle, tudo bem?

— Não... — murmurou e a encarou. Seus olhos achavam-se mergulhados em lágrimas prontas para caírem. Quando escorreram pela face, confessou: — Não estou conseguindo me concentrar. Parece que nunca estive aqui... Não tenho ideia do que preciso fazer.

— Eu entendo.

— Não... Acho que ninguém vai conseguir entender. Mesmo aquela mãe que amava imensamente o seu filho de quatro anos e que o enterrou porque Deus o levou, não vai entender, porque não foi ela quem tirou a vida do próprio filho... — lágrimas continuaram correndo em seu rosto. — Eu sinto uma dor que parece que vai me matar. É uma dor no peito... É uma coisa que não dá para explicar.

Nelci se aproximou e afagou seus cabelos com imensa compaixão.

Isabelle se virou e a assistente a abraçou.

Por intermédio de Nelci, benfeitores espirituais dispensaram energias calmantes para Isabelle.

Aos poucos, a jovem mulher foi se acalmando e se recompondo da forte e triste emoção.

Afastando-se, vagarosamente, como se estivesse envergonhada ao secar o rosto com as mãos, disse:

— Desculpe-me.

— Não por isso.

— Ainda não estou bem. Quando penso em tudo, acho que foi um pesadelo e que vou acordar. Em casa, posso escutar o César... Ouvir seus barulhos como se estivesse brincando com seus brinquedos... Sinto seu cheirinho... — chorou. — Quando olho para a Aline, sempre me pergunto: cadê ele?

— Isabelle, esquecer você não vai, mas eu tenho certeza de que essa dor vai diminuir até restar somente uma sombra de dor. Essa coisa dolorosa, intensamente cruel, vai passar. Pense: seu filho não gostaria de ver você triste e chorando desesperadamente. A paz daqueles que se foram pode depender muito da nossa tranquilidade diante da partida.

— Ele deve me odiar pelo que eu fiz. Não mereço ter paz, não é mesmo?

— Não. Ele não te odeia. Ele entende e aceita o que aconteceu, porque tudo tem uma razão para ter acontecido. Deus não erra.

— O que eu faço para continuar vivendo?

— Faça preces de amor para o seu filho e para você. Pense nele sendo assistido e bem cuidado. Pense nele alegre e feliz junto de outras crianças. Envie luz para o seu filho. Use a imaginação e pense nele envolto por uma luz azulada, limpa e a mais bonita que você puder imaginar. Tudo o que pensar e desejar vai chegar até ele.

— Por que você acha que vai acontecer isso, se eu pensar?

Nelci sorriu com bondade e respondeu em tom brando:

— Porque você é mãe. Se tem algo que Deus abençoa é o desejo de uma mãe amorosa. Por isso sugiro que ore com calma e carinho.

Isabelle se remexeu e esfregou uma das mãos no rosto. Virou-se para a frente da mesa e respirou fundo.

A assistente deu alguns passos e comentou educada:

— O café deve estar frio. Vou pegar outro.

— Não se incomode.

— Não é incômodo — disse, pegou o café frio e saiu da sala.

Nelci demonstrou o melhor jeito de dar conforto.

Oferecer conforto à dor do outro não é, de modo algum, dar exemplos ou dar-se como exemplo, contar os seus problemas ou dificuldades alheias.

Confortar é usar palavras cujas reflexões acalentam o coração aflito ou, simplesmente, oferecer silêncio.

Sem demora, a secretária retornou com outra xícara de café na pequena bandeja e ofereceu à Isabelle que, aparentemente, estava melhor.

— Obrigada — agradeceu e sorriu.

— Não por isso. — Um segundo e avisou: — Haverá uma reunião hoje às 15h com os gerentes.

— Eu vi o e-mail — Isabelle comentou.

— Outra coisa... Encontrei a Roseli e ela pediu para dizer que vai almoçar com você hoje.

— Eu gostaria tanto de ficar sozinha...

— A Roseli é uma pessoa bacana. Será uma boa companhia.

— Vamos ver... Não sei se quero ir.

Pouco antes do almoço, Roseli, gerente de outra repartição, procurou pela colega para irem almoçar juntas.

Educada, chegou à sala de Isabelle, cumprimentando-a como sempre:

— Oi, Belle! Como você está?

— Para ser sincera... Prefiro não comentar.

— Quero que saiba que pode contar comigo.

— Obrigada. — Mudando de assunto, comentou: — Não estou muito a fim de almoçar hoje.

— Ora! O que é isso? Vamos sim. Ao menos, será bom sair. Tem um restaurante novo que inaugurou por esses dias. Vamos lá. Você vai gostar.

Assim foi feito.

Em um restaurante *self-service*, após servir-se, Isabelle sentou-se à mesa e calou-se. Ficou olhando a comida no prato.

— Tudo bem? — perguntou Roseli ao vê-la quieta demais.

— Está sim — pegou o garfo e, com a ponta, remexeu levemente os alimentos. Sempre quieta, comia vagarosamente. Parecia sem vontade.

— Semana que vem, vou receber alguns amigos bem íntimos lá em casa. Só alguns. E você tem de ir — brincou, como se a intimasse. — É o meu aniversário — disse Roseli animada.

— Festa?

— Não. Bem... Quer dizer... Uma recepção simples. De oito a dez pessoas. Não gosto de deixar aniversários passarem em branco — riu. — Nem o meu! — Roseli brincou. Falou sobre seus planos e tentou distrair a colega. Observando que Isabelle nada dizia, comentou: — Não quero tocar no assunto, mas... Você está bem?

— Tudo me faz lembrar de algo... De algum detalhe. No aniversário deles fiquei devendo uma viagem para a praia. Meu pai estava doente... — lágrimas compridas rolaram em seu rosto.

— Desculpa, Belle. Eu não queria te deixar triste. Pensei em te distrair.

— Não é você ou seu assunto. Ainda não estou bem.

— Imagino. E o Pedro, como está?

Isabelle secou o rosto com o guardanapo e com olhar baixo, falou:

— Nós nos acusamos e... Não nos falamos mais. Ele está na casa dos pais dele.

— Ele está sofrendo também. Foi uma fatalidade. Um acidente... Podemos conversar, mas agora não acho ser um bom momento. Eu não fui te visitar porque fiquei sabendo que, após ter saído do hospital, você disse que não queria ver ninguém. Entendi, perfeitamente, sua posição.

— Esse pedido não se estendia a você.

— Achei melhor respeitar seu luto e seu silêncio. Quando quiser, conversaremos.

Sem que esperassem, Serena, a mesma mulher que foi inconveniente no elevador, apareceu.

— Oi! Vocês estão aqui?! — perguntou alegremente, trazendo uma bandeja nas mãos. Antes que as outras dissessem algo, acomodou-se em uma cadeira frente à Isabelle. — Ai!... Não gosto de sentar sozinha — comentou.

— Quando terminarmos, você vai ao shopping aqui perto comigo, Belle? Preciso comprar umas coisinhas. — Roseli demonstrou que não ficariam ali após acabarem a refeição. Não queria conversar com Serena. Sabia o quanto era indelicada.

— Tá... Tudo bem — respondeu atordoada.

— Ai, Isabelle, estou tão triste por você — disse Serena na primeira oportunidade. — A morte do seu filho... Ouvi falar que você também se separou. Não sei como teve estrutura para voltar hoje. No seu lugar eu estaria louca.

— Serena! — repreendeu Roseli. — Você não tem um pingo de bom senso?! Não acha que quanto menos falarmos, mais vamos ajudar?!

— Ah!... Mas não é verdade? É a realidade! Ela precisa lidar com os fatos! O quanto antes, melhor. — Sem esperar, olhou para a outra e perguntou: — Quantos anos tinha o seu filho?

— Quatro.

— Nossa! Tadinho. Olha, se você quiser falar ou desabafar, estou à disposição. Afinal, não é todo mundo que tem paciência de ouvir.

— Serena! Por favor, você está sendo inconveniente — tornou Roseli em tom firme.

Sem que esperassem, Isabelle se levantou, pegou sua bolsa e saiu sem dizer nada.

— Você também, hein!! — reclamou Roseli que, solidari-zando-se com a colega, levantou-se e fez o mesmo.

Após saírem do restaurante, Isabelle pediu:

— Por favor, Roseli... Prefiro ficar sozinha. Se não se im-portar...

— Claro que não. Estou voltando para o banco. Qualquer coisa...

A outra não respondeu e se foi.

O dia de serviço não foi harmonioso.

Isabelle não conseguia executar o que precisava e, às vezes, nem sabia o que deveria fazer.

Os calmantes que tomava afetavam sua cognição, o seu entendimento. Mas não poderia ficar sem eles. Seu caso era muito grave.

Assim foram os dias que se seguiram.

Tanto seus superiores quanto seus subalternos precisaram, com bom senso, ajudá-la no retorno as suas funções.

Muitas vezes, Isabelle se retirava para chorar no banheiro.

Roseli e Nelci se aproximaram e, mais do que colegas de trabalho, tornaram-se amigas, compreendendo e apoiando.

Capítulo 24

# O enigma da vida

Os meses que se seguiram foram os mais difíceis da vida de Isabelle.

Noites regadas a lágrimas. Dias nublados por uma dor infindável.

Era difícil encarar.

Certa noite, após chegar a sua casa e ver que Rosa havia cuidado de Aline, ela ficou um pouco com a filha que, mais uma vez, perguntou sobre o pai.

Assim que pôde, ela foi para a sala e telefonou:

— Pedro?

Após algum tempo, ouviu:

— Oi.

— Precisamos conversar.

— Quando? — ele perguntou e a esposa percebeu um tom grogue em sua voz. O marido havia bebido.

— O quanto antes. Precisamos decidir nossas vidas.

— Você quer o divórcio? — perguntou subitamente.

Ela respirou fundo. Fechou os olhos e demorou um pouco para responder:

— É o melhor para nós.

— Tudo bem. Não vai dar pra continuar, não é mesmo?

— Você não está tentando continuar, não é mesmo? — Isabelle respondeu com outra pergunta.

— Acho que não. Não consigo mais... Acho que é o melhor para nós.

— A Aline pergunta muito de você.

Um longo silêncio e ela ouviu o marido chorar. Depois, ele disse com voz embargada:

— Não vou conseguir olhar para ela...

— Nossa filha precisa de nós dois. Não importa o que aconteceu.

— Tá... Tá bom... — falou ainda com voz melancólica e rouca. — Eu não sou mais nada... Não sou mais ninguém... Eu estraguei tudo! Tudo! Não consigo nem trabalhar...

— Você voltou ao serviço? — Isabelle quis saber.

— Não. Não consigo. — Algum tempo e falou: — Faz o que quiser. Vamos ao cartório. Dizem que divórcio está fácil, né? Vamos lá acertar tudo. Não quero ser mais um peso na sua vida. Saiba que te amei, Isabelle. Eu te amei muito. Mas não consigo mais... Eu estraguei tudo. Quando você quiser, é só me avisar.

— Está certo, então. Eu te ligo. Tchau.

— Tchau.

Desligaram.

Isabelle chorou. Não era isso o que esperava. Gostaria de ter alguém com quem contar diante de qualquer circunstância.

Na espiritualidade, seu espírito protetor, Enoque, envolvia-a com densas energias de elevação, como fez nos últimos meses.

Amoroso, não descuidava de sua protegida.

Florina, que foi avó de Isabelle, quando encarnada, estava presente e também lhe cedia fluidos magnéticos de equilíbrio.

Voltando-se para Enoque, o espírito Florina considerou:

— A dor de perder um filho é a mais horrível, mas a dor de saber que perdeu um filho dessa forma, é pior ainda. É muito cruel.

— Sem dúvida. Esse é o momento que o encarnado mais precisa do seu anjo guardião, de fé, religiosidade para se reerguer. Muitos sucumbem. Suicidam-se de forma drástica, acreditando que a morte do corpo físico vai exterminar a dor na alma, a dor na consciência. A consciência não morre. O espírito não morre. O ato do suicídio só vai fazer aumentar extremamente a dor que achava insuportável. A tortura e o desespero do suicida só fazem crescer a aflição extrema que ele sente.

— Mas como viver, sabendo que colaborou com a morte de um filho? — tornou Florina entristecida.

— Esse é o enigma da vida. É o que o encarnado vai ter de descobrir e fazer dar certo. Se após perder um filho, é difícil viver, imagine isso. É a pior das provas ou expiações reencarnatórias que alguém pode experimentar. Supera qualquer outra.

— Vemos hoje o que se tornou quase destaque nos últimos tempos: pai ou mãe esquecerem seus filhos pequenos trancados dentro de carros e, pela falta de ar ou pelo calor excessivo, a criança morre. Pais que, como foi o caso da Isabelle, atropelam seus filhos. É difícil acreditar que Deus não erra em casos assim, porque parece algo tão cruel — comentou ela.

— Mas Deus não erra mesmo. Cada caso é um caso. Tudo é harmonização a ser feita. Muitos de nós ainda não temos a capacidade de entender a razão de certos acontecimentos. O caso de Isabelle, Pedro e César é o seguinte — contou Enoque: — Há alguns séculos, Isabelle foi prometida para se casar com um homem muito rico. Tudo estava arranjado conforme os costumes da época. Esse homem era César, que foi seu filho hoje. Mas César, ambicioso, preferiu se casar com outra mulher para receber um título de nobreza e dotes consideráveis. Assim foi feito e ele não honrou seu compromisso. Porém, ele e Isabelle não deixaram de se encontrar.

Aconteceu de a esposa de César dar à luz um menino. Um garoto saudável e bonito, que se tratava de Rodrigo.

César fazia planos para ficar com Isabelle. Dizia que poderia dar um jeito na esposa. Entretanto precisava de um tempo, porém, o nascimento de Rodrigo atrapalhou o plano dos amantes.

Então, César e Isabelle tramaram.

Isabelle pediu ao seu irmão, que na época era Pedro, que a ajudasse a tirar a vida do garotinho e assim foi feito. Um acidente foi forjado. Isabelle e Pedro, com o consentimento de César, tiraram a vida do pequeno Rodrigo. A todos, disseram que, em um simples passeio com o pai, o cavalo disparou, jogando pai e filho ao chão. Isso foi o suficiente para o pequeno morrer.

A esposa de César enlouqueceu. Não se conformava. Enquanto uma ponta de arrependimento, tão somente, tocou o coração de César.

Bastava, então, aproveitar-se do descontrole da esposa. E assim o fez.

Em uma oportunidade, jogou corda sobre vigas no celeiro e enforcou a mulher, simulando suicídio. Colocando uma cadeira tombada ao lado.

Após pouco tempo, César e Isabelle se uniram. Prosseguiram com a vida e com os títulos, acreditando que não haveria consequência nem justiça Divina.

Muita dor e perturbação foi o que ambos enfrentaram na espiritualidade.

A religiosidade da esposa de César foi o que a fez perdoar. Dessa forma ela se libertou de grande sofrimento, pois a falta de perdão nos faz sofrer imensamente.

O mesmo aconteceu com Rodrigo, que não se prendeu à vingança, preferindo reencarnar logo e seguir sua trajetória terrena.

Em outros tempos — Enoque prosseguiu —, na espiritualidade, Rodrigo lamentou o fato ao recordar que Isabelle havia sido um grande amor do passado, isso em tempos mais antigos. E ela lamentou mais ainda. Nunca se perdoou pelo que fez a ele.

Alguns séculos se passaram e planejamentos reencarnatórios foram feitos.

Os três envolvidos: César, Pedro e Isabelle decidiram enfrentar um grande aprendizado. César, como criança, passaria pela experiência que designou ao filho no passado. Pedro e Isabelle, como seus pais, envolvidos na fatalidade da morte de seu filho, passariam pelo sentimento de culpa, tão intenso que não os deixaria, pelo resto da eternidade, com a capacidade de tirar a vida de uma criança indefesa.

Nesse ponto do relato Enoque parou.

Florina ficou reflexiva.

Tomada de grande confusão mental, que se fez sem entender a razão. Visto que imagens e enredos dispararam em sua consciência, ela perguntou de súbito:

— Quem foi a mulher que César enforcou e disse ter sido suicídio?

— Você, Florina — tornou Enoque com singelo sorriso. — Agora, talvez, esteja lembrando. Foi por amor incondicional e verdadeiro perdão que você fez questão de recebê-lo nos braços, assim que César foi desligado do corpinho físico. Deu-lhe todo carinho e amor logo nos primeiros momentos no plano espiritual. Conduzindo-o para os primeiros cuidados. Com ternura, ficou ao seu lado aguardando seu despertar.

Enoque a olhou com generosidade.

Lágrimas corriam pela face do espírito Florina, recordando-se de tudo.

— É isso o que Deus quer de nós, querida Florina. Quer que amemos uns aos outros sem distinção. Quer que respeitemos uns aos outros pelas necessidades e não por interesses. Você não estava cuidando do seu bisneto. Estava cuidando do seu irmão perante Deus.

— O Rodrigo... O Rodrigo que foi meu filho, é o Rodrigo que namorou a Isabelle? É isso mesmo? — quis ter certeza.

— Sim. Ele mesmo.

— A justiça Divina não falha.

— Sem justiça, Florina, não temos paz na consciência. Há muitos séculos, na espiritualidade, César, Isabelle e Pedro não encontraram paz. O sentimento de culpa pelo ato desumano que praticaram não os deixava. Era dor e sofrimento até que decidiram pela coragem de se harmonizarem, atraindo-se para essa encarnação. Experimentando o que fizeram outros sofrerem. Deus não deixa erros acontecerem. Nós temos o dever de criar em nós a compaixão e a bondade. Quando vemos, por exemplo, uma criança em situação de miséria, uma pessoa em estado de muita dor, precisamos lembrar que elas fizeram algo para estarem naquela posição. E nós também. Porque se estamos ao lado e em condições melhores, precisamos ajudar. Às vezes, nascemos com essa obrigação. Não podemos virar as costas, muito menos julgar. Também devemos ter equilíbrio para não criarmos dependentes. Podemos aleijar alguém se não o ensinarmos a fazer por si. O próprio Jesus já nos disse para ensinarmos a pescar e não darmos o peixe. Seja pelo sim ou pelo não, seremos responsáveis.

Concluídas as explicações, o silêncio se fez.

Naquela noite, Luci foi visitar a amiga.

Após brincar um pouco com Aline e ler uma historinha para a pequena dormir, foi conversar com Isabelle.

Estavam sentadas na sala, uma em cada sofá.

Depois de Isabelle contar sobre o telefonema a Pedro, Luci perguntou:

— E você quer mesmo o divórcio?

— Não conseguimos nos encarar. Depois que tudo aconteceu, foi a primeira vez que conversamos sem brigar e sem acusações. Estou sozinha e perdida. Você acredita que cortaram a água por falta de pagamento? É... Eu esqueci de pagar. Não estava em débito automático porque... Nem sei por quê. Esses remédios me deixam zonza. Nunca fui tão negligente no serviço. Acho que não me demitiram por compaixão. Preciso dar um rumo a minha vida e vou começar com o fim do casamento.

— E se vocês tentassem... Sei lá. E se ele voltasse pra casa?

— Não vai dar. O Pedro não para de beber. A mãe dele me liga de vez em quando e conta. Ela disse que ele não voltou a trabalhar. Está tomando remédio psiquiátrico como eu. Vai ao médico e, apesar disso, enche a cara.

— Mas esses remédios fazem muito mal se misturados com bebidas!

— E como se segura um homem daquela idade? Só dizendo para ele que não pode? Acho que isso já foi dito. — Breve instante e Isabelle comentou: — Não me casei para me divorciar. Aliás, acho que ninguém pensa no fim do casamento quando se casa. É duro. É difícil, mas... Não estou aguentando nem comigo. O Pedro agora só iria somar mais, negativamente falando. Se ele quisesse continuar... Choraríamos juntos, lutaríamos juntos, mas não. Ele está bebendo a ponto de cair na rua.

— Nossa... — Luci se admirou.

— Eu não iria aguentar ter alguém assim ao meu lado. Já me dói o fato de saber disso. Está difícil para mim, Luci. Já pensei tanta bobagem... Todo dia, todo dia penso em abrir aquela janela do vigésimo sétimo andar, de onde trabalho, e me atirar dali. Mas algo me segura. Penso na Aline e... É desesperador, amiga.

— Eu posso entender. Por muito menos já pensei nesse tipo de coisa para acabar com a dor.

— E você? Como está, Luci?

— Ora, Belle!... Meu problema não é nada diante do que você enfrenta, minha amiga.

— Fala. Outros assuntos me distraem.

— O Betinho veio falar comigo. Disse achar que não estou dando tanta atenção ao salão quanto deveria. Ele tem aquele jeito animado, mas eu não. Não sei o que aconteceu comigo. Todo mundo diz: "Procure se animar!" Mas como? Não sei como fazer isso. A vida ficou cinza!

— Eu sei. Também ficou cinza para mim.

— Mas você tem uma razão maior, Belle. Eu não. Não consigo esquecer o que aconteceu. Fico imaginando, ainda, aqueles dois. Quero perdoar, mas é tão difícil...

— Perdão... É algo difícil mesmo. Procure perdoar, Luci. Eu não perdoei o homem que atropelou e matou minha mãe... Ele disse que não a viu, não teve como parar... Olha só para mim agora. Eu também não vi o meu filho atrás do carro. Às vezes, fico pensando se isso aconteceu para eu aprender a perdoar.

— Eu entendo. Era meu marido e minha melhor amiga, Belle. Não entendo como puderam fazer aquilo. Como puderam me trair. Não sei qual dos dois é o pior, é o mais canalha.

— Estou lendo *O Evangelho Segundo o Espiritismo*. Está me ajudando, embora ainda não saiba o que me levou a sofrer essa experiência com meu filho... — chorou.

— Talvez, nunca saiba nesta vida. Às vezes, penso que a ignorância do porquê vivemos certas provas é uma bênção. É o que me conforta, sabe? O que devemos ter feito para merecer isso? Talvez, essa não seja a pergunta mais importante. Precisamos descobrir o que vamos fazer, agora, depois disso ter acontecido. Essa é a questão essencial, a mais importante. A resposta nos dará uma nova vida.

— Agora eu entendo algumas coisas. Quando era pequena, queria adivinhar as coisas, ser médium igual à tia Carminda... Ficaríamos loucos, antes do tempo, se soubéssemos o futuro ou o nosso passado.

Os dias se arrastaram com mais dores e decepções.

O divórcio entre Pedro e Isabelle foi feito. Razão pela qual o ex-marido passou a beber muito mais, chegando a precisar ficar internado devido a um coma alcoólico.

Isabelle, com extrema dificuldade, vivia um dia de cada vez.

Ela arcou com todas as responsabilidades: filha, emprego, casa e com a madrasta.

Rosa não a deixou. Passou a morar com ela sem nem mesmo tocarem no assunto.

A empregada de Isabelle havia se demitido e a madrasta assumiu todo o serviço da casa e alguns cuidados com Aline, enquanto a mãe estivesse fora.

— Nunca pensei em contar com a ajuda da Rosa — Isabelle confessou a Betinho, que foi visitá-la.

— Ela está te dando a maior força.

— Preciso dar uma atenção à saúde dela, mas o momento está difícil. A escola da Aline está muito cara, porém não é o momento de eu mudá-la. Vai sentir bastante falta dos colegas. Já basta a ausência do irmão e do pai. Tirar os amiguinhos seria cruel. Agora também tenho de pagar o transporte escolar. Antes, eu ou o pai os pegávamos... Agora... Nem sempre posso estar lá no horário, mas tenho a Rosa em casa para recebê-la.

— O Pedro não está ajudando com pensão?

— Com que dinheiro? — Isabelle desabafou: — Ele, um tremendo engenheiro, simplesmente, parou de trabalhar. Largou a construtora. Não voltou mais. Vive na casa da mãe. Só bebe e... Não faz mais nada. A dona Lindaura, a mãe dele, não tem condições de ajudar a mim. A coitada está cuidando do marido que está de cama. Precisa até da ajuda financeira do outro filho. Vou à justiça exigir pensão para colocarem a mulher na cadeia? Que horror! Eu é que preciso ter capacidade para arcar com o que os outros não podem. Deus há de me dar forças.

— Verdade, amore. Deus vai te dar forças sim. Você vai conseguir. — Passados alguns minutos, Betinho decidiu falar: — Belle... Eu não ia dizer, mas... Você vai ficar sabendo mesmo...

— O que foi? — preocupou-se.

— A Anita se separou do Fábio.

— Por quê? Ele ficou sabendo?...

— Parece que não. Ele arrumou outra mulher e, simplesmente, foi embora.

— Nossa...

— Mas o pior não foi isso. Parece que ela está vendendo o salão.

— Como assim? Vendendo o salão? — Isabelle não acreditou.

— Vendendo sim. Verdade. Uma manicure de lá veio procurar emprego e me contou. Disse que, se ela não vender, vai ter que fechar. O Fábio deu um grande desfalque e complicou tudo. O que deixou todo o mundo mais intrigado ainda, foi que a Anita ligou para a dona Beatriz e disse que quer conversar com a mãe. — Diante da perplexidade da amiga, ele ainda disse: — Que estranho, né? Ela que não queria falar com a mãe por nada desse mundo, chamou para conversar. Não estou entendendo.

— O que será que aconteceu?

— Não sei. Só estou pensando... Se ela se deu mal na vida e, grosseira do jeito que é... Vai ver que quer pedir a herança com a mãe ainda em vida.

— Que horror, Betinho!

— Até parece que você não conhece a Anita. Isso é típico dela, amore.

— Ela veio aqui só uma vez. Conversamos e nunca mais me procurou.

— Eu estou preocupado, viu? Não quero que ela magoe a dona Beatriz.

— Vamos ter de aguardar. — Sem demora, Isabelle disse: — Betinho, estou preocupada com o meu irmão. Não fez mais contato. Não nos procurou. Ele não atende o celular nem lê as mensagens. No hospital, ninguém sabe dele.

— Credo, menina! E os amigos?

— Deixei recado no hospital. Uma amiga dele me disse que ele comentou sobre ir trabalhar em outro lugar, mas não falou onde. Saiu do hospital e ninguém mais o viu. Abandonou o emprego. E eu... Com tudo o que aconteceu, não tenho como procurar. Nem sei como fazer isso.

— Vai ver o Ailton achou uma proposta muito boa de trabalho. Vai ver está se dedicando tanto que esqueceu de vocês. Acho que está tudo bem. Não se preocupe. Daqui a pouco, ele aparece.

— Mas e o celular? Ele não atende!

— Todo mundo muda de número. Vai ver foi isso. Agora tem que cuidar de você e da Aline — disse isso para não preocupá-la com algo mais.

Na casa de Carminda, a preocupação era outra.

A mulher estava no fundo do seu terreno mexendo em um canteiro, ao mesmo tempo em que conversava com o filho.

— Eu tenho falado com a Rafaelle — disse Carminda. — Ela precisa retomar a vida, fazer alguma coisa e se cuidar.

— Eu percebi que ela só reclama. Não me contou exatamente o que aconteceu. Aliás, somente nos últimos dias que conversou comigo — Tobias comentou.

— Filho, eu disse pra ela o mesmo que falei, várias vezes, pra você. O sucesso não será encontrado nas queixas, nas reclamações nem nas desculpas. O sucesso é encontrado no seu desejo no bem, na gratidão, no empenho e nas escolhas equilibradas. Coisa muito fácil, que não é conquistada por seu próprio esforço. Não vai trazer benefícios. A Rafaelle nunca se esforçou na vida. Não quis estudar, não procurou ter uma profissão nem um bom emprego. Estudar exige esforço. Preparar-se para ter uma profissão é primordial. Ter um bom emprego exige esforço. No emprego, você precisa ter bom senso, não dar importância a algumas pessoas, não se envolver em conversinhas. Não ser inconveniente nem indiscreto. Emprego é para você cumprir com as obrigações para as quais você se candidatou. E não para ficar de conversinhas e fofoquinhas. Isso exige esforço pessoal e competência. — Breve pausa e perguntou: — O que a Rafaelle fez? Nada! Quis ser sustentada! Aliás, ainda quer.

— E a senhora vai falar com ela?

— Hoje mesmo. O fato de ela ficar aqui, sem fazer nada, não está me agradando. Gosto de ajudar pessoas, mas não gosto de ser usada. Não gosto de saber que estou aleijando alguém.

No mesmo dia, bem no final da tarde, após servir café e bolo, Carminda aproveitou que a sobrinha-neta estava sentada à mesa e disse:

— Rafaelle, precisamos conversar.

Rafaelle arregalou os olhos. Sentiu-se gelar e ficou na expectativa. Pressentia o que estava por vir.

Tobias olhou para a mãe e aguardou. Não sabia se deveria continuar ali ou não.

Carminda, bem cautelosa, comentou em tom firme:

— Rafaelle, você já está aqui há algum tempo. Eu entendo, perfeitamente, que viveu uma desilusão, mas isso foi consequência de suas escolhas. Você precisa ter consciência disso. Tudo o que vivemos é resultado do que escolhemos fazer. Por essa razão, precisamos ter atitudes responsáveis. Está certo que todos nós podemos cometer enganos. Vamos ficar abatidos por causa disso, mas... Precisamos nos refazer e tomar a rédea da nossa própria vida.

— Mas, tia...

— Espere um pouquinho, filha. Não terminei. — Rafaelle abaixou a cabeça e Carminda prosseguiu: — Eu entendi que você ficou extremamente abalada. Claro que, pessoas assim, precisam de ajuda e de amparo. Mas você precisa se refazer. Precisa retomar sua vida. Não vai poder contar comigo nem ficar aqui escondida a vida inteira. Eu te recebi aqui, procurei ajudar, cuidei de você, mas chegou a hora de enfrentar as coisas, Rafaelle.

— A senhora está me mandando embora? É isso? — perguntou temerosa.

— Estou te dando um prazo — respondeu com convicção no tom de voz seguro. — Se não procurar um emprego e um curso profissionalizante, não vai poder ficar mais aqui — foi firme.

— Ninguém nunca me ajudou mesmo — reclamou chorando.

— Não seja injusta, Rafaelle! O seu pai, quando em vida, ajudou os seus irmãos. Só não pagou seus estudos porque você não quis estudar. Tenha consciência disso! Foi sua preguiça ou falta de vontade que não te deixou estudar, fazer uma faculdade ou um curso que garantisse uma profissão. Você quis trabalhar em empregos sem garantia. Pensava só em ter boa vida. Enquanto seus irmãos, que passaram pelas mesmas condições, se esforçaram para ter uma vida melhor. Eles pensaram no amanhã. Você quis a companhia de amizades duvidosas. Não ouviu as orientações da sua irmã quando ficou com um homem casado e sem escrúpulos. Sabia disso e aceitou! Você não era uma menininha! Não era inocente! Você acha que Deus vai abençoar alguém que quer a infelicidade dos outros? Porque, se sabe que está se envolvendo com um cara casado, sabe que está destruindo uma família, sabe que o sujeito é cafajeste. E, se ele faz isso com a esposa e com os filhos, fará pior com você a quem não deve nada. — Viu a sobrinha chorar. Mesmo assim prosseguiu: — Vida fácil nunca dá certo! Mas agora não estou vendo você fazer algo bom e positivo para si mesma. Há meses está aqui. Não fala nem toma qualquer atitude sobre arrumar um trabalho que pague, honestamente, os seus estudos para, no futuro, ter uma vida melhor sem depender de mais ninguém.

— Sinto um medo, tia — falou chorando. — Sinto uma coisa dentro de mim.

— Quando não nos esforçamos para melhorarmos, nós aperfeiçoamos o mal que temos. Vai ter que se esforçar para vencer o medo. Se ficar parada, esperando, o medo nunca irá embora. Se ele não vai embora, para que tome uma atitude boa, saia fazendo coisas que serão boas e levando o medo junto! Garanto que ele vai embora. — Nova pausa e Carminda prosseguiu: — Quando nós recebemos uma visita em casa, servimos café e bolo, oferecemos conversa boa, a visita se sente tão bem que o tempo passa e ela não tem vontade de ir embora. Depois vai. Não demora muito e ela volta. E nós oferecemos café com bolo de novo. Ficar parada, não tomar atitude e se esconder do mundo é o mesmo que oferecer café com bolo para o medo. Ele vai gostar e ficar com você! Se levantar, sair carregando o medo e procurar um emprego, fizer suas coisas, procurar estudar, é o mesmo que dar um balde e uma vassoura para uma visita. Ela ajuda um pouquinho, mas logo vai embora. Enfrente esse medo, Rafaelle! Tome consciência de que você teve toda a ajuda de que precisava, mas não fez nada. Agora é a hora de fazer algo. A vida boa aqui vai acabar.

— Não sei por onde começar...

— Comece indo a uma agência de emprego na cidade. Vá a lojas de varejo. Procure no jornal. Algo vai aparecer, se procurar. Mas ficar, aqui, parada, não vai dar certo nem pra você nem pra mim.

— Estou incomodando a senhora, né?

— Está — foi verdadeira, o que impactou Rafaelle que pensava em ouvir o contrário.

— Vou ver, tia...

— Não, Rafaelle. Você não vai ver. Vai fazer. Vai tomar atitudes. Porque eu já estou pensando quanto tempo de prazo vou te dar para ficar aqui se não fizer nada.

A sobrinha ficou calada. Seus pensamentos fervilharam. Nunca alguém tinha sido tão verdadeiro e firme, forçando-lhe a tomar atitudes pela própria vida.

Isso foi preciso e importante para que saísse da inércia na qual se colocou.

Capítulo 25

*O desespero de Anita*

A pedido de Anita, Beatriz foi visitar a filha.

Era uma tarde chuvosa e fria.

Anita parecia ansiosa enquanto esperava. Havia preparado uma mesa com bolo, biscoito e chá, pois sabia que sua mãe gostaria.

No horário combinado, Beatriz chegou. Estava tão apreensiva quanto Anita, mas disfarçava muito bem. Possuía autocontrole.

— Oi, mãe. Entra — convidou sem qualquer contato mais íntimo.

— Como você está, Anita?

— Estou levando — disse caminhando para junto do sofá. Depois convidou: — Senta aí.

— Obrigada — agradeceu Beatriz que circunvagou o olhar reparando o ambiente. De onde estava, pôde ver a mesa preparada para o café e estranhou. Sua filha nunca foi receptiva. Sem demora, perguntou: — Aconteceu alguma coisa para me convidar para vir aqui?

— Vou ter que ser direta, né?

— Não sei, filha. O que aconteceu?

— Aconteceu muita coisa — Anita disse e baixou o olhar. — Essa vida é uma droga. É ingrata... A gente tenta fazer o melhor, mas nada dá certo.

— O que você tentou fazer de melhor que não deu certo?

— Tudo. — Um momento e falou de modo insatisfeito. — Sei lá se dei o meu melhor... Ao menos achei que estava dando. Mas a vida é assim mesmo, não é? A gente nasce pra ser infeliz. Vemos tantas injustiças, tantas desgraças... Parece que temos de nos acostumar com elas. Eu sempre quis uma vida melhor. Desde pequena. Uma vez, folheando uma revista, vi meninas bem arrumadas, lindas e com uniformes escolares perfeitos. A gente tinha ido ao médico. Não lembro direito o que essa revista falava, mas havia um cenário maravilhoso. Era algo sobre garotas que estudavam na Finlândia, onde se tem a melhor escolarização do mundo. Tudo era lindo! Bonito demais! As meninas eram lindas. As escolas divinas. Os colégios perfeitos... E eu tive que nascer nesse paisinho de porcarias! — exclamou indignada. — Estudei em uma droga de escola. Fiz uma droga de faculdade que nem usei pra nada. Fiz amizades que se afastaram de mim e... Tá certo que cometi erros, mas... Montei um salão onde dei meu sangue! E agora? Nem o salão está mais dando certo. Fiquei com alguém que não me quis. Não viajei pelo mundo como queria de verdade... Viajei, mas eu queria mais! Tive uma droga de vida. Muitas vezes, fiquei me perguntando por que não nasci em um país melhor? Mais rico, com povo mais educado e não com essa droga de gente que gosta desse lixo de vida que existe aqui! — demonstrou-se tão insatisfeita que pareceu agressiva. — Um povo mal-educado, que desrespeita, que... Aí lutei, trabalhei, sempre quis me ver longe dessa gente imbecil, pobre... Mas não teve jeito. Muitos, até a senhora, achavam que eu era uma pessoa que criticava demais, que reclamava demais, mas eu sempre fui sincera! Disso ninguém pode reclamar! Quero saber onde eu errei? Sim, porque, sempre fiz de tudo para ter uma vida melhor, mas... Olha pra mim hoje!

Diante do silêncio, Beatriz disse:

— Para ter uma vida melhor, precisamos ser, pensar e agir como uma pessoa melhor. Não vamos conseguir algo bom se vivermos criticando, reclamando, maldizendo. Dizer tudo o que pensa, não é atitude de pessoa sincera, é atitude de pessoa ignorante. Temos de abrir nossa mente antes de abrir a nossa boca. Não podemos ficar presos em nós mesmos.

— Lembra da vida que tivemos quando eu era pequena?! — Pareceu não ouvir o que sua mãe falou e também não esperou por resposta. — O que melhorou hoje? Pouca coisa, não acha? Não temos dinheiro suficiente para viajar, para uma vida mais abundante, para coisas melhores! Vivemos com o dinheiro contado! Isso é vida, mãe?!

— Sim, Anita. É a vida que merecemos. Enquanto não ganhamos consciência, nossas reencarnações se repetem em lugares onde encontramos condições para nos aprimorarmos, para melhorarmos. Quer um exemplo? As pessoas admiram, apreciam demais países onde não encontramos um papel de bala na rua. Mas, só nascem nesses países, espíritos já compromissados e com consciência da limpeza da cidade. Observe que a população leva o lixo na bolsa, no bolso ou na mão até encontrar uma lata de lixo que, realmente, comporte o lixo ou até chegar a sua casa. Se ainda nascemos em um país ou em um estado que, durante as chuvas, enfrentamos alagamentos e enchentes provocadas pelo lixo que entope bueiros é porque somos espíritos que necessitamos aprender e ter consciência sobre a limpeza da cidade. Precisamos aprender a levar o lixo na bolsa ou no bolso ou na mão até encontrarmos lugar apropriado para deixá-lo. Isso serve de exemplo para tudo. Se nascemos em uma favela, em um palácio, no campo ou sei lá onde, é do que necessitamos para desenvolver, em nós, consciência de melhorar a nós mesmos e, consequentemente, melhoramos tudo a nossa volta. Precisamos mudar. E essa mudança tem de vir de dentro para fora!

Então, minha filha — prosseguiu Beatriz —, se você e eu nascemos em um lugar sem recursos e tudo o que fizemos não foi o suficiente para melhorarmos nossas vidas e estamos infelizes com isso, precisamos saber o que de errado temos em nós para merecermos ficar presas aqui, sem progresso, sem prosperidade, sem dinheiro e sem recursos. Muitas vezes, temos de aprender a não jogar o lixo na rua, nem mesmo o papel de bala. Precisamos aprender a ceder lugar para os outros, aprender a sorrir, a dar bom dia. Ser mais leves e menos críticos. Parar de reclamar. Olhar e ver o que temos de melhor e agradecer. A sua verdadeira casa é a sua mente. Reforme a maneira de pensar para que sua morada seja perfeitamente de paz. Até hoje nunca encontrei uma pessoa que vivesse reclamando, criticando, maldizendo e fosse feliz. Assim como também nunca encontrei alguém contando ou falando sobre desgraça alheia, sendo próspero, feliz e realizado na vida. Quando digo feliz, não falo só das aparências, eu me refiro à paz de espírito, paz na consciência. — Ofereceu breve pausa e continuou em tom mais brando: — Sabe, filha, para ter sucesso e prosperidade precisamos ser felizes com o que temos. Quer saber como? Agradeça a Deus o que tem! Tudo aquilo que você pensa, fala, vibra, repercute a sua volta. É a Lei da Natureza. Se você só reclama e critica, situações semelhantes se repetem para que reclame e critique mais. Isso é Lei da Atração. Quando agradecemos, situações semelhantes se repetem para que agradeçamos mais ainda. É a Lei da Atração. Foi isso o que sempre te disse e nunca me entendeu. Que você é esforçada, trabalhadeira, não resta dúvidas! Mas sempre vibra na crítica, no que é ruim, nas reclamações. Por isso sua vida não prosperou aos seus olhos e ainda é uma pessoa infeliz. Reclamação e críticas são alguns dos piores vícios morais que podemos ter.

— Sempre tive inveja das minhas amigas e queria entender por que a vida delas era melhor do que a minha. Encontraram homens bonitos e maravilhosos. Se casaram... Viajaram... A vida de uma delas eu que estraguei. Mas a outra... Veja a Isabelle... Só desgraça.

— Anita, podemos prosperar, mas isso não anula as experiências de provas ou expiações que precisamos vivenciar. O que aconteceu a elas não significa sofrimento pelo resto da eternidade. A dor vai existir, porém outras alegrias podem e vão acontecer. Vai depender delas. Da força interior de cada uma para procurar novos rumos, nova vida. Assim como você. Não importa o que aconteceu. Seu futuro depende de você.

— O Fábio foi embora. Ele nunca soube da traição... Foi embora com outra mulher, mais nova, bonita... Levou mais da metade do valor que tínhamos guardado. Ele fez umas contas e me mostrou. Disse que era a parte dele do investimento que tinha feito no salão. Eu achei justo. Assinei, concordando... Agora, por causa do jeito que estou, não sei se fiz certo.

— Sinto muito, Anita. Eu imagino o quanto você deve estar triste com essa situação. É lógico que vai ficar chateada por algum tempo. Mas, assim que puder, comece a pensar em uma vida nova. Procure se trabalhar para que seja uma pessoa melhor. Faça uma mudança, uma reforma íntima. Comece pelo mais perto. Comece pelos seus pensamentos. Corrija cada pensamento negativo que lhe ocorre. Corrija-se imediatamente. Isso é reformar-se intimamente. Agradeça! — enfatizou. — Agradeça ao abrir os olhos todas as manhãs. Agradeça ao tomar consciência da sua primeira respiração profunda pela manhã. Sorria ao abrir as janelas da sua casa e ver o dia. Não importa se chove ou faça sol. A chuva e o frio também são muito importantes para a natureza e para a nossa vida. Por isso, sorria. Sorria. Observe o dia e agradeça a Deus pela chuva, pelo sol, pelo frio ou pelo calor. Agradeça. Isso é vida! Agradeça por poder ver, andar, falar... Agradeça por existir. Assim como você, todos os outros seres vivos do planeta têm problemas e desafios. São esses problemas e desafios que fazem de nós pessoas mais fortes. São eles que despertam a sua inteligência e resistência. São esses problemas e desafios que, muitas vezes, te livram de débitos de outras vidas e fazem você harmonizar o que desarmonizou. Não se sinta infeliz por ter uma dificuldade ou um problema. Não se sinta infeliz por experimentar uma dor. É essa dor, é esse problema que vai fazer de você uma pessoa melhor, um espírito mais evoluído e esclarecido. — Breve pausa. Observou a filha reflexiva e disse: — Sabe, Anita, outro dia eu assisti a um documentário onde falavam da agressão extremamente severa em alguns países cuja cultura trata mulheres de forma pior do que animais. Embora, nunca, nem animais devam ser agredidos. Nos dias atuais, algumas mulheres são espanca-das, violentadas, barbarizadas... Elas têm seus olhos arran-cados quando seus maridos acham que olharam para outro homem. Andam nas ruas acorrentadas e os homens as con-duzem como se fossem cachorros. Muitas já morreram de-vido a torturas horríveis. Outras ficam sem face, pois foram queimadas...

Sabe por que essas mulheres experimentam isso nos dias de hoje? — Anita pendeu com a cabeça negativamente e Beatriz prosseguiu: — Porque, no passado, elas foram homens que praticaram as mesmas atrocidades com suas mulheres. Deus não erra, minha filha. Nenhuma pessoa inocente sofre o que não precisa. Muito provavelmente, seus maridos, agressores de hoje, foram suas vítimas no passado. Não houve perdão. Então se embrenharam em uma luta de perseguição. Não vai parar até que alguém perdoe. Até que o homem que vive em um país, em uma condição que o permita ou o possibilite agre-dir e barbarizar uma mulher diga não. Não preciso fazer isso. Não vou e não quero agredir. É aí que começa a evolução do ser.

— Se Deus não erra, se o homem agressor, encarnado como mulher, não for agredido, como vai ficar a punição dele que agrediu, violentamente, sua mulher, que furou seus olhos e deformou sua face? — Anita perguntou.

— Somos muito mais úteis para Deus quando somos pro-dutivos e trabalhamos para o bem. Se esse homem que foi agressivo, não buscar ajudar o próximo para harmonizar o que desarmonizou, com toda a certeza, sua consciência vai atraí-lo para uma experiência trágica em que perca a visão, tenha a face deformada, passe por uma agressividade muito grande por causa de um acidente onde se machuque muito... Por que você acha que existem aqueles que, em um acidente, por exemplo, ficam presos no carro e têm quase todo o corpo queimado, perdem a visão, ficam com membros atrofiados ou mutilados, paralíticos?... Acha que isso foi um acidente para penalizar uma pessoa inocente? Por essa razão, devemos perdoar aos outros. "Olho por olho e dente por dente e o mundo estaria cego", disse-nos o Senhor Jesus. — Breve instante e prosseguiu: — A agressividade é a mais antiga e atrasada das paixões terrenas. Não devemos retribuir o mal com o mal. Dessa forma, vamos nos embrenhar por um caminho de vingança e perseguição, que não sabemos quanto tempo, quantos séculos podem durar. Retribua o mal com o bem. Perdoe. Deixe o outro se entender com Deus. Quando nós criticamos, reparamos o mal em alguém, não perdoamos as falhas alheias, mesmo que pequenas, a falta de compaixão da nossa parte, essa falta de perdão gera energias negativas que vão nos envolver. Quando reclamamos da vida que temos, geramos energias inferiores que vão se acumulando em nosso campo espiritual e atraindo ou se transformando em doenças e mais dificuldades.

— Essa história de pensamento positivo não funciona, mãe! Qual é?!

— E desde quando os pensamentos negativos e as reclamações trouxeram prosperidade e paz para sua vida ou para a vida de qualquer outra pessoa?

Anita não respondeu. Suspirou fundo, tão somente.

— Filha, o que você pensa, faz e acredita cria sua própria realidade e constrói sua vida.

— Então o Fábio me traiu e foi embora porque eu merecia passar por isso? Por que estraguei a vida da Luci?

— É muito provável que sim. Mas você precisava experimentar isso, mas não, necessariamente, sofrer horrores e destruir suas esperanças por causa disso. Tudo bem. Aconteceu. Você ficou sozinha com uma expiação, ou seja, ficou com a consequência de grande aprendizado. Lógico que essa dor vai durar um tempo, mas acredite, essa dor vai passar e vai restar uma grande lição, um grande aprendizado. Nesse momento, o mais importante é você se empenhar para ter uma nova vida. Comece de novo. Comece mudando os pensamentos. Em vez de pedir a Deus mais dinheiro, agradeça o que tem. Em vez de pedir viagens ou cobiçar as viagens alheias, agradeça a Deus por onde seus olhos passam, pelas flores, pelos animais, pelas pessoas que você pode enxergar...

Sabe, filha — prosseguiu Beatriz —, muitas vezes, nós criticamos os outros, achamos defeito em tudo como uma forma errada de encarar nossos próprios defeitos e nossas próprias falhas. Quando nós nos achamos incapazes, queremos encontrar erros e falhas em pessoas piores do que nós só para nos sentirmos superiores. Geralmente, não sabemos lidar com algumas decepções, alguns acontecimentos e nos tornamos cruéis. Não só cruéis em julgar e criticar as coisas e as outras pessoas. A pior crueldade é a que praticamos conosco mesmo, quando criticamos alguém. Ao fazer isso, mostramos que nos decepcionamos com a nossa vida e precisamos inferiorizar alguém para parecermos melhores ou superiores. Eu percebi que, desde que o seu pai saiu de casa e nos abandonou, você mudou muito. Não soube trabalhar a sua dor, a sua mágoa, a sua raiva por mais que eu quisesse te ajudar. Não tínhamos dinheiro para pagarmos um psicólogo. Que pena... Desde então, por mais que a ensinasse, por mais que eu falasse ou a corrigisse, você continuava falando mal ou criticando alguém. Via tudo o que era ruim ou maldoso. As pessoas que enfrentam grandes obstáculos e sérios problemas sem entender a razão disso, sem aprender a lidar com isso, geralmente, são criadoras de grandes dificuldades para suas vidas. Elas desconfiam de tudo e de todos. Veem maldade em tudo e em todos. Querem se aproveitar ou tirar vantagens, mesmo que mínimas, de tudo e de todos. Com o tempo, uma série de infortúnios começa a acontecer em suas vidas. Até doenças passam a experimentar. É a Lei da Atração. Inevitável. Você não soube lidar com o abandono do seu pai — disse com bondade, olhando-a nos olhos. — Me perdoe se eu não soube como te ajudar, filha... Procurei fazer o melhor. Tentei te falar sobre isso várias vezes. Mas... Filha, você cresceu. É certo que é um produto de seus pais, da suas escolhas, do meio onde vive, da sociedade... Mas não é escrava de tudo o que viveu, ouviu e aprendeu. Ninguém é! Sempre é tempo de mudar. Você é o seu pensamento. Aproveite isso, pois pensamentos podem ser mudados. Por mais que eu falasse, decidiu não ouvir ou não pensar sobre o que eu disse. Mas sempre é tempo de mudar! — enfatizou com ânimo. — Agora mesmo você pode mudar. Deseje! Faça planos! Reaja! Harmonize sua consciência ao decidir fazer algo de bom para si mesma.

O longo silêncio pareceu eterno.

Anita se remexeu, olhou-a fixamente e revelou:

— Estou no fundo do poço: o salão praticamente falido, aluguéis atrasados, sem o Fábio, que me traiu e me abandonou e... E ainda estou doente.

— Doente?!

— É, mãe. Estou doente. Só tenho esse mês para usar o resto da porcaria do plano de saúde. Depois acabou. Vou precisar de hospital público ou... Sei lá o que fazer.

— Olha como falou do plano de saúde...

— Mas é uma porcaria!!! — gritou.

— O que você tem filha? Está doente do quê?

— Estava sentindo dificuldade para engolir. Sentia um nó na garganta. Até pensei que fosse problema com a tireoide. Daí fui ao médico. Fiz uns exames e estou com um tumor na garganta. Na laringe, para ser exata.

— Anita... — a mãe sussurrou e mudou-se para o sofá, sentando-se ao seu lado. — Filha... — murmurou com lágrimas nos olhos e segurou a mão de Anita.

Ainda tentando se manter resistente, falou de modo duro:

— Cigarro é uma desgraça, né, mãe? Você sempre disse para eu parar porque cigarro dá a chance de se ter câncer em qualquer lugar do corpo. Agora não tem jeito.

— Lógico que tem, filha! Vamos cuidar! Você vai fazer um tratamento! Deve ter cirurgia, quimioterapia e outras coisas. Não pode desistir de si mesma!

— Você não entende, mãe. Não tenho como pagar o plano de saúde e vou ter que sair desse imóvel também, vou ter que me desfazer do salão. Se ninguém quiser comprar, vou ter que fechar. Estou com câncer e não tenho mais nada! — alterou-se.

— Você tem uma mãe! — Beatriz disse firme, em tom moderado.

Anita a encarou e se desfez em choro compulsivo no abraço apertado. Estava frágil e desesperada.

Ambas choraram.

Era bem tarde quando Luci e Betinho, aflitos, esperavam por Beatriz.

Sentados à mesa da cozinha, haviam bebido algumas canecas de chá e conversado sobre várias coisas.

— Liga de novo, Luci. Vamos ver se ela atende. Estou tendo um treco!

— Não. Não vou ligar não. — Esperou alguns segundos e opinou: — Sabe o que eu acho? — Não esperou pela resposta. — Acho que a Anita vai querer a parte da herança dela sobre esta casa. A dona Beatriz vai ter que dar e aí, nós dois estaremos sem onde morar nem trabalhar.

— Ai!!! Credo, menina!!! Deixa de ser pessimista!!!

— O que podemos esperar da Anita?! — Não houve resposta. — Estou me sentindo muito mal. Estou tremendo por dentro. Em crise de pânico, para ser sincera. É um medo horroroso. Ai... — e se debruçou sobre a mesa.

— Calma, amore... Não vai ser nada disso. E se for, vamos ter um tempo para nos mudarmos. Mudanças são boas! É renovação! É o fim da monotonia! Pense diferente que seu medo vai embora — disse sempre otimista.

Ouviram um barulho e perceberam que Beatriz havia chegado.

Quando a mulher entrou, perceberam seus olhos vermelhos e o rosto inchado, demonstrando que havia chorado.

— Dona Bia! O que aconteceu com a senhora? — Betinho perguntou surpreso.

— O que foi? — Luci também se preocupou.

Ambos foram à direção da mulher, amparando-a.

Ela se sentou. Chorou um pouco mais e depois contou tudo.

Betinho e Luci ficaram sem palavras por longo tempo, até ela indagar:

— Como vai ser agora?

— Continuarei pagando o plano de saúde para ela ter direito a um tratamento e hospitais melhores.

— Ela virá para cá? Vai morar aqui? E nós dois? A Anita fez muita coisa ruim para nós dois e... Hoje moramos aqui e temos o salão lá na frente!... Como vai ser?! — Luci, aflita, foi direta.

— Eu não pensei nisso, Luci. Mas acredito que todos podem ficar aqui. Minha filha está doente. Não vou negar ajuda. Mas, nesta casa, tem lugar para todos — Beatriz falou com bondade.

— Não. Não tem não... — Luci disse ao se levantar e ir para o quarto.

A mulher olhou para Betinho que considerou:

— Não liga não. Eu falo com ela daqui a pouco. Essa reação foi pela surpresa. A Lu ainda está muito chocada e em conflito. Não liga.

— Fale com ela, Betinho. Essa casa tem lugar para todos nós. A Anita fica comigo, no meu quarto, e vocês ficam onde estão. A Anita está diferente. Serão momentos difíceis, eu sei e não gostaria que saíssem daqui. Preciso de vocês... Preciso do salão funcionando. Onde vou arrumar dinheiro para pagar o plano de saúde dela? Tem a alimentação, medicação e muitos outros gastos. Minha filha vai precisar — comentou, enquanto lágrimas corriam em seu rosto abatido.

— Pode deixar, dona Bia. Vou falar com ela. A Lu está assustada, com medo.

— Eu também estou com medo, filho.

Era madrugada quando Luci e Betinho ainda conversavam.

— Não! Não vou ficar aqui. Não vou conseguir olhar para ela! Essa... essa coisa acabou com a minha vida!

— Xiiiiiiuuu! Fala baixo! — ele exclamou sussurrando. — Ela está muito doente. Talvez esteja pagando tudo o que fez. Coitada! Tenha compaixão!

— Sinto muito. Ainda não consigo.

Betinho ficou em silêncio por algum tempo. Inspirado por mentores do plano espiritual, disse com jeito muito calmo:

— Uma vez eu estava conversando com uma pessoa muito querida. Eu achava que uma colega pudesse prejudicar, de alguma forma, a vida dessa pessoa querida. Então eu falei para ela: Toma cuidado, amore. Ela é muito má. Vingativa. Cuidado com o que ela pode te fazer. Pode tirar seu equilíbrio e a felicidade. Daí essa pessoa me respondeu: Ela não pode fazer nada contra mim. E se fizer... Será um teste para ver se estou aprovada no meu equilíbrio. — Esperou um momento e concluiu: — Isso me fez pensar muito. Muito mesmo. Ninguém pode fazer nada contra nós, se não permitirmos. Podemos ficar magoados, mas o tempo dessa mágoa, dessa tristeza somos nós quem determinamos. Pense, Luci! Encarar a Anita, viver sob o mesmo teto que ela, vai ser um teste para o seu equilíbrio.

— Não sei... Sinto uma coisa. Ainda passo mal com essa história que ela aprontou. Sinto algo muito ruim. — Colocando a mão no peito, revelou: — Parece que vou morrer.

— Já fomos ao hospital por isso e os médicos disseram que não é físico, amore. Fica calma. Você não vai morrer. Isso é o resultado de pressão psicológica. É emocional. Você está se precipitando. Não está vendo soluções. Está preocupada com o amanhã. Tudo isso dispara uma série de hormônios no seu organismo. Daí a mente fica confusa, o coração acelerado e dá sensação de desmaio e tremor, mas é tudo emocional. Foi o que aquele médico lindo falou.

— Isso pode ser emocional, mas é muito real. É muito físico em mim... E é horrível! — chorou. — Começou desde que a

Anita acabou com a minha vida! Desde que o Edvaldo e ela me traíram na minha própria casa! — chorou mais ainda.

— Isso... Isso... Chora que vai te fazer bem. Vai aliviar essa dor...

# Capítulo 26

# A Lei do Retorno

O domingo amanheceu chuvoso.

Eram 10h quando Luci foi até a casa de Isabelle.

Rosa a recebeu e pediu para que entrasse.

— Vai ser bom ela ver você. A Aline já pediu para ela levantar, mas... É um daqueles dias que a Belle só chora sem parar. Ontem também foi assim.

— Vou falar com ela — a amiga decidiu.

Luci foi até o quarto onde a amiga estava deitada.

— Oi... — chamou baixinho. Isabelle não respondeu. — Vim aqui saber de você. Mandei mensagem e nem abriu.

— Nem liguei o celular hoje — respondeu com voz rouca.

— É um daqueles dias, né? — ouviu o choro da amiga.

— É horrível... Não tenho razão para estar aqui... Nem para viver... Ai... — chorou alto.

Ao seu lado, Luci afagou seu braço e os cabelos até a amiga se acalmar.

Muito tempo depois, convidou:

— Vamos lá pra cozinha tomar um café.

— Não quero.

— Não se trata de querer, Belle. Trata-se de precisar. Você precisa reagir. A Aline precisa saber que tem uma mãe forte. É o exemplo pra ela.

— Exemplo de quê? De matar o...

— Para de dizer isso! — interrompeu-a. — Faça um bem para si mesma e pra sua filha. Para de dizer coisas desse tipo. Vamos lá, vai! Vamos tomar um café — Luci foi mais firme.

A muito custo, Isabelle levantou-se e aceitou o convite.

Na cozinha, Aline ficou feliz ao ver a mãe e começou a fazer pedidos:

— Vamos, mamãe, vamos no shopping? Vamos lá nos brinquedos!

— Não sei, Aline. A mamãe não está disposta hoje.

— Ah... Vamos, mamãe, só um pouquinho. A gente volta logo.

— Vamos ver... A mamãe está com dor de cabeça.

A menina virou-se e saiu correndo sem falar nada.

Foi quando Luci aconselhou:

— A Aline precisa sair e se divertir. Ela tem esse direito. Precisa de você.

— É tão difícil Luci...

— Imagino. Não posso me comparar a você, mas... Pelo que sinto, sei como é difícil reagir. Porém precisamos, não é? — Passados alguns minutos, perguntou para fazer a amiga falar. — E lá no seu serviço, como tem sido?

— Com exceção de uma lá que é muito indiscreta, ninguém toca no assunto. Estão me tratando muito bem e... Até são benevolentes. Estou travada. Entende? Não sei mais trabalhar como antes. Sinto uma coisa... Parece que estou alheia a tudo. Parece que nunca fiz nada daquilo. Depois do divórcio tenho ficado pior. Não sei...

— Falou com o Pedro novamente?

— Não. Desde que nos divorciamos, só recebo ligações da mãe dele que quer saber como estou e também da Aline.

— A Aline sabe que o pai não vai voltar mais pra casa?

— Estou falando aos poucos. Não quero que ela veja o pai daquele jeito magro, abatido, mal-arrumado, sempre sob o efeito do álcool... Ele foi assim no dia do divórcio. Estava horrível. Não estava embriagado, mas dava para perceber que estava de ressaca.

— Então é melhor poupar a Aline de ver você neste estado também. — A frase pareceu saltar da boca de Luci. Ela mesma se assustou. — Desculpa, Belle... Eu não quis...

Foi interrompida pela pequena menina, que chegou correndo, com uma cartela de medicamento na mãozinha, dizendo:

— Toma, mamãe! Toma! Você disse que estava com dor de cabeça. A Rosa me deu esse remédio. Pedi pra ela pra você poder sarar e me levar no shopping. Lá nos brinquedos.

Isabelle ficou parada, parecia em choque ao olhar para a filha com a cartela de remédios na mão.

Cautelosa, pegou a medicação de sua mãozinha e disse:

— A mamãe vai tomar. Vamos lá... Vou me arrumar para irmos ao shopping.

A amiga sorriu e Isabelle convidou:

— Vamos também, Luci. Vamos todos! A Rosa também. Vamos almoçar lá.

— Oba!!! — Aline gritou e correu para se trocar.

Primeiro, levaram Aline aos brinquedos que ela queria para depois almoçarem.

Aline quis sorvete e Rosa a levou até onde tinha, deixando Luci e Isabelle sozinhas, conversando à mesa da Praça de Alimentação.

— A Rosa está um pouco mudada, né? As roupas estão melhores — Luci comentou.

— Dei algumas roupas minhas e também compramos outras. Agora ela está indo ao dentista. Vai ter de arrancar alguns dentes e usar dentadura. Pelo menos, no momento, o que ela recebe de pensão não dá para fazer implante. Nem eu tenho condições de bancar isso. É bem caro. — Alguns segundos e falou: — Nunca pensei que a Rosa pudesse me ajudar tanto assim. Se não fosse ela, lá em casa, seria bastante complicado. Ela tem seus defeitos e suas manias, lógico, mas... Nessa altura dos acontecimentos, quem, como eu, pode ligar para isso? Quero que ela se cuide. Cuide da saúde e fique bem. Nem minha irmã está fazendo por mim nada do que ela faz. Devo muito a ela.

— A Rafaelle está passando por uma fase bem difícil também.

— É... Eu sei. Também não tenho como ajudá-la. Meu irmão também nem deu sinal de vida. Tentei encontrá-lo em todos os lugares em que trabalhou e com os colegas. Nada!... O Ailton sumiu — Isabelle passou as mãos pelos cabelos, respirou fundo e disse: — Meu Deus... Que fase difícil... — Um breve instante e contou: — Vou ter de entregar a minha casa. É muito grande e, sozinha, não tenho como arcar com o aluguel. Temos outras despesas. Tenho medo de algum imprevisto. Não vou contar com a ajuda do Pedro. Vou procurar uma casa menor e com aluguel mais acessível para mim. Tenho a Aline, escola, alimentação, transporte escolar... Lógico que a Rosa agora também entra como dependente. A pensão que recebe não dá pra quase nada.

— Falando em aluguel... Eu vou ter de sair da casa da dona Beatriz.

Isabelle a encarou com seriedade e perguntou:

— Por quê?

— Não ia te contar, mas vai ter de saber a qualquer momento. Foi assim... — Luci contou tudo sobre Anita e a doença inesperada. Também falou sobre a situação do salão, que corria o risco de fechar.

— Só estou acreditando porque você está me contando. Eu sempre soube que o Fábio não prestava. Mas chegar a ponto de abandoná-la quando ela está doente... Cafajeste.

— A Anita procurou tudo isso. Todas nós sempre soubemos ou sempre percebemos que o Fábio não tinha bom caráter.

Até que demorou para aprontar ou, pelo menos, declarar que aprontou. Quanto à saúde... A Anita nunca se empenhou em parar de fumar. O que ela queria? Além do que...

— Você ainda tem muita mágoa dela, não é?

— Tenho sim. Não vou negar, Belle. Tenho mágoa, tenho raiva... Não sei como perdoar à Anita e ao Edvaldo. Não sei como fazer isso. O perdão é o sentimento mais difícil de conseguir. Não é simples.

— Eu sei. Não me perdoo pelo que fiz. Se perdoar o outro não é fácil, imagine como é difícil perdoar a si mesmo.

— Você tem de ter em mente que, no seu caso, foi um acidente. Foi uma fatalidade. Não estou dizendo que no seu caso é mais simples. Não é isso. Mas, no meu caso, ambos, meu marido e minha melhor amiga, me traíram, me enganaram. Não foi acidente, não foi engano, não foi sem querer! Eles quiseram! Sabiam o que estavam fazendo! — Suspirou fundo, fechou os olhos por poucos segundos e acrescentou: — Como se não bastasse, vou ter de arrumar outro lugar para morar e trabalhar. Não vou conseguir ficar na mesma casa que ela. Mais uma vez, a Anita atrapalhando minha vida.

— Eu não aprovo, nunca aprovei o que a Anita fez a você, Luci. Tanto que ela deixou de ser aquela amiga íntima e... Você sabe.

— Belle, diante da nova fase que ela tem pela frente, você deve visitá-la. Se aproximar e apoiar. Ela vai precisar de muito apoio durante o tratamento. É uma doença difícil. Não vou ficar chateada com você. Vou compreender. Mas eu não posso. Não consigo.

— Entendo... Não pensei nisso ainda. Nós três sempre fomos tão amigas e unidas desde criança... O que você vai fazer? Vai para onde? Trabalhar onde?

— Não sei ainda. Ai... Belle... Estou muito confusa. Já pensei em ir para o interior. Tentar uma nova vida começando em outro lugar. Quem sabe...

— Se levar toda essa mágoa e todo esse rancor junto, não será mais fácil do que aqui.

— Eu sei. Pior que eu sei. Mas como perdoar?

Isabelle não soube responder.

A aproximação de Rosa e Aline deu outro rumo a conversa.

Passaram uma tarde melhor do que se tivessem ficado em casa.

Com os dias, Anita relutava ir para a casa de sua mãe, apesar de Beatriz já ter passado a pagar seu plano de saúde e acompanhado-a nas consultas e exames.

Betinho, sempre observador e cauteloso, não se precipitou, enquanto Luci já pensava em deixar a casa de Beatriz.

— Mas para onde você vai, criatura?! — Betinho se preocupou. — Não pode, simplesmente, ir para uma outra cidade de uma hora para outra, querendo residir e trabalhar. As coisas não são tão fáceis assim.

— Não quero mais ficar aqui — disse Luci. — Você fica com o salão. Tenta ver quanto eu tenho para receber sobre o que investi e...

— Não, amore! As coisas não podem ser feitas dessa forma. Nós dois, juntinhos, vamos decidir quanto você tem de direito no salão. Vamos ver com o contador se tudo bate. Não quero que venha reclamar, futuramente, de qualquer injustiça. Sei que está confusa agora. Aconteceu muita coisa na sua vida, mas precisa ter foco e buscar fazer tudo direito.

Ela ficou pensativa e percebeu que o amigo tinha toda a razão.

Era um final de semana quando Luci decidiu fazer uma visita a Carminda.

Estava com saudade da senhora e também gostaria de ter com quem conversar sobre os últimos acontecimentos em sua vida.

Com seu veículo, Luci pegou a rodovia que a levaria para a cidade de Vinhedo, onde Carminda residia.

Após sair da rodovia principal, Luci rodou por uma estrada e depois por outra de terra, onde só se avistavam sítios ao longe e vegetação rural. De repente, Luci viu uma mulher acenando para que ela parasse. Notou que tinha uma criança no colo. Percebeu um carro estacionado com o pisca alerta ligado.

De imediato, acreditou tratar-se de algum pedido de socorro.

Provavelmente, a jovem mulher quisesse carona para chegar a algum lugar, pois, ali, era uma zona rural, longe de tudo.

Luci passou pelo automóvel estacionado e parou. Estranhou quando, pelos espelhos retrovisores, viu a mulher entrar no veículo estacionado.

Surpreendentemente, ao mesmo tempo, dois homens saíram de onde ela não pôde ver e a abordaram empunhando armas de fogo.

— Perdeu!!! Perdeu!!! Perdeu!!! — gritou um, colocando a arma através da janela do carro, que estava com o vidro descido.

— Desce aí! Vai! Vai! Vai!... Desce!!! Tô mandando!!! — gritou o outro.

A porta foi aberta. Um dos assaltantes puxou-a pelos cabelos, bateu com força em seu rosto e a jogou no chão.

Outro lhe chutou muito forte o ventre e a perna, momento em que Luci se encolheu de dor.

Ambos entraram em seu carro e foram embora, seguidos pelo outro veículo. Quando Luci ergueu levemente o rosto para olhar, a jovem mulher que dirigia o segundo veículo, ainda acenou para ela e riu.

Tudo foi muito rápido. A ação não demorou dois minutos. Luci ficou aturdida. Em choque, confusa e ainda com dores pelo corpo, não conseguindo pensar.

Estava sem sua bolsa, dinheiro, celular e documentos.

Desorientada, começou a chorar.

Com muito esforço, levantou-se. Mancando, passou a andar seguindo para onde a estrada a levava.

Após mais de uma hora de lenta caminhada, ouviu o barulho de um caminhão.

Ainda chorando, colocou-se no meio da via e acenou, forçando o motorista a parar.

Era um caminhão muito velho e enferrujado, utilizado para fazer entregas. O motorista, um senhor de idade, era dono de um armazém na região.

— Moço! Por favor! Me ajuda! — Luci pediu, parecendo implorar ao lado do veículo. Havia sangue no seu nariz e na boca, além de um inchaço no rosto.

— O que foi moça? O que te aconteceu? — perguntou o homem que mascava a ponta de um palito de dentes que se remexia pendurado em sua boca.

— Fui roubada! — chorou. — Levaram o meu carro e me deixaram aqui sem nada... Me bateram, me chutaram... — chorou mais ainda.

— Ora, menina... — disse com sotaque forte, descendo do caminhão. — Então vamo! Vou te deixar ali, na vila de baixo. Tem um posto policial lá e tu fala pro guarda o que te aconteceu. — Dando a volta no veículo, conduziu Luci e abriu a porta do lado do passageiro, ajudando-a a subir.

Prosseguiram viagem e ela contou o que aconteceu.

Bem mais à frente, antes de chegar ao lugar em que ele gostaria de deixá-la, Luci avistou o sítio de Carminda. De imediato, pediu para descer ali, que era onde residia a amiga que iria visitar.

O senhor disse que se chamava Cardoso e conhecia Carminda, costumava fazer entregas de compras pesadas para ela.

Cardoso fez questão de chamar Carminda e contar o que aconteceu. Sem demora, foi embora, deixando-a sob os cuidados da senhora.

Carminda abraçou Luci e conduziu-a para dentro de casa.

Tobias e Rafaelle, que estavam assistindo à televisão, estranharam a movimentação e foram ver o que acontecia.

Chorando, Luci contou, detalhadamente, o que aconteceu.

— Você tem de fazer queixa à polícia, Luci. E terá de realizar Exame de Corpo de Delito. Foi um roubo e te agrediram — Tobias orientou.

— Não tenho documentos. Levaram minha bolsa, meu celular... Tudo! Tudo! — chorou.

— Filho — chamou a senhora —, você vai ter de ir com ela.

— Não, dona Carminda! Não vim aqui para dar trabalho. Só preciso de um tempo. — Luci parecia desorientada. Não havia entendido que precisaria de ajuda naquela situação.

Tobias não se importou com o que ela falava.

Virando-se para sua mãe, pediu:

— Dá um chá ou alguma coisa pra ela. Vou me trocar. — Estava de bermuda e chinelos.

Rafaelle ficou calada. Mas foi até Luci e convidou:

— Vamos lá no banheiro pra dar uma lavada no rosto. Você está toda empoeirada.

— Isso mesmo, Rafaelle. Vá com ela para se refazer enquanto preparo o chá.

Era tarde da noite quando Tobias retornou com Luci.

— Fizemos queixa e ela fez Exame de Corpo de Delito — contou o rapaz. — Agora é esperar para ver se a polícia consegue localizar o veículo. — Virando-se para Luci, perguntou: — Você tem seguro do carro?

— Não... — chorou. — Esse carro era a única coisa que eu tinha... Agora não tenho onde morar, não tenho trabalho... Não sei o que fazer... — chorou mais ainda.

— Procure não pensar nisso agora — aconselhou Carminda. — Pega uma roupa da Rafaelle, toma um banho, toma um pouco da sopa e descansa. Amanhã você pensa nisso tudo.

— Desculpa o trabalho que estou dando — Luci disse antes de se retirar.

Sozinha com o filho, Carminda perguntou:

— O que será que trouxe essa menina aqui?

— Se a senhora, mãe, não sabe responder... Muito menos eu! — Tobias riu ao se levantar e falou: — Vou tomar banho. Estou morrendo de fome.

A mãe o seguiu com o olhar e não disse nada. Simplesmente sorriu.

Na manhã seguinte...

— Eu vou precisar que a senhora me empreste dinheiro para a passagem de ônibus, dona Carminda. Assim que chegar a São Paulo, faço o depósito na conta da senhora. Por favor, me desculpa por isso...

— Não tenho pelo que te desculpar. O que vai fazer agora?

— Não sei. Acho que não tenho muito o que fazer, não é mesmo? Como eu disse para a senhora, vou ter de sair de onde estou morando e também deixar o salão. Desde que me separei... — Um travo de amargura embargou sua voz. Luci ficou em silêncio por longos minutos e secou as lágrimas que rolaram em seu rosto. Depois contou: — Logo após o divórcio, fiquei muito revoltada. Sentia muita raiva... Então, peguei as coisas do Edvaldo e rasguei, cortei, molhei... Estraguei tudo. Ele não ficou com um pé de meia inteiro. Coloquei nas malas e levei para a casa da mãe dele. Como se não bastasse... Uma noite, peguei as chaves do salão, que ficaram comigo, e fui até lá. Quebrei e estraguei tudo. Não ficou nada que pudesse ser aproveitado. Depois, fui até a casa da mãe do Edvaldo. O carro dele não cabia na garagem e ele deixava estacionado na rua. Com a chave do salão, eu risquei o carro todo e também chutei a porta para amassar... Eu sentia um ódio, uma raiva, uma indignação tão grande, mas tão grande... — Breve pausa e considerou: — Vingança nunca fez parte de mim. Aquela foi a primeira vez. Queria que soubessem o quanto fiquei machucada com o que fizeram.

— E por que você se lembrou disso agora? — a senhora perguntou mesmo sabendo a resposta.

— Porque roubaram o meu carro. Eu lesei os dois. A perda do meu carro foi a Lei do Retorno. — Em tom quase irônico, comentou: — Rápida essa Lei, não é mesmo?

— Sem dúvida. Quando lesamos alguém, de alguma forma, sofremos as consequências do que causamos, cedo ou tarde. Deus é justo. Em alguns casos, demora muito. Em outros não. Mas essa lei não falha — Carminda concluiu.

— Estou em uma situação bem difícil. Desorientada, confusa... Sem onde morar, trabalhar... Não sei o que fazer.

— Sabe, filha... Acho que você precisa conversar com o seu orgulho.

— Como assim? Não entendi dona Carminda.

— Muitos de nós perdemos oportunidades por conta do orgulho. Não queremos aprender. Não achamos que o outro tem razão. Não damos a mão à palmatória. Não admitimos que erramos. Não perdoamos. A falta de perdão é orgulho. Falta de perdão é orgulho extremo daquele que se acha com toda a razão e direito do mundo. Então, lhe falta humildade. Sem humildade, sem vitória, sem prosperidade. "Amai a vossos inimigos, bendizei os que vos maldizem, fazei bem aos que vos odeiam e orai pelos que vos maltratam e vos perseguem. Para que sejais filhos do vosso Pai que está no céu; porque faz que o sol se levante sobre maus e bons, e a chuva desça sobre justos e injustos". "Deixai ali, diante do altar a tua oferta, e vai reconciliar-te primeiro com teu irmão e depois vem e apresenta a tua oferta. Concilia-te depressa com o teu adversário, enquanto estás no caminho com ele, para que não aconteça que o adversário te entregue ao juiz, e o juiz te entregue ao oficial e te encerrem na prisão". — Carminda ofereceu breves minutos de pausa e lembrou: — É interessante ver como Jesus nos alerta tanto para o perdão. Não é mesmo? "Tudo o que quereis que os homens vos façam, fazei-lho também vós". São lindas frases de Jesus para a nossa reflexão sobre perdão. Todas do Seu Evangelho. Gosto de ler São Mateus.

— Que eu tive o meu carro roubado porque proporcionei danos aos outros, isso eu sei. Mas a senhora acha que estou sendo orgulhosa por não perdoar? Eu fui magoada!

— Será que essa experiência vivida com Anita e Edvaldo, que resultou nessa mágoa, não é também situação proporcionada pela Lei do Retorno?

Luci surpreendeu-se com a pergunta. Não esperava.

Carminda prosseguiu:

— Nesta vida, não resgatamos somente o que plantamos nela. Também sofremos consequências do que fizemos em vidas passadas. Eu já vi pessoas que passaram por situação extremamente igual a sua. Ficaram tristes, claro. Choraram e sentiram dor. Mas seguiram em frente. Não carregaram o peso da mágoa nem da falta de perdão. A ausência de perdão é um peso! Quando carregamos esse peso, temos dificuldade de seguirmos em frente. Andamos devagar... Não prosperamos. Por isso, dizem que o perdão liberta. É sair de uma prisão. Quando você não perdoa, prende-se na pessoa. Como eu disse, quando não perdoa, é porque se acha repleta de razão e ainda o símbolo da perfeição, pois acha que nunca seria capaz de fazer aquilo, nunca seria capaz de cometer aquele erro. Talvez, não cometesse esse erro hoje, mas no passado... Quem pode garantir? Nesse caso, a falta de perdão é orgulho. E sua vida não vai para frente quando é orgulhosa. Ao contrário da pessoa que passou pelo mesmo que você e perdoou e tocou a vida pra frente. Independente de ter continuado ou não próxima ou ao lado da pessoa que a magoou. Se ela perdoou, ela se libertou. Lembra do que aconteceu porque perdão não significa ter amnésia. A pessoa lembra, por um segundo lamenta o ocorrido, mas segue em frente, desejando o bem e o aperfeiçoamento daquele que falhou com ela. Muito provavelmente, essa pessoa não precisasse passar por aquilo e é por isso que segue em frente.

Aquele que fica remoendo maus sentimentos, lamentando eternamente, desejando o mal daquele que a feriu... Geralmente, essa pessoa precisava passar por esse resultado. É a Lei do Retorno batendo à porta e chamando para o aprendizado. Só que o orgulho está atrapalhando a sua evolução. Que pena! — Carminda salientou. — "Bem aventurados os mansos de coração, os humildes..."

— E como a gente faz para perdoar? — Luci perguntou com humildade verdadeira. — Eu não sei o que fazer para perdoar.

— Encarar com bondade aquele que te magoou ou te feriu. Deseje o bem. Ore para essa pessoa. Se for possível e se for preciso, converse. Bendizei aquele que te magoou. Faça o bem para essa pessoa se for preciso e se estiver no caminho dela. Foi o que Jesus ensinou. — Carminda falava com bondade e procurava fazê-la pensar. — Observe sua vida, Luci. De tudo o que me contou, eu só reparei que, nesse tempo todo, ficou sentindo raiva, cultivou mágoa, desejou o mal para essas pessoas. Com isso, ficou deprimida. Doente. Sua vida parou. Você não foi para frente. Não prosperou. Só se prejudicou. A causa de todos os males se origina em nossos pensamentos negativos, nas lembranças tristes. A vida está te dando a chance de ficar frente a frente com a Anita para que tenha compaixão e lhe perdoe. Aproveite a oportunidade que a vida te dá! Quando se perdoa uma pessoa, depois, fica muito fácil perdoar aos outros. Muito fácil... Você joga fora o que aconteceu. Não se importa mais e segue.

— A senhora acha que continuo morando na casa da dona Beatriz e trabalhando no salão?

— Isso é você quem deve decidir, filha.

— Estou sem alternativa, não é?

A mulher nada disse. Sorriu levemente e colocou mais chá em sua xícara.

Nesse momento, Tobias chegou à cozinha trazendo uma caixa pequena nas mãos.

Frente à Luci, entregou-a e disse:

— Esse é meu antigo celular. Não é o último lançamento, mas é muito bom. Se você quiser, pode ficar com ele. Vai à operadora e transfere seu número. Vai ter de bloquear o outro aparelho, sabe disso.

— Nossa! Obrigada, Tobias! — Luci ficou muito feliz. — Vou aceitar, sim! Poxa! Muito obrigada! — Um momento e pediu:

— Não querendo abusar da sua bondade, poderia me deixar em Campinas quando for embora para eu pegar um ônibus para voltar pra São Paulo? Isto é... Quando for pra lá.

— Estou de férias. Posso levá-la quando quiser. Aproveito e faço uma visita para a Isabelle. Faz tanto tempo que não a vejo.

Luci sorriu lindamente pela primeira vez desde que chegou e, novamente, agradeceu:

— Não sei o que dizer além de muito obrigada.

# Capítulo 27

# Como aprender a perdoar?

Ao retornar para São Paulo, Luci sentou-se à mesa da casa de Beatriz e contou tudo o que aconteceu quando foi à cidade de Vinhedo.

Betinho ficou alarmado:

— Precisa se benzer amore! O que foi tudo isso na sua vida?!

— Acredito que foi a Lei do Retorno. Sabe... Eu vi a dona Carminda colhendo abóboras lá na horta. Depois ela foi até o galinheiro com uma cesta e trouxe vários ovos. Levou tudo para a cozinha. Reparei, então, que colheu o que plantou e o que cultivou. Nada é diferente disso. O que estou vivendo é resultado do que fiz nesta ou em outra vida. Preciso me acertar, equilibrar para que, no futuro, as coisas melhorem. Não dá para plantar pau e pedra e colher morangos e framboesas. Você colhe o que planta. Não dá para ser diferente.

— Nem sei o que dizer — disse Beatriz entristecida. — Gostaria até que reconsiderasse o fato de sair daqui agora. Veja bem, Luci... Não posso fechar a porta para a Anita. Ela errou, mas é minha filha. Não quero que você vá embora por causa disso. Aqui tem o salão... Tem seu quartinho... Acho melhor ficar porque.. Eu te conheço desde menininha! Gosto muito de você! Me parte o coração te ver nessa situação.

— Se a senhora ainda permitir, eu fico. Vou precisar de apoio no momento.

Beatriz sorriu satisfeita e pegou-lhe a mão por sobre a mesa.

— Fiquei feliz com isso. Que bom!

— E... Se a senhora quiser, podemos ir, agora, à casa da Anita buscá-la. Talvez, até... Acho que ela não veio pra cá por minha causa, não é mesmo? Se formos lá buscá-la... — Na verdade, Luci se forçou a aceitar a situação e por isso pro-pôs aquilo. Estava segura do que fazer. Estava determinada a aprender a perdoar.

— Ai, menina! Quando você fala "buscá-la", não tem como não lembrar da Belle! — exclamou Betinho. — Ela vive corrigin-do a gente. Acho o máximo! Aprendi a falar direitinho — riu alto.

Riram e Beatriz se emocionou ao dizer:

— Eu me lembro, como se fosse hoje, de vocês três con-versando, brincando... Da Belle corrigindo vocês duas — riu. — Eu me lembro de uma amizade linda entre vocês... Vai ser muito bom se minha Anita puder ter isso de novo.

A senhora levantou-se, foi até Luci e a abraçou em silêncio.

Era início de tarde quando Beatriz abriu a porta da casa da filha e entrou.

Anita estava largada no sofá sob cobertas.

A TV ligada.

A mulher percebeu que a filha cochilava, por isso tocou-a com cuidado e falou baixinho para não assustar:

— Anita... Tudo bem?

Ela se remexeu, abriu as pálpebras pesadas e inchadas. Respirou fundo. Mas uma descarga de adrenalina correu-lhe na circulação e a fez se sentir gelar ao ver, ao lado de sua mãe, Luci.

Com grande esforço, sentou-se e ajeitou os cabelos com a mão.

Não entendeu o que estava acontecendo. Não tirava os olhos arregalados de Luci.

— Oi, Anita. Como você está? — a amiga perguntou.

— Eu... Tô indo. Talvez, para o inferno.

— Filha! Pelo amor de Deus! — Beatriz a repreendeu.

Uma tosse seca dominou Anita por alguns minutos. Assim que se refez, ela quis saber:

— E você? Por que está aqui? Para apreciar a minha desgraça?

— Estou aqui para ajudar sua mãe a pegar você e suas coisas. Só isso.

— Pra quê? O que pensam que vão fazer?

— Levar você lá pra casa, Anita — respondeu a mãe. — Não posso ir e voltar toda hora e você precisa de alguém. Não pode ficar sozinha.

— Não! Eu vou ficar aqui! — relutou.

— Até quando, filha? Até vencer o último dia do aluguel? Até acabar o seu dinheiro, que já não é muito? Ora, Anita! Se gosta de sinceridade, então, me poupe de ter mais trabalho. Hoje vai lá pra casa. Luci, pode ir lá no quarto e pegar as coisas dela. Acho que conhece a casa melhor do que eu.

Luci não esperou e foi fazer o que Beatriz pediu. Sentia, no fundo da alma, uma contrariedade. Espíritos opostos à paz, à evolução e os que queriam prejudicar inspiravam-na a sair dali. A aproveitar a oportunidade e dizer muita coisa que Anita merecia ouvir. Em seus pensamentos, Luci experimentava imensa vontade de falar incontáveis desaforos à doente. Dizer que ela merecia sofrer tudo aquilo por castigo do que a fez sofrer. Que aquela doença e aquelas dores no corpo e na alma eram resultados da Lei do Retorno.

Mas Luci conseguiu, vitoriosamente, resignar, guardar para si aquelas palavras tão fortes e cruéis que poderiam, até mesmo, contribuir para prejudicar o estado de saúde de Anita.

Indo até o quarto, abriu a janela para que a luz entrasse. Momento em que, olhou para fora e pôde admirar um lindo pôr de sol.

Luci respirou, profundamente, ao fechar os olhos. O carinho dos raios solares fez com que sentisse um leve aquecimento na face. Soltou o ar, vagarosamente, dos seus pulmões e pediu, em pensamento:

"Deus... Dê-me forças. Não quero ferir mais ninguém, nem com palavras... Tira de dentro de mim essa mágoa, essa raiva, essa dor... Afasta de mim esses pensamentos que me deixam ainda mais triste. Quero ser uma boa pessoa".

Nesse instante, seu mentor espiritual, Cássio, aproximou-se. Envolvendo-a com energias sublimadas, começou a desfazer as vibrações mais densas que os espíritos inferiores direcionaram a sua pupila, para aprisioná-la na falta de perdão.

Muitos falam de perdão, mas ninguém ensina a perdoar.

Quando conversamos com o nosso orgulho, perdoar fica sendo uma tarefa mais fácil. A dor e a mágoa, que são feridas da alma, resultados da ação de alguém podem e devem ser curadas.

Certa vez, uma pessoa bem sábia perguntou se alguém, em sã consciência, seria capaz de dizer a uma criança de um ano de idade que ela é burra. Não sabe ler nem escrever. Criticar por ela não andar direito, não saber usar o banheiro. Quem, em sã consciência, diria isso a uma criança? Por que não diria? Logicamente, por entender que essa criança está nessas condições porque faz parte da sua evolução. Sabe que ela vai crescer e aprender tudo o que for necessário e possível.

É dessa forma que Deus vê a nós quando ainda falhamos. Ele compreende que estamos na infância evolutiva. Deus vai nos oferecer quantas oportunidades forem necessárias para aprendermos e nos corrigirmos, harmonizando o que desarmonizamos.

É dessa forma que precisamos enxergar aqueles que falharam conosco. Precisamos vê-los como crianças que ainda não aprenderam. Crianças que cometem erros. Erros que podem provocar dor. Muitas dessas dores, intensas. Mas, quando entendermos que essa, por enquanto, é a natureza daquela "criança", vamos conseguir perdoar ou, senão, chegaremos bem perto do sentimento de perdão.

Perdoar é lembrar do ocorrido sem dor, tirar alguma lição da experiência. Essa lição pode ser a de dizer "aprendi que qualquer pessoa é capaz de tudo". "Aprendi que, a pessoa a quem eu oferecer amizade, amor, apoio ou bens materiais, pode não ser grato e pode não retribuir."

Perdoar é lembrar do ocorrido e lamentar porque a outra pessoa não é aquilo que esperávamos dela, nem por isso, queremos o mal dela. Não lhe desejamos sofrimento.

Perdoar é não se vingar.

Perdoar significa respeitar a etapa evolutiva do outro e também dizer um não, se e quando necessário. Primeiro, porque você aprendeu algo com a experiência. Segundo, porque você também, muitas vezes, é instrumento de aprendizado na vida do outro. Terceiro, porque você precisa seguir liberto e se respeitando. Respeitando seus limites.

Muitas vezes, necessitamos passar por determinada experiência, pois falhamos em outra vida e a Lei do Retorno a tudo corrige.

O ser humano é falho. Deus a tudo vê.

Quando nos conscientizamos sobre esse mecanismo do perdão, ele fica mais fácil. Inclusive para perdoar a nós mesmos por nossas falhas, por nossos equívocos.

Necessitamos nos ver como crianças que desconhecíamos situações. Crianças que se equivocaram. Quando nós nos vemos dessa forma, o sentimento de culpa fica mais leve e vai se dissolvendo à medida que buscamos fazer coisas novas, boas e saudáveis, procurando acertar mais.

Essa conversa interior, esses diálogos mentais, em que procuramos perceber ou entender a pequenez do outro, enxergar o outro como a criança que ainda não tem condições de aprender, mas que, um dia, será capaz... Nessa conversa interior, em que vamos aprendendo com Deus a entender nossos irmãos, vamos compreender que, um dia, lá atrás, podemos ter errado e por isso somos merecedores dessa experiência e que temos muito a aprender com ela. Quando falamos com nós mesmos, meditando calmamente tudo o que vivemos, estamos conversando com o nosso orgulho.

Nosso orgulho também é uma criança. Também deve ser tratado com amor e carinho, porque ele faz parte de nós. O orgulho é aquela criança birrenta. É aquela parte emocional muito necessária para a nossa existência.

Nosso orgulho precisa existir, mas deve ser educado igual a uma criança.

Quando você conversa tranquilamente com uma criança birrenta, colocando-se à altura dela, olhando-a nos olhos, ela é capaz de compreender.

Se essa criança exige alguma coisa, por exemplo, vai saber que, naquele momento ou naquela condição, o que quer não é possível. Então, é muito provável que, depois de ter entendido isso, futuramente, aquela criança se esforce, por meios próprios, para conquistar o que quiser na vida. Aquela birra vai se transformar em esforço.

Já as crianças que se conformam com tudo, lamentavelmente, e muito dificilmente, vão se esforçar para suas conquistas. Para elas tudo estará bom.

O mesmo acontece com o nosso orgulho, com a nossa vaidade, com a nossa ambição.

Descontrolados, são como crianças birrentas e mal-educadas. Se conscientizados, podem e vão trazer valores a nossa vida.

A pessoa que não se valoriza, não tem orgulho. A pessoa que é descuidada com sua aparência, com sua educação, não tem vaidade. A pessoa que não tem prosperidade e valores, não tem ambição.

Quando conversamos com o nosso orgulho, mostramos para ele que devemos perdoar. Devemos ser simples de coração, humildes e compreensivos. Conscientes disso, perdoamos. Nós nos libertamos e teremos paz. Com a paz seremos mais leves e agradáveis para com nós mesmos.

Quando conversamos com a nossa vaidade e mostramos para ela que não devemos exagerar, que nem tudo nos convém, vamos conquistando o equilíbrio e um grande respeito e admiração por nós mesmos.

Quando conversamos com nossa ambição, vamos nos conscientizando de que merecemos tudo o que pudermos conseguir de forma honesta e saudável, para nós e para os outros.

Então, criamos forças e metas pessoais para prosperarmos sem oprimir, sem usar e ser usado, respeitando e sendo respeitado.

Ao entendermos que precisamos passar por uma situação, nosso orgulho se transforma em humildade, compreendemos e perdoamos.

Dessa forma, e só dessa forma, seremos envolvidos por um sentimento de leveza e alívio que vai nos trazer saúde, alegria e paz.

Essa conversa com nós mesmos, de forma tranquila, ponderada, bem atenta, pode ser chamada de meditação. É um dos níveis da meditação. Chegará a um ponto que não terá mais o que pensar. Começará a agradecer, tão somente.

Perdão é libertação.

E foi isso o que Luci se propôs: libertar-se.

Após algum tempo ali, olhando através da janela, sentindo o calor dos últimos raios do sol, ela respirou fundo e agradeceu:

"Obrigada Senhor por me dar forças. Vou fazer o que precisa ser feito."

Virou-se.

Sabia onde estavam algumas coisas no quarto de Anita.

Pegou uma mala e algumas sacolas, apanhou as roupas que achou mais necessárias. Lembrou-se de objetos pessoais, produtos de higiene que acreditou serem fundamentais.

De posse de tudo, foi para a sala.

Anita, sentada no sofá, curvada, segurando a cabeça com as mãos enquanto apoiava os cotovelos nos joelhos, falou com voz abafada:

— Eu não quero ir.

Em tom brando, Luci considerou:

— Acho que não é uma escolha sua. É uma necessidade. É melhor se poupar e nos poupar. Estou com o carro do Betinho aí fora. Vou levar essas coisas lá e já volto pra te ajudar.

Assim o fez.

Quando retornou, parou diante da cena em que Beatriz, enlaçando um dos braços da filha em seu pescoço, tentava conduzi-la para fora.

Luci não se deu ao luxo de pensar duas vezes.

Pegou o outro braço de Anita, laçou em seu pescoço e também a envolveu pela cintura. Conduzindo-a até o veículo estacionado, ajudou-a a entrar.

Com o passar dos dias, Isabelle avaliava alguns relatórios quando foi chamada à sala da diretoria.

Após ser anunciada, entrou, cumprimentou Leandro, que pediu para que se sentasse à cadeira frente a sua mesa, indicada por ele.

— Bom dia, Isabelle. Tenho um assunto importante para tratar com você. Serei direto porque... — sorriu sem jeito. — Porque não sei ser muito delicado com as palavras. — Ao vê-la sorrir, prosseguiu: — Bem... Você sempre foi excelente funcionária. Teve promoções merecidas. Cumpriu suas metas...

Diante da pausa, demonstrando-se consciente da atual situação, ela comentou:

— Sei que não estou indo muito bem nos últimos tempos. Ainda sofro sequelas emocionais da catástrofe que me aconteceu. Por isso, peço desculpas.

— Somos capazes de entender isso. Entendo também que o serviço que você executa é um tanto estressante e exigente. — Leandro abaixou a cabeça, mexeu em alguns papéis, depois disse: — Seu trabalho precisa de muita concentração. E... Está acontecendo o seguinte: serei transferido desta diretoria. Como disse antes, sou capaz de entender, perfeitamente, sua condição diante de tudo o que sofreu e está sofrendo. Mas... O mundo aqui é dos negócios. É puramente material. Não posso afirmar que o próximo diretor será compreensivo como eu tento ser. — Breve pausa em que a encarou e a percebeu surpresa. — Desculpe-me, mas... Acabei contando ao meu irmão o que aconteceu. O Rodrigo até cogitou sobre vir conversar com você, mas aconselhei que ainda não era um bom momento. Por esses dias, contei a ele sobre minha transferência e a preocupação com o seu caso, por passar por esse momento bem delicado e de refazimento. Soube que se divorciou. Tem encargos com uma filha pequena... Isso procede, não é?

— Sim. Eu me divorciei e fiquei com a guarda da minha filha. Eu e o Pedro não conseguimos, juntos, suportar o peso da culpa.

— Seu ex-marido não está bem?

— Não. O Pedro, de um ótimo engenheiro e empreiteiro, tornou-se um farrapo. Um bêbado... — quase chorou e fugiu-lhe o olhar.

— Não está pagando pensão para você e a filha de vocês?

— A pensão ficou determinada para a Aline, mas ele não consegue pagar. E eu não vou cobrar. Vou cuidar sozinha da minha filha e da minha madrasta. Ela está morando comigo desde que tudo aconteceu. Meu pai faleceu, os filhos dela sumiram e ela também não tem mais ninguém. Estou procurando uma casa menor para que o aluguel seja mais em conta e... Agora fiquei extremamente preocupada. Não posso ficar sem emprego — abaixou o olhar.

— Espera... Primeiro, que ninguém aqui falou em você ficar sem emprego. Segundo... Isso é uma suposição minha. Pode ser que ocorra, pode ser que não... Nunca se sabe, embora... — Um momento e continuou: — Aconteceu uma coisa muito interessante. O Rodrigo conversou comigo hoje cedo. Disse que um banco concorrente fez a ele uma proposta de emprego. Pelo fato de ele se sentir bem onde está, decidiu recusar, mas, antes, apresentou a eles a possibilidade de você aceitar a oferta. Justificou que você busca mudanças.

— Como assim? — ficou confusa.

— Precisamos saber se, diante dessa realidade que apresentei, você aceita ou não, um recomeço, pois a oportunidade não é aqui na capital. É em Campinas. Lugar novo. Serviço novo. Casa nova. Tudo novo!

— Eu... Eu... Não sei. Não estou conseguindo pensar agora...

— Como eu disse, serei transferido. Quem vai assumir essa diretoria... Digamos... Não é uma pessoa ponderada. Temo por você e até por outros. Mas, como o Rodrigo apareceu com essa oportunidade, achei melhor te comunicar. Até porque, acho uma boa oferta.

— Vou ter de mudar toda a minha vida! — enfatizou em tom preocupado.

— Se você aceitar, tudo vai mudar mesmo... Sim. Vai mudar toda a sua vida — olhou-a fixamente nos olhos.

— Quanto tempo tenho para dar uma resposta? — Isabelle quis saber temerosa.

— Até amanhã, está bem?

— Sim. Amanhã dou minha resposta.

— Então, toma... — disse após abrir a gaveta, tirar um cartão e estender a ela. — Entre em contato direto com o Rodrigo. Aí tem os telefones e endereços dele. Caso aceite, vou te mandar embora. Dessa forma receberá seus direitos, o que pode deixar o início da vida nova mais tranquilo. Você tem muitos anos nessa empresa.

— Tudo bem. — Ainda atordoada, sob o efeito de um choque, levantou-se e agradeceu: — Obrigada por se preocupar com minha situação. Muito obrigada.

— Não por isso — Leandro sorriu.

Isabelle pediu licença e se foi.

Ao chegar a sua casa, Isabelle estava inquieta.

Conversou, brincou com a filha, conferiu suas tarefas da escolinha e a colocou para dormir.

Quando pôde, contou para Rosa o que havia acontecido.

— Acho que é uma grande oportunidade para você, Belle. Se ficar e o novo diretor não for com a sua cara, ou exigir mais... Vai ser muito ruim ser despedida e ter que arrumar emprego. Agora tem uma oportunidade boa que não sabe se terá no futuro.

— Pensei nisso.

— Essa casa é um peso pra você. Tanto nas recordações quanto nos gastos. É muita coisa. Quando falou em arrumar uma casa menor, pensei da gente voltar lá pra casa que era do seu pai, ou melhor, de vocês. Mas a casa tá velha e caindo.

— É verdade. Mas é que toda mudança traz medo. Muito medo — Isabelle confessou.

— Eu também sou um peso pra você. Estou pensando muito nisso. Acho bom procurar meu rumo...

— Não, Rosa. O que é isso?! — não gostou.

— É verdade, Belle. Nem merecia estar aqui e sendo tão bem tratada por você. Sempre fui uma péssima pessoa. Uma madrasta má, que não queria o bem de vocês... — lágrimas correram de seus olhos. Rosa secou o rosto enrugado com as mãos sofridas. Para sua idade, estava envelhecida demais. — O que a gente faz na juventude com egoísmo e arrogância, recebe de volta na velhice com dor e sofrimento. Hoje, vejo que falhei em tanta coisa. Outro dia te vi no shopping se abaixar para conversar com a Aline e explicar pra ela porque não podia comprar o brinquedo que ela queria. Você sempre para pra conversar e explicar as coisas pra ela. Eu nunca fiz isso com meus filhos. Queria que eles obedecessem, nada mais. Sempre quis que as coisas fossem fáceis. É por isso que eles nunca me ouviram. Não ensinei eles pararem pra me ouvir. Mas não foi só isso. Cometi muitos erros... Não mereço o que faz por mim. Preciso dar um jeito pra não ser mais um fardo na sua vida.

— Para com isso, Rosa! Estamos dependendo uma da outra. Você foi quem mais me ajudou. Aliás, a única que me ajudou aqui em casa. Nunca imaginei isso. — Breve pausa e comentou: — Não posso contar com a ajuda da minha irmã nem do meu irmão. Só tenho você. Estou muito inclinada a aceitar essa nova proposta, aceitar essa mudança... Se fizer isso, você vai comigo e com a Aline. Não faz sentido deixá-la, aqui, sozinha. Deixaremos nossos contatos e endereços com os vizinhos e quando seus filhos aparecerem poderão te encontrar.

— Não tenho bons pressentimentos com meus filhos — chorou. — Coração de mãe não se engana.

— Calma, Rosa... Não é assim...

— É assim sim. Não eduquei eles... — falou chorando. — Não conversei. Quando vejo você conversando com a Aline, vejo como não fiz nada certo com eles. A Aline para e fica olhando pra você que fala com toda paciência... Meus filhos foram rebeldes porque eu sempre falei com eles de qualquer jeito. Gritava pra responder alguma pergunta. Gritava pra pedir alguma coisa. Gritava pra eles estudar... Gritava pra tudo. Isso afastou a gente. Hoje, eles estão com uma vida que nem quero pensar. Não vou conseguir ajudar nunca. Eu só fiz burrada, Belle. Só atrapalhei a vida de vocês. Você e seus irmãos deveriam me odiar! — Encarou-a por um momento, depois fugiu-lhe o olhar.

Na espiritualidade, Dulce, espírito que foi mãe de Isabelle, achava-se presente na casa.

Após algum tempo, reabilitando-se e aprendendo em colônia apropriada, Dulce tornou-se diferente. Mais consciente e recomposta.

Próxima à filha, ouvia atentamente toda a conversa.

Desde o desencarne do pequeno César, espíritos amigos e/ou muito próximos, sempre estavam presentes junto à Isabelle, amparando-a e dando-lhe forças devido à experiência tão traumatizante que viveu. O mesmo aconteceu com Pedro, mas ele não teve a mesma força. Pedro não tomou nenhuma atitude para se erguer, aceitando outros tipos de influências espirituais.

O espírito Florina, que foi mãe de Dulce, também encontrava-se no local. Virando-se para Enoque, mentor de Isabelle, comentou:

— Que dor a da pobre Belle! Como se não bastasse o sofrimento, ainda tem decisões e encargos difíceis.

— É por assumir esses encargos com a filha, com a Rosa, a casa, o trabalho e outros, que Isabelle consegue resistir e superar o sofrimento. Caso ela não fosse pessoa produtiva, seria muito mais difícil se reerguer. A ocupação saudável traz atividade mental e espiritualidade produtiva. Isabelle estaria sufocada em dor e sofrimento caso não tivesse empenho e esforço para suprir as necessidades de todos. Veja o Pedro. O pobre homem não se ocupou em dar seguimento ao seu trabalho, em dar apoio a sua mulher e sua filha... Não segue as inspirações que lhe chegam do seu mentor e outros amigos espirituais que o amparam. Isso ocuparia sua mente com o que é útil e saudável. Ele não ora, como os encarnados sugerem. Orar é a melhor maneira de atrairmos o que é equilibrado, quando não entendemos o que está acontecendo. Mas não. Pedro busca, na bebida alcoólica, esquecer o ocorrido. Isso é impossível.

— Sempre erramos quando exigimos que as coisas saiam da forma que queremos. O que pensamos ser certo nem sempre o é — Dulce comentou. — Eu acreditei estar certa. Quis controlar a vida da minha filha Rafaelle para ela não sofrer, para que tudo desse certo para ela... Não consegui entender que, muitas vezes, a pessoa só aprende depois que erra tremendamente. Rafaelle precisou sofrer muito para olhar para cima, valorizar-se, fazer o que é equilibrado. Eu não me preocupei com meus outros dois filhos por achar que estavam no caminho certo. Mas a Rafaelle... Também odiei o Antônio e a Rosa por tudo o que fizeram e por tudo o que aconteceu... Hoje, tenho pena deles. Aqui, na espiritualidade, consegui entender a minha parcela de culpa, no passado, para que tudo fosse como foi. Não gostaria que a Rosa revelasse a verdade para Isabelle. Não mais. Não precisa. Não vai ajudar em nada. Só vai fazer a Belle sofrer mais ainda. A Rosa é a única pessoa que está ajudando minha filha, nesse momento tão difícil. Espero que continue assim.

— A Rosa viverá com culpa e dor — comentou Florina.

— Eu sei. Mas podemos enviar-lhe vibrações e energias salutares recompensando-a por tudo o que faz — tornou Dulce.

— Conseguiu saber a razão por que tudo aconteceu com você daquela forma? — Enoque perguntou.

— Sim. Hoje eu sei — afirmou Dulce. — Quando descobri, senti vergonha. Para todos os efeitos, meu desencarne se deu porque eu saí de trás de uma banca de jornal e caminhei para a avenida, de costas, sem olhar. O motorista não conseguiu desviar e me atropelou com o ônibus que dirigia. Ninguém viu mais nada. Mas eu sabia o que tinha realmente acontecido. Na espiritualidade, quando me lembrei somente disso, fiquei revoltada. Queria justiça. Queria prejudicar aqueles que me prejudicaram. Naquele dia, eu encontrei a Rosa com o Antônio, meu marido. Homem que julgava honesto e fiel. Rosa era uma conhecida, quase amiga, por causa das reuniões e trabalhos na igreja que frequentávamos. Eu precisava tirar uma dúvida com ela sobre as sacolas de ajudar aos pobres que estávamos montando. Fui até a casa onde morava e vi, saindo de lá, o Antônio, meu marido. Parei e fiquei olhando. Eles sorriram um para o outro. Ela passou a mão no peito dele ajeitando sua roupa... Daí eles deram um beijo rápido. Fiquei em choque. Perguntei o que era aquilo e foi aí que me viram. O Antônio ficou parado e olhando. Ficou em choque. Ela foi a minha direção falando... Fiquei surda. Não sei o que aconteceu. Mas lembro quando Rosa disse que os filhos dela eram filhos do Antônio. Eu me virei pra ela e fiquei atordoada, pensando em como fui enganada por tanto tempo. Foi nesse momento que andei de costas e fui para a avenida. Sem perceber, entrei na frente do ônibus.

O Antônio e a Rosa perceberam que ninguém os viu e saíram de lá. — Dulce prosseguiu com um toque de emoção. — Eu morri. Despertei em uma colônia espiritual. Fiquei bem até recordar como tudo ocorreu. Daí, eu me atraí para a crosta terrena e fiquei revoltada, tentando esclarecer tudo. Queria que meus filhos soubessem quem o pai era para não darem tanta razão a ele. Queria discórdia, raiva, contrariedades, brigas e intrigas entre eles e a madrasta. Que tola eu fui. Sem dúvida, tudo, um dia, será descoberto, mas aquele não era um bom momento. Não entendia que tudo é descoberto quando todos têm condições de entender. A culpa sempre foi algo muito doloroso nos pensamentos de Rosa e Antônio. E quanto mais os anos se passavam, ficava pior. Antônio, coitado, experimentou uma doença que o paralisou aos poucos. Resultado de sua paralisação, de sua inércia quando viu Rosa investir contra mim com palavras agressivas e não fez nada... Pobre Antônio. — Ficou pensativa. — Fui visitá-lo, várias vezes, após o desencarne, após ter descoberto a razão de eu ter experimentado tudo isso. Ele não se recuperou muito, aqui, na espiritualidade. Resultado psíquico de sua ação, ou falta dela. Da culpa que viveu por anos... Por outro lado, eu me senti envergonhada. Eu, Antônio e Rosa, em outra vida, vivemos situações complicadas. Fui amante de Antônio quando ele foi casado com Rosa. Fiz de tudo para que se separassem, mas não consegui. Por isso, paguei Nélio que, hoje encarnado, foi o motorista de ônibus que me atropelou, para que acabasse com a vida de Rosa. Nélio aceitou o dinheiro e a matou atropelada por uma carruagem. Na época, ele nunca sentiu remorsos ou culpa pelo que fez. Era um homem rude, acostumado a esse tipo de serviço. Matava por dinheiro. Passou por experiências difíceis em encarnações anteriores. Nessa vida, tirou a minha através de um acidente, para aprender a ter culpa e remorso por matar. E eu... Aprendi que traição é dor. Que interromper a vida de outra pessoa não é correto... Aprendi tanta coisa. Só espero que meus filhos não saibam disso. Não agora. Rosa está ajudando Isabelle e Nélio, o Ailton.

— Somente Deus, em sua absoluta perfeição, pode traçar planos tão perfeitos para harmonizarmos o que desarmonizamos — Enoque sorriu.

— Como você falou, orar é a melhor maneira de atrairmos o que é equilibrado, quando não entendemos o que está acontecendo — Dulce concluiu. — Aqui, na espiritualidade, fiquei feliz em saber que Rodrigo, apesar de ter sido vítima de seu amor do passado, Isabelle, perdoou-lhe a ponto de vir, nesta vida, para ajudá-la com a bênção do esquecimento. Como é lindo perdoar...

# Capítulo 28

# Deus! Vem comigo!

Isabelle criou coragem. Após uma noite insone, na manhã seguinte, ligou para Rodrigo.

— Isabelle? Que surpresa!

— O seu irmão me deu seus contatos e decidi telefonar. Tenho algumas perguntas que não dão para tratar por mensagens ou e-mails.

— Está certíssima — ele concordou, mas ficou surpreso, mesmo assim. Esperava que o irmão telefonasse antes.

— Você sabe o que eu passei... — sua voz embargou. — Estou passando por uma situação muito difícil no momento. Minha vida particular... — sua voz estremeceu e parou de falar.

— Sim. Eu sei — afirmou comovido.

— Vai haver uma mudança lá no banco e... Bem... Seu irmão deve ter contado.

— Sim. Foi por isso que sugeri você para a vaga que me ofereceram. É uma colocação muito boa. Talvez, o salário não seja o mesmo, mas a diferença será mínima. No entanto, para compensar, vai viver uma vida nova, em uma cidade diferente e seus gastos, muito provavelmente, serão menores.

— Eu vou aceitar — foi direta.

— Vai? Nossa... — pareceu que não esperava. — Que ótimo! Gostei de saber — Rodrigo ficou feliz e demonstrou isso em sua voz.

— Como eu faço? Como devo proceder?

— Certamente vão marcar uma entrevista. Não precisa se preocupar.

— Gostaria de ter mais detalhes sobre o cargo e...

Eles conversaram por algum tempo e Rodrigo explicou tudo o que sabia.

Desligaram.

Um medo atroz tomou conta dos sentimentos de Isabelle. Ela chorou.

No começo da noite, antes de ir para casa, decidiu passar na residência de Beatriz.

Soube que Anita havia se mudado para lá, mas não tinha ido visitá-la.

Ao chegar, foi recebida por Betinho que ficou feliz ao vê-la.

— Oi, Belle! Como você está, amore? — beijou-a no rosto.

— Estou levando a vida, já que ela não me leva.

Ele ignorou suas palavras e ressaltou:

— Gostei do seu cabelo. No dia que fiz essas luzes não tinha reparado que te caíram tão bem! Você está linda!

— Obrigada. A Anita está aí?

— Lá no quarto. Ela não ficou muito bem hoje, coitadinha.

— Vou lá...

— Vai sim, amore. Ela vai gostar de ver você.

Isabelle chegou ao quarto e encontrou Luci abraçada a uma trouxa de roupas.

— Belle? — Luci sorriu. Alegrando-se ao vê-la, largou as roupas aos pés da cama e foi cumprimentá-la.

Quando Isabelle olhou para Anita que, quase sentada, recostava-se em alguns travesseiros, ela se surpreendeu.

Anita achava-se muito diferente da mulher bonita e elegante que foi.

Estava muito magra. Sem cabelos. A cor da sua pele estava estranha, resultado das medicações muito fortes.

— Anita... — murmurou e foi até ela.

Abraçaram-se por um longo tempo.

Choraram.

Ao ver a cena, Luci também se emocionou.

Engatinhou sobre a cama pelo lado oposto ao que Isabelle se sentou e abraçou as amigas.

Ficaram as três abraçadas e chorando por longo tempo.

Uma secou o rosto da outra e sorriram em meio ao choro. Seus corações, entrelaçados pela mesma energia e emoção, uniram-se no laço da amizade verdadeira.

— Como a gente é besta, né? — Anita murmurou.

— Besta nada. Temos emoções... — Luci tentou dizer, mas sua voz embargou.

Isabelle passou a mão pela cabeça e rosto da Anita e disse:

— Desculpe por não ter vindo antes. Aconteceram tantas coisas e eu sozinha para resolver.

— Não esquenta — disse a doente. — Soube que perguntava de mim direto.

— Como você está, amiga? — tornou Isabelle.

— Péssima — falou com voz rouca. — É horrível, Belle... É horrível... Um mal-estar que domina a gente... Enjoo, vômito, diarreia. Viu meu cabelo? Caiu tudo! Tô dando o maior trabalho pra todo mundo. A Luci acabou de me trocar e tirar a roupa de cama que sujei... Tá difícil.

Isabelle olhou para Luci e sorriu, após apertar o braço da amiga como se quisesse lhe dar algum elogio, mas sem palavras. Imaginou o quanto estava sendo difícil para ela cuidar de alguém que a traiu da pior forma. Porém, notou algo diferente na amiga. Luci trazia um brilho, uma luz diferente que os olhos não eram capazes de enxergar. Isabelle podia perceber isso com os olhos da alma.

— Bem... Vou deixar vocês duas aí conversando. Preciso pôr essas roupas na máquina — disse Luci, que se levantou e saiu do quarto.

— Olha só, Belle... Veja como esse mundo dá voltas — Anita disse baixinho com a mesma voz castigada pela doença.

— A Luci sempre teve um bom coração.

— Não sei não. Acho que ela aprendeu a ter um bom coração. Tem gente que aprende coisa boa. Não foi o meu caso. Só fiz besteira... Nos primeiros dias, aqui na casa da minha mãe, fiquei muito revoltada. Eu sempre quis ser livre e independente. Quis dinheiro, luxo... Fui ambiciosa ao extremo.

— Ter ambição não é errado, Anita. Precisamos desejar o melhor para nós. Nossa ambição não pode prejudicar os outros nem extrapolar nossos limites morais.

— Minha ambição foi do mal. Desde pequena, exigi da minha mãe coisas que ela não podia dar. Fiquei frustrada pelo fato do meu pai ter nos deixado e sempre culpei a coitada por ele ter ido embora. Quando tinha oportunidade, jogava na cara dela o fato de ele ter arrumado outra mulher. Não admitia que, nessa história, o sem caráter, o cafajeste do meu pai não foi forte o suficiente. Então, castiguei minha mãe por anos... E ela nunca reagiu... Tentava me explicar e... — chorou. — Como minha mãe deve ter sofrido com as minhas acusações... Só hoje percebo isso. Atraí para mim tudo o que estou passando. Assim como o meu pai abandonou minha mãe com uma filha pequena, o Fábio me abandonou doente, quando mais precisava dele. Agora entendo que a pobreza de caráter, que o cafajeste são eles que foram embora.

— Não tenha mágoa. Não cultive esse sentimento — Isabelle aconselhou.

— Estou tentando. Mas a maior mágoa é de mim mesma. Sempre fui muito crítica. Você me alertou isso muitas vezes. Só via as coisas ruins nas pessoas, no mundo... Reparar algo errado em alguém era um prazer — riu como se debochasse de si mesma. — Sempre reclamei. Sempre procurei razões para reclamar. Se acordava e estivesse chovendo, eu reclamava. Se estivesse quente, reclamava. Se fizesse frio, reclamava... Reclamava que não tinha roupas boas ou apropriadas para o dia e... Tudo isso, aos poucos, foi criando as energias ruins de que tanto minha mãe falava. Eu mesma criei tudo isso. Teve quem me alertou, mas não quis saber. Achei que falavam bobagem. Nunca me esforcei para pôr em prática os bons conselhos. Colaborei, mais ainda para essa doença, quando não deixei de fumar, beber demais... O resultado só poderia ser esse. Criei em mim tudo isso... — uma crise de tosse a dominou. — Não dei importância aos bons conselhos da minha mãe... Nem daqueles que queriam o meu bem... — repetiu. — Lembro que, quando a Luci parou de fumar e de beber, eu fiquei com raiva dela. Fiquei com raiva porque não conseguia me esforçar para fazer o mesmo. Isso é inveja, não é?

— Não se culpe, Anita.

— Como não? Sou responsável pelo que tô passando agora. Sinto um arrependimento... Uma culpa tão grande... — Breve pausa e depois continuou: — As reclamações que sempre fiz, as críticas, a maneira que eu falava para torturar as emoções da minha mãe, a raiva, a inveja... Nunca procurei ter hábitos saudáveis. Tudo isso que vivo hoje é resultado do que fiz. Nos últimos meses, tenho lido os livros que minha mãe me indicou a vida inteira. Agora tenho tempo de sobra pra isso, né... — riu forçosamente. — E nesses livros, vi o quanto errei. Certamente, tive, espiritualmente falando, as piores companhias ao meu lado. Espíritos inferiores com os quais me afinava por conta dos pensamentos negativos pela falta de amor, compreensão, compaixão... Pelos vícios no fumo e no álcool... Esses espíritos devem estar bem felizes agora com a minha doença. Conseguiram mais uma infeliz para o lado deles, pois eu fiz o que eles fizeram. Fico aqui imaginando que, quando eu bebia e fumava, eles deveriam fazer uma festa! Vamos lá vampirizar aquela idiota! — ressaltou, emoldurando a fala como se estivesse vendo a cena. — Quando eu ficava irritada ou brigava acho que também diziam: Olha lá! A idiota, imbecil está brigando! Vamos lá colocar palavras nos pensamentos dela pra ela xingar mais! Vamos! Vamos! — enfatizou novamente.

— Pare com isso, Anita! — repreendeu-a. — Você não sabe o que está dizendo.

— Mas é verdade! Quem você acha que estava do meu lado quando eu tinha essas práticas? Jesus? Espíritos iluminados? Lógico que não! O que espíritos iluminados iriam fazer perto de mim, se eu escolhi falar e fazer o que é inferior à moral, à saúde, aos bons princípios espirituais?... Eu escolho as minhas companhias espirituais de acordo com o que faço! É só você ler os livros de Allan Kardec que eles falam isso a todo momento! — Um instante e confessou: — Eu sempre gostei da Luci porque ela era muito parecida comigo. Fazia loucuras, fumava, bebia... Quando ela parou e se equilibrou, eu fiquei com raiva. Com muita raiva... Já te disse isso, né?

— Disse.

— É difícil pra mim admitir isso. — Quando viu a amiga calada, riu ao perguntar: — Não vai me corrigir não? — ficou aguardando.

Ambas riram e Isabelle falou:

— Não se fala para mim admitir. O correto é para eu admitir. Mim não conjuga verbo.

Riram novamente.

— Eu não gostava quando me corrigia. Mas fazia isso porque queria que nós fôssemos melhores. Tão boas quanto você. Foi por isso que aprendi a falar e a escrever um pouquinho melhor. Foi por ter estudado muito, se esforçado tanto que conseguiu um emprego melhor do que eu e a Luci, que ficávamos só na sua cola. Nunca estudávamos... Só você.

— Isso é passado, Anita.

— O passado serve de lição de vida. Por isso você foi melhor do que a Luci e muito melhor do que eu. Os espíritos que nos rodeiam são iguais a nós. Gostam de você e ficam perto pelos seus vícios, pelas suas práticas, pelos seus hábitos. Dá pra imaginar um espírito elevado fumando e bebendo? Não, porque, para se elevar, é preciso deixar os vícios e as fraquezas humanas. Dá pra imaginar um espírito elevado com práticas sexuais promíscuas ou trocas irresponsáveis de parceiros? Lógico que não, porque um espírito elevado não se deixa dominar pelos prazeres mundanos. Ao contrário. Eles têm o domínio de si. Por isso que eles têm paz. Quem tem paz tem felicidade verdadeira. Dá pra imaginar espírito elevado criticando as pessoas e as situações? Reclamando do sol, da chuva, do frio, do calor?... Não, porque ele respeita a natureza. Dá pra imaginar espíritos evoluídos xingando e falando palavrões? Eles não ficam perto de pessoas que fazem isso. Somente espíritos inferiores gostam de reclamar como esta imbecil aqui!

— Pare com isso, Anita.

— É verdade, Belle! É a verdade nua e crua. Prova que estou errada! Então a gente está aqui para aprender que tudo isso é errado. E só aprendemos quando damos atenção ao que é bom ou sofremos as consequências do que fizemos. Essa é a verdade! Prove que estou errada! Se eu tivesse dado atenção ao que era bom, ao que minha mãe ensinava, não estaria passando por isso. Mas fui orgulhosa. Quando não queremos aprender o que é bom, estamos sendo orgulhosos. Agora sofro por causa de tudo o que fiz e cultivei perto de mim. — Fez um semblante tristemente reflexivo e admitiu: — Agora sei o que são pessoas elevadas e de bom coração. Minha mãe me acolheu... — chorou. Secando as lágrimas com a ponta do lençol, disse ainda: — A Luci está ajudando a cuidar de mim... Justo eu que a magoei tanto... O Betinho... — Sua voz embargou e um soluço a dominou. — Quanta injustiça fiz com ele, não foi?

— Isso tudo é passado — Isabelle disse, mas não quis interrompê-la. Sabia que a amiga precisava desabafar. Talvez, isso a fizesse se sentir melhor. Anita estava reconhecendo os erros.

— Hoje, minha consciência dói... Tenho um sentimento de culpa horrível... Quando lembro o que fiz a todos... De ter acabado com o casamento da Luci... Tudo que fiz foi ruim, foi mal...

— Você não tinha consciência disso. Agora aprendeu e não vai mais errar. Não é mesmo?

Nesse momento, o espírito Nívia, mentora de Anita, aproximou-se e a envolveu com carinhoso abraço.

— Quando admitimos que erramos e o arrependimento toma conta, verdadeiramente, do nosso ser, já estamos no caminho da Luz. Isso acontece quando perdemos o orgulho, a inveja, a arrogância, quando dissolvemos a raiva. Com o tempo, minha querida Anita, só vai precisar se perdoar e harmonizar o que desarmonizou.

Enoque, mentor de Isabelle, considerou:

— Como a própria Anita disse, cada um aprende de um jeito. Alguns aprendem por amor, aceitando e entendendo através dos mais equilibrados ou aprendem com as experiências alheias. Outros, só aprendem quando experimentam as dores, por consequência, de tudo o que praticaram.

— É verdade, Enoque. Se procurarmos paz e felicidade verdadeiras, não vamos encontrá-las em meio a uma vida com práticas e sentimentos vulgares, odiosos e viciosos. A paz e a felicidade verdadeiras advêm da elevação moral em todos os sentidos. Isso é evolução.

— Anita aprendeu da pior forma — tornou ele.

— Ainda bem que ela já entendeu que foi vítima de seus pensamentos, palavras, ações e sentimentos. Existem os que, em meio ao sofrimento, culpam os outros, a Deus. Mas não é o caso dela. Isso, ao menos, já aprendeu.

— Ainda há o que pode aprender: resignação, ou seja, parar de reclamar de si mesma e da sua nova condição. Contemplar mais e agradecer tudo o que tem. É o momento de eu e Cássio — referiu-se ao mentor de Luci — inspirarmos nossas pupilas para incentivarem Anita a isso.

— Agradeço a ajuda. Vocês vão contribuir muito.

Após ouvir um pouco mais a amiga, Isabelle, inspirada por seu mentor Enoque, aconselhou:

— Anita... — Quando a viu olhando, prosseguiu: — Você descobriu tudo o que te fez mal, que foram as suas críticas, o seu mal-humor, as suas reclamações... Estou observando que não adianta só descobrir o que fez de errado. O mais importante, quando se descobre o que fez de errado, é parar de fazer aquilo. Você já parou de fumar e de beber. Ótimo! Agora precisa parar de reclamar, minha amiga. Ainda continua reclamando. Pior que está reclamando de você mesma. Reclamações não trazem soluções. É preciso a atitude de mudar.

— Do que você está falando? — Anita não entendeu.

— Você ainda está sendo crítica e reclamona. Não percebeu? Está sendo crítica e reclamona de si mesma! — salientou. — Não está sendo muito diferente de antes. Só mudou o foco.

— Verdade? Acha mesmo que estou reclamando e criticando muito? Não acho! Estou sendo realista! — enfatizou Anita.

— Qual benefício isso vai te trazer? Qual o progresso pessoal, moral ou espiritual isso vai te trazer? — Não deixou a outra responder e continuou: — O vício de criticar e de reclamar continua em você. É o momento de dizer chega! — Mais branda, alertou: — Sabe, Anita... Passei pela pior dor moral e consciencial que um ser humano pode passar. Não existe pior. ...e ainda estou passando. Não só perdi meu filho, como fui a causa de sua morte, por imprudência. — Seus olhos se encheram de lágrimas. — Não foi fácil. Não está sendo. Ainda não me reergui. Os meus choros, meus gritos, meus momentos de insanidade por não acreditar nessa situação... O desespero e a dor que eu gostaria de arrancar do meu peito... Só serviram, num primeiro momento, para eu arrancar de mim um pouco daquela energia cruel que me destroçava por dentro. Mas depois... Fui seguindo o conselho da sua mãe e da tia Carminda. Comecei a ler livros da Codificação Espírita. *O Evangelho Segundo o Espiritismo* me ajudou e me ajuda muito. Não sei o que fiz, no passado, para ter de experimentar essa dor. Acho que nem quero saber. Mas entendi que essa terrível e amarga experiência, mesmo que por minha imprudência, foi necessária. Berrar, gritar, ter atitudes insanas não iam resolver. Não fariam o tempo voltar. Acabar com a minha vida só iria me trazer mais problemas. Quando vi o Pedro se destruindo na bebida, perdendo a oportunidade de trabalhar, buscar uma religião, buscar a religiosidade, buscar ajudar a mim e a nossa filha... Pensei que não queria ver minha filha sem mãe, mesmo estando ao lado dela. A Aline não merece ser maltratada por nós dois. Então comecei a me forçar a uma nova vida. Peguei toda minha dor, todo o peso da minha culpa e calei fundo no peito e decidi retomar minha vida, encarar as situações e os problemas... O mundo não parou porque eu parei. A vida da minha filha é tão importante quanto a vida do meu filho que se foi... — Lágrimas corriam em sua face. Secou-as com as mãos e prosseguiu: — Se o César não precisa mais dos meus cuidados, a Aline precisa. Então comecei a me forçar a fazer as coisas. Você não imagina como foi difícil. Eu não queria me levantar para ir trabalhar. Não tinha vontade de, sequer, tomar banho e me trocar. Não tinha ânimo para sair. Mas me forcei. Fui me forçando a tudo. Se eu não fizesse, ninguém faria por mim. Tive crises horríveis de pânico quando voltei a dirigir. Mas não tinha ninguém para me ajudar, para estar ao meu lado ou dirigir por mim. Então eu disse: Deus! Por favor, vem comigo! E segui... — Fez breve pausa. — Tudo o que você for fazer, chame com fé: Deus! Vem comigo. E Ele vai. Você sentirá uma força incrível! Às vezes, a Aline queria simplesmente sair, passear, ir até a pracinha... Eu, sentindo-me péssima e sem vontade, acabava levantando e chamando por Deus para Ele ir comigo. Forçava-me e acompanhava a minha filha até onde era preciso. O curioso era que o desânimo, o medo, aquele pânico ia passando, passando... Assim que eu enfrentava, todo sentimento ruim passava. Aí aprendi. Para um simples passeio, para uma consulta médica, ou para ir trabalhar... Passava. Todo e qualquer sentimento ruim, passava. Sabe por quê? Porque Deus estava comigo. Mesmo com medo, depressão, ansiedade, pânico, quando você chama Deus para ir com você fazer o que é preciso e necessário, a energia abençoada do Pai é tão grande que esses sentimentos se tornam menores até se dissolverem. — Isabelle fez longa pausa. Depois concluiu: — Estou contando isso porque... Porque você pode orar e chamar

Deus para te orientar, para vencer medos, vícios, desânimos. Chame por Ele! Peça ajuda! — salientou. — Jesus já nos disse: " Pede e vos será dado". Por isso, peça a Deus para te ajudar a vencer esse vício de reclamar. Reclamar e criticar os outros é ruim, mas reclamar e criticar a si mesma é pior. Criam-se energias terríveis para si mesma, quando se diz: sou idiota, fui burra, sou uma besta... Não faça isso consigo mesma. Ame-se mais! — enfatizou. — Quando vierem as críticas, a vontade forte de criticar ou de reclamar, peça a Deus para te dar forças e vencer o vício. Agradeça por algo que possa também estar perto de você. Troque o pensamento, mude de sintonia, mude a estação, mude o foco! Tudo o que acontece tem uma razão de ser, mesmo algo muito cruel, tem um motivo. Não podemos deixar o desespero tomar conta de nós. Precisamos confiar nos desígnios de Deus. Esse Pai que nos criou por amor.

Longos minutos de silêncio.

Anita abaixou a cabeça e ficou pensativa.

Alguém, com sentimento de autoculpa, por razões piores do que a sua, estava ali aconselhando e consolando daquela forma, era por alguma razão.

— Ainda tenho muito para aprender, não é Belle? — murmurou com a voz rouca.

— Não. Você tem muito para colocar em prática. Assim como eu. Não pense que todos os dias são fáceis para mim quando acordo. Que tenho ânimo ou disposição... Que esqueço tudo... Não. Tem dia que é difícil. Mas não posso me entregar à tristeza, ao pânico, à melancolia... Chamo Deus para vir comigo. Levanto e começo fazer tudo o que precisa ser feito. Descobri que precisamos nos forçar ao que é bom, útil e saudável também. É isso que vai fazer de nós espíritos elevados. Nascemos e vivemos para evoluirmos. Não adianta ficarmos parados, fazendo pensando e sentindo o que não serve para a nossa evolução. Só estaremos perdendo tempo.

Diante do silêncio, Anita esboçou um sorriso leve e tocou a mão de Isabelle. Depois apertou dizendo:

— É... Eu preciso mesmo mudar. Vou mudar! Vou conseguir!

— É bom ouvir isso. Todos precisamos mudar. Mudar para o que for saudável mental, moral, espiritual e fisicamente. Sempre temos algo para evoluir.

Um barulho e a voz de Beatriz chamou a atenção de ambas.

Não demorou e a mãe de Anita chegou ao quarto, cumprimentando:

— Que bom te ver aqui, Belle! Como você está?

— Estou bem. Desculpe-me por não aparecer com frequência.

— Entendemos! Lógico! Você tem seu trabalho e a filhota... Precisa dar prioridade a isso — tornou a senhora. — Deixa te perguntar... A Luci disse que você falou em se mudar para uma casa menor. Agora há pouco eu soube que a casa aqui em frente será colocada para alugar. Nem colocaram a placa ainda. É uma casa boa e menor do que a sua.

— Obrigada. Mas... Sabe... Tudo indica que vou me mudar para Campinas. O diretor de onde trabalho vai ser transferido e... — contou tudo.

Quando terminou, Anita olhou para Isabelle com olhos arregalados e perguntou, querendo ter certeza:

— O Rodrigo de quem está falando é aquele que você namorou?

— Ele mesmo, Anita — retribuiu com olhar sereno. — O Rodrigo, aquele que o pai dele atropelou e matou minha mãe. — Um instante e comentou: — Como esse mundo dá voltas, não é mesmo? Falei tantas coisas contra o senhor Nélio... Nélio Antônio... Por ter atropelado minha mãe e... Hoje, sinto algo pior porque fiz a mesma coisa com meu filho... Terminei o namoro com o Rodrigo por causa do pai dele. Não perdoei a esse homem e... Que ironia do destino. — Suspirou fundo e disse: — Agora é o Rodrigo quem está me ajudando nessa mudança de emprego. Estou com medo e insegura. Às vezes, sinto uma confusão mental. Não sei direito o que fazer. Conversei muito com a Rosa sobre isso.

— Ela vai junto com você e a Aline? — Beatriz quis saber.

— Vai. Os filhos dela sumiram. Isso já faz anos. Nem sabe dizer se estão vivos. Ela não tem mais ninguém. Não posso abandoná-la. Além do que, a Rosa está me ajudando muito, principalmente, com a Aline.

— E o Pedro? — Anita indagou.

— O Pedro... Coitado. Também se culpa pelo que aconteceu. E por causa disso, está bebendo demais. Cada dia está pior. Não quero que ele seja um mau exemplo para a Aline. Quando a levo para visitar o pai na casa da avó, ele só está caído e bêbado. Não acho bom ela ficar vendo-o assim. Converso com ela e explico o que posso. Falo do acidente...

— Contou para ela sobre o acidente? — tornou Anita em tom preocupado.

— Contei — abaixou o olhar. — Não sei se ela entendeu direito. Vou ter de falar nisso novamente, quando estiver mais crescida. Ela não está falando com tanta frequência que vê o irmão. Agora, com a evangelização infantil, ela consegue entender sobre isso. Ela gosta tanto de ir ao Centro Espírita.

— Isso é muito bom. Toda criança precisa de religiosidade. Isso é importante.

— Acho que a mudança vai fazer bem a vocês, Belle — opinou Beatriz. — Casa nova, trabalho novo, tudo novo!

— Também estou pensando assim. Não terei de enfrentar olhares... É tão difícil alguns olhares e perguntas.

— Vai ser uma vida nova e muito melhor! — animou Beatriz sorridente para encorajá-la.

— Tomara. Estou com muito medo. Mas vou ter que fazer essas mudanças.

A conversa prosseguiu um pouco mais, até Isabelle decidir ir embora.

Capítulo 29

# *Nova realidade*

Os dias que se seguiram, começaram a ser bem difíceis para Anita.

As sessões de quimioterapias eram severas e a castigavam. Ficava algumas vezes internada, o que não gostava.

— É um mal-estar horroroso... Estou tonta... As náuseas e tudo o que sinto... Nem dá pra descrever. Não consigo levantar nem pra vomitar.

— Calma, filha — dizia Beatriz com imensa dor em seus sentimentos, mas procurando ser forte. — Isso vai passar. Pense que é o remédio para a sua cura.

— Ai, mãe... Estou tão mal...

— Sua mãe tem razão, Anita. Isso vai passar. É o remédio. Muitas pessoas já venceram essa doença e é o que vai acontecer com você — incentivou Luci.

— Mas muitas também não venceram... — tornou Anita.

— Ai, filha! Dá pra você ser mais positiva? — alertou a mãe.

— É que estou tão ruim...

E assim foram dias e semanas até que, em decisão de junta médica, foi feita a proposta de uma cirurgia para Anita.

Em conversa com a paciente e sua mãe, o médico explicou:

— Lamento, mas precisamos operar. Faremos as três cirurgias de uma vez. A doença Arterial Obstrutiva Periférica provoca uma inflamação vascular. A circulação ficou comprometida. No seu caso, a perna direita até o joelho e o pé esquerdo. Essa doença é sistêmica e compromete simultaneamente diversas artérias, em muitos casos, reduzindo seu calibre, ou seja, o diâmetro das artérias, provocando deficiência da irrigação sanguínea aos tecidos. A medicação utilizada até agora não ofereceu resultados favoráveis. A DAOP — Doença Arterial Obstrutiva Periférica — não é comum na sua idade. Ela predomina em indivíduos, geralmente, acima de cinquenta anos. Porém, os tabagistas, pessoas que fumam, têm um risco quase dez vezes maior de desenvolver a DAOP do que as pessoas que não fumam. Junto ao sedentarismo e histórico familiar... Tudo contribui.

— Não tem cura para isso, doutor? — Beatriz perguntou em tom aflito na voz.

— O melhor tratamento é a prevenção. Não há cura, embora grande parte dos pacientes que a apresentam, melhoram ou estabilizam apenas com caminhadas, afastando-se dos fatores de risco e com uma vida mais saudável.

— O senhor está querendo amputar a minha perna direita do joelho para baixo e o meu pé esquerdo, e vem me falar de caminhada?! — Anita protestou. — Como se não bastasse operar o tumor na minha garganta!

O médico, sem muita generosidade, disse:

— Há pessoas que não se preservam e se destroem. Depois querem milagre dos médicos ou de Deus. Quando nos procurou, o seu caso era bem avançado. Todos os fumantes têm consciência de que o tabagismo provoca sérias doenças que destroem os alvéolos pulmonares, provocam enfisema pulmonar, insuficiência cardíaca, arteriosclerose... O cigarro oferece chance de câncer em qualquer parte do corpo. Todos estão cientes, pois os maços de cigarro alertam sobre isso. Perdoe-me a sinceridade, mas a sua realidade, hoje, é essa. As cirurgias são necessárias.

Anita ficou revoltada, mas em silêncio. Em seu íntimo, sabia que poderia ser diferente. Poderia ter preservado sua saúde.

— É... O senhor tem razão — a paciente comentou em tom brando, mas com uma sombra tensa de contrariedade. — O desgraçado do cigarro acabou comigo — riu irônica. — Ou melhor... Eu me acabei por causa do maldito cigarro. Tudo bem. Vamos lá. Podem me retalhar. Vamos encarar essa nova realidade. Podem cortar minha perna, meu pé e minha garganta. Vou ficar sem falar, não é mesmo?

— O tumor é de laringe. A laringe é parte da garganta onde temos as cordas vocais, peça fundamental para nossa fala, respiração, proteção dos pulmões contra a aspiração de alimentos durante a deglutição, ou seja, protege quando engolimos. O câncer de laringe é um dos mais comuns entre fumantes e pessoas que ingerem álcool. O tabagismo é o maior fator de risco, mas quando somado ao álcool, o risco aumenta incrivelmente.

— Isso eu entendi — tornou ela com a voz rouca. — Quero saber se vou falar?

— Não posso te dar essa esperança. A pessoa que faz cirurgia para a retirada de um tumor de laringe, a laringectomia, deixa de falar. A traqueostomia é uma pequena abertura feita na traqueia, próximo daqui, o pomo de Adão — apontou em sua própria garganta. — Neste local, introduzimos um tubo metálico, a cânula traqueal, para facilitar a chegada de ar aos pulmões.

O silêncio reinou por muito tempo até que Anita concordou novamente:

— Tudo bem. Vamos fazer.

— Está certo — disse o médico. — Vamos agendar então.

Após vê-lo sair, ela se virou para sua mãe e comentou:

— Talvez, eu tenha falado tanta besteira nesta e em outras vidas que preciso ficar calada agora, não é mesmo?

— Procure não se revoltar, Anita. Isso vai te ajudar nesse processo todo, filha — disse Beatriz que, próxima a ela, afagou-lhe a cabeça e a puxou para que se recostasse em seu peito.

— A doença faz a gente abaixar a crista, né mãe? Faz a gente ser mais humilde. Sabe o que descobri?

— Não — respondeu Beatriz.

— A dor e o sofrimento acontecem para ficarmos exigentes. Por isso sofremos.

— Não entendi, Anita.

— Sofremos para darmos valor a nós mesmos, pois, quando não nos valorizamos, aceitamos qualquer coisa, colocamos pra dentro da gente qualquer coisa. Quando fazemos isso, os resultados não são bons. Quando os resultados não são bons, sofremos. Se eu tivesse me dado valor, se eu me amasse, não teria enfiado cigarro, bebidas e comidas erradas pra dentro de mim. Agora não posso reclamar. Estou sofrendo por minha culpa. Aceitei qualquer coisa da vida. Aceitei o porcaria do Fábio, mesmo sabendo ou percebendo que ele não prestava — riu em tom de ironia. — Fiz tudo o que dava na telha. Abusei da vida e o resultado está aqui e agora. Sempre pessimista, sempre reclamando, sempre criticando... Tudo o que eu tenho hoje foi o que atraí para mim, foi o que fiz de mim! — Breve pausa e confessou: — Estou com medo, mãe.

— Vai dar tudo certo, filha. Não tenha medo — Beatriz tentava consolar.

— Vai dar tudo certo como? Não tenho bons pressentimentos. Nunca mais, pelo menos nesta vida, vou ter minha saúde de volta.

— A vida é eterna filha — disse com lágrimas nos olhos. — Você vai ficar bem.

— Estou tentando mudar. Juro que estou. Quando vem aquela revolta, aquela raiva ou mágoa, eu estou dizendo pra mim mesma: "Para com isso. Esses sentimentos não vão ajudar em nada."

— Isso já é um bom começo.

— Tenho lido nos livros que a senhora e a Luci me arrumaram que as pessoas que se maltratam, que prejudicam o corpo e morrem em decorrência disso são suicidas inconscientes. Mas... E se enquanto estão doentes, essas pessoas começam a rever seus conceitos e se melhoram? E se admitirem o erro e desejarem ser melhores? Isso ajuda?

— Sim! Lógico! Deus é bom, além de justo. Tudo o que você pensar de bom e for saudável vai te ajudar, sempre! É o orgulho e a revolta que destroem uma pessoa. Se você for orgulhosa para não admitir que está errada, só vai prosseguir no sofrimento. Quando se revoltar, também não estará admitindo sua culpa e não estará querendo assumir suas responsabilidades. A humildade é importante demais para nós nos libertarmos das dores e dos sofrimentos. O quanto antes formos humildes, melhor.

Aquelas palavras tocaram Anita de tal forma que seus pensamentos começaram a mudar mais ainda.

Mais alguns dias e Isabelle se encontrou com Rodrigo, após ele tê-la indicado para a entrevista no que seria seu novo emprego.

Os dois terminavam o almoço em um restaurante tranquilo na cidade de Campinas, quando ela contou:

— Estou em uma fase muito delicada. Não tenho com quem contar. Não tenho apoio. A minha irmã, a Rafaelle... Você lembra dela, não é?

Ele sorriu ao ser sincero:

— Mais ou menos... Não sou bom fisionomista. — Pensou em falar que todas as vezes que viu Rafaelle foram por breves instantes, pois ela sempre estava brigando com Vera.

— A Rafa está na casa da minha tia Carminda. Ela se... Digamos... não se deu muito bem na vida. Entrou em depressão e pânico. Foi morar com a nossa tia. Demorou um bom tempo para se reerguer. Fugiu do mundo. Só se escondia. Não queria ver ninguém... Depois que minha tia deu um prazo para ela arrumar emprego e trabalho, acho que levou um susto. Agora está trabalhando e estudando. Não posso contar com ela. O meu irmão, o Ailton, você não lembra dele, né?

— Não chegamos a nos conhecer.

— É verdade... — Um segundo e contou: — O Ailton ficou muito estranho depois que se tornou médico. Nos últimos meses, ele sumiu. Desapareceu.

— Como assim? Sumiu?! — surpreendeu-se ele.

— Sumiu. Já procurei os colegas do hospital e... Ninguém tem notícias dele. O carro também sumiu. Falei com o gerente do banco que, por sorte é agência do mesmo banco que trabalho, e me deu essa informação sigilosa de que ele não mexeu na conta bancária todos esses meses. Meu primo, filho da tia Carminda, tem ajudado a acompanhar o caso. Foi à delegacia de desaparecidos e... Nada.

— Ele pode ter ido pra longe. Talvez esteja trabalhando em outro estado. Pode ter se mudado — Rodrigo disse para não preocupá-la.

— Depois da morte da nossa mãe, o Ailton sempre ficou distante e muito quieto. Você deve lembrar que ele não parava em casa. Nunca sabíamos o que fazia. Quem sabe, tenha feito isso mesmo que você supôs. Deve ter se cansado daqui e se mudado. — Um instante e voltou ao assunto: — Por não ter com quem contar, estou com muito medo dessa mudança. Meu ex-marido... — calou-se.

— Você se divorciou? — Rodrigo sabia, mesmo assim perguntou.

— Sim. Depois da tragédia que nós vivemos... Não temos como continuar juntos.

— Mas vocês nem tentaram? Conversaram a respeito? — ele quis saber.

— Não fomos insistentes nas tentativas de diálogo. Não tínhamos o que conversar. Nós nos acusamos muito. Todas as vezes que conversamos, nós nos acusamos. Era algo horrível. No íntimo... O Pedro se culpa por ter aberto o portão. Eu me culpo por não ter sido mais prudente e... — lágrimas rolaram em seus olhos. Ficou constrangida e as secou. Depois disse: — Sabe como é morar em São Paulo... Chega-se a sua casa já estressado por causa de um dia de serviço muito exigente e do trânsito insuportavelmente caótico. Aí, se tem dois portões eletrônicos em casa. Tem um espaço entre eles: Um do muro da frente da casa, onde fica o primeiro portão até o outro, que fica na garagem, propriamente dita, embaixo da casa. Então, depois de um dia péssimo no serviço, do estresse no trânsito, tenho de chegar a minha casa e olhar para todos os lados para ver se não vou correr o risco de ser assaltada no portão ou, então, facilitar a entrada de ladrões na casa ao abrir o portão. Aí, eu abro os portões e entro depressa. Entro de ré e enquanto desço a rampa e entro na garagem, tenho de fechar o primeiro portão que fica no muro da rua. Fazendo isso, tenho de tomar cuidado para não esbarrar o dedo no controle remoto e fechar o segundo portão em cima do carro. Isso já aconteceu com o Pedro e amassou todo o teto do carro dele. Então, estou fazendo três, quatro coisas ou mais ao mesmo tempo: ver se não tem bandido, abrir portões, dirigir de marcha ré, descer a rampa, fechar o primeiro portão sem fechar o segundo... Depois, ainda tenho de colocar meu carro bem no fundo, encostado à parede para o Pedro, de manhã, poder sair com o carro dele sem ter de mexer no meu... — Um soluço a embargou. — Tinha certeza de que as crianças estavam lá em cima e... — Longo período de silêncio que Rodrigo respeitou. Isabelle secou as lágrimas e se recompôs um pouco. E continuou: — Eu comecei a culpar o Pedro por ter aberto o portão de dentro de casa que desce para a garagem. Disse a ele que a cerveja, o futebol e o telefone, que tocou, pareciam mais importantes pra ele do que os cuidados com nossos filhos. Falei que se ele não estivesse bebendo, estaria mais atento. Falei um monte de coisa. Ele revidou. Disse que eu deveria ter prestado mais atenção, pois, se ele foi relapso, fui eu quem prensou o César na parede — Soluços a interromperam. Após um tempo, prosseguiu: — E é a verdade... Eu fui imprudente, eu... — chorou.

— Calma, Isabelle.

Secando o rosto com lencinhos de papel que retirou de sua bolsa, ainda disse:

— Acusei tanto o seu pai por imprudência e irresponsabilidade, por ele ter atropelado minha mãe... Fui impiedosa com você...

— Isso não é importante agora — disse ele, sem saber o que falar.

— Fiquei enlouquecida com essa... Essa desgraça na minha vida. Culpo o Pedro, mas sou eu a maior responsável. Eu dirigia!

— Foi um acidente. Uma fatalidade.

— Mas eu matei o meu filho! O meu filhinho!... — exclamou baixinho. — Um momento e confessou: — Pensei em morrer. Em acabar com a minha vida... Pensei em me atirar de uma ponte. Em me jogar debaixo de um caminhão...

— E deixar outro motorista sentindo-se culpado com a sua morte? — Rodrigo falou sem refletir.

Isabelle o olhou por longos minutos.

— Para você ver como não estou bem e nem consigo raciocinar... Não pensei nisso. Não pensei que eu ia acabar com a vida de outra pessoa. O que me segurou para não fazer uma loucura foi pensar na minha filha. A Aline precisa de mim. Embora... Não sei como vai ser quando ela entender que matei o irmão gêmeo dela. — Lágrimas corriam em seu rosto incessantemente. Ela as secava ora com a mão ora com lencinhos que se esfacelavam. — Eu e o Pedro não conseguimos conversar muito. Ele ficou uns dias na casa de um amigo. Depois voltou. Daí, fiquei internada em uma clínica psiquiátrica por duas semanas. Eu me larguei... Abandonei a vida. Às vezes, gritava e chorava feito louca. Inconformada, queria morrer. Quando a Luci e a dona Beatriz foram me visitar, elas disseram que a Rosa estava indo lá em casa para ajudar com a Aline, depois que a empregada ia embora, porque o Pedro não estava muito bem. Contaram que ele começou a beber muito. Que os vizinhos chegaram a encontrá-lo caído na rua e o levaram para casa. Mesmo com aquelas medicações pesadas, comecei a raciocinar, apesar da dificuldade em ordenar os pensamentos. Comecei a perceber que a Aline não teria quem cuidasse dela e... Ela só teria a mim. Fui me forçando a melhorar. Apesar da dor, do desespero... Fui me fazendo de forte até eu mesma e os médicos acreditarem nisso. Recebi alta. Fui pra casa. Assim que cheguei, tive mais um problema que foi o Pedro se embriagando até cair. Ele chegou a entrar em coma alcoólico. Ficou internado. Quase morreu. Então liguei pra mãe dele e pedi ajuda. Ela veio pra São Paulo e o levou pra a cidade dela. Soube que lá, ele entrou em coma alcoólico novamente. O que posso esperar dele? — Um momento e prosseguiu: — Comecei, aos poucos, a retomar minha vida, minhas atividades. Nisso, a Rosa passou a morar lá em casa pra me ajudar, porque a empregada que tínhamos se demitiu. A casa onde a Rosa e meu pai viviam não tinha mais condições de morar. O telhado com vazamento, estuque caindo... A Rosa me ajudava muito. Contratei transporte escolar para a Aline e é a Rosa quem a manda para a escola e a recebe quando chega. — Breve pausa e admitiu: — Foi muito difícil voltar a trabalhar. Encarar as pessoas, imaginando o que estão pensando sobre mim.

— Você não precisa se importar com o julgamento dos outros.

— Mas eu me julgo. Eu me culpo, Rodrigo. É uma dor, um sentimento de culpa tão intenso!... Tão forte... É pensar, reviver tudo o que passou e querer que seja diferente. É desejar que o tempo volte e que eu consiga fazer algo pra evitar essa tragédia... é... Acho que a pior culpa, a pior experiência que alguém pode viver é carregar o peso da morte do próprio filho — chorou.

Isabelle se calou e secou as lágrimas teimosas.

— É difícil entender a vida e a razão de certas coisas acontecerem — disse Rodrigo. — Somente a sabedoria de Deus para explicar. É até difícil acreditar que certas coisas acontecem na vida para o nosso bem e para a nossa evolução. É difícil acreditar que Deus não erra. Tenho visto jornais e, de vez em quando, vejo casos parecidos com o seu. Pais que esquecem filhos dentro de um carro estacionado e a criança morre pelo calor ou falta de ar. Pais que, acidentalmente, disparam armas de fogo e atingem o filho. Pais que se descuidaram de remédios e os pequenos ingeriram e morreram. Pais que não colocaram grades ou telas firmes e os filhos caíram de alturas imensas... Pais que atropelam seus filhos... E muitas outras coisas. Você não é o único caso. Imagino sua dor. Mas... Está aqui e sobreviveu a tudo isso por alguma razão, para alguma tarefa ou missão nesta vida. Não sabemos o que Deus ou o destino te reserva. Esse recomeço é difícil. Enfrentar tudo isso é difícil, porém é preciso. — Olhando-a nos olhos, afirmou: — No momento eu não tenho belas palavras ou algo confortante para te dizer. Mas, quero te oferecer a minha amizade para esse e outros momentos que poderão vir. Até que você se refaça, retome sua vida de maneira plena e consiga, senão superar, suportar tudo isso sem tanta dor.

Isabelle abaixou o olhar e secou o rosto novamente. Depois respondeu:

— Obrigada. Espero não incomodá-lo. Só de ouvir isso, já é confortante. Tenho que encarar essa nova realidade.

— Você está indo a alguma igreja, centro espírita?... Ou procurou alguma filosofia?

— Comecei a ir à igreja católica. Conversei muito com um padre que me confortou com boas palavras. Depois, encontrei um centro espírita, que é onde estou frequentando e levando a Aline à Evangelização Infantil. Está nos ajudando muito. Leio *O Evangelho Segundo o Espiritismo*. Isso conforta em muitos momentos.

— Que bom. Religiosidade é algo importante, Isabelle. Lembre-se disso. Vai ser bom para você e sua filha. — Um momento e ele quis fazê-la mudar de assunto, de forma sutil: — Então... Pelo que entendi a entrevista foi boa.

— Sim. Foi. Contei que o meu diretor vai me demitir e que preciso me mudar para cá. Eles estão esperando isso. Eu disse que vou acertar tudo em São Paulo e logo sinalizo.

— Vou ligar pro meu irmão e avisar. Fiquei contente por ter dado certo. Prepare-se pra uma vida nova. Aqui é mais tranquilo. Vai ser bom pra você e sua filha. A Rosa virá com vocês?

— Sim. Vem. Não posso deixar a Rosa nesse momento. Os filhos sumiram. Caíram no mundo, como ela diz, e não se importam com a mãe.

— Além do que, ela te ajuda muito, não é mesmo?

— É verdade. — Alguns segundos de silêncio e Isabelle pediu: — Pode parecer estranho, mas... Eu gostaria de conhecer seu pai.

Rodrigo se surpreendeu com o pedido, mas concordou:

— Sim. Claro. Quando quer ir lá?

— Não sei... — ela titubeou.

— Hoje é sexta e... Quer ir pra lá hoje? Amanhã, você passa o dia lá na chácara e à tarde ou a noite volta pra São Paulo.

— Não sei. Tenho minha filha e...

— A Rosa pode cuidar dela por um dia! Vamos? — insistiu, tentando animá-la.

— Não — sorriu com jeitinho. — Não tenho roupa. Não me planejei... Deixa pra quando eu estiver cuidando da mudança. Vou ter de vir aqui algumas vezes para alugar uma casa ou apartamento.

— Casa é melhor. Você vai fugir do condomínio — ele lembrou.

— É verdade. Quando alugamos a casa em que moro, pensamos nisso.

— Pensei que fosse própria.

— Não. O Pedro é engenheiro civil e... Alugamos essa casa até que a nossa ficasse pronta. Ele queria uma casa muito boa em um condomínio que estava se formando na cidade de Arujá. Começou a construí-la. Aí vieram os gêmeos e demos um tempo na construção. Eu disse que não iria entrar em uma casa inacabada e ele concordou. Quando as crianças cresceram um pouco, a construção terminou. Já estávamos pensando na pintura e nos móveis... Mas... Tudo isso aconteceu.

— Entendo. E essa casa? Como ficou após o divórcio?

— Ficou para a Aline. Ele quis assim e eu concordei.

— O Pedro está pagando a pensão para a filha?

— Não. Ficou estipulado, mas ele não está trabalhando. Não vou processá-lo por causa da pensão. Como exigir de quem não tem condições? Diferente seria, se ele estivesse bem, aproveitando a vida, se divertindo, tendo condições... Não é o caso. O Pedro não está nada bem. A lei obriga que os pais do marido paguem a pensão quando o filho não paga. Mas não tenho coragem de exigir isso da mãe dele. Ela já tem problemas demais.

— Lógico — Rodrigo sorriu levemente e, olhando-a na alma, afirmou: — Você vai conseguir, Isabelle. Vai vencer tudo isso.

— Às vezes, duvido de mim.

— Não tenha dúvidas. Tenha fé. É ela que fará de você uma pessoa vencedora.

— Obrigada por tudo o que está fazendo por mim. Muito obrigada.

— Não por isso.

— Serei eternamente grata a você e ao seu irmão. Agora, preciso ir. Não gosto de pegar a estrada à noite.

Isabelle e Rodrigo se despediram e ela se foi.

## Capítulo 30

## *As três amigas*

Após retornar para São Paulo, Isabelle começou a tomar providências a respeito da mudança de trabalho e de casa.

— Hoje, falei com o meu diretor, Rosa. Ele está providenciando a minha demissão.

— Você não vai ter que ir trabalhar mais? — a madrasta quis saber.

— Não. — Com voz trêmula, Isabelle confessou: — Estou com tanto medo...

— Vai dar certo, Belle. Tem que dar.

— Olha, eu vou arrumar algumas caixas para começarmos a encaixotar tudo para nos mudarmos. Vamos nos desfazer de muita coisa. Vou doar todo o excesso e... Vamos mudar com leveza ou, pelo menos, tentar, né?

— Concordo.

Isabelle passou o olhar pela sala. Tudo ajeitado com muito bom gosto. Lustres e objetos de decoração que se harmonizavam. A manta do sofá combinava com o tapete e as cortinas, os móveis contrastavam com o piso. Era uma casa bonita.

— Não quero ter mais nada que eu não use. Quero armários mais vazios, menos roupas e... Quero que tudo seja mais leve. — No instante seguinte, comentou: — Vou ter de ir até Campinas algumas vezes para ver casa para alugar. Quero algo simples e barato. No máximo, dois quartos. A Aline dorme comigo.

— É muito luxo um quarto só pra mim, Belle. Não preciso disso não — disse Rosa com simplicidade.

— Vamos ver. Tudo vai depender do preço. Também não sei se a Rafaelle vai morar conosco... Pretendo economizar ao máximo. Tenho a escola da Aline pra pensar.

— Ah... Quase esqueci. A Beatriz ligou hoje duas vezes. Queria saber de você. Disse que a cirurgia da Anita vai ser amanhã e ela queria te ver.

— Nossa!... Com tanta coisa na cabeça. Até me esqueci da Anita. Meu Deus...

— Vai lá ver ela — Rosa sugeriu. — Fico aqui. Daqui a pouco a Aline chega e eu pego.

— Obrigada, Rosa. Vou lá e volto rapidinho.

Ao chegar à casa da amiga, Isabelle notou Luci com olhos vermelhos e inchados.

Sem qualquer palavra, as amigas se abraçaram, demoradamente.

Luci chorou em silêncio. Isabelle percebeu e se contagiou com a forte emoção, chorando junto.

Algum tempo depois, afastaram-se.

Forçando sorrisos entre lágrimas, uma secou o rosto da outra com as mãos.

— Como ela está? — Isabelle perguntou.

— Do mesmo jeito — Luci respondeu baixinho. — Vai fazer a cirurgia mesmo. Vão ter de amputar um pé e a outra perna abaixo do joelho. Também vai fazer a retirada do tumor da laringe. Uma laringectomia. Anita não vai falar nem andar... — chorou.

— Oh, meu Deus... — Isabelle sussurrou e chorou junto.

— Acho que é uma das últimas tentativas para conter a doença. — Breve pausa e protestou: — Ela é jovem! Tem trinta e cinco anos apenas! Como pode?

— Adoro a Anita... Pena nós só podermos lamentar. Não há o que fazer, a não ser estarmos presentes. Eu te admiro muito, Luci. Admiro você por saber perdoar tão grandemente, tão lindamente... — chorou e se abraçaram novamente.

— Eu não sabia se conseguiria... Nem acreditava que poderia perdoar... Devo confessar que, no começo, precisei me forçar a fazer algumas coisas. Depois, veio um sentimento de... que se dane o que aconteceu. Ela está sofrendo tanto. Não preciso contribuir mais ainda, jogando na cara, torturando, virando as costas... Daí, aquela mágoa se dissolveu, passou, não significou mais nada. Não precisei perdoar. Passou. Simplesmente passou. Meu peito ficou leve. Meus pensamentos ficaram tranquilos. Perdão é ter paz! É ser feliz!

— A felicidade vem do bem e das coisas boas que praticamos. Perdoar aos outros é mais fácil do que perdoar a si mesmo.

Luci a encarou, passou a mão suavemente pelo rosto da amiga e murmurou:

— Você vai conseguir, Belle. Esse sentimento que experimenta também vai passar.

— Tomara, minha amiga. Tomara. Todos os dias eu faço preces a Deus pedindo que suavize essa dor.

— Vamos lá ver a Anita? Ela quer muito ver você.

— Lógico. Vamos.

Foram para outro cômodo onde Anita estava deitada, um pouco torta, sobre travesseiros e almofadas que ajudavam a não ficar sempre na mesma posição.

Estava de olhos cerrados. O lenço na cabeça havia se deslocado, deixando aparecer o couro desprovido de cabelos.

Não parecia mais a mesma pessoa bonita, ágil e perspicaz que foi um dia.

Agora, apresentava uma fragilidade doentia e uma fraqueza emocional nunca vista antes.

A vontade de chorar, por vê-la daquela forma, tomou conta de Isabelle, que procurou ser forte.

Vagarosamente, ela se sentou à beirada da cama e o afundar do colchão chamou a atenção da amiga, que abriu os olhos lentamente.

— Oi... — Isabelle sussurrou. — Como você está?

— Oi, Belle... — murmurou com a voz rouca. — Que bom você estar aqui.

— Desculpa não poder ter vindo antes. Estou ajeitando um monte de coisas. Emprego, casa, escola...

— Eu sei. Como as coisas estão indo? — tornou a amiga fragilizada.

— Estão se acertando. O emprego deu certo, graças a Deus. Eles me querem trabalhando lá. Parecem ter grande interesse em funcionários do banco concorrente — sorriu. — Já fui demitida. Vou receber um valor considerável. Agora tenho de procurar uma casa, pequena lógico. Escola para a Aline... De preferência não longe e com bom valor.

— Vai comprar?

— Não. Pretendo alugar. Vai que nada dê certo ou que a gente não se adapte...

— Vai dar certo sim. Você merece — Anita disse. Em seguida comentou: — Eu queria te ver porque amanhã vou fazer as cirurgias. — Uma lágrima correu pelo canto dos seus olhos e escorreu na lateral. — São minhas últimas horas falando... — esboçou um sorriso que se transformou em choro.

— Pare com isso, Anita — Isabelle pediu, afagando seu rosto.

Luci, do outro lado, ajoelhou-se sobre a cama e ajudou a amiga a se sentar.

Depois de acomodada, Anita disse:

— Quero agradecer a vocês duas. Agradecer por serem minhas amigas. Por sempre estarem ao meu lado... Se tenho recordações boas, é por ter vocês por perto.

As três começaram a chorar.

— Pare com isso, por favor — Luci pediu emocionada.

— Não... Não... — falou com brandura na voz rouca. — Preciso falar... Tenho muito que agradecer a vocês. Às vezes, fico aqui deitada e bastante tempo sozinha... Só me restam as lembranças da infância, da adolescência... Essas lembranças são recheadas de vida, de alegria e de momentos nossos... — sorriu ao chorar. — Lembra quando fomos fazer um trabalho na casa da Luci e a gente encheu a cara?

Isabelle riu alto ao comentar:

— Lembro sim! Como ia me esquecer?! Credo!!! Jurei que nunca mais tomaria uma gota de álcool na vida!

— Nossa! — Luci riu junto. — Levei uma surra!

— Cumpriu sua promessa, Belle? — Anita quis saber.

— Lógico que não! — disse Isabelle e riram alto novamente.

— Uma vez fiquei com raiva da Luci — Anita confessou.

— Por quê?

— Eu cheguei no salão, naquele primeiro salão que a gente teve aqui na casa da minha mãe e reclamei da condução que havia subido de valor. Estava muito zangada. Foi de surpresa. Subi no ônibus e estava lá o preço novo. Aí, a Luci me disse: "Todo o mundo reclama quando sobe o preço da condução e o transporte não melhora. Mas quando sobe o preço da cerveja, das bebidas, em geral, do cigarro e das baladas ninguém reclama. E essas drogas não trazem benefícios ou continuam matando a gente" — imitou-a de um jeito engraçado.

— Eu me lembro disso! — disse Luci que riu e Isabelle a acompanhou.

— Pior que era verdade! — tornou Anita. Um momento e se recordou: — E das festas que a gente ia?... Daquele dia em que, no banheiro da danceteria, demos uns empurrões naquela loira aguada que estava olhando para o rapaz que estava comigo — Anita lembrou.

— Eu não empurrei ninguém! — Isabelle riu ao se defender. — Morria de medo de apanhar.

— Mas foi você quem chamou a gente pra ir lá ao banheiro dar uma dura nela, porque ela estava dando mole para o cara que estava com a Anita. Não se lembra disso não? — Luci perguntou achando graça. — Agora vem dar uma de santa?!

— Foi mesmo, né? — Isabelle riu novamente ao lembrar.

— Como era mesmo o nome do cara? — tornou Luci

As três amigas começaram a rir alto. Não se lembravam.

— Brigamos por um cara idiota de quem nem lembramos o nome! — disse Anita. Riu e falou: — Eu tenho que confessar uma coisa pra você, Belle...

— O quê?

— Lembra quando a gente estava na faculdade e você já estava meio que de olho no Rodrigo?

— Lembro.

— Lembra que você gostava de uma música inglesa que pegou a tradução e escreveu em um papel? — perguntou Anita.

— Lembro... — afirmou desconfiada.

— Daí, você passou a limpo e jogou a primeira cópia no lixo...

— Não sei... Foi mesmo?

— Foi. Só que... — Anita riu. — Eu fui até o balde de lixo, peguei a folha, desamassei aqui em casa com o ferro. Vi que estava com uma letra boa. Não sei por que não quis aquela folha e passou a limpo. Daí, dobrei e depois dei para o Rodrigo. Disse pra ele que você tinha pegado aquela letra porque se lembrava dele... E que queria dar aquela letra pra ele, mas não tinha coragem. E pedi pra ele não te contar.

Isabelle abriu a boca e respirou fundo. Mostrando surpresa. Em seguida, deu suaves tapas no ombro de Anita em sinal de repreensão e riram muito.

— Ele nunca me disse isso!

— Foi depois disso que percebemos que ele sempre dava um jeito de ficar onde você estava. Foi daí que se aproximaram mais.

— E eu ajudei! — Luci recordou.

— Foi verdade! — confirmou Anita. — A Luci distraiu você para eu pegar o papel com a sua letra, no lixo. Depois, te distraiu também quando fui entregar como carta para ele.

Isabelle também deu dois tapas no ombro de Luci, que riu ao se encolher.

— Nossa!... Isso parece que ficou tão distante. Muita coisa aconteceu... — Isabelle comentou mais séria, expressando um ar saudoso no olhar.

— Eu achei que daria certo entre você e o Rodrigo — Luci comentou.

— Ainda está em tempo... — tornou Anita, olhando de um jeito engraçado.

— Não! — ressaltou Isabelle. — Não quero mais homem nenhum na minha vida. Tenho uma filha. Colocar um homem para dentro de casa... Precisamos ter muito cuidado com isso. — Depois de suspirar fundo, planejou: — Vou mudar de emprego e mudar de cidade. Terei uma vida nova. Mais leve. Quero cuidar da minha filha e me dedicar a ela. Terei a Rosa também... No futuro, ela pode precisar muito de mim e vou ajudar, claro. A Rosa me surpreendeu.

— Quem diria, né? — admirou-se Luci.

— É... — Anita murmurou. Em seguida, perguntou: — O Rodrigo mora em Campinas, né?

— Mora — respondeu Isabelle.

— Vai trabalhar com você? — quis saber novamente.

— Não.

— Mas vocês vão se ver sempre? — perguntou a amiga curiosa.

— Não sei. Provavelmente não, Anita. Não vamos nos ver sempre. Ele trabalha em um lugar e eu vou trabalhar em outro. O Rodrigo só me apresentou para esse novo emprego. Não teremos vínculos.

Sem que Isabelle percebesse, Anita trocou olhares com Luci e sorriram às suas costas.

— E a escola para a Aline, você já arrumou? — novamente foi curiosa.

— Não. Primeiro vou ver onde vou morar. Depois vou procurar uma escola boa mais próxima. Sei que não vai ser fácil pra ela.

— Criança se adapta rápido — Luci comentou. —Ela é esperta.

Passado alguns minutos, Anita recordou:

— Lembra aquela vez que a gente murchou os pneus do carro daquela professora louca de gramática?

— Eu me arrependo tanto daquilo! Coitada! Estava um sol tão quente! Um calor horroroso! Quando vi que ela precisou chamar ajuda, teve de largar as provas e as coisas no carro, sair e chamar um borracheiro... Ai, gente!... Eu me arrependi na hora! Coitada! — disse Isabelle. — Até falei: gente! Não devíamos ter feito isso!

— Você tem o coração bom. Porque na hora eu gostei e me acabei de tanto rir. Só me arrependi, anos depois, quando um pneu do meu carro furou e eu estava toda limpinha e arrumada e precisei trocar — Luci revelou e riu. — Mas não foi só! Lembrei isso também quando roubaram o meu carro.

— Então vocês duas têm o coração melhor do que o meu — Anita tossiu e riu. — Porque eu só me arrependi agora... — riu alto.

— Ai, Anita! Você não presta! — disse Luci, brincando.

— Não, amiga... Nunca prestei... — e tossiu novamente.

— Venho me arrependendo de muita coisa. Como fui idiota! Bem que eu podia ter rido mais, levado uma vida mais leve, menos complicada... Sem tantos carmas e energias negativas. Prestem atenção no que eu vou falar... — Fez breve pausa e disse: — Guarde minhas palavras... Tudo o que você pensa, faz, fala, dá atenção, ouve... Tudo isso, um dia, vai se manifestar na sua vida. Tudo! Não brinque com as propostas e com as leis de Deus. Por isso, é preciso dar atenção ao que é bom. — Outro momento de silêncio e tornou a dizer: — Hoje estou arrependida de muita coisa...

— Éramos como crianças irresponsáveis. Vamos pensar assim. Todo o mundo tem seus momentos de infantilidade. Com o tempo, vamos amadurecendo — Luci comentou.

— Mas eu fui muito marruda, orgulhosa, arrogante... Que pena, né? Quem sabe, na próxima encarnação, faço minha vida menos complicada. Quem sabe, na próxima, consigo ser menos exigente... — Anita considerou.

— Já pensou se nós três formos irmãs na próxima vida? — Isabelle supôs.

— Deus me livre! — Luci brincou. — Não daria certo! Primeiro, que não vão encontrar pais que se candidatem para isso. Segundo, se encontrarem, nossos pais ficariam malucos.

— Eu não aprontei tanto assim! — Isabelle se defendeu.

— Não?! Eram suas as melhores ideias! — exclamou Luci. — Esvaziar os pneus do carro dos professores. Colocar um saco de plástico, mal amarrado e cheio de água dentro da bolsa da Solange. Quando ela se levantou, colocou a alça no ombro e saiu andando o saco plástico abriu e vazou tudo! — Luci contou e riram.

— E na porta?! Também colocamos balde de água na porta da sala de aula. O João empurrou e caiu em cima dele — lembrou Anita.

— Teve muito mais!... — Luci ia contar quando a amiga interrompeu.

— Ai, gente! Para! Eu só tive ideias. Vocês que executavam! — Isabelle disse.

— Executamos e damos o maior apoio moral pra você, santa! — tornou Luci. — Você era o cérebro! Lembra quando deu ideia de ligar pra mãe daquela menina chata da oitava série e contar que ela cabulava aula pra namorar?

— Nisso eu acho que fiz uma boa ação! — Isabelle riu, defendendo-se.

— Eu me lembro de quando a Belle queria adivinhar as coisas igual à tia dela. Pra falar a verdade, eu morria de medo — Luci confessou.

— Ainda bem que não consegui esse objetivo. Hoje, penso... É horrível saber as coisas antes de acontecer — Isabelle considerou.

O silêncio reinou por alguns segundos. Ficaram reflexivas.

— Às vezes, eu tinha ciúme de vocês duas... — Anita admitiu. — Tinha medo de perder a amizade de vocês porque estavam sempre juntas. Pensava que iriam me excluir.

— Eu também tinha esse medo — Luci afirmou e riu. — Quando vocês faziam as coisas ou saiam e me deixavam de fora... Ficava louca de raiva. Que idiota!

— Obrigada por tantas recordações bobas e boas — Anita murmurou. — Tenho muito que agradecer a Deus por ter tido vocês como amigas e irmãs. Se não fosse isso, minha vida seria mais amarga. Vou deixar de falar, mas não quero deixar de ouvir vocês. Quero pedir desculpas por tudo... Por tudo... — abriu os braços, chamando-as.

As três amigas se envolveram num só abraço.

O mesmo sentimento as dominaram e choraram baixinho.

Eram tantos anos de amizade, cumplicidade e irmandade que seria difícil descrever qual a sensação daquele momento.

Reconhecer a importância da amizade é uma bênção.

Amigo não se escolhe. Amigo se faz. Quando a amizade é verdadeira, ela é envolvida por bênçãos.

Amigos não são seres perfeitos. São seres em evolução como nós. Normalmente, juntos, amparando e compreendendo, ensinando e aprendendo, conquistam evolução.

O abraço é um mimo ao coração.

E ali, três corações amigos se reconfortavam no instante eterno de amizade.

Ao se afastarem, Anita murmurou novamente com a voz rouca:

— Obrigada por serem minhas amigas. Acho que é um dos maiores presentes que Deus deixou para mim nesta fase da vida.

— Anita, tudo vai dar certo. Eu imagino como está se sentindo. Mas isso pode ser vencido. Você terá chance de uma nova vida — Isabelle tentou confortar.

— Assim espero. Mas, se Deus decidir pelo plano B — sorriu. — Se eu não ficar aqui, acho que sairei desta sendo uma pessoa melhor. Pelo menos, melhor do que quando cheguei.

— Hoje, a Anita está diferente. Eu a vejo mais compreensiva, menos crítica... — Luci comentou e riu.

— Como dizem: "Quando não aprendemos pelo amor, aprendemos pela dor". Fiquei mais tolerante sim.

Naquele momento, foram interrompidas pela chegada de Beatriz.

— Oi, meninas! Tudo bem?

Elas se cumprimentaram e continuaram conversando mais sobre suas lembranças.

Na manhã seguinte, antes de ir para a sala de cirurgia, Anita permanecia em silêncio profundo, deitada no leito hospitalar.

Preocupada, mas fazendo de tudo para não demonstrar, Beatriz permaneceu ao lado da filha.

No quarto, a TV estava ligada e a mulher, vez ou outra, comentava sobre algum assunto apresentado no programa, só para conversar.

Em determinado momento, Anita abriu os olhos e chamou:

— Mãe...

— Oi, filha. Estou aqui.

— A senhora avisou o pai?

— Avisei sim. Mas ele está ocupado e...

— Ocupado por todo esse tempo que eu estive doente?... — sorriu. — Deixa... Não precisa se incomodar mais nem se justificar. Hoje, eu entendo. Acho que fui muito parecida com ele, né? — A mãe não respondeu. — Eu era a pessoa mais importante para mim. — Novamente o silêncio. — Mãe...

— O que é?

— Desculpa...

— Oh, filha... — e a abraçou ao se debruçar em seu peito. Lágrimas correram por sua face, mas Beatriz não deixou que filha percebesse.

— Me desculpa, mãe... Eu não sabia. Não entendia quando você queria me ensinar o caminho certo.

— Pare, filha. Não precisa dizer nada.

— Preciso. Preciso sim porque depois eu não vou falar mais — riu. — Hoje sei que você estava certa. Tudo o que me disse para me corrigir era para eu ter uma vida melhor. Era para ser uma pessoa melhor, mais prudente. Às vezes, arcar com as consequências dos nossos erros, das nossas falhas é muito mais pesado do que podemos imaginar. Por isso... Obrigada. Obrigada por não ter desistido de mim. Por ter me ensinado, me educado e por cuidar de mim agora. Desculpa eu não ter sido uma pessoa melhor.

— Você é a filha perfeita que eu mereço ter. Não tenho dúvida disso. Ninguém está no nosso caminho por acaso. Você vai sair dessa situação, filha. Vai melhorar e se recuperar. Vai ter uma vida nova, claro. Porém, com mais paz e leveza no coração. Hoje estou vendo você orar, agradecer, respeitar... O sentimento de gratidão oferece o paraíso. A alegria é o combustível para uma vida de paz. Você descobriu isso e é por essa razão que sua vida vai ser diferente. Hoje, está mais madura, mais compreensiva, mais prudente em todos os sentidos.

— Antigamente, eu vivia irritada. Era uma constante sensação enervante e amarga. Agora, vejo que era tão desnecessário.

Nesse instante, um auxiliar de enfermagem adentrou no quarto trazendo a maca que levaria Anita para a sala de cirurgia.

Após colocada na maca, Beatriz abraçou a filha com carinho. Beijou-a e a acariciou várias vezes. Mas não conseguiu conter o choro.

— Deus te abençoe, filha... Que o Mestre Jesus envolva você, os médicos que vão te operar e toda a equipe da sala de cirurgia. Que os anjos do Senhor sejam sentinelas...

— Obrigada, mãe... Obrigada... — disse Anita, chorando. Quando o enfermeiro, em silêncio, começou a retirá-la do quarto, Anita, ainda segurando a mão de Beatriz, falou: — Mãe... Mãe... Eu te amo mãe! Eu te amo! — e se foi.

A senhora segurou o choro o quanto pôde.

Assim que a filha sumiu da frente de seus olhos, Beatriz caiu num choro compulsivo.

Seu coração doía intensamente.

Nada nem ninguém poderia confortá-la.

Era início da noite quando Luci e Betinho chegaram ao hospital.

— Alguma notícia? — Luci quis saber.

— Não. Nada ainda — Beatriz disse tão somente.

Luci e Betinho perceberam seus olhos e o rosto inchados. Eram capazes de entender sua dor.

Conversaram sobre outros assuntos para tentar distraí-la.

Bem depois, Isabelle chegou.

Demorou mais um pouco e um médico apareceu para dar notícias.

— A cirurgia foi demorada, mas correu tudo bem. Foi preciso amputar a perna acima do que prevíamos. Ela perdeu a perna na altura da coxa. Agora a Anita está no C.T.I. — Centro de Terapia Intensiva — Vai ficar lá até se recuperar da anestesia totalmente e termos certeza dos seus sinais vitais estáveis. Creio que amanhã à tarde ela já deve voltar para o quarto.

— Ela está lúcida, doutor? — Beatriz quis saber.

— Está sedada para não sentir dores. Isso é normal. Se a senhora quiser ir para casa e descansar, acho que será melhor. Amanhã a senhora volta. Não poderá vê-la até à tarde.

— Isso mesmo, dona Beatriz. A senhora precisa descansar — Isabelle aconselhou.

— Por enquanto, é só isso, dona Beatriz — disse o médico. — Se me dá licença... Desejo uma boa noite a todos.

— Boa noite, doutor. Obrigada por tudo.

— Por nada. Até amanhã.

Despedindo-se, o médico se foi.

Convencida por todos, Beatriz retornou para sua casa em companhia de Betinho e de Luci.

Isabelle fez o mesmo.

No dia seguinte, conforme o médico avisou, Anita retornou para o quarto.

Sentia muitas dores e incômodos, mas suportou com resignação.

Podia-se ver uma pessoa melhor, esculpida pela dor. Falava com o olhar.

Tão logo providenciaram uma prancheta com folhas para que escrevesse, ela grafou:

"Mãe, fica tranquila. Estou bem. Eu te amo, mãe".

A cânula na garganta a incomodava. Mas sabia que precisaria de um período de adaptação. Iria se acostumar com aquilo.

A laringectomia removeu o tumor e as cordas vocais. Definitivamente, Anita não poderia mais se expressar pela voz. Mesmo assim, escreveu:

"Não fumem! Cigarro é mais prejudicial do que dizem. Olhem para mim".

Os amigos a visitavam e procuravam animá-la.

Ao receber alta hospitalar, foi levada para casa.

Luci combinou com Betinho e afastou-se um pouco dos trabalhos no salão para ajudar Beatriz a cuidar de Anita, que precisava de auxílio para tudo. Banho, locomoção, alimentação... Tudo.

Um dia de manhã, Anita escreveu:

"De tanto querer e exigir mordomia, fiquei sem pé e sem uma perna para não ter como me apoiar e ser carregada k k k k k k k!"

Parecia-se divertir-se com os próprios desafios.

— Não tem graça, Anita! Para com isso! — a mãe disse. Mas Beatriz era capaz de entender aquela mudança.

"Olha, mãe. Se eu te pegar fumando... Saiba que não vou cuidar de vc! Não vou mesmo! Fumar dá nisso! Olha pra mim! k k k k k k!"

— Nunca fumei, Anita. Para de gracinha.

"Td bem. Vou continuar T amando. Mesmo c/ suas broncas".

Anita começou a fazer piadas da própria condição, que era extremamente difícil e dolorida.

Em uma tarde de sábado, sua mãe chegou até a sala e avisou:

— Anita, o seu pai está aí. Você quer vê-lo?

Ela se surpreendeu no primeiro momento. Em seguida, fez sinal de positivo, com as duas mãos ao mesmo tempo.

Lentamente, um senhor de quase sessenta anos, chegou à sala trazendo um maço de flores nas mãos.

Ao vê-la sentada em cadeira de rodas com perna descoberta, dando a perceber a cirurgia que a amputou e também a cânula metálica na garganta, o homem começou a chorar antes mesmo de cumprimentá-la.

Beatriz, sem demora, pediu:

— Dê um abraço na sua filha, Elídio. Ela está esperando.

Ele se aproximou e a envolveu, deixando as flores no seu colo.

Depois disse:

— Desculpa não ter vindo antes.

Anita pegou a prancheta com as folhas e escreveu:

"O importante foi vc ter vindo. Obrigada pelas flores. Adorei!" — desenhou um coração.

— Tua mãe me contou tudo. Não sei o que dizer. Me desculpa por não estar presente. Eu...

Anita sorriu e escreveu:

"Deixa pra lá! Td bem" — e perguntou: — "Me conta de vc. Vc tá bem? O que tá fazendo da vida?"

Após ler, Elídio respondeu:

— Comecei a trabalhar cedo. Já me aposentei. Mas continuo trabalhando com táxi. Rodo São Paulo inteiro. Às vezes, pego corrida pra longe.

Continuaram conversando.

A filha fazia várias perguntas por escrito, mas todas para gerar assuntos leves, saudáveis. Nenhuma cobrança ou algo que constrangesse o pai. Queria ter bons momentos com ele.

Beatriz serviu-o com café e o pai ficou com a filha por algumas horas.

No começo da noite, ele se foi, deixando promessas de voltar outros dias.

Anita parecia mais diferente ainda. Estava animada.

Antes de dormir, escreveu para a mãe.

"Obg por deixar meu pai vir aqui me ver".

— Nunca o impedi. Ele é seu pai!

"Vc é a melhor mãe do mundo. Obg. Te amo! Viu?"

Beatriz a abraçou com carinho. Beijou-lhe com amor e respondeu:

— Eu te amo demais, filha. Agora... Vamos dormir. O dia foi longo demais pra você.

Capítulo 31

# O encontro com Nélio

Os dias passaram a ser bem mais difíceis para Anita.

Novos tratamentos de quimio e radioterápicos davam-lhe enjoos, tonturas, mal-estar sem fim. Em dias ainda piores, vômitos e diarreias.

Sofria em silêncio. Aproveitava-se da oportunidade de não poder falar e não escrevia o que sentia.

Buscava resignar-se e não se revoltar.

Luci ficava ao lado da amiga por muito mais tempo.

Aproximou-se mais ainda de Beatriz que, às escondidas, chorava muito por saber o quanto a filha sofria.

Isabelle, por toda bagagem assumida e tantas mudanças em sua vida, não estava mais tão presente.

Diariamente, enviava mensagens ou telefonava para saber das amigas.

Luci, com um toque de graça, fazia pequenos vídeos junto com Anita que escrevia algo em seu caderno e exibia, mandando beijos, tchauzinhos e corações expressados com as mãos.

Anita sempre escrevia algo, mesmo de modo humorado, dizendo que seu estado era devido ao cigarro.

As amigas riam. Isabelle também mandava vídeos com palavras de incentivo e também contando sobre suas experiências.

Isabelle viajou algumas vezes para Campinas, entrando em contato com imobiliárias para conseguir uma casa adequada para sua nova vida.

Demorou um pouco, mas, finalmente, encontrou algo ao seu gosto.

Nesse dia, sentiu-se tão satisfeita que decidiu enviar uma mensagem para Rodrigo, falando sobre a boa novidade.

No mesmo instante, ele telefonou:

— Oi, Isabelle! Você está podendo falar?

— Oi, Rodrigo! Posso sim. Estou aqui na imobiliária ainda. Acabai de alugar uma casa que se encaixa as minhas necessidades. Tem um bom tamanho e um bom preço.

— Que bom que conseguiu.

— Também fiquei muito contente.

— O que vai fazer agora? — ele quis saber.

— Voltar para São Paulo. Tenho uma mudança para planejar e nem sei muito bem por onde começar.

— Podemos almoçar antes de você ir... O que me diz?

Isabelle ficou pensativa por um momento, depois concordou:

— Podemos. Aceito.

— Onde você está? Vou até aí.

Não demorou muito e se encontraram.

Foram a um restaurante simples como ela pediu. Enquanto aguardavam, Isabelle parecia empolgada ao contar.

— Fiquei tão contente por ter conseguido essa casa. Cada hora era uma coisa. Ou a escola era longe ou o bairro não agradava ou o aluguel era caro... Até achar essa que me pareceu bem ideal. O bairro pareceu bom. Fica perto de uma escola que também parece boa — riu. — Dá pra Rosa levar e buscar a Aline. Falei com a Rosa e ela disse que não se importa. Então economizo com o transporte escolar.

— A casa é boa?

— Muito boa. É nova. Toda pintada. Revestimentos bonitos na cozinha e no banheiro. Tudo parece em ordem. Vou ter de colocar torneiras e chuveiro porque não tem. Como te falei, tudo é novo. Tem até aquele cheirinho de tinta — riu com toque de felicidade. — Tem dois quartos bem grandes e outro menor. A sala não é gigante como a minha, mas é boa. Tem um banheiro só e uma cozinha razoável. O quintal é enorme! Uma boa parte com piso e um jardim. A lavanderia... Bem... é o lugar onde tem um tanque, espaço para máquina de lavar e telhado cobrindo. Não é fechada, porém é boa. E tem varal no sol. Que luxo ter roupas secas ao sol! O jardim precisa de plantas. Isso não é difícil. Com o tempo... Vai ficar lindo!

— Tem garagem?

— Tem uma entrada... Um corredor comprido onde cabem carros. Mas não é coberta. Fica na lateral da casa. Com o tempo posso comprar telhas e cobrir esse corredor/garagem. Só para proteger um pouco mais o carro.

— Foi muito bom saber que conseguiu a casa. Quando pretende se mudar?

— Tenho dez dias. Começo a trabalhar no novo emprego depois disso.

— Vai conseguir... E... Suas amigas? Como estão?

— A Anita... Você sabe. A Luci está ajudando a dona Beatriz a cuidar dela. Nem acredito... Anita daquele jeito... — emocionou-se.

— Nem eu. Ela é tão nova...

— Escuta, Rodrigo... É verdade que, na época da faculdade, a Anita entregou uma carta para você dizendo que era minha?

— Na verdade, não foi uma carta. Foi a letra de uma música — sorriu. — E pediu para eu não te contar.

Acharam graça.

— Eu só soube disso agora.

— Verdade?! Não foi você quem me mandou a letra da música?

— Não. — Contou como aconteceu.

— Então, não tinha coragem de dizer que estava de olho em mim? — ele riu com gosto.

— Oras... Nem você...

— Não! Eu me aproximei de você.

— Mas foi para vender seus livros antigos! — ela brincou.

— Será? — Rodrigo colocou-a em dúvida. Um instante e revelou: — Até hoje eu tenho aquela letra de música guardada.

— Jura?! — Isabelle surpreendeu-se.

— Qualquer hora eu vou te mostrar.

Conversaram bastante até serem servidos e continuaram depois até ela olhar o relógio e perguntar:

— Não está na hora de você voltar ao serviço?

— Estou de férias. Estava com férias vencidas e decidi tirar quinze dias antes do final do ano. Quase você não me pega aqui na cidade. Eu ia para a casa dos meus pais dar uma olhada neles e nas coisas por lá.

— Desculpe por ter atrapalhado.

— Não. Nada disso.

— Seus pais estão bem? — ela se interessou.

— Estão. Eu que estou um pouco preocupado, mas... — calou-se.

— Com o quê?

— A história é a seguinte: meu pai tinha um cachorro, o Alemão, que era seu xodó. Esse cachorro morreu de velho. Durou mais de vinte anos. Meu pai, como você sabe, teve transtornos emocionais, entrou em depressão... E, depois da morte desse cachorro, voltou a ficar bem pra baixo. Ele quase não sai de casa e... Então o Leandro, meu irmão, estava indo visitá-los um tempo atrás e viu um saco se mexendo na estrada que vai lá para a chácara. O Leandro parou o carro e voltou para ver o que era. Abriu e viu um cachorrinho dentro.

— Nossa! Que crueldade! É revoltante. Como alguém tem a capacidade de fazer isso?

— Também acho revoltante. Um animal é uma vida. Devemos respeitar. Como eu já ouvi dizer: "Os animais esperam de nós o que esperamos dos anjos". Não sei quem é o autor dessa frase, mas ela é ideal para compreendermos a importância da vida de um animal. Se Deus foi quem criou tudo e todos, Deus também é Pai dos animais. Eles são nossos irmãos.

— Concordo com você. Sabe, a Aline vive me pedindo pra ter um cachorrinho. Acho que, com essa mudança e a casa nova, vou conseguir arrumar um pra ela — sorriu.

— Vai ser muito bom para ela. Mas... Pense bem porque depois não pode jogar na rua. Um animal tem sentimentos, emoções, necessidades semelhantes as nossas. Ele sente dor, medo...

— Não, se eu adotar, vai ser eterno! Vai ser da família! Estou consciente disso.

— Que bom. Vai fazer bem para ela. Certifique-se antes se ela não é alérgica. Leve-a na casa de alguém que tenha gatos ou cachorro.

— Não. Não é alérgica. Já testei isso. — Um momento e perguntou: — E aí? O que seu irmão fez com o cachorrinho?

— Ah! Sim... O Leandro não teve dúvidas. Colocou o filhotinho no carro e levou para o meu pai. Chegou lá e disse: "O Alemão voltou, só que agora ele está malhado" — riu. — É que o filhote era branco com manchas amarelas e pretas. Meu pai se emocionou. Pegou o cachorrinho e cuidou. Levou ao veterinário, deu vacinas... Enfim, encontrou a alegria novamente com uma ocupação útil. Daí que, faz uns meses... Acho que foi ano passado, uma mulher que vai lá na casa dos meus pais fazer faxina deixou a porta aberta e o Malhado saiu e sumiu. Ele tinha, aproximadamente, cinco ou seis meses. Foi o que o veterinário calculou. Ele não estava acostumado ir para o quintal sozinho. Meu pai tinha medo que sumisse, que algum animal o atacasse...

— Nossa! Seu pai deve ter ficado arrasado.

— Ficou desesperado! Saiu à procura do Malhado. Andou o dia inteiro pela chácara e pela região à procura do filhote. Chorou. Não quis nem almoçar. No final da tarde, ele saiu novamente. Andou muito até chegar a um lugar bem ermo, longe de tudo, onde só tem mato e um pequeno açude. Daí ele ouviu o choro do Malhado. Sem pensar, foi até onde achava que o cachorro estava. Só que encontrou um homem caído, com metade do corpo, as pernas, dentro da água e o malhado lambendo seu rosto. O meu pai tentou acordar o cara e percebeu que ele estava muito machucado. Então, ele pegou o cachorro, voltou para casa e chamou a polícia. Levaram o sujeito para o hospital. O homem tinha levado uma surra muito grande. Se meu pai não o tivesse encontrado, provavelmente, morreria. Ele tinha várias fraturas, bacia quebrada inclusive. Rosto todo deformado por pancadas. Nenhum documento, nenhuma identificação. Ficou uns dias no C.T.I. do hospital. Meu pai, em vez de dar o caso por encerrado, não. Ficou fazendo visitas para o cara, acompanhando toda a situação. Quando o sujeito acordou, todo deformado, não sabia nem o próprio nome.

— Deve ter sofrido traumatismo craniano — ela supôs.

— Talvez. Nem sei. Daí, quando o cara recebeu alta, meu pai o levou lá para a chácara. Tanto eu quanto meu irmão ficamos loucos da vida! — enfatizou.

— E sua mãe?

— No início, ficou desconfiada, mas depois aceitou. Adotou a ideia de "coitado dele. Parece um bom rapaz" — falou com ironia, imitando a mãe. — Fui lá pra casa deles e, apesar do cara todo engessado, eu ficava com receio. Onde já se viu colocar um estranho pra dentro de casa?! Não sou contra a caridade, mas... Muitas vezes, quando você quer ser bondoso e caridoso, a situação se vira contra você mesmo. Não sabemos quem é o cara, se é bandido, criminoso, procurado pela polícia. Temos de nos preservar. Ainda mais eles dois ali, sozinhos, naquela chácara. Longe de tudo!

— E o que você fez?

— Falei um monte, né? Aí, com o maior jeitinho, minha mãe falou com o cara e disse que os filhos não estavam gostando da situação.

— Mandou o homem embora?

— Não. Lá na chácara, tem uma casa pequena de caseiro que está desocupada. Meus pais limparam, arrumaram tudo e colocaram o sujeito pra morar lá. Acredita?

— Caramba!

— Menos mal, mas... Então o cara tirou os gessos, foi melhorando...

— Lembrou-se de quem era?

— Acho que lembrou. Falou que o nome dele era Nílson. Que foi assaltado e apanhou muito. Disse que levaram seus documentos. Estava procurando emprego na região. Trabalho braçal como capinagem ou colheita. Não sei não... Eu tenho mais calos nas mãos do que ele! O jeito dele... Não parece trabalhador de campo. Pra mim e pro Leandro essa história não colou não. Assim que começou a melhorar, ele passou a ajudar a cuidar dos bichos, da horta... Carpe o lugar. Não conversa quase nada. Quando eu ou meu irmão vamos pra lá, ele quase não sai da casa onde está instalado. — Rodrigo suspirou fundo, demonstrando insatisfação. — Agora eu tirei férias e estou determinado a ir lá e, com a desculpa de que não temos funcionário trabalhando irregularmente, vou fazê-lo tirar os documentos para sabermos, realmente, com quem estamos lidando.

— Vai ver que é um trabalhador mesmo. Alguém que não tem família...

— É isso o que quero confirmar. Além do que, não podemos ter um funcionário sem registro, sem documento... Precisamos regularizar essa situação.

— Desculpe por atrapalhar seus planos.

— Não! Não atrapalhou. — Rodrigo pensou um pouco e perguntou: — Quer ir comigo?

— Para a chácara dos seus pais?

— Sim! Vamos lá?

— Não! Preciso cuidar da minha mudança. — Isabelle parou por um instante. Lembrou-se de que desejava muito conhecer o homem que tanto julgou mal, mas que, agora, depois de ter passado por algo semelhante, pensava diferente. Gostaria de dizer-lhe que a dor que enfrentou pela perda de seu filho a fez perdoar-lhe, de verdade. Talvez, nem precisasse falar em perdão, mas demonstrá-lo. Aquele era um bom momento.

Gostaria de começar uma nova vida, mais leve. Talvez, conhecê-lo lhe fizesse muito bem.

Rodrigo interrompeu seus pensamentos:

— Vamos! Não pense muito. Seria bom conhecê-los.

Uma emoção empolgante a dominou e ela disse:

— Vou sim! Vamos embora! — sorriu lindamente.

Rodrigo e Isabelle pegaram seus carros, respectivamente, e seguiram para onde os pais dele moravam.

A estrada asfaltada terminou e percorreram grande trecho de terra.

Era final de tarde.

O sol ainda brilhava na linha do céu e terra, iluminando a vegetação farta com seus lindos raios, deixando um sombreado dourado muito especial. As cores ficavam mais belas.

Dois cachorros latiram para Isabelle, que ainda estava dentro do carro, mas Rodrigo os acalmou.

Ela desceu e olhou tudo a sua volta.

Da casa principal, bem simples, uma mulher saiu secando as mãos em um guardanapo.

Sorridente, a senhora se aproximou:

— Oi, filho!...

— A bênção, mãe — Rodrigo a cumprimentou, beijando-lhe o rosto e trocando agradável abraço.

— Deus te abençoe, meu filho — passou a mão, carinhosamente, em seu rosto ao se afastar do abraço, olhando em seguida para Isabelle. Esperou que fosse apresentada.

— Essa é a Isabelle, que decidiu conhecer vocês — Rodrigo disse. Virando-se para a outra, falou: — Isabelle, essa é minha mãe, dona Jaci.

— Boa tarde, dona Jaci. Prazer em conhecê-la.

A anfitriã sorriu com jeito agradável e se aproximou. Abraçou Isabelle com ternura e disse:

— Boa tarde! Seja bem-vinda a nossa casa.

— Obrigada.

— Venham! Entrem! Vou preparar um café fresquinho pra nós! — Jaci convidou.

— E o pai? Cadê ele, mãe?

— Está por aí com o Malhado. — Riu e explicou: — Aqui é assim Isabelle, se quiser encontrar o Nélio, procure o Malhado.

— E se quiser encontrar o Malhado, saia à procura do Nélio — o filho completou.

— Isso mesmo! — tornou a senhora alegremente.

A mãe de Rodrigo era bem falante, mas não comentou que o filho telefonou um pouco antes avisando sobre a visita. Seria indelicado. Estava apreensiva, embora soubesse disfarçar muito bem. Ficou imaginando o que a jovem poderia dizer, se é que falaria alguma coisa. Também, não contou para o marido sobre Isabelle. Muito menos que a ex-namorada do filho só terminou com ele porque soube que Nélio atropelou sua mãe. Jaci acreditou que o marido não precisava saber aquilo, pois só iria agregar mais tristeza ao seu sentimento de culpa.

Acomodados à mesa da cozinha, Rodrigo e Isabelle observavam Jaci no preparo do café.

Não demorou e a senhora sentou-se à mesa enquanto a água fervia.

— Fale de você, Isabelle. O Rodrigo me contou que vai trabalhar em Campinas.

— É verdade. Estou me mudando para a cidade de Campinas com minha filha e minha madrasta.

— Seu marido não virá? — perguntou de modo inocente. Não sabia que Isabelle havia passado por momentos difíceis com a morte do filho e se divorciado.

— É que... Eu tinha um casal de gêmeos. O meu filho morreu e... Depois disso, eu e o meu marido não suportamos. Nós nos divorciamos recentemente.

— Oh... Sinto muito. Desculpa tocar no assunto. — Breve momento e comentou: — Mudança é bom. A sua filhinha está animada para se mudar? — tornou, tentando mudar o assunto para não entristecê-la.

— A Aline está com um misto de medo e ansiedade. Fica perguntando se vai ter amiguinhos, se a casa vai ter quintal, se a escola tem professoras boazinhas... Vou precisar conversar na escolinha para que tenham o máximo de paciência. Foram muitas perdas, separações e mudanças bruscas para ela que nem fez cinco anos. Aline e César, o meu menino... — sua voz embargou, porém insistiu em continuar: — Eles eram muito apegados. Eu e a Rosa, minha madrasta, conversamos muito com ela sobre o irmão e... O padre da igreja também. Mas, o que muito ajudou, foi a evangelização infantil em um centro espírita que frequentamos. Quando viermos para Campinas, eu vou levá-la a um psicólogo para me ajudar na empreitada de conscientizá-la sem traumas. Afinal, o irmão morreu, eu e o pai nos divorciamos, mudou de casa, de escola... Aline perdeu tudo o que conheceu de modo drástico.

— Perdoe-me o palpite, Isabelle. Posso parecer intrometida, mas...

— Não! De forma alguma. Todo ponto de vista é bem-vindo. Por favor. Pode falar.

— Se você está a fim de ajudar sua filha, seria muito bom você fazer psicoterapia com um psicólogo. E não ela. Isso é opinião de gente velha tá? — riu. — Mas pense nisso. Eu sempre achei que era eu e o pai que deveríamos educar nossos filhos. Nunca terceirizamos a educação deles. Temíamos que pessoas sem princípios, sem moral, sem caráter e sem responsabilidade, que podem estar revestidos do título de professor, psicólogo, terapeuta, parente ou sei lá mais o que, pudessem provocar conflitos terríveis em um momento que os meus filhos não fossem capazes de entender ou se defender. Não sei se me entende. A criança precisa ser amada e protegida até que amadureça o suficiente para compreender melhor determinada situações e não achar que alguns fatos são normais ou repugnantes. Uma pessoa de fora, pode criar em sua filha o preconceito ou a normose. Devemos ter cuidado com isso. Nem tudo que muitos aceitam como normal serve para nós ou para os nossos filhos, quando eles não têm idade para ter discernimento, ou seja, capacidade de julgar as coisas. O mesmo acontece com o preconceito. Não corra o risco de deixar alguém implantar o preconceito ou a normose como princípios para seus filhos. Por essa razão, ou você se esforça para encontrar um psicólogo com princípios equilibrados, alguém que tenha caráter ou você, uma pessoa madura e já estruturada, faça psicoterapia para aprender a lidar com sua filha e você mesma ensinar e educar conforme seus princípios.

— Eu não tinha pensado nisso. Obrigada, dona Jaci. Ajudou muito.

— Pois pense, filha. Pense. A sua Aline é muito novinha. Quando chegar a casa nova, à escolinha nova, vai se adaptar muito rápido. Avise as professoras para terem paciência, só por desencargo de consciência. Mas eu creio que vai dar tudo certo.

— A Isabelle disse que a Aline quer um cachorrinho e que a casa onde vão morar tem um bom quintal — Rodrigo contou.

— Maravilha! Certifique-se primeiro de que ela ou você não são alérgicas a pelos.

— Ah, não... Não somos. Penso em arrumar um cãozinho para termos um lar mais completo — Isabelle sorriu.

— Não sei se você sabe, foi um cachorro que ajudou meu marido. Ele entrou em depressão muito profunda. Arrumamos um cachorro e... Tudo começou a mudar. Foi devagar, mas mudou. Eu pedia para ele passear com o cão, dar comida... — contou toda história. — Há quase um ano arrumamos outro cãozinho que o Leandro trouxe, bem filhotinho... Coitado!

— Coitado do filhote ou do meu irmão?

— Do filhote, é claro! — a mulher riu ao brincar. — No começo, demos leite na mamadeirinha. Mas logo o veterinário disse que o cachorro poderia comer carne e ração. Aí, o Nélio disse: "Engraçado! Eu dei mamadeira para o Alemão por mais de um ano!" — falou com voz alterada, imitando o marido. Depois achou graça do que fez. — Eu dava ração com carne de manhã e à noite para o Alemão, sem ele ver. Durante o dia, deixava uma três mamadeirinhas de leite para ele dar.

Isabelle também riu. Lembrou-se de quando Rodrigo lhe contou esse fato.

A mulher se levantou, passou o café e arrumou a mesa com xícaras e uma cestinha com biscoitos.

Não demorou muito e Nélio chegou acompanhado de seu cachorro.

— Boa tarde! — o homem disse ao entrar na cozinha.

— Boa tarde — Isabelle respondeu baixinho. Não tirava os olhos dele.

— A bênção, pai! — Rodrigo pediu. Levantou-se e foi até ele. Abraçaram-se e trocaram beijo no rosto.

O pai estapeou suas costas largas e o filho apresentou:

— Esta é a Isabelle. Nós trabalhamos juntos em São Paulo. Depois que eu saí de lá, ela continuou trabalhando com o Leandro. Agora ela vai se mudar e trabalhar em Campinas.

— Olá, Isabelle — Nélio a cumprimentou receoso. Sentiu algo tocar seu coração.

— Olá, seu Nélio. Prazer em conhecer o senhor... — a voz de Isabelle embargou. Sentiu vontade de chorar. Se o fizesse, que explicação poderia dar ao homem?

Apertaram as mãos e ele pôde perceber seus olhos marejados.

— Tá tudo bem, filha? — o senhor perguntou.

— Tá... — não suportou.

Rodrigo foi até ela e tocou-lhe o ombro.

— Está tudo bem, Isabelle.

— Desculpe-me... Desculpe-me, por favor.

Nélio olhou para a esposa sem entender muito bem o que estava acontecendo. Embora seu coração experimentasse um presságio que não sabia identificar.

— Ela está emocionada porque... — Jaci pensou rápido e decidiu disfarçar a situação. — A Isabelle tinha um casal de filhos gêmeos. Ela está buscando uma vida nova, porque o menininho faleceu. Ela e o marido se separaram. Agora é só ela, a filha e a madrasta. Estão de mudança... Acho que é por isso que está sensível.

— Oh... Minha filha, eu sinto muito — disse o homem. — Sinto muito mesmo.

— Não se preocupe, senhor Nélio. Está tudo bem — ela falou, após se sentar novamente e secar o rosto com as mãos. Experimentava uma emoção ímpar.

Isabelle sempre odiou o homem que atropelou e matou sua mãe. Mas estava frente a ele. Só agora conseguia entender sua inocência e perdoar-lhe. Precisou sofrer uma dor inenarrável para compreender que nem tudo na vida podemos controlar, que não podemos julgar. Precisamos aprender a ter compaixão.

— Era pequeno o seu menino? — Nélio perguntou, pois não sabia o que dizer.

— Tinha quatro anos — ela tentou sorrir, porém seu rosto se franziu e quase chorou.

— Ele ficou doente? — tornou o homem.

— Pai, vamos deixar esse assunto para outro momento, né? Eu trouxe a Isabelle aqui para se distrair um pouco. Ela está muito tensa com a mudança.

— É mesmo! E quanto à mudança? — disse Jaci, querendo mudar de assunto.

— Não, gente... Tudo bem. Talvez eu chore, mas já consigo falar nisso — disse Isabelle que encarou Nélio, olho no olho, e contou sem trégua: — Eu vinha de um dia cheio no serviço. Moro em um sobrado em que a garagem fica embaixo da casa. — Contou tudo. Chorou em alguns momentos. — Não vi meu filho chegar e ficar atrás do carro. Talvez, estivesse querendo brincar e... Ele foi socorrido, mas não resistiu. Meu marido estava assistindo à TV. Disse que foi fechar o portão para as crianças não irem para a garagem, mas minha filha bateu com a cabeça e ele foi ver. Esqueceu do portão. Nisso, o telefone tocou e ele foi atender... Foi tudo ao mesmo tempo. — Secou o rosto com as mãos. — Foi isso... Minha vida se tornou essa tragédia que estou tentando remontar os cacos... Como viver com isso, não é mesmo? Como se perdoar depois de causar a morte do próprio filho?

Quando olhou para o senhor, ele estava chorando.

Nélio se levantou e foi até Isabelle.

Ela se levantou também e os dois se abraçaram.

Choraram muito, enquanto o senhor afagava seus cabelos e ela suas costas.

Rodrigo e Jaci se entreolharam, também emocionados, com lágrimas deslizando em suas faces.

Minutos depois, o abraço foi desfeito e Nélio procurou confortar:

— Eu te entendo, minha filha. Eu sei da sua dor. Na verdade... Acho que sua dor é pior do que a minha. Mas eu sei. Eu te entendo. Não sabemos por que essas coisas acontecem, mas Deus sabe. Se apega em Deus, filha, que isso vai ficar mais leve.

— Assim espero, senhor Nélio.

— Senta aí. Vamos tomar um pouquinho de café — Jaci convidou, tentando espantar a tristeza daquele momento. Também ficou chocada e surpresa com o fato que ignorava.

— Já está na hora da janta, mãe.

— Está na hora de eu ir embora. Isso sim! — Isabelle comentou, secando o rosto.

— De jeito nenhum! Você fica pra jantar com a gente! — insistiu a mulher, indo para perto da pia.

— Não! Não! Não! Obrigada, mas tenho de ir. Senão fica muito tarde.

— Pode jantar e dormir aqui. Temos quarto sobrando — tornou Jaci.

— Obrigada, mas... Não posso mesmo. Mas prometo voltar outro dia e...

Isabelle foi interrompida pelas fracas batidas à porta, que estava aberta.

Havia a sombra de um homem na varanda, porém ele não entrou e, após bater, afastou-se alguns passos.

— Ah!... Deve ser o Nílson — Jaci sorriu e chamou: — Entra, Nílson!

O rosto de Rodrigo ficou franzido no mesmo instante. Não gostou nada de saber que aquele homem ainda morava ali.

O rapaz só se aproximou da porta e avisou em tom brando:

— Um dos carros estacionados está com as luzes internas acesas. Seria bom desligar. Pode descarregar a bateria.

Isabelle, sentada de costas para a porta, vagarosamente, de forma muito estranha, virou-se lentamente.

Levantando-se e com olhos arregalados, pareceu ver um fantasma quando enfatizou, quase murmurando:

— Ailton?!!...

Capítulo 32

# Entre Lágrimas

— Ailton! Ailton!... O que você está fazendo aqui?! — Isabelle foi a sua direção, falando rápido e exigindo explicações.

Ele, parado à porta com um boné nas mãos, ficou sob o efeito de um choque.

Rodrigo se levantou às pressas e foi à direção de ambos.

Nélio e Jaci se entreolhavam sem entender o que acontecia.

— Belle... — murmurou o irmão.

Ela se virou para todos e disse:

— Ele é meu irmão! — depois se voltou para Ailton e disse: — Você sumiu! Desapareceu! Há meses estamos te procurando! Quase um ano, eu acho! O que está fazendo aqui? Por que o nome de Nílson? O que aconteceu? — as perguntas pareciam não ter fim.

Ailton, atordoado, sacudiu a cabeça negativamente e deu alguns passos para trás, indo para a varanda.

A irmã foi até ele e o segurou pelo braço.

Rodrigo, muito sério, seguiu-os para fora. Quis acompanhar tudo de perto.

— Fale comigo, Ailton?! O que aconteceu?! — exigiu inconformada.

— A história é longa, Belle... A história é longa...

— Mas você vai ter de se explicar! O que aconteceu? — insistia a irmã.

Jaci, ao ver o desespero de Isabelle, decidiu interferir com mais ponderação.

— Calma... Calma... Eu também não entendi direito. Mas sei que vocês precisam conversar com muita calma. — Aproximando-se de Ailton, pediu com benevolência ao tocar seu braço: — Venha. Entre. Vão lá pra sala conversar um pouco.

— Não, dona Jaci. Não vou entrar — Ailton parecia experimentar um misto de vergonha e ansiedade.

— É preciso, filho — disse para Ailton. — Se a Isabelle é sua irmã... Se você desapareceu... Precisam conversar agora.

— Não estou entendendo. Ele é meu irmão! É médico! O que está fazendo aqui? Você sumiu! Desapareceu! Abandonou seu trabalho no hospital e está trabalhando em uma chácara?!

— Calma, Isabelle — Rodrigo pediu. — Acho que o Ailton vai explicar tudo. Não é mesmo?

Nesse momento, o médico deu alguns passos para o lado. Apoiou a mão na parede e, em seguida, sentou-se em um banco que estava próximo.

Sentia-se tonto. Atordoado.

A senhora foi para perto dele e afagou-lhe o ombro, perguntando:

— Você está bem? — Ele acenou positivamente com a cabeça e ela decidiu: — Vou buscar água. Só um momento.

A irmã se aproximou e se sentou ao seu lado. Olhava-o fixamente.

Após Jaci oferecer água com açúcar para ambos, Ailton disse:

— Desculpa. Eu não queria assustar ninguém. É que muitas coisas aconteceram e...

Quando Isabelle tomou fôlego para fazer uma pergunta, Jaci sinalizou para que aguardasse e ela o fez.

No momento seguinte, Ailton contou:

— Passei por muita pressão... Muita exigência... Eu trabalhava em vários lugares diferentes. Essa droga de governo não oferece estrutura, equipamentos, medicamento, condições boas de trabalho. Sempre trabalhei com deficiência de alguma coisa. Às vezes, nem luvas nós tínhamos nos postos de saúde ou nos hospitais. Falta de medicamento e condições mínimas de... de tudo! De higiene, acomodações dignas, equipamentos... Tudo era precário. Muita demanda. Muitos pacientes, poucos enfermeiros, só um médico... Era comum termos de escolher quem atender, quem salvar, quem... Comecei a ficar estressado sem notar. Longos plantões na emergência de hospitais públicos e você fica louco sem perceber. Quer fazer as coisas, mas não tem condições, não tem apoio, não tem nada... Pacientes nervosos, gritando, exigindo atendimento, xingando e quebrando. Como se a culpa, por um sistema falido, fosse do médico, da enfermagem... O que eu poderia fazer com um estetoscópio, uma caneta e papel? Sim, porque era isso o que eu tinha para trabalhar, muitas vezes. Não tínhamos, sequer, um abaixador de língua, aquele simples pauzinho para abaixar a língua para examinar a garganta. Não tínhamos um negatoscópio, aquele aparelho com lâmpada que acende e fica preso na parede para examinar uma radiografia. Quantas vezes, eu mesmo tinha de comprar uma caixa de luvas na farmácia e levar para o serviço!... O curioso é que a população, as pessoas doentes sabem xingar e ofender, mas não exigem do governo. Eles votam errado e não exigem seus direitos. Se reúnem em grupos gigantescos para assistirem a uma partida de futebol, gastam com bebidas, fogos de artifícios que incomodam... Mas não se unem para exigirem dos governantes um sistema de saúde digno. Cheguei à conclusão de que as emissoras de TV são pagas pelo governo para ressaltarem o futebol. Se o povo tiver distração, eles não terão tempo de ver a precariedade na área da saúde, da escolarização... É o antigo sistema de ilusão para o povo: "Pão e circo!" Deem algumas míseras bolsas para não morrerem de fome e diversão. Dessa forma, o povo não reclama. Em vez de investirem em dignidade! A população sabe reclamar sobre o aumento da tarifa de ônibus. Dizem que tem aumento e que as condições do transporte continuam precárias. Mas ninguém reclama sobre o aumento da bebida alcoólica e do cigarro. Coisas que viciam, adoecem e matam — desabafou. — Um dia, aconteceu um acidente grave na Rodovia dos Bandeirantes. Eu estava sozinho no plantão. Chegaram seis pessoas para serem atendidas. Três delas em estado grave. Os familiares que acompanhavam estavam nervosos. Começaram a gritar e... Teve um rapaz que entrou na emergência quando eu examinava a garota, uma mulher e um outro senhor. Eram os três que estavam mais graves. As enfermeiras bobearam e o rapaz foi parar lá. Não encontravam o segurança para tirar o rapaz dali. Ele estava agitado. Ensanguentado, pois havia um corte em sua testa. Soube depois que ele era o condutor do carro em que a moça estava. Ele exigia que eu a atendesse primeiro. Criou o maior alvoroço na emergência e eu analisando, tentando escolher qual paciente deveria levar primeiro para a cirurgia. Perdi a calma e... Peguei o rapaz pela camisa, dei um soco nele e o coloquei para fora. Somente uma enfermeira viu isso. Fiquei nervoso. Muito nervoso. A raiva tomou conta de mim e por isso voltei, peguei a mulher para socorrer, depois o senhor e deixei a moça por último. Fiz isso porque sabia que ela era namorada dele ou coisa assim... Os dois primeiros foi algo fácil de resolver e... eles ficaram bem. A moça... A moça tinha uma artéria rompida. Ela morreu logo que foi levada para a cirurgia. Esse caso me deixou transtornado. Fiz a escolha errada. Eu me deixei levar pela emoção, pela raiva... Isso ficou na minha cabeça e... Não demorou muito tempo e, no mesmo panorama caótico da emergência hospitalar, atendi um homem que estava enfartando. A mulher dele era... Era sem nível, sem educação, sem nada... Ela gritava e exigia. Daí, chegou um segundo paciente também enfartando. A esposa, com jeito de quem é evangélica, disse que estava orando por mim. Eu fiquei confuso e, novamente com raiva, decidi atender o homem que chegou depois, cuja esposa era evangélica. O primeiro paciente deu óbito. A mulher dele gritou, berrou, fez escândalo... Minha justificativa foi: eu era o único médico ali e precisei escolher. Era certo que um dos dois morreria. Precisei fazer escolhas. Mas minhas escolhas decidiram quem viveu ou quem morreu. Não sei afirmar se escolhi corretamente. Isso foi me dando uma angústia, um desespero... E por incrível que pareça, aconteceram outras emergências semelhantes em que era preciso fazer novas escolhas... Fui ficando muito mal. Trabalhava sem ânimo, sem vontade, com medo. Procurei um colega psiquiatra. Ele me aconselhou psicoterapia e me passou um remédio. Não encontrei tempo para procurar um psicólogo. Mas tomava os remédios, que não adiantaram nada, no meu caso. Pensei em morrer. Pensei em suicídio... Comecei a ficar diferente. Todos meus colegas me achavam diferente e perguntavam o que eu tinha. O que poderia dizer para eles? Que não concordo com o sistema? Que não concordo nem com alguns deles, cafajestes, que burlam o sistema e não trabalham, que recebem sem fazer nada? Assinam o ponto e vão embora, deixando o outro médico trabalhar sozinho! Como em toda profissão, temos muitos médicos que não merecem o título, o diploma e... Sei lá...

Um dia decidi me matar. — Uma lágrima correu em sua face pálida. Ailton estava de cabeça baixa e a lágrima gotejou no chão. — Fui até o topo do prédio do Pronto Socorro. Cheguei até a beirada e... Quando pensei em subir a mureta, ouvi uma voz dizendo: "Boa noite, doutor". Levei um susto. Era uma enfermeira sentada em um degrau. Uma jovem mulher com traços orientais, que eu nem lembrava direito se trabalhava ali ou em outro lugar. Cumprimentei e ela se aproximou. Perguntou se eu tinha ido ali para relaxar, pois ela também gostava de fazer isso nos intervalos. Gostava de olhar as estrelas... — forçou o sorriso. — Então ela começou a falar. Sua voz era calma. Muito calma. Tinha um tom alegre e uma leveza que não sei explicar. Daí, eu fui me acalmando. Sentei em outro lugar e falei que estava bem cansado e fui ali para dar um tempo e me refazer. Menti, claro! Como iria dizer a verdade? Então, ela falou uma coisa... Depois outra... Contou que marido a abandonou grávida e foi para o Japão. Que ela pensou em aborto, mas teve medo. Falou de uma amiga que lhe deu um livro espírita que falava do crime terrível, que era o aborto, e do sofrimento que aquilo trazia para o espírito abortado e para a mãe[1]. Disse também, que os piores atos que alguém pode praticar são o aborto e o suicídio. Então, começou a falar sobre suicídio, sobre a importância da vida... Lembrei do que a gente aprendia quando ia à igreja católica quando a nossa mãe nos levava lá. Lembrei da tia Carminda... Aquilo que a enfermeira falou, acabou me tocando de alguma forma. Fiquei confuso... Sentia uma dor na alma, um estado de tristeza, uma coisa indefinida que não dá pra explicar. Na verdade, eu gostaria de me trancar em um quarto, em um lugar e não ver ninguém. Nos últimos tempos, que fiquei trabalhando no hospital, foi difícil levantar da cama, fazer a barba, tomar um banho... Sofria muita cobrança no serviço. Colegas queriam conversar, mas eu não. Você ligava para o meu celular, mandava mensagens, mas eu não queria escrever nada, muito menos falar. A impressão que tinha era de que todo mundo me cobrava.

Um dia, saindo do plantão decidi ir até o sítio da tia Carminda. Peguei a estrada... — Ofereceu uma pausa, mas logo prosseguiu: — Pensei até que poderia abandonar o serviço por uns dias e ficar lá... tinha um dinheiro guardado e que daria para fazer isso. Tipo... Tirar umas férias. Comecei a pensar em minha vida... Em toda a minha trajetória... De repente, o caminho da casa da tia, onde tem a estrada de terra, estava

---

[1] N.M. *O Brilho da Verdade*, livro de Eliana Machado Coelho em parceria com Schellida, fala sobre o aborto e suas consequências no plano espiritual, e o livro *Construindo um Caminho* aborda o mesmo tema no plano físico, mostrando como é possível superar esse ato cometido por desespero e ignorância.

fechado por um tronco. Tive de parar. Apareceram quatro caras que me tiraram do carro. Pegaram minhas coisas e começaram a me bater. Riam e brincavam. Desdenharam da minha vida. Não queriam só meus bens como dinheiro, cartões, cheques e carro... Queriam brincar. Provavelmente, estavam drogados. Apanhei até perder os sentidos e nunca cheguei à casa da tia Carminda.

Acordei muito tonto. Tinha um cachorrinho lambendo meu rosto. Ele fazia uns barulhinhos como se chorasse... Latia... Percebi que não conseguia me mexer. Meu corpo inteiro doía e não conseguia me mover. Até para respirar sentia muita dor.

Não sabia que dia era. Não tinha noção do tempo que fiquei ali. Sentia o sol esquentar minhas costas na hora mais quente do dia. Um dos meus olhos ficou tão inchado que não enxergava. Mas enxergava com o outro. Eu me sentia mal e muito estranho. Não sabia por que estava ali. Não lembrava o que tinha acontecido. Não sei por que, mas me lembrava da enfermeira japonesa, mas não do nome dela. Não recordava meu próprio nome — revelou.

O cachorrinho deitou ali do meu lado. Às vezes, ele me lambia o rosto e me acordava.

Quando começou a escurecer, escutei uma voz falando ou chamando. O cachorro deu uns latidinhos... Ai, eu vi o senhor Nélio. Comecei a chorar... Ele disse que ia buscar ajuda. Foi só o que lembro.

Acordei no hospital. Disseram que fiquei uns dias em coma.

O ambiente hospitalar parecia familiar, mas não daquele ângulo. Eu estava muito confuso.

Perguntaram meu nome, mas não sabia. Fiz cirurgias. Fiquei muito mal. Ninguém ligava para mim. Não tinha anel, relógio ou qualquer identificação que dissesse quem eu era ou qual meu nível social, como se isso importasse.

Daí, o senhor Nélio começou a ir me visitar. Conversava e ia embora. Não liguei muito, não queria conversar. Mas, o dia que ele não foi até lá, fiquei desesperado, confuso, me sentindo abandonado.

Então ele apareceu de novo. Contou onde estávamos e novamente como me encontrou.

Passei a ter momentos de lembranças. Recordei que era médico e por isso sabia quais os procedimentos que estavam tomando. Mas não sabia dizer meu próprio nome. Não contei nada para ninguém. Sentia um medo estranho. Passou um tempo e decidi dar um nome para mim. Não sei por que escolhi Nílson. Tive medo do senhor Nélio me abandonar e inventei que estava procurando emprego na região. Que tinha vindo do nordeste para ganhar a vida aqui. Que trabalhei na lavoura... Enfim... Eu queria abrigo.

Apesar de estar todo engessado ainda, recebi alta hospitalar. Não tinha para onde ir, como me cuidar. Não sabia quem deveria procurar. Então contei isso para uma enfermeira, mas ela riu de mim. Não deu importância. Achou que fosse loucura minha.

O senhor Nélio apareceu para a visita de sempre. Eu disse que havia recebido alta e não tinha para onde ir. Não tinha como avisar meus parentes. Então ele me ofereceu lugar na sua chácara. Disse que ele e a dona Jaci cuidariam de mim até me recuperar.

Aceitei. Eu sentia um medo sem razão. Uma coisa absurda. Temia ter cometido algo grave do qual não me lembrava.

Fiquei engessado e não me movimentava muito.

A dona Jaci me arrumou um livro, depois que me viu pegar alguns que encontrei largado, aqui, neste banco. Ela estranhou o fato de eu saber ler bem e rápido. Aos poucos, fui lembrando de tudo, mas não contei aos dois. Sentia muito medo. Um medo inexplicável. Algo tenebroso.

Ailton ofereceu uma pausa. Respirou fundo e encarou a irmã, dizendo:

— Ainda continuo com esse medo. Com menor intensidade do que já tive, mas ainda tenho. É algo que toma conta de mim. Sequestra minha consciência. Perco o domínio. Isso tem um nome na literatura médica: Pânico. Conforme fui melhorando, procurei ajudar em algo. Percebi que ficar parado ou trancado, isolado, aumentava esse pânico, esse estado depressivo. Então comecei a ajudar. Fazia de tudo um pouco. Ailton silenciou.

A essa altura do relato, Isabelle estava sentada ao seu lado, com a mão segurando o braço do irmão.

Jaci, quase a sua frente, enquanto Rodrigo e Nélio um pouco mais distantes, ouviam nitidamente tudo o que era dito.

Ailton permaneceu cabisbaixo e sua irmã perguntou:

— Você não pensou em nós? Nas suas irmãs, na sua família? Não imaginou que estávamos preocupadas?

— Pensei muito em vocês, mas o medo que sentia me dominava. Minha mente estava doente e eu sabia disso. A depressão, o pânico, a crise de ansiedade é algo impressionante. Não conseguia tomar decisões. Ficava travado.

Nélio se aproximou e, de modo ponderado, falou:

— Ele disse algo correto. Já vi muita gente querendo ou exigindo que a pessoa com depressão reaja e saia fazendo as coisas normalmente. Mas isso não é possível, dependendo do grau dessa doença. A mente está doente. Exigir que a pessoa com depressão, pânico ou ansiedade haja com normalidade é o mesmo que exigir de um paralítico, com necessidades especiais, que saia correndo, ande e faça tudo normalmente. Não é possível. A mente trava. Assim como qualquer outro órgão ou membro doente, a mente doente não consegue reagir. Eu percebi que tinha algo errado com o Nílson... Agora Ailton — corrigiu-se. — Por isso conversei muito com ele. Contei meu caso... Vivi essa depressão por anos... Fiquei recluso em casa. Os incentivos para que eu reagisse me ajudavam muito, eu criava ânimo. Enquanto as críticas me deixavam muito pior. — Breve pausa e voltou-se para Isabelle aconselhando: — Não julgue o seu irmão.

— Não. Lógico que não. Eu também sei o que ele passou. Embora, os motivos que me levaram a essa doença de depressão e pânico serem outros, eu sei o que ele passou.

— Fiquei com medo, com muito medo de sair daqui, dessa chácara. Medo de ter de voltar ao hospital, à vida agitada... Medo de ser assaltado novamente... Tenho medo de sentir dor. Senti muita dor nesse processo todo. Só de lembrar, passo mal...

— Não vai acontecer de novo — Isabelle afirmou. — Vamos voltar pra casa. Quer dizer, vai poder ficar na minha casa. Você é meu irmão. Somos uma família. Aconteceu tanta coisa na sua ausência...

— Não posso ir para a sua casa. Não quero dar trabalho nem incomodar o Pedro. Não gosto de São Paulo.

— Não vai me dar trabalho. — Tomando coragem, contou: — Estou me mudando. Arrumei um novo emprego em Campinas. Minha vida inteira mudou e vai ter de mudar ainda mais. Eu e o Pedro nos divorciamos.

— Você e o Pedro? Mas... O que houve? — olhou preocupado.

— O César faleceu... — lágrimas correram de seus olhos. Novamente, contou o que aconteceu.

O irmão a abraçou. Choraram em silêncio.

— Sinto muito. Sinto muito... Nem acredito no que está contando, Belle. Sinto muito pelo César... Por você... Desculpa por eu não estar presente pra te apoiar e...

— Não se preocupe — disse, forçando um sorriso ao se afastar. — Podemos fazer algo melhor agora. Somos irmãos! Temos um ao outro e podemos nos ajudar. Podemos começar de novo.

— Sim — sorriu entre lágrimas enquanto afagava o rosto da irmã. — Vamos começar de novo.

Alguns minutos de silêncio e Jaci convidou:

— Já escureceu bastante. Vamos entrar. Vou arrumar o jantar para nós.

— Não quero dar mais trabalho, dona Jaci. Só o fato de saber que a senhora e o seu Nélio cuidaram tão bem do meu irmão, já os tenho em consideração, de uma forma que nem pode imaginar. Não vamos mais dar trabalho.

— Não é trabalho nenhum! Vamos jantar e amanhã vocês decidem o que vão fazer — tornou a mulher sorridente.

Isabelle olhou para o irmão. Reparou suas roupas simples e surradas, embora bem limpas. Sua expressão preocupada não demonstrava opinião alguma. Por isso ela perguntou:

— O que você vai fazer? Quer ir embora comigo hoje? Podemos ir lá pra casa.

— Não sei. Não sei mesmo — respondeu temeroso e incapaz de tomar decisões.

Ela pensou um pouco. Preocupou-se e teve receio do medo de Ailton crescer e dominá-lo a ponto de ele não querer mais deixar a chácara.

Aquele momento surpresa e a indecisão seriam aliados para que ela o convencesse a retornar e retomar a própria vida.

— Vamos comigo, vai! — procurou animá-lo. — Vamos lá pra casa e depois a gente vê o que precisamos fazer. Retomar a vida não é fácil. Eu bem sei disso — sorriu meigamente.

Quando Jaci tentou dizer algo, Rodrigo sinalizou para não interferir.

Isabelle se levantou junto com Ailton. Despediram-se de todos com a promessa de voltarem. Afinal, agora, havia entre eles uma gratidão imensurável.

Antes de irem, Ailton alertou Nélio:

— O senhor arriscou muito quando me trouxe para cá, para junto da sua família. Poderia não ser quem sou. Um dos marginais que me atacou poderia estar em meu lugar, ferido e não ser tão grato. Os seus filhos têm razão.

— É verdade, pai. O Ailton tem razão.

— É... Vou ser mais cuidadoso.

Ailton pegou algumas roupas, enquanto Isabelle conversou um pouco mais.

Depois eles se foram.

Rodrigo, entendeu a perspicácia de Isabelle, que insistiu em levar o irmão, e explicou aos pais o que tinha acontecido.

Nélio ficou chateado, como se tivesse se separado de alguém de quem gostasse muito. Alguém da família. Mal jantou e se recolheu.

Na sua ausência, o filho e Jaci conversaram sobre o fato de Nélio não saber que Isabelle e Ailton eram filhos de Dulce, a mulher que ele atropelou há muitos anos.

Na espiritualidade, Dulce e a equipe que a acompanhava, emocionaram-se e ficaram satisfeitos com o desenrolar das circunstâncias.

— Sou grata a eles por terem acolhido e cuidado do meu filho. Sou muito grata... Desejo, de todo meu coração, que Deus os recompense. Que haja muitas bênçãos em suas vidas. Graças a eles, o Ailton está bem.

— Nada foi por acaso — disse o espírito Nílson, mentor de Ailton. — Quando percebi o meu pupilo sem equilíbrio para lidar com algumas situações, comecei, como qualquer outro mentor faz, a usar de todos os meios possíveis para guiá-lo. Com a ajuda do mentor da Gabriela, a enfermeira nissei que ele encontrou no topo do prédio, consegui fazê-lo relembrar os ensinamentos religiosos, os princípios adquiridos na infância e juventude que sempre são mais fortes. Por estar confuso, ele tentou buscar ajuda com a tia. O roubo que sofreu, a surra que levou, mesmo não sendo necessária nesta jornada reencarnatória, ajudou-o. Fez Ailton parar e pensar na importância do corpo, do bem-estar, no desejo de sobreviver. Atuar na mediunidade dos animais foi a tarefa mais fácil. Esses nossos irmãos menores sempre aceitam colaborar com os viajantes terrenos, com muito amor. Pena muitos seres humanos ainda não perceberem — Nílson sorriu. — Deus cuidou para que tudo se encaixasse. Nélio, com seu coração bondoso, saiu à procura de seu bichinho de estimação, temendo qualquer tipo de sofrimento para o animal, ainda pequeno. Acabou encontrando e se dispondo a ajudar. Fez além do necessário.

— Mas por que Ailton se deu o nome de Nílson? Nome do seu mentor! Seria por acaso? — Dulce quis saber curiosa.

— Em estado de desdobramento, por causa do sono, eu conversava longamente com ele. Em uma das vezes, Ailton, mais lúcido, perguntou meu nome e quem eu era. Contei. Quando despertou, decidiu se autodenominar de Nílson. Eu gostei! — Nílson sorriu.

Dulce foi até Jaci e depois Nélio. Abraçou-os com carinho e gratidão. Depois se foram.

Durante o caminho de volta, Isabelle conversou com o irmão e o atualizou de tudo.

Estava feliz por tê-lo encontrado e disse isso algumas vezes.

— Quando chegar a minha casa, vou ligar pra tia Carminda. Ela e a Rafaelle vão gostar de saber que você está de volta.

— Estou tremendo.

— Vamos dizer que isso é normal. Esse medo vai passar e à medida que começar a fazer, por você mesmo, o que precisa, isso vai passar. Eu sei o que é isso, Ailton. Eu sei.

— Você teve um grande motivo para entrar em depressão. Eu não.

— Como não?! Você estava contrariado com muita coisa.

— Mas eu amo Medicina! Adoro ajudar pessoas!

— Porém, não estava preparado para determinadas situações. Era muita tensão, pelo que nos contou. Não há nada mais desgastante e estressante do que enfrentar tensões diariamente no serviço. Isso faz mal pra muita gente. Alguns não ligam ou sabem lidar com esse estresse. Outros não. São mais sensíveis. Não suportam.

— E o que eu faço? Vou jogar fora todos os meus anos de estudo?

— Mude de emprego! Por que não? Procure outros lugares. Você pode mudar. Procurar um lugar mais leve e de acordo com seus princípios.

Ailton ficou pensativo. Percebeu que a irmã tinha razão. Sentiu-se aliviado quando pensou em trabalhar em outro lugar.

— Belle, como vou retornar? Nem sei por onde começar.

— Você sofreu um assalto. Deve ter registro disso tudo no hospital onde ficou internado, perdeu a memória... Tudo isso está a seu favor. Foi abandono de emprego, mas você não estava bem psicologicamente. Não se preocupe com isso agora. Reaja Ailton! Você é capaz. Nós somos capazes.

— Conversando com você fiquei mais animado. Estou mais motivado agora.

— Claro. Agora não está mais mentindo. A verdade liberta. Sabe... quando nós estamos ao pé da montanha, rodeados por árvores, não vemos a beleza do lugar. Se nós nos afastarmos um pouco, podemos contemplar a magnífica paisagem. Assim somos nós com nossos problemas, conflitos ou dúvidas. Quando estamos envolvidos neles não enxergamos saída. Se nós nos colocarmos de fora da situação, conseguiremos ver soluções, alternativas ou até ver a enrascada de que poderemos nos livrar, em muitos casos.

Ailton simplesmente sorriu e ficou pensativo.

Não demorou muito e Isabelle perguntou:

— Você sabe quem é o Nélio?

— Sei — respondeu baixinho.

— Como descobriu? — tornou a irmã.

— Quando me disse como se chamava eu lembrei o nome do homem que atropelou a mãe. Um dia, por me ver quieto, deprimido ele começou a falar, contar sua vida e contou o que aconteceu e o que o fez entrar em depressão. Não consegui ter raiva ou mágoa. Entendi que foi um acidente, depois de ouvi-lo.

— Você sempre pensou assim. Não foi o meu caso. Só depois do que aconteceu comigo que consegui entender.

— E agora o Rodrigo está te ajudando.

— Ele me ajudou. Mas também foi só. Agora, daqui pra frente, é comigo.

— Por que quis ir até a chácara para conhecer o pai dele?

— Para pedir perdão em pensamento. Pedi que me perdoasse por ter dito tantas coisas sem nem mesmo conhecê-lo. Pedi perdão pela raiva, por tanta mágoa... Tudo em pensamento, já que ele não sabe quem eu sou. Foi só isso. Pedi a Deus que o abençoe também.

Não disseram mais nada. Já estavam perto de casa.

O retorno de Ailton trouxe grande sensação de alívio. Carminda e Rafaelle ficaram satisfeitas ao saber.

Isabelle cuidou da mudança e o irmão a ajudou, ao mesmo tempo em que retomava sua vida.

Várias caixas espalhadas pela casa, muitas coisas para colocarem no lugar e Isabelle tentando, sozinha, colocar uma torneira na pia.

— Desliga! Desliga, Rosa! Fecha o registro porque saiu água pra todo lado! — gritou para a outra conseguir ouvir. — Droga!

Rosa entrou na cozinha e, ao observar Isabelle toda molhada, opinou:

— Precisa colocar mais daquela fitinha branca em volta da rosca da torneira.

— É! Eu fiz isso. Mas daí a torneira ficou com a boca pro lado e não pra baixo. Então eu tirei um pouco da fita, mas não tá dando certo! — Isabelle parecia irritada.

— Será que o Ailton sabe fazer isso?

— Deve saber, mas... Não posso esperar meu irmão chegar pra termos água na pia! Precisamos cozinhar! Ter água pra lavar as mãos! Precisamos ter água na pia! Ai que droga! Já são quase sete horas da noite!

Rosa ficou sem ação até que ouviram um barulho.

— O que é isso? — Isabelle perguntou.

— Acho que é a campainha! — Rosa disse e riu. — Que barulho engraçado. Diferente.

— Campainha? — Isabelle também riu. — Eu nem sabia que essa casa tinha campainha — disse e saiu para ver quem era. — Oi, Rodrigo! Que surpresa! — pareceu não gostar muito da visita. Não tinha nada no lugar. A casa estava um caos.

— Você avisou que mudaria hoje. Passei aqui pra ver se precisava de ajuda.

— Entre, por favor. Não repara a bagunça, é que...

— Pare de se justificar. Nunca vi mudança organizada. — Ao olhar para ela, achou graça por estar toda molhada.

Seus cabelos não estavam alinhadamente presos, fios soltos e molhados ficaram engraçados. A blusa também molhada, indicava que algo não estava dando certo.

Isabelle fez uma cara engraçada e explicou:

— É... Estou tentando colocar uma torneira. Estamos sem água, sem nenhuma torneira e sem chuveiro!

Já na cozinha...

— Vamos lá! Isso eu acho que sei fazer. — Tirou o paletó, arregaçou as mangas e foi instalar a torneira. Após cumprimentar Rosa, que apareceu de repente, foi fazer o que precisava.

— Quem é você? — perguntou a doce voz infantil de Aline.

— Ele é um amigo da mamãe, filha. Agora não atrapalha. Vai lá pra a sala.

— Mas não tem televisão! — protestou a garotinha.

— É... Não tem — tornou a mãe. — Não posso fazer nada, filha. — Seu tom de voz não foi agradável. Via-se que o cansaço e a preocupação estavam tomando conta de seu ânimo.

— Ei... Calma. As coisas estão complicadas, mas não é culpa dela. — ele falou baixinho. Virando-se para a menina, apresentou-se: — Sou o Rodrigo. Pode me chamar de tio, se quiser.

— Oi, tio! — sorriu lindamente, balançando e girando o corpinho de um lado para outro enquanto abraçava um ursinho de pelúcia.

— Oi, Aline.

— Você sabe o meu nome?

— Sei. Ouvi falar muito de você. E só ouvi coisas boas.

— Ah, é? Quem falou?

Ao mesmo tempo em que instalava a torneira, respondeu:

— Uma pessoa que gosta muito, muito, muito de você.

— Quem? — sorriu ao perguntar. Achou-o agradável. Queria conversar com ele.

— Sua mamãe.

— Ah... — Um momento e falou: — A gente se mudou pra cá agora.

— Estou sabendo. Que bom!

— Ainda não conheço a minha escola.

— Vai conhecer. É muito bonita.

— Você conhece, né? — quis saber Aline.

Ele riu, olhou para Isabelle que secava o chão e falou:

— Esperta, né?

— Você nem imagina. Não sabe com quem está lidando.

— O que vocês estão falando? — a garotinha perguntou, desconfiada.

— Eu disse que você é muito esperta. Conheci sua escola só por fora. E ela é bem bonita. Sei que sua mãe tem bom gosto e procurou um bom lugar pra você estudar. — Alguns segundos e disse: — Pronto! Abra o registro. Vamos ver.

Isabelle foi para o lado externo da casa e fez o que ele pediu.

— Ótimo! Agora vocês têm água na pia.

— Mas não tem no chuveiro, tio! Vamos ter que ficar sem banho. Minha mãe falou que vamos ficar todas fedidas.

— Aline!

— Mas foi verdade, mamãe! Você disse que a gente ia ficar fedida até chamar alguém pra colocar o chuveiro. Disse bem antes do tio chegar.

Isabelle riu. Sabia que criança era assim mesmo.

— Huuummm... Não vai não! Vou ver se consigo colocar esse chuveiro pra você. — Ele ria. Virando-se para Isabelle, perguntou: — Você tem uma lanterna?

— Lanterna? — ela riu alto e falou: — No meio de uma mudança quer que eu ache a lanterna?!

— Verdade... — riu junto. — Acho que tenho uma no carro — disse e saiu.

Rodrigo ajudou no que pôde e as deixou com um mínimo de conforto.

Já eram mais de dez horas da noite quando ele decidiu:

— Vou pedir pizza! O que você quer Aline?

— Muçarela! Muçarela! Muçarela!

— Ótimo! Uma de muçarela e outras duas do quê?

— Ai, Rodrigo... De qualquer coisa. Estou tão exausta.

— Então vamos pedir uma de muçarela e outras duas de qualquer coisa. Vem Aline. Vamos ligar — pegou o celular e foi para a sala.

Rosa já havia ajeitado algumas coisas. Encontrou copos, pratos, talheres e arrumou a mesa da cozinha.

No final da noite...

— Nem sei como te agradecer. Depois que chegamos, só consegui fazer a geladeira funcionar — Isabelle riu de si mesma.

— Já é alguma coisa! Calma... Amanhã é sábado, vou dar uma passada aqui. Se puder ajudar...

— Vou aceitar qualquer ajuda. Obrigada.

Despediram-se.

Passaram o fim de semana arrumando e colocando tudo no lugar.

O quarto menor, Ailton solicitou para ele. Precisou comprar cama e colchão.

O outro, para Isabelle e a filha e um para Rosa.

Isabelle tinha em mente trazer Rafaelle para morar ali, com isso a irmã poderia dividir o quarto com Rosa.

Capítulo 33

*Inseparáveis*

Aline gostou muito de sua escola. Era Rosa a encarregada de levá-la e buscá-la.

Ailton ficou alguns dias em casa, esperando que seus documentos ficassem prontos. Precisava regularizar toda a sua vida. Tudo isso deu um pouco de trabalho, mas foi resolvido aos poucos.

Carminda visitou a nova casa de Isabelle e levou Rafaelle que já estava pronta para se mudar.

No encontro, os irmãos se abraçaram demoradamente. Achavam-se envolvidos por fortes emoções que os levaram às lágrimas e choro silencioso.

Até os presentes se sentiram contagiados por tanta emoção.

Com exceção de Carminda, que podia perceber, os demais não viram.

Dulce e Antônio abraçaram-se aos filhos com intenso carinho.

O espírito Antônio pedia perdão:

— Desculpa... Desculpa, meus filhos se eu fiz vocês sofrerem. Desculpa minha ausência... Quero que saibam que tenho orgulho de vocês por terem vencido tantas dificuldades para chegarem até aqui. Que Deus abençoe vocês nessa nova vida.

— Eu também tenho que pedir perdão... — Dulce se emocionou. — Perdoem por ter atrapalhado, de alguma forma. Perdoem-me por tudo.

O espírito Herculana, mãe de Antônio, e Florina, mãe de Dulce quando encarnada e, logicamente, avós dos três irmãos, também se envolviam em sentimento sublime e em fortes emoções.

— Vocês vão conseguir uma vida melhor a partir de agora. Só depois da guerra é que se dá valor à paz. Paz é a verdadeira felicidade. Paz é ter a consciência tranquila, vida leve e amor a tudo e a todos — comentou Florina.

— Agora eles vão conseguir. Unidos pelo amor de irmãos, pela força que um vai dar ao outro. Unidos... Simplesmente unidos. Não somos nada sem união. E nisso, Dulce, você os ensinou muito bem. Foi uma mãe que implantou respeito a Deus em seu lar, religiosidade aos seus filhos. E foi isso que os ajudou muito — lembrou Herculana. — Agora aprenderam e vão prosseguir com mais segurança.

Também emocionado, assumindo a forma de um homem, o espírito César estava próximo.

Quando o abraço se desfez, ele se aproximou de Isabelle e a envolveu com carinho e fortes sentimentos.

— Mãe... — estava em lágrimas.

Isabelle, sem entender, teve um arroubo de choro e se sentou.

— Mãe, obrigado. Obrigado por ter me ajudado... Pode parecer estranho tudo o que aconteceu, mas... Você me ajudou muito. Hoje me sinto liberto das angústias praticadas no passado. Acabou, mãe... Somos seres melhores do que já fomos e podemos ser melhores ainda. Sei que o seu coração ainda dói. Mas você pode reverter essa dor e ela ficará mais leve. Como alguém já disse, essa dor vai dissolver até virar uma sombra.

— O que foi, Isabelle? — Ailton perguntou.

— Não sei... Senti vontade tão intensa de chorar...

— Talvez, porque nós três estamos juntos novamente, não acha? — Rafaelle supôs.

— Pode ser — a irmã respondeu e sorriu.

Carminda, em um canto, sorria levemente e também se emocionava.

Quando percebeu que os sobrinhos passavam por dificuldades, Carminda decidiu ajudar a mais fraca. Sabia que, apesar da dor, Isabelle poderia se recuperar. E que, se a tivesse ajudado ou se encarregado de suas tarefas com a casa e sua filha, Isabelle não iria criar forças para reagir e assumir o controle da sua vida.

Ela não poderia fazer muita coisa por Ailton, materialmente, mas suas preces eram energia e força viva que ajudaram o sobrinho, mesmo à distância.

Tobias, sentado em um sofá, só observava a mãe.

Para que o encontro não se tornasse melancólico, Tobias contou:

— Pena vocês não estarem morando mais em São Paulo. Vou ter de fazer um curso de quinze dias lá.

— É mesmo? — Ailton se interessou. Talvez, quisesse mudar de assunto.

— Verdade! Acho que vou ter de ficar esses dias em algum hotel.

— São Paulo é perto. Dá pra ir e vir todos os dias, se quiser. Tem muita gente que faz isso — tornou o primo.

— Mas, se acontece um imprevisto, a gente perde a hora. Melhor arrumar um lugar. Acho que a empresa vai indicar alguma coisa.

— É. Sempre indicam — Ailton disse.

Conversaram muito e o clima ficou mais tranquilo.

Com o passar dos dias, Isabelle foi até São Paulo visitar as amigas.

Anita, extremamente definhada, era mantida em tratamento paliativo, só para que não sofresse. Nenhum tratamento havia funcionado, no seu caso. Vivia deitada e alimentada por sondas.

Beatriz, muito abatida, recebeu com prazer a amiga da filha.

Anita demonstrou-se feliz em vê-la. Já não conseguia escrever mais e pouco se comunicava.

Ao ficar a sós com Isabelle, Luci chorou muito. Ambas choraram. Não era nada agradável acompanhar aquela situação.

Um tempo depois, Luci contou:

— O seu primo me ligou.

— Ligou?

— É... Ele mandou mensagem. Disse que estava fazendo um curso aqui e queria um lugar para passar uma tarde que não haveria atividade. Queria um lugar para se distrair.

— Você o levou onde? — Isabelle perguntou.

— Nós nos encontramos em uma cafeteria e depois... — riu. — Eu o levei ao centro espírita que estou frequentando.

As amigas riram juntas.

— Que programão, hei?! — Isabelle brincou e elas riram. — Ótimo lugar para se distraírem.

— Ah!... Ele é espírita e... Onde eu o levaria? — Um momento e contou: — No dia seguinte, a gente passeou no Shopping, que ele não conhecia.

Isabelle olhou desconfiada e perguntou:

— Só isso?

— Ai, Belle!...

— Quando eu escuto esse: "Ai, Belle!..." — arremedou a amiga. — Lá vem coisa nova da sua parte.

— Tá bom! Vou contar. A gente se beijou — falou como adolescente.

— Sei... E?...

— E?... Só. Andamos de mãos dadas. Ele colocou a mão no meu ombro.

— Ai! Que sorte! Hoje os namoros estão tão avançados!...

Falar em pôr a mão no ombro é coisa de irmão! — gargalhou como há muito não fazia.

— Ai, Belle! Para! Nem sei se é namoro.

— E o que falaram?

— De muitas coisas.

— Não isso. Perguntei se ele fala alguma coisa de você... de vocês...

— Quando o Tobias veio me trazer em casa, disse que me admirava. Não sei no quê.

— Para de se menosprezar! Você é uma mulher bonita, inteligente... Tem direito a ser feliz. E o Tobias é um cara muito legal. Sempre tranquilo... — Isabelle reconheceu.

— O curso dele vai acabar.

— Ele trabalha em Campinas. É bem perto. Vai manter contato.

— E se não mantiver? — Luci demonstrou-se insegura.

— Paciência. É porque não deu certo.

— Vou me sentir usada.

— Não. Deixa de ser boba! Trocar uns beijos não é ser usada. É conhecer, é ver se dá certo. Fica tranquila, amiga.

— É que já sofri tantas que... Sei lá. Estou com trauma. Medo de pisar na bola. — Um instante e comentou: — Eu nem contei pra Anita.

— Por que não?

— Não sei... Tenho medo de que ela se sinta mal ou que...

— A Anita mudou muito, Luci. Acho que vai gostar de saber. Principalmente, porque ela acredita que estragou sua vida.

— Você acha, Belle?

— Acho sim.

Os dias foram acontecendo...

Era sexta-feira, uma tarde fria de outono quando Luci, ao esmaltar as unhas curtas e frágeis de Anita, fazendo decorações com florezinhas, contou:

— Sabe o Tobias, filho da tia Carminda?

Anita abriu os olhos, pendeu com a cabeça positivamente e ficou aguardando.

— Ele veio para São Paulo fazer um curso. Daí me ligou. Até estranhei, mas aí lembrei que tinha dado meu telefone desde aquela vez que roubaram meu carro, minhas coisas e fiquei sem celular. Acabou que ele me deu o celular antigo dele... Esse que tenho até hoje — riu. — Então, ele me ligou. A gente saiu. Depois saímos de novo e de novo... Aí o curso acabou. E ele vem pra cá de domingo.

Anita sorriu largamente como há muito não fazia.

— Essa semana, o Tobias colocou, na página da rede social, que está namorando comigo. Estou tão contente, Anita! Ele parece ser um cara muito legal. Estou gostando muito dele. E achei que você iria gostar de saber.

Anita se esforçou para se expressar.

Luci pegou a prancheta com folha e caneta, mas a amiga não teve forças para escrever.

Uma lágrima rolou no canto dos olhos de Anita quando levou à mão a boca e jogou um beijo para a amiga. Foi o único sinal que conseguiu expressar: um beijo de bênção e felicidade.

Aquela noite foi tranquila. Acreditou-se que a notícia do namoro de Luci deixou Anita mais leve e feliz.

Na manhã seguinte, Luci levantou cedo. Foi para o quarto da amiga e a viu dormindo. Colocou a mão em sua testa e percebeu-a serena. Anita se remexeu e esboçou um sorriso.

Luci lhe fez um agrado, deu-lhe um beijo de bom dia. Avisou que iria cuidar de algumas coisas e que depois voltaria para continuar lendo um livro novo que havia comprado. Cobriu-a direito e saiu.

Foi preparar um café. Fez silêncio. Não queria que Beatriz acordasse. Sabia o quanto estava cansada e qualquer hora de sono a mais ajudaria.

Não demorou e Betinho chegou à cozinha, andando devagar, muito assonorentado.

A amiga foi até o armário, pegou a caneca que gostava de usar e se aproximou da mesa. Quando ia pegar a garrafa térmica com café, ouviu a voz de Anita de forma suave. Chamava por seu nome.

"Luci... Belle...".

Luci tomou um susto e sentiu a adrenalina correr em seu corpo.

— Você ouviu isso? — perguntou aflita.

— Ouvi o quê? — Betinho quis saber.

"Tchau pra vocês... Estou indo. Lembre-se de que amo vocês..."

Ouviu novamente.

Luci deixou a caneca cair e correu para o quarto da amiga.

Ao se aproximar, sentiu que Anita já havia partido.

Começou a chorar e abraçou-a, murmurando:

— Tchau... Vai com Deus... Eu também te amo... Também te amo... Me desculpa por alguma coisa...

No mesmo instante, Isabelle preparava um café. Sozinha na cozinha de sua casa, ouviu o mesmo que Luci.

Alertou-se. Pensou que estivesse dormido em pé e, por sua mente, passou um sonho rápido.

— Meu Deus... Estou ficando louca — murmurou.

Correu para o celular, que estava desligado. Apanhou o aparelho e esperou alguns instantes aflitivos para vê-lo ligar.

Telefonou. Após chamar muitas vezes, Luci atendeu. Não disseram nada.

Ela só chorava e Isabelle não precisou de palavras para confirmar sua dúvida.

Chorou também.

Deixando a filha sob os cuidados de Rosa, pegou algumas poucas coisas e foi, imediatamente, para São Paulo.

Isabelle e Luci, lado a lado, observavam e choravam perto do caixão da amiga. Permaneceram abraçadas o tempo todo. Choraram em muitos momentos.

Algumas pessoas, que conheciam suas histórias, não conseguiam entender o comportamento de Luci ou não compreendiam a grandeza do perdão.

Como toda despedida, essa foi bem triste.

Assim que retornou para casa, Isabelle demonstrava-se muito triste. Ligou para Carminda e conversou um pouco com ela. Não demorou e a conversa tomou outro rumo. Em dado momento, sua tia disse:

— O Tobias está gostando muito da Luci.

— Ela é uma pessoa muito boa, tia.

— Pessoa que sabe perdoar é um ser de luz, filha. Estou torcendo para que dê certo entre os dois. O Tobias precisa arrumar alguém assim. — Alguns segundos e perguntou: — E você, Isabelle? Como está?

— Ah... O serviço novo é tranquilo, graças a Deus. É menos estressante do que o outro. As coisas estão se ajeitando. A Aline está gostando da escolinha... Às vezes, pergunta do pai, mas entende que estamos morando longe. Liguei para a mãe do Pedro. Ele está internado novamente. Está com cirrose hepática. Falei pra Aline que o pai está doente e por isso não podemos visitá-lo. Mas pretendo levá-la até lá quando o Pedro receber alta. A Rafaelle arrumou emprego de podóloga. Que bom que o curso deu certo! Já está trabalhando em um bom lugar no Shopping. Sabe que ela começou a falar em fazer faculdade de Biomedicina.

— Biomedicina? O que é isso?

Isabelle explicou:

— É uma área voltada para o campo das pesquisas das doenças. Não sei explicar direito, mas... É uma junção de Biologia e Medicina. O biomédico trabalha com a identificação, classificação e estuda o que causa enfermidades. Geralmente, trabalha em hospitais, laboratórios, centros de pesquisas e outros lugares. Trabalha em parceria com médicos, farmacêuticos, bioquímicos, biólogos...

— Não sei se entendi direito. Mas não é médico nem biólogo. Tá... O bom que ela vai ter um campo de trabalho.

— Não vai ser médica como o Ailton, mas terá um bom campo de trabalho. Vai poder trabalhar e estudar, pelo menos, no início. Se ela quiser fazer mesmo essa faculdade, eu e o Ailton vamos ter de ajudar, financeiramente, claro. O Ailton concordou.

— Que bom! Estou muito feliz por vocês. A Rosa está bem?

— Sim, tia. Está. Ficou um pouco resfriada, mas já está melhor.

Conversaram e a tia a convidou para ir até o sítio. Disse que seria bom tirar alguns dias de folga em lugar entre a natureza.

Isabelle concordou e falou que combinaria com Luci.

Assim que desligou, Isabelle ouviu os barulhos que o irmão fazia ao chegar a casa.

Foi a sua procura.

— Ooooi...

— Oi, Belle. E aí? Está melhor? — sabia que a irmã estava sofrendo pela morte da melhor amiga.

— Estou bem. Acabei de conversar com a tia Carminda. É sempre bom falar com ela que nos passa tanta paz.

— Essa paz qualquer um pode conseguir. Difícil é saber como.

— E você? Deu tudo certo lá no hospital? — ela já sabia que o irmão tinha colocado em ordem seus documentos e procurava emprego novo.

— Deu. Graças a Deus! Deu certo sim. É um hospital de um plano de saúde. É pequeno, mas bem melhor em termos de estrutura. Não vou precisar comprar luvas e terá outro médico para tirar plantão comigo. — Breve pausa e confessou: — Às vezes, eu me sinto fraco por isso.

— Pare, Ailton! Respeite os seus limites. Dê o melhor de si, mas se respeite. Se fizer mais do que isso, não fará nada certo.

Ele sorriu com simplicidade. Depois contou:

— Você não imagina quem eu encontrei lá.

— No hospital?

— É.

— Quem?

— A Gabriela.

— E quem é Gabriela?

— Aquela enfermeira nissei que encontrei no topo do prédio... Sabe? A que me falou do suicídio...

— Ah! Sei! E aí? Como ela está?

— Arrasada. Conversamos um pouco. O filhinho dela morreu há seis meses.

— Nossa... Do quê?

— Meningite.

— Que horror — disse a irmã.

— Conversamos. Ela está triste, mas... — Um momento e ele perguntou: — Será que eu seria inconveniente se a chamasse pra sair?

— Acho que não — Isabelle sorriu.

— Acredito que ela precise se distrair um pouco. Não acha?

— Acho — ela não aguentou e riu alto.

Ailton riu junto e confirmou:

— Vou chamar. Amanhã mesmo vou chamar.

— Acho que vai ser muito bom se convidá-la para almoçar. Assim fica mais suave...

— Verdade. Boa ideia.

Na manhã seguinte, Rodrigo chegou à casa de Isabelle que estranhou sua visita inesperada.

— Passei aqui porque você não respondeu minhas mensagens — ele disse.

— Desculpa... Nem liguei o celular hoje. Ontem descarregou a bateria, coloquei pra carregar e esqueci.

— Sinto muito pela Anita. Fiquei sabendo. Quando me mandou mensagem dizendo que iria pra São Paulo... Nem acreditei... Pensei em me convidar para ir junto, mas...

— Obrigada.

— Vocês sempre foram grandes amigas, desde a infância. Imagino o quanto está sofrendo.

— Estou sim. Mas penso que ela descansou. Fiquei com pena da dona Beatriz. Ainda bem que ela tem a Luci e o Betinho ao lado.

— Isabelle, preciso te contar uma coisa. — Ela ficou na expectativa e Rodrigo revelou: — Eu e minha mãe contamos para meu pai sobre você e seus irmãos serem filhos da dona Dulce.

Isabelle ficou em choque no primeiro momento. Depois perguntou:

— E ele?!

— Percebemos que se perturbou um pouco, mas, em seguida, pareceu melhor. Ficou feliz por ter ajudado o Ailton sem nem mesmo saber quem era. Só que, agora, meu pai quer encontrar vocês três. Pediu para convidar você, o Ailton e a Rafaelle para passarem o domingo lá na chácara.

— Por mim, tudo bem, mas... Preciso falar com meus irmãos.

Foi quando ouviu:

— Por mim tudo bem — disse Rafaelle, chegando à cozinha.

— Por mim tudo bem também — concordou Ailton ao lado da irmã caçula.

— Ótimo! O senhor Nélio vai ficar muito feliz! — exclamou Rodrigo, sentindo grande alívio.

No domingo cedo, o carro estacionou frente à casa da chácara com Ailton, Isabelle, Rafaelle, Rosa e a pequena Aline. Todos desceram.

Nélio, que estava ansioso esperando as visitas, saiu para recebê-los.

Os irmãos ficaram juntos e o senhor se aproximou, abriu os braços e, com lágrimas nos olhos, procurou envolver a todos. Choraram.

— Me perdoem... Sempre quis pedir isso a vocês... Me perdoem... Me perdoem... — disse com a voz rouca durante o abraço.

— Seu Nélio — Ailton falou após se afastarem do envolvimento —, não precisamos perdoar-lhe. Entendemos o que aconteceu. Sabemos que foi um acidente.

— É verdade, senhor. Não precisa pedir perdão — falou Rafaelle.

— Concordo com meus irmãos, senhor Nélio. E eu, mais do que ninguém, entendo sua dor. Sei que foi uma fatalidade.

Rosa, que se mantinha a distância, segurava Aline em pé a sua frente. Ela sentiu vontade de contar a sua versão. Dizer que foi por sua causa que Dulce caminhou de costas para a avenida, desesperada, ao descobrir que ela foi amante de Antônio.

Mas, amigos espirituais a envolveram para que não falasse, pois não resolveria. Não traria nada de edificante.

Só o fato de dedicar-se a ajudar os filhos de Dulce, estava redimida.

Ela chorou em silêncio.

Jaci aproximou-se dela, após cumprimentar os irmãos, e perguntou:

— Você deve ser a Rosa?

— Sou.

— Bem-vinda a nossa casa. O Rodrigo nos falou de você. Vamos entrar.

Passaram um domingo bem agradável.

Aline adorou toda a chácara, principalmente, os animais que tinha.

Isabelle ficou surpresa quando Nélio contou que havia feito um balanço especialmente para a garotinha.

Era final de tarde. O sol quase se punha.

Todos se encontravam na varanda, sentados em bancos ou deitados em redes, conversando.

Rodrigo sentiu falta de Isabelle e saiu a sua procura.

Os raios dourados do sol na linha do horizonte espelhavam no tremeluzir da água do lago e refletiam no rosto sereno de Isabelle que, parada sob uma árvore frondosa, tinha o olhar perdido em ponto algum.

Rodrigo se aproximou em silêncio, mas ela percebeu sua presença. Olhou-o por um momento e esboçou leve sorriso.

Ficaram em silêncio por longos minutos.

— Em que você está pensando? — ele perguntou com brandura.

— Pensando em tanta coisa... — suspirou fundo e o olhou, esboçando suave sorriso doce. — Fiz uma retrospectiva da minha vida. Quanta coisa aconteceu. Quanta coisa aconteceu para eu mudar. Quem diria... Às vezes, não entendemos a razão de algumas experiências. Ficamos contrariados, em conflito, magoados... Depois descobrimos que tudo, exatamente tudo, o que acontece em nossas vidas é para, pura e simplesmente, aprendermos a viver com mais aceitação, praticarmos o perdão, amarmos indistintamente, sermos prudentes, cautelosos, responsáveis... Tudo o que acontece é para nós evoluirmos. Deixarmos de ser tão exigentes, tão controladores, tão chatos!... — enfatizou e sorriu. — Deixarmos de incomodar os outros com os nossos caprichos... Pois a Natureza, Deus, vai dar um jeitinho de atrairmos com precisão, com a maior perfeição, tudo o que precisamos para evoluirmos. Mesmo que, essas experiências doam no fundo de nossa alma. Vamos precisar aprender. Evolução é lei. Quanto mais resistirmos, quanto mais demorarmos a fazer o que é certo, bom, justo e equilibrado, moral e espiritualmente, mais sofreremos. Deus não tem uma lei para mim e outra para você. Ele não tem filhos prediletos. Esse Pai Eterno e de infinita bondade ama a todos. Por essa razão, fez Leis imutáveis. Vamos ter de harmonizar o que desarmonizamos. — Longa pausa. Suspirou fundo e sorriu de modo agradável ao comentar: — Por isso hoje, quero uma vida mais serena. Sem implicâncias, sem resistência. Quero aceitar o outro como ele é, respeitando e exigindo respeito, claro. Já passei por muita coisa... Deus sabe.

— Passou mesmo — Rodrigo se manifestou. — Estou contente em vê-la mais estruturada. Quando falei com você por telefone... Quando me ligou para aceitar o emprego em Campinas e depois nos encontramos, fiquei preocupado. Não acreditei que fosse conseguir reagir e se erguer tão rápido. Mas mostrou que é possível.

— Ainda me sinto abalada. Tem dias mais difíceis do que outros. Mas me sinto mais segura. Se eu não tivesse arregaçado as mangas e ido à luta, isso não seria possível. Não mesmo. Precisei catar meus pedaços, juntar tudo e seguir em frente.

— Eu te admiro muito. Você é uma mulher guerreira. Muito forte.

— Precisei me tornar — sorriu. Olhando-o nos olhos disse: — Todos nós temos uma força impressionante em nosso ser. Basta procurarmos.

— Você é exemplo disso.

Rodrigo afagou seu ombro e a puxou para si, agasalhando-a em um abraço confortante. Quando percebeu que Isabelle o abraçou, beijou-lhe a testa e acariciou seu rosto.

Após longos minutos, ao percebê-la tão somente quieta no aconchego do seu abraço, afastou-se um pouco. Segurou seu rosto, olhou em sua alma através de seus olhos e a beijou com amor.

Isabelle correspondeu, mas, no instante seguinte, fugiu-lhe ao olhar. Não disse nada. Apenas se afastou.

— É bom voltarmos para junto deles — ela comentou. — Precisamos retornar pra casa. Amanhã todos têm de levantar cedo.

— Sim. Vamos — concordou. Havia um toque de insegurança em seus sentimentos. Não sabia se tinha feito a coisa certa, embora tenha ouvido o seu coração.

Voltaram para junto de todos.

Algumas semanas se passaram...

O ocorrido no lago da chácara não saía da cabeça de Isabelle nem de Rodrigo.

Não haviam se falado mais depois daquilo, até que, inesperadamente, Rodrigo a procurou quando saía do serviço.

— Oi, Isabelle.

— Rodrigo! Que surpresa — sentiu um prazer inesperado. Uma alegria inominável tocou seu coração. Não sabia explicar.

— Eu queria te ver... conversar e... Não parei de pensar em você — foi direto. Observando-a sem jeito, perguntou: — Podemos sair? Podemos conversar um pouco?

— Quando?

— Agora. Você vai pra casa?

— Na verdade... Eu ia para a academia.

— Academia? Que bom! Isso faz muito bem. Eu também faço academia.

— Achei que me faria bem. Estou muito parada. Fiz matrícula em uma academia. É caminho de minha casa e... Mas tudo bem. Claro! Vamos conversar. Onde?

— Conheço um lugar — ficou satisfeito por ela aceitar. — Você está de carro?

— Não. Meu carro deu problema e está na oficina. O Ailton me deu carona hoje cedo. Eu ia voltar de transporte público.

— Meu carro está ali, naquele estacionamento da esquina. Vamos.

Ela aceitou.

Após chegarem a um restaurante muito refinado, que se achava com pouco movimento naquela hora, Rodrigo percebeu-a ansiosa.

Isabelle parecia insegura.

Sentaram-se a uma mesa no canto e o garçom os atendeu.

Conversaram. Fizeram os pedidos e jantaram com tranquilidade.

Nada de tão importante foi dito. A expectativa foi perdendo força. Riram e brincaram.

Isabelle contou que sua irmã estava estudando muito. Rafaelle queria passar na faculdade para fazer Biomedicina. Ailton, por sua vez, começou a namorar Gabriela, a enfermeira com quem trabalhava.

Ele não tinha muitas novidades para contar. Observou-a o tempo todo. Apreciava vê-la falar daquela forma mansa. Notou que estava mais confiante e animada.

No final da noite, Rodrigo a deixou em casa.

Ainda no carro, ela agradeceu:

— Obrigada pelo jantar. Gostei muito.

— Foi bom mesmo. E... Isabelle, eu... Eu gosto muito de você. A verdade é essa. Não estou conseguindo me manter distante. Sei que você também gosta de mim e... Nós nos conhecemos há tanto tempo que... Será que precisamos perder tempo com namoro, noivado...

— Como assim? O que quer dizer?

— Você quer casar comigo? — indagou subitamente.

Aquela pergunta a pegou de surpresa. Porém, mais surpreendente ainda foi a resposta impensada:

— Quero.

Rodrigo a envolveu em seus braços, afagou-lhe o rosto com carinho e a beijou com amor.

Na oportunidade que surgiu, Isabelle alertou:

— Eu tenho uma bagagem enorme. Casando comigo, você vai ter minha filha, a Rosa e meus irmãos.

— Amo sua filha. Ela não será uma bagagem, será parte de nós. Quanto aos outros... Dou um jeito de expulsar todos de casa — riu e a abraçou novamente.

Não foi surpresa para os demais o anúncio do namoro e, em seguida, do casamento.

Em alguns meses, Isabelle e Rodrigo se uniram em cerimônia simples em um cartório. Um almoço em comemoração reuniu todos na chácara de Nélio.

Luci, seu noivo Tobias e Carminda achavam-se presentes. Assim como Beatriz e Betinho que também foram convidados. Ailton levou sua namorada, Gabriela, que já estava entrosada com a família.

Rafaelle, não largou o braço da tia.

Leandro, irmão de Rodrigo, com sua esposa grávida de dois meses, aproveitou a ocasião para dar essa notícia aos pais. Nélio e Jaci ficaram maravilhados só em pensar na chegada do primeiro neto ou neta.

Assim que puderam, Isabelle e Luci, amigas inseparáveis, sentaram à beira do lago que existia na chácara. Queriam um momento para ficarem sozinhas.

O entardecer era lindo. Pareceu um presente aos noivos.

De braços entrelaçados, lado a lado, permaneceram quietas por um longo tempo.

Luci recostou o rosto no ombro da amiga.

— Eu gostaria que a Anita estivesse, aqui, agora — Isabelle disse, quebrando o silêncio.

— Eu também... Sinto falta dela. Das doideiras, das bobeiras... Até das críticas... Acredita? Quando a Anita chegava, ficava esperando o que ela tinha pra dizer pra criticar... — riu. Após algum tempo, comentou: — Ela era reclamona... Estamos reclamando dela... O quanto de Anita temos em nós?

Não houve resposta. Permaneceram em silêncio por longos minutos, até Isabelle considerar:

— Ainda bem que não conseguimos saber o futuro e abençoado seja o esquecimento do passado. O presente já nos basta. — Um momento e perguntou: — Você tem notícias do Edvaldo?

— Nenhuma. Nunca mais soube dele. E você? Tem notícias do Pedro?

— Só quando levo a Aline para visitá-lo. Ele está péssimo.

Longos minutos e Luci comentou:

— Quem diria... Eu imaginava nós três, eu você e a Anita, juntas e bem velhinhas.

— Sério, Luci? Nunca me imaginei velha! Não que eu lembre — riu.

— Será que você já está na fase de esquecimento, amiga? Já está caduca? — riram com gosto. — A Anita também não. Não imaginava a gente velhinha.

— Como você sabe?

— Um dia perguntei pra ela se conseguia pensar em nós três juntas e bem velhinhas — Luci riu.

— Tenho saudade dela... Muita saudade... — Isabelle confessou. Lágrimas correram em sua face.

Uma forte emoção envolveu as duas amigas que se abraçaram e começaram a chorar.

Não poderiam ver, na espiritualidade, Anita se aproximar e as abraçar com intenso carinho.

— Minhas amigas queridas... Amo vocês... — Anita chorou junto. — Eu não sabia que poderia amar tanto incondicionalmente... A amizade é uma bênção que traz paz ao coração. Agradeço a amizade... Ter uma amiga é ter uma flor eterna no jardim da vida. Tive sorte! Tive duas. Não sabia dessa sorte até... Até conhecer, nos últimos meses de vida, o sagrado valor da amizade.

— Essa amizade vem de muitos séculos — informou Nívia, mentora de Anita, após vê-las abraçadas por muito tempo. — Prometeram-se ajudar, apoiarem-se, corrigirem-se...

O espírito Anita se afastou, bastante emocionado.

— É... Isabelle me corrigiu muito. Melhorei demais o meu português — Anita riu ao considerar com um toque cômico e de ironia.

— Anita... — tornou a mentora que sorriu, tentando repreendê-la.

— É uma pena que, encarnada, não consegui vencer minhas falhas. Olhando daqui, hoje, vejo que briguei por besteira, tive caprichos tão insignificantes e ridículos, impliquei por coisas e situações que não tinham valor algum. Perdi tanto tempo! Não dei atenção ao que era valoroso de verdade. — lamentou por um momento.

— Mas venceu muitos vícios.

— Só você enxerga essa vitória! Perdi tempo nessa encarnação. Perdi tempo com coisas tolas e imbecis.

— Estou vendo que não perdeu o vício de se criticar.

— Desculpe, Nívia. É que... Fiquei triste pelo que fiz comigo mesma. Era para eu estar ali, sentada naquele banco horroroso de madeira, ao lado ou no meio das minhas amigas queridas. Talvez, o banco pudesse até quebrar. Ia ser muito peso — riu. E Nívia riu junto. Era impossível ficar séria perto de sua pupila. — Mas...Olha pra mim! Estou aqui e elas nem me veem. Joguei fora mais da metade da minha encarnação por causa das agressividades que fiz ao meu corpo. Não só das agressividades físicas como fumar. As agressividades psíquicas ao ser chata, crítica e infeliz também contam. Isso atraiu muita doença para o meu corpo... Lamento tanto...

— É quando lamentamos de verdade que aprendemos. Tenho certeza de que não vai errar mais, pelo menos, nesse aspecto. A experiência dolorosa, por causa do cigarro, marcou tanto seu ser que não creio que, na próxima encarnação, vá querer chegar perto dessa droga.

— Não! Isso não!

— A experiência dolorosa fez também com que se harmonizasse com Deus, com a religiosidade. Aprendeu a agradecer, a orar, a viver de bem com a natureza, de bem com a vida...

— Isso foi verdade. Precisei sofrer pra caramba pra dar valor à prece e aprender a agradecer. Lembro que a dona Carminda falou sobre a gratidão. Deu uma aula, mas na época, achei ridícula. Ela lembrou tanto de tantas coisas que a gente pode agradecer... Só muito depois entendi o valor do que disse.

— Viu como aprendeu, Anita?

Após algum tempo, ela confessou:

— Tenho saudade das minhas amigas... Muita saudade...

— Eu sei. O mais importante agora é você se dedicar. Estudar e aprender. O tempo passa rápido demais aqui. Vai ver. Daqui a muitos anos terrenos, que são dois segundos no plano espiritual, vocês vão se reencontrar.

— Nesse tempo quero ter outro cabelo e outro manequim.

— Anita!...

— Mas é verdade! Olha pra isso! — apontou para si mesma. Depois considerou: — Certo... Certo... Agradeço por já ter pernas, pé e poder andar. Ai! Minhas amigas precisavam saber que, mesmo quando cortam a perna da gente no plano físico, aqui, na espiritualidade, a perna está inteira! Eu tinha medo de ter que usar cadeira de rodas aqui no plano espiritual. Já pensou eu pilotando uma cadeira e atropelando todo o mundo? — gargalhou.

— Anita!... Você não tem jeito — Nívia riu.

— Mas era uma dúvida que eu tinha quando encarnada!

— Não importa a cirurgia feita. O corpo espiritual continua perfeito, a não ser quando o espírito, com a mente muito doente, deforma ou mutila seu perispírito, o seu corpo espiritual.

— Ainda bem! Mas vou me esforçar para merecer um corpo mais bonito, um cabelo mais sedoso, uma...

— Anita, você pediu para vir aqui reencontrar suas amigas, parabenizá-las pela nova vida que conquistaram e para ver sua mãe. Vamos?

— Mas já?!!! Não! Vamos aproveitar esse encontro de todo o mundo junto! Só mais um pouquinho... — pediu com jeito mimoso.

Anita sempre tinha um toque de humor. Era muito diferente do que havia sido quando encarnada. Havia aprendido a duras penas.

— Ai... Chega de chorar! Vamos deixar de ser bobas — disse Luci.

— É. Vamos! A Anita deve estar melhor do que nós — Isabelle riu.

— Eu e o Tobias estamos procurando casa em Campinas. Eu te falei, né?

— Falou. Mas perto de mim, por favor! Não vai morar longe não!

— Não mesmo! Já falei pra ele — disse Luci. — Você agora é minha parente! É minha prima! — riram.

— Já marcaram a data do casamento?

— Fomos no cartório e...

— Fomos ao cartório — Isabelle a interrompeu, corrigindo. Ambas riram.

— Olha lá! Ela não perde a mania de corrigir! Isso me dá nos nervos!... — comentou Anita rindo. Ainda as acompanhava.

— Fomos ao cartório. Marcamos para daqui dois meses.

— E não me disse nada?! — Isabelle reclamou.

— Eu falei. Você não deve ter registrado! — tornou a outra
Ficaram conversando um pouco mais...

Antes mesmo do casamento, Isabelle havia se mudado para uma casa nova, maior.

Ailton ficaria morando com a irmã e o cunhado por poucos meses, até seu casamento com Gabriela.

Ele alugou uma casa bem próxima à da irmã. Gabriela e Isabelle se davam muito bem.

Luci, Isabelle e Gabriela estavam sempre juntas. Inseparáveis.

Algum tempo depois, Rafaelle passou no vestibular para Biomedicina. Continuou morando com a irmã, em uma edícula que havia nos fundos. Cursava a universidade e trabalhava. Tinha uma nova consciência de vida. Os irmãos a ajudavam a pagar seu curso e ela se dedicava intensamente para ser a melhor aluna.

Rosa tornou-se uma mãe para Isabelle e uma avó para Aline. Vivia sua tristeza pelas consequências de suas práticas no passado e a dor de nunca ter notícias dos filhos. Ocupava-se muito com tudo o que via, principalmente, quando Isabelle se empenhou em um trabalho de assistência em uma casa espírita.

Ela, Luci e Gabriela arrecadavam cestas básicas, enxovais e leite para famílias, mães sem recursos e recém-nascidos.

O projeto tinha o nome de "Pequeno César". Uma homenagem que Isabelle fez ao filho.

Através desse trabalho, Isabelle sentiu sua dor mais leve, quase uma sombra.

Carminda, que se achava na cidade visitando a nora Luci e o filho Tobias, pois esperavam o primeiro filho, decidiu ver como estavam as sobrinhas.

— A Rafaelle está bem. A senhora tem de ver! Parece outra pessoa. Mais responsável, centrada. Nossa!... Quem diria.

Como ela amadureceu! Ah! Esqueci de dizer! A Rafaelle recebeu uma carta psicografada da nossa mãe! Ficou toda feliz!

— Só depois que se centrou e se equilibrou encontrou o que queria. É bom demais saber isso. Ambas estavam preparadas para trocarem notícias.

— Foi uma mensagem curta e simples, mas percebemos que é da nossa mãe — emocionou-se.

Um momento e a tia quis saber:

— Teve notícias do Pedro, Isabelle?

— Faz duas semanas levei a Aline para vê-lo, como sempre faço. Não está muito bem não, tia. Está muito doente. A cirrose hepática está avançando. Ele não se esforça para melhorar. Está largado. Nem parece o homem empenhado que foi um dia.

— A mesma situação afetou vocês dois e vemos duas reações diferentes. Um de vocês, a custa de muito esforço pessoal, prosseguiu, superou a dor e venceu. O outro...

— Tem dia que é difícil, tia. Ainda dói... — Isabelle emocionou-se, mas se conteve. — Em datas de aniversário, Natal e ocasiões especiais como Dia das Mães... É difícil.

Carminda não quis reavivar sentimentos de tristeza e mudou de assunto.

— Acho que vou aceitar o convite da Luci e vir aqui pra cidade. Ela vai precisar de ajuda quando o bebê nascer. Ela me contou que não tem experiência com criança.

— Vai ser bom para ela e para a senhora, tia — ficou feliz em saber.

— E para você também né, Belle?

— Sim. Vai ser bom ver a senhora com mais frequência.

— Vou te ajudar quando o seu bebê nascer. Vai ser logo depois do nascimento do nenê da Luci, não é mesmo? — Carminda disse e riu.

Isabelle ficou em choque. Muito surpresa.

Só que Carminda não contou que César retornaria. Isso ela não poderia revelar.

Rodrigo chegou à sala e viu a esposa emocionada.

— Aconteceu alguma coisa? — perguntou desconfiado.

— Sim... Vamos ter um bebê! A tia Carminda disse que vamos ter um bebê! — exclamou e foi ao seu encontro.

O casal se abraçou com carinho e se beijou com amor.

A gravidez de Isabelle foi confirmada e a alegria renovada com o nascimento de Henrique, muito querido por todos. Ele estaria predestinado a ajudar e fazer crescer o trabalho que sua mãe havia começado.

Isabelle, sem saber, recebia visitas periódicas de sua amiga, o espírito Anita, principalmente, quando estava junto de Luci e Gabriela. Inseparáveis, Anita propôs-se, na espiritualidade, a colaborar no projeto de assistência que as amigas encarnadas realizavam. Aprendia, ensinava, auxiliava e socorria no que podia. Anita mudou. Evoluiu.

Isabelle seguia confiante e segura de si, cumprindo a missão para a qual se determinou.

O medo é o resultado de todas as experiências negativas que tivemos no passado, desde pequenos. Mas devemos lembrar das alegrias e vitórias conquistadas. Podemos vencer se nos empenharmos no que é bom se tivermos fé. Deus estará do nosso lado. E quando Deus está do nosso lado, por estarmos fazendo o que é bom e correto, nós podemos tudo!

Nascemos para vencer. A nossa alma guarda a certeza da vitória.

Fim.

Schellida.

# Leia os romances de Schellida!
## Emoção e ensinamento em cada página!
## Psicografia de **Eliana Machado Coelho**

### O Brilho da Verdade
Samara viveu meio século no Umbral passando por experiências terríveis. Esgotada, consegue elevar o pensamento a Deus e ser recolhida por abnegados benfeitores, começando uma fase de novos aprendizados na espiritualidade. Depois de muito estudo, com planos de trabalho abençoado na caridade e em obras assistenciais, Samara acredita-se preparada para reencarnar.

### Um Diário no Tempo
A ditadura militar não manchou apenas a História do Brasil. Ela interferiu no destino de corações apaixonados.

### Despertar para a Vida
Um acidente acontece e Márcia, uma moça bonita, inteligente e decidida, passa a ser envolvida pelo espírito Jonas, um desafeto que inicia um processo de obsessão contra ela.

### O Direito de Ser Feliz
Fernando e Regina apaixonam-se. Ele, de família rica, bem posicionada. Ela, de classe média, jovem sensível e espírita. Mas o destino começa a pregar suas peças...

### Sem Regras para Amar
Gilda é uma mulher rica, casada com o empresário Adalberto. Arrogante, prepotente e orgulhosa, sempre consegue o que quer graças ao poder de sua posição social. Mas a vida dá muitas voltas.

### Um Motivo para Viver
O drama de Raquel começa aos nove anos, quando então passou a sofrer os assédios de Ladislau, um homem sem escrúpulos, mas dissimulado e gozando de boa reputação na cidade.

### O Retorno
Uma história de amor começa em 1888, na Inglaterra. Mas é no Brasil atual que esse sentimento puro irá se concretizar para a harmonização de todos aqueles que necessitam resgatar suas dívidas.

### Força para Recomeçar
Sérgio e Débora se conhecem a nasce um grande amor entre eles. Mas encarnados e obsessores desaprovam essa união. Conseguirão ficar juntos?

### Lições que a Vida Oferece
Rafael é um jovem engenheiro e possui dois irmãos: Caio e Jorge. Filhos do milionário Paulo, dono de uma grande construtora, e de dona Augusta, os três sofrem de um mesmo mal: a indiferença e o descaso dos pais, apesar da riqueza e da vida abastada. Nesse clima de desamor e carência afetiva, cada um deles busca aventuras fora de casa e, em diferentes momentos, envolvem-se com drogas, festinhas, homossexualismo e até um seqüestro.

# Dois romances emocionantes do espírito Daniel!

## Psicografia de Vanir Mattos Torres

### PLANTANDO O AMOR

Portugal, 1792. Em meio a mudanças políticas em Lisboa e ainda vivendo sob os ecos da Inquisição, uma pacata cidadezinha interiorana é o cenário da história de Leopoldo, um humilde jardineiro que possui um dom especial: o poder da palavra. Sem perceber, elas fluem de sua boca e enchem os corações com amor e renovação.

Mas seus dias estavam contados. Perseguido por suas "pregações criminosas", Leopoldo desaparece, deixando a família sob a responsabilidade do filho mais velho, Adolfo. Também jardineiro por ofício, o rapaz desdobra-se para dar o sustento necessário à mãezinha e à irmã, Amaralina.

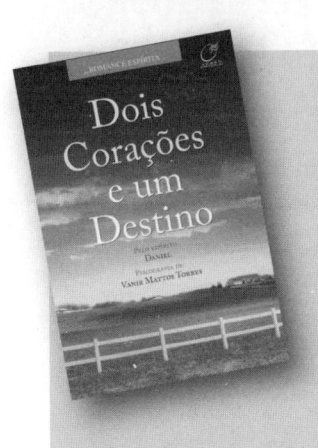

### DOIS CORAÇÕES E UM DESTINO

Ricardo, um estudante de Direito prestes a se formar, vai passar férias na fazenda do pai, o austero e rústico senhor Augustus. Em sua companhia leva Lídia, a namorada da cidade que vê em Ricardo uma grande oportunidade de realizar um excelente casamento. O que Ricardo não sabia é que Tereza, sua amiga de infância na fazenda, estava agora uma bela e graciosa moça, despertando nele sentimentos até então esquecidos.

# Dois romances imperdíveis!
## Obras do espírito **Caio Fábio Quinto**
## Psicografia de **Christina Nunes**

### Sob o poder da Águia

Uma viagem até a Roma Antiga na qual o general Sálvio Adriano viverá um grande drama em sua vida ao lado de Helatz, sua prisioneira, e o irmão dela, Barriot.

### Elysium - Uma História de Amor Entre Almas Gêmeas

Cássia despertou no plano espiritual depois de viver no Rio de Janeiro. E ela não sabia que um grande amor estava à sua espera.

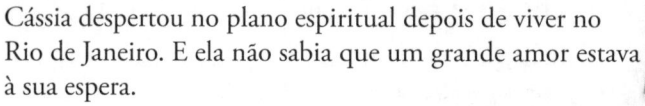

# Romances do **espírito Eugene!**
## Leituras envolventes com
## psicografia de **Tanya Oliveira**

### Longe dos Corações Feridos

Em 1948, dois militares americanos da Força Aérea vão viver emoções conflitantes entre o amor e a guerra ao lado da jornalista Laurie Stevenson.

### O Despertar das Ilusões

A Revolução Francesa batia às portas do Palácio de Versalhes. Mas dois corações apaixonados queriam viver um grande amor.

### A Sombra de uma Paixão

Um amor do passado pode prejudicar um casamento tranqüilo e seguro? Theo e Vivian vão passar por essa experiência...

# Obras da médium
# Maria Nazareth Dória
## Mais luz em sua vida!

**A SAGA DE UMA SINHÁ** (espírito Luiz Fernando - Pai Miguel de Angola)
Sinhá Margareth tem um filho proibido com o negro Antônio. A criança escapa da morte ao nascer.
Começa a saga de uma mãe em busca de seu menino.

**LIÇÓES DA SENZALA** (espírito Luiz Fernando - Pai Miguel de Angola)
O negro Miguel viveu a dura experiência do trabalho escravo. O sangue derramado em terras
brasileiras virou luz.

**AMOR E AMBIÇÃO** (espírito Helena)
Loretta era uma jovem nascida e criada na corte de um grande reino europeu entre os séculos XVII
e XVIII. Determinada e romântica, desde a adolescência guardava um forte sentimento em seu coração:
a paixão por seu primo Raul. Um detalhe apenas os separava: Raul era padre, convicto em sua vocação.

**SOB O OLHAR DE DEUS** (espírito Helena)
Gilberto é um maestro de renome internacional, compositor famoso e respeitado no mundo todo. Casado com
Maria Luiza, é pai de Angélica e Hortência, irmãs gêmeas com personalidades totalmente distintas. Fama, dinheiro
e harmonia compõem o cenário daquela bem-sucedida família. Contudo, um segredo guardado na consciência de
Gilberto vem modificar a vida de todos.

**UM NOVO DESPERTAR** (espírito Helena)
Simone é uma moça simples de uma pequena cidade interiorana. Lutadora incansável, ela trabalha em uma casa de
família para sustentar a mãe e os irmãos, e sempre manteve acesa a esperança de conseguir um futuro melhor. Porém,
a história de cada um segue caminhos que desconhecemos.

**JÓIA RARA** (espírito Helena)
Leitura edificante, uma página por dia. Um roteiro diário para nossas reflexões e para a conquista de uma padrão
vibratório elevado, com bom ânimo e vontade de progredir. Essa é a proposta deste livro que irá encantar o leitor
de todas as idades.

**MINHA VIDA EM TUAS MÃOS** (espírito Luiz Fernando - Pai Miguel de Angola)
O negro velho Tibúrcio guardou um segredo por toda a vida. Agora, antes de sua morte, tudo seria esclarecido,
para a comoção geral de uma família inteira.

**LÚMEN**
**EDITORIAL**

Rua dos Ingleses, 150 – Morro dos Ingleses

CEP 01329-000 – São Paulo – SP

Fone: (0xx11) 3207-1353

visite nosso site: www.lumeneditorial.com.br
fale com a Lúmen: atendimento@lumeneditorial.com.br
departamento de vendas: comercial@lumeneditorial.com.br
contato editorial: editorial@lumeneditorial.com.br
siga-nos no twitter: @lumeneditorial